农村发展经济学

主　编　何忠伟

中国商务出版社
CHINA COMMERCE AND TRADE PRESS

图书在版编目（CIP）数据

农村发展经济学 / 何忠伟主编 . –– 北京：中国商
务出版社，2017.11
　ISBN 978-7-5103-2127-6

　Ⅰ . ①农… Ⅱ . ①何… Ⅲ . ①农村经济－发展经济学
Ⅳ . ① F30

　中国版本图书馆 CIP 数据核字 (2017) 第 266192 号

农村发展经济学

NONGCUN　FAZHAN JINGJIXUE

主编　何忠伟

出　　　版：中国商务出版社
地　　　址：北京市东城区安定门外大街东后巷 28 号　　　　邮　编：100710
责任部门：经管与人文社科事业部（010–64255862　　cctpress@163.com ）
责任编辑：刘文捷
总 发 行：中国商务出版社发行部（010–64208388　　64515150 ）
网购零售：中国商务出版社淘宝网（010–64286917）
网　　　址：http://www.cctpress.com
网　　　店：https://shop162373850.taobao.com/
邮　　　箱：cctp@cctpress.com
排　　　版：北京华彩博文文化传媒有限公司
印　　　刷：北京墨阁印刷有限公司
开　　　本：787 毫米 ×1092 毫米　1/16
印　　　张：24.5　　　　　　　　　　　　　字　　数：521 千字
版　　　次：2017 年 11 月第 1 版　　　　　印　　次：2017 年 11 月第 1 次印刷
书　　　号：ISBN 978–7–5103–2127–6
定　　　价：48.00 元

编辑委员会

主　编　何忠伟

副主编　赵海燕　黄　雷

前　言

随着世界经济一体化与发展中国家的发展，发展中国家内部的城乡二元结构日益突出，城乡收入差距日益扩大，这也正是从传统社会向现代社会过渡阶段的根本性特征。城乡差别、"三农"（农民、农村、农业）问题、农村经济现代化等问题，严重制约了整个国家的现代化进程，解决好农业农村发展问题对于整个国家的发展起着关键性作用。因此，研究农村发展问题是发展经济学研究的重点领域，以至逐步成为一门学科。农村发展经济学就是研究发展中国家农村发展规律及其现代化进程的学科，是发展经济学的具体化和重要分支。农村发展经济学既是发展经济学理论在农村领域的应用，又有独自的特殊性，它以发展中国家的农村为主要研究对象，将农村发展置于国家工业化、现代化的大背景中研究现代化进程对农村的影响，研究农村劳动力、土地、资本、技术等生产要素对发展的作用，研究农村经济社会结构、制度、历史文化等对发展的影响，尤其强调研究传统农业向现代农业转变、农村劳动力转移、农村缓解贫困与农村可持续发展等问题。

本书共分十章，第一章对发展中国家的内涵、分类、基本特征，以及农村发展的概念、特征进行了界定，探讨了中国在发展中国家的定位，以及农村发展与城市发展、国家发展的关系；第二章阐述了农村发展经济学的主要理论；第三章从改革开放前、改革开放后以及新时期三大阶段，分别梳理了中国农村发展的历史沿革与状况；第四章介绍人力资本，分析了农村剩余劳动力转移和新型职业农民培育；第五章介绍土地资源，剖析了农村土地流转与工商资本租赁农地；第六章介绍资本形成，探讨了农业投资和农村金融创新；第七章介绍技术进步，诠释了农业科技创新和农业技术推广；第八章介绍资源、环境、生态，解析了可持续发展与生态文明建设；第九章介绍公共产品，讲述了农村公共服务体系与农村社会保障；第十章总结了国内外农村发展模式。

本教材是北京市优秀教学团队"农林经济管理教学团队"在总结教学经验，吸收相关优秀成果，梳理我国农村发展实践的基础上编写的。具体分工为：何忠伟负责设计与统稿，编写第一章、第二章、第三章、第十章；赵海燕编写第四章、第五章、第九章；

黄雷编写第六章、第七章、第八章。本教材得到了"教育部卓越农林人才培养计划"和"北京市属高等学校高层次人才引进与培养计划项目（CIT&TCD20140314）"的资助，也是"农林经济管理"国家级特色专业的建设成果之一。本书既可作为全国高等农林院校农业经济管理专业本科和研究生相关课程的教材，也可供从事农业和农村经济管理方面实际工作、理论研究和政策制定的人员参考。

在编写中我们借鉴了国内外许多学者的一些成果，得到了许多专家的指导与帮助以及中国商务出版社的大力支持，在此一并感谢。由于编者水平所限，教材中难免存在纰漏，恳请读者批评指正。

编　者

2017 年 9 月

目 录

第一章 绪 论

第一节　发展中国家的内涵与基本特征

案例导入

G20：中国的机遇与挑战

2016 年 9 月，二十国集团 (G20) 领导人第十一次峰会在中国杭州召开。这是 G20 第一次在中国举行，而且当年的峰会尤其重要。何以如此？不妨结合当前世界形势特别是经济形势，从几个"节点"上作些分析。

当前，世界形势依然复杂多变，问题重重，热点频现，不确定不稳定因素增多。全球经济仍处在持续深度调整期中，低增长、低利率、低需求和高失业、高债务、高泡沫等风险有增无减。英国脱欧、国际金融市场频繁动荡、部分新兴经济体经济发展遇到困难等，使全球的经济不容乐观，也使 G20 可持续增长目标受到挑战。在此形势下，全球经济如何尽早实现复苏？世界和平与发展如何得到维护？在观察和期望中，作为目前世界经济合作最重要平台的 G20 峰会在中国杭州召开，人们自然再次瞩目中国，同时聚焦杭州。

重要时刻的重要会议，杭州 G20 峰会为什么如此重要？

对世界经济来说，杭州峰会是新旧动能转换的节点。金融危机以来，货币与财政刺激成了世界多数国家应对危机过程中最常见的手段。然而，部分国家近乎无限制使用的货币与财政政策，不但没有给全球经济带来新的繁荣，反而带来更严重的新问题和负面外溢效应。鉴于此，中国提出把 2016 年 G20 峰会主题确定为"构建创新、活力、联动、包容的世界经济"，首次把"创新"提到峰会主题当中，把创新增长方式、挖掘增长潜力作为峰会核心任务。这有利于从根本上解决当前世界经济增长动力不足的问题，同时找到全球增长的新动能。

对全球治理来说，杭州峰会是从稳增长到促发展转型的节点。实现强劲、可持续和平衡的增长，是本次 G20 的首要议程，这一议程把主要政策资源用到"稳增长"上。而上次 G20 安塔利亚峰会，明确把 G20 的首要议程聚焦到落实联合国 2030 年可持续发展目标上来。这一目标体系涵盖人类发展的方方面面目标，而"增长"只是发展的一个"子集"。G20 的使命，通过与联合国的全人类愿景相结合，实现了"转型升级"。2016 年，G20 已将发展议题置于全球宏观框架的突出位置，围绕落实"2030 年可持续发展"制订了行动计划。2017 无疑是实践这一使命的破题之年，G20 杭州峰会将是实现这一转型的重要节点。

对 G20 机制来说，杭州峰会是从危机应对到长效治理转变的节点。G20 领导人峰会机制，最初是为应对危机的紧迫需要而出现，而实现 2030 年可持续发展的使命则要求 G20 向长效治理转变。2016 年，G20 已进一步完善治理结构，建立了部长级会议机制，为增强长效治理能力而强筋健骨。为实现全球性发展，G20 杭州峰会还邀请了东盟主席国、非盟主席国、非洲发展新伙伴计划主席国以及 77 国集团主席国等参会，更好地体现了"包容"的主题。

对中国来说，杭州峰会是中国为世界做出经济贡献到提供"中国方案"转折的节点。说起全球经济增长和复苏，当然离不开中国。2007—2017 年，中国贡献了全球 GDP 增长总量的 47%，是当之无愧的世界经济"火车头"。2016 年，全球贸易出现两位数负增长，中国在全球贸易中的份额却从 12.2% 上升到 13.8%，几乎以一己之力支撑着全球贸易局面。可以说，比对全球经济规模的贡献度，中国堪称"劳模"，当然中国还可以做出"更大贡献"。正因为如此，中国为此次 G20 杭州峰会做出了巨大努力，力求为形成完善全球经济金融治理、打造富有活力的世界经济提供"中国方案"。

当今世界，各国都身处"你中有我、我中有你"的人类命运共同体之中，任何国家都不可能单独走出经济危机、实现可持续发展，只有在"创新、活力、联动、包容"中才能实现共同繁荣。因此，G20 杭州峰会无论对于世界还是对于中国，都十分重要，都将是机遇。

（资料来源：每日商报，2015 年 9 月 10 日）

案例思考

中国作为最大发展中国家面临的机遇与挑战有哪些？

一、发展中国家的内涵

（一）发展中国家的由来

第二次世界大战后，世界政治经济秩序重组，亚非拉地区各国建立了自主的政权，要求在政治上平等，独立发展国内经济，彻底摆脱发达国家的支配与束缚。由于技术条件落后等一系列原因，这些国家的经济发展并没有太大改观，依然贫穷落后，被称为"落后国家"或"后进国家"（backward countries）。由于这种提法隐藏着"这些国家将一直落后而得不到发展"的意思，后又被称为"不发达国家"（underdeveloped countries）或"欠发达国家"（less developed countries，LDCs），即区别于经济发达的国家，强调这些国家经济尚处于初级发展阶段。20 世纪 60 年代以后，在新的国际政治经济形势下，一些过去经济落后的国家和地区在经济上有了迅速的发展。如亚洲"四小龙"的腾飞、拉丁美洲的"经济奇迹"等，大多数国家开始探索自身的发展道路，也取得了较大的进步。1964 年联合国第一届贸易和发展会议后，发展中国家（developing countries）这一概念开始出现，并在世界上广为流传，为不发达国家接受，西方经济学中的"不发达经济学"（undeveloped economics）也改为"发展经济学"（development economics），从此，发展中国家这一概念成为联合国组织文件和发展文献中的一个正式术语。之后，亚洲、非洲和拉丁美洲的殖民地和附属国以及东欧一些国家也纷纷在政治上走向独立，在经济上各自选择了不同的道路和方式谋求本国经济的快速发展，发展中国家逐渐增多。

"发展中国家"的概念最早由"77国集团"在1964年联合国第一届贸易和发展会议（United Nations Conference on Trade and Development，UNCTAD；中文简称贸发会议）上提出。同年，在发展中国家的强烈要求下并迫于联合国贸发会议的强大压力，关税及贸易总协定（General Agreement on Tariffs and Trade，GATT；中文简称关贸总协定）缔约方起草了题为"贸易和发展"的第四部分，并专门设立了"贸易和发展委员会"。在新增条款中，第一次正式使用"发展中国家缔约方"的概念，不过条款未对"发展中国家缔约方"的判断标准做出规定。

（**资料来源**：根据相关资料整理。）

（二）发展中国家的概念

发展中国家本身是一个非常笼统的概念。目前尚没有一个国际组织清晰、明确地界定过发展中国家的概念，更没有在法律上约定何为发展中国家，但界定的角度主要包括以下几种。

1. 历史的角度

从历史的角度来考察，发展中国家一般是指过去的殖民地、半殖民地和附属国目前已经获得政治独立，拥有国家主权的新兴民族国家。

19世纪末20世纪初，资本主义向国家垄断阶段过渡，世界进入帝国主义时代。英、法、美、德、俄、日等帝国主义国家向外扩张、侵略，把世界大部分地区变成自己的殖民地和半殖民地，这些地方成为帝国主义的商品市场、原料产地和资本输出场所。经过长期的反帝反殖斗争，这些国家取得了政治独立，并开始建立独立的国民经济体系。但由于长期遭受侵略和掠夺，经济发展水平较低，这些国家在经济上并没有完全摆脱帝国主义的控制与剥削。旧的经济结构并没有彻底摧毁，一些经济命脉仍然不同程度地控制在国际垄断资本手里。发展中国家虽然从根本上改变了自身的附庸地位，但仍面临帝国主义和霸权主义的威胁。因此，维护国家主权，发展民族经济，反对强权政治，变革国际旧秩序成为发展中国家面临的共同任务。第二次世界大战后，政治上取得独立的发展中国家，大多奉行中立不结盟政策，并实现了不同意识形态和社会制度的直接合作，加强了发展中国家之间的联系与合作。

2.经济的角度

从经济的角度来考察，发展中国家是指经济、社会的二元结构明显，市场经济不够发达，依然处于或者还没有进入工业化和现代化发展进程的国家。

从目前世界上的发展中国家来看，尽管在它们之间存在这样或那样的区别，但有一点却是共同的，就是这些国家的市场体系、市场机制的不发展、不完善、不健全。市场经济的培育和发展对于广大发展中国家之所以具有如此重要的意义，是由发展中国家特殊的经济结构所决定的。从某种意义上来讲，经济发展的过程就是从一个传统的农业结构向现代化的商品经济结构转变的过程。实际上，发展中国家并非都是一贫如洗，譬如海湾的石油输出国就富甲天下；发展中国家也并非都是落后不堪，譬如在发展中国家谋求经济发展的过程中，就出现了亚洲"四小龙"的经济腾飞，创造了"巴西奇迹""汉江奇迹"。因此，发展中国家这一名词，既体现了经济相对落后的特点，也体现了正在发展和追赶的含义。

二、发展中国家的分类

（一）划分类型

1.联合国的划分方法

联合国通常将发展中国家划分为三类：一是"最不发达"的最贫困国家；二是非石油出口"发展中国家"；三是在20世纪70年代国民收入显著增长的盛产石油的石油输出国组织（OPEC）成员国。在划分之初，世界上最不发达国家有44个，非石油出口发展中国家有88个，OPEC成员国有13个。根据联合国贸易和发展会议《2015年最不发达国家》的报告，当今世界上最不发达国家已经增加到48个，这个被国际社会称为"第四世界"的最贫困国家群体拥有世界上将近1/10的人口。

表1-1 联合国贸易和发展会议确定的最不发达国家

区 域	国家数量（个）	国家名称
亚洲	9	阿富汗、孟加拉国、不丹、柬埔寨、老挝、东帝汶、缅甸、尼泊尔、也门
非洲	34	安哥拉、贝宁、布基纳法索、布隆迪、中非、乍得、刚果（金）、吉布提、厄立特里亚、埃塞俄比亚、冈比亚、几内亚、几内亚比绍、莱索托、利比里亚、马达加斯加、马拉维、马里、毛里塔尼亚、莫桑比克、尼日尔、卢旺达、圣多美和普林西比、塞拉利昂、索马里、苏丹、多哥、乌干达、坦桑尼亚、科摩罗、塞内加尔、南苏丹、赞比亚、赤道几内亚
大洋洲	4	瓦努阿图、图瓦卢、基里巴斯、所罗门群岛
拉丁美洲	1	海地

资料来源：联合国贸易和发展会议《2015年最不发达国家》

2. 世界银行的划分方法

世界银行将世界上人口超过 100 万的 132 个国家和地区（包括发达国家与发展中国家）根据其人均国民总收入水平划分为四类：低收入国家和地区、下中等收入国家和地区、上中等国家和地区与高收入国家和地区。即世界银行将发展中国家划分为低收入国家、下中等收入国家和上中等收入国家。

以 2013 年为例，按照 2013 年的人均国民收入（GNI），世界银行使用其 Atlas Method 折算各国的可比价人均收入，将所有国家和地区划分为四类：其一，低收入国家群体，即人均 GNI 小于 1 045 美元（详见表 1–2）；其二，中低收入国家群体，即人均 GNI 处于 1 045~4 125 美元（详见表 1–3）；其三，中高收入国家群体，即人均 GNI 处于 4 125~12 476 美元（详见表 1–4）。按照世界银行的标准，发展中国家共 119 个。

表 1–2　世界银行划分的 34 个低收入国家群体

中非共和国	尼泊尔	乌干达
布基纳法索	乍得	布隆迪
冈比亚	朝鲜	几内亚
柬埔寨	几内亚比绍共和国	津巴布韦
刚果（金）	海地	利比里亚
科摩罗	卢旺达	索马里
厄立特里亚	缅甸	坦桑尼亚
肯尼亚	埃塞俄比亚	莫桑比克
塔吉克斯坦	贝宁	塞拉利昂
阿富汗	多哥	马拉维
孟加拉国	马达加斯加	尼日尔
马里		

表 1–3　世界银行划分的 50 个中低收入经济体

不丹	巴拉圭	东帝汶
所罗门群岛	乌克兰	摩尔多瓦
乌兹别克斯坦	摩洛哥	也门共和国
斯威士兰	亚美尼亚	斯里兰卡
佛得角	格鲁吉亚	刚果（布）
毛里塔尼亚	加纳	洪都拉斯
南苏丹	玻利维亚	印度

瓦努阿图	印度尼西亚	科特迪瓦
危地马拉	科索沃	吉尔吉斯斯坦
约旦河西岸和加沙	吉布提	老挝
喀麦隆	苏丹	圣多美和普林西比
莱索托	圭亚那	菲律宾
基里巴斯	萨尔瓦多	塞内加尔
萨摩亚	密克罗尼西亚联邦	蒙古
尼加拉瓜	赞比亚	尼日利亚
越南	巴基斯坦	阿拉伯叙利亚共和国
巴布亚新几内亚	阿拉伯埃及共和国	

表 1–4 世界银行划分的 55 个中高收入经济体

中国大陆	巴 西	伊拉克
帕劳	伊朗伊斯兰共和国	斐济
伯利兹	格林纳达	保加利亚
毛里求斯	利比亚	汤加
加蓬	波斯尼亚和黑赛哥维那	匈牙利
泰国	南非	牙买加
博茨瓦纳	白俄罗斯	厄瓜多尔
秘鲁	古巴	突尼斯
哈萨克斯坦	约旦	哥伦比亚
纳米比亚	哥斯达黎加	罗马尼亚
图瓦卢	美属萨摩亚	土库曼斯坦
苏里南	阿塞拜疆	土耳其
圣卢西亚	阿尔及利亚	圣文森特和格林纳丁斯
阿尔巴尼亚	塞尔维亚	阿根廷
塞舌尔	马其顿王国	墨西哥
马尔代夫	多米尼克	马来西亚
多米尼加共和国	马绍尔群岛	委内瑞拉玻利瓦尔共和国
黎巴嫩	安哥拉	黑山
巴拿马		

表 1-5　世界银行划分的 74 个高收入经济体

新加坡	新西兰	丹麦
中国澳门	中国香港	新喀里多尼亚
乌拉圭	日本	以色列
智利	俄罗斯联邦	格陵兰
克罗地亚	比利时	关岛
沙特阿拉伯	冰岛	法国
列支敦士登	法属波利尼西亚	加拿大
法罗群岛	北马里亚纳群岛	波兰
卡塔尔	波多黎各	卢森堡
英属海峡群岛	圣马丁（荷属）	澳大利亚
圣马丁（法属）	爱尔兰	圣马力诺
爱沙尼亚	塞浦路斯	特克斯科斯群岛
韩国	特立尼达和多巴哥	奥地利
瑞典	安提瓜和巴布达	瑞士
安道尔共和国	百慕大	巴哈马
科威特	巴巴多斯	立陶宛
巴林	美国	希腊
美属维尔京群岛	库拉索	芬兰
开曼群岛	英国	德国
荷兰	意大利	葡萄牙
拉脱维亚	西班牙	挪威
赤道几内亚	捷克共和国	阿拉伯联合酋长国
摩纳哥	阿曼	文莱达鲁萨兰国
阿鲁巴	斯洛伐克	马恩岛
斯洛文尼亚	马耳他	

3. 联合国开发计划署的划分方法

联合国开发计划署设计了人类发展指数（Human Development Index，HDI），用以对发展中国家进行分类。与前面两种划分方法不同，人类发展指数超越了仅仅用人均的收入水平来衡量不同国家发展程度的传统理念，主要关注一国教育、医疗和居民消费购买能力，综合考察一国"人类发展"的各个方面（长寿、学识和物质选择），避免了经济指标的狭隘，更加注重一国社会发展和居民福利的状况。根据该指数，联合国开发计划署将所有国家分为四个等级：极高发展程度国家、高发展程度国家、中等发展程度国家和低发展程度国家。在这种分类方法下，一些发展中国家虽然经济发展水平并非显著，但却由于在"人类发展"上的成就被划入高发展程度国家的行列（详见表 1-6）。

表 1-6 联合国开发计划署按人类发展指数对国家和地区的划分

发展程度	国家和地区代表
极高发展程度	挪威、澳大利亚、瑞士、荷兰、美国、德国、新西兰、加拿大、新加坡、丹麦、爱尔兰、瑞典、冰岛、韩国、日本、以色列、法国、奥地利、比利时、意大利、马耳他等 49 个国家和地区
高发展程度	乌拉圭、利比亚、古巴、马来西亚、委内瑞拉、俄罗斯、巴西、中国、哥伦比亚、秘鲁、土耳其、黎巴嫩等 53 个国家和地区
中等发展程度	马尔代夫、印度尼西亚、埃及、越南、印度、赞比亚、柬埔寨、孟加拉国等 42 国家和地区
低发展程度	尼泊尔、巴基斯坦、肯尼亚、苏丹、埃塞俄比亚、海地等 43 个国家和地区

如表 1-6 所示，联合国开发计划署按人类发展指数对国家和地区的划分结果为：其一，极高发展程度国家和地区（HDI 为 0.800~1.000），共 49 个；其二，高发展程度国家和地区（HDI 为 0.700~0.799），共 53 个；其三，中等发展程度国家和地区（HDI 为 0.550~0.699），共 42 个；其四，低发展程度国家和地区（HDI 为 0~0.549），共 43 个。

4. 经济合作与发展组织的划分方法

经济合作与发展组织是唯一专门对第三世界国家进行类别划分的国际组织。它主要根据收入水平标准将发展中国家和地区（包括那些不属于联合国系统的国家和地区）划分为：低收入国家（那些 1993 年人均收入低于 650 美元的国家，其中包括 29 个最不发达国家）、中等收入国家、新兴工业化国家和石油输出国组织成员国（详见表 1-7）。

表 1-7 经济合作与发展组织划分的发展中国家

区域	数量（个）	名称
东亚和太平洋	11	中国、马来西亚、越南等 11 国家和地区
欧洲和中亚	19	保加利亚、波兰、俄罗斯、乌克兰等 19 国家和地区
拉丁美洲和加勒比	25	巴西、阿根廷、墨西哥、海地、乌拉圭等 25 国家和地区
中东和北非地区	5	埃及、约旦、沙特、突尼斯等 5 国家和地区
南亚	23	印度、巴基斯坦、斯里兰卡等国家和地区
撒哈拉以南非洲	42	安哥拉、科特迪瓦、尼日利亚、南非、津巴布韦等 42 国家和地区

与联合国的划分方法相比，经济合作与发展组织的发展中国家名单统计范围略小一些。这也就导致了两个国际组织对新加坡、韩国等国在内的新兴工业化国家的认定存在争议。新兴工业化国家总体上工业发展迅速；经济增长率较高；经济结构尤其是产业结构发生显著变化，工业为主导；出口结构不断优化。根据经济合作与发展组织的划分，典型的新兴工业化国家和地区主要有韩国、新加坡、中国香港、中国台湾、巴西和墨西哥。

（二）划分标准

综上所述，上述各类国际组织对发展中国家的划分主要依据以下几个标准。

1.市场经济发展程度标准

一般而言，发达国家的市场经济由于早期的原始积累（如资金、资源方面）为其经济发展奠定了良好的基础，再加上不断完善市场体系和市场机制，使资源的配置较为合理，从而促进该国市场经济飞速发展。具体表现在发达国家的生产效率较高，产业结构较合理，居民的工资水平较高，社会保障制度较为完善，教育医疗保障水平较高等。相反，发展中国家的市场经济发展程度由于其尚未经历市场经济充分发育、成熟健全的发展过程，或由于受传统封建关系或计划体制的制约而差强人意。

2.要素资源限制标准

发展中国家普遍存在资金、技术瓶颈，劳动力相对富足，因此，其经济发展基本上依靠劳动力优势，技术创新缺乏。这从而决定了发展中国家的生产效率不高，每单位劳动力创造的经济价值也远远低于发达国家。

3.经济标准

第一，主要根据一国人均 GDP、GNP 或 GNI 及其增长速度初步判断一国经济实力。发展中国家的这类指标从增长速度上可能会超过发达国家，但是从绝对指标来看，一般远远低于发达国家。

第二，根据一国经济结构中消费、投资占比情况，产业结构中制造业、服务业的发展情况，判断一国经济增长的质量。发展中国家的消费率与投资率失衡，产业结构因为第二产业发展质量不高，第三产业发展滞后而不合理。整体来看，发展中国家经济增长质量不高。

第三，根据经济发展不同时期的财政收支的合理结构，判断一国财政收入、政府债务和财政支出占 GDP 的比重是否属于发展中国家的经济特征，即从政府合理规模判断一国国家属性。一般而言，发展中国家的经济发展较为落后，因此决定了政府收入规模较小，财政支出也因政府宏观调控能力较弱而表现为不足。

第四，依据失业率来判断一国劳动力资源的闲置情况。一般发展中国家劳动力丰富，但是存在大量闲置的劳动力，失业率较高。这也是这类国家的经济表现之一。

4.社会发展标准

这主要从人力资本的构成要素（教育、医疗卫生、社会保障、居住与生活条件）、城市化程度以及一国贫困人口的规模等方面综合评价一国社会发展程度。如联合国人类发展指数将寿命、知识、生活标准作为衡量一国社会发展程度的指标。通常发展中国家由于经济条件的制约，使其政府根本无力将更多的财力投入教育、医疗卫生、社会保障和住房等领域，从而导致居民不得不承担此类巨额开支，仅以其微薄的收入维持基本生活。因而，从整体上来看，发展中国家的社会发展是远远滞后的。

总体而言，当前国际组织的指标体系或以经济指标，或以人类发展指标等社会指标对一个国家属性进行划分，并不完全科学、全面或合理，尚未建立一个统一、科学、合理的指标体系。

三、发展中国家的特征

众多发展中国家，尽管在历史文化传统、种族特征、国土面积、地理方位、人口数量、收入水平、资源禀赋、产业结构、政治结构、国家体制等多方面存在较大差异，但由于发展中国家产生的历史背景大致相同，它们也存在一些共同的社会经济特征。

（一）高速的人口增长

人口增长率主要受新生儿出生率和人口死亡率两个因素的影响。据统计，发展中国家人口占世界总人口的3/4，其新生儿出生率一般高达35‰～40‰，而发达国家一般仅为10‰～15‰。虽然发展中国家人口死亡率也较发达国家高，但由于发展中国家的医疗卫生条件改善和传染病的控制，两类国家在死亡率上的差别呈现相对缩小的趋势。由此造成了两类国家在人口增长率上的显著差别，发展中国家的人口增长率（2%）比发达国家（0.5%）高出数倍。此外，加上发展中国家的人口基数庞大，使得发展中国家人口依然呈高速增长的趋势。

另一方面，发展中国家拥有丰富的劳动力资源，但相当一部分的劳动力资源并没有很好地加以利用。很多发展中国家尽管经济增长率很高，却因诸多因素的阻碍，其就业率不断下降，失业率不断增长。另一方面，发展中国家的高人口增长率和较高的赡养负担，加深了其资源稀缺和经济停滞与贫困严重，阻碍了其国家的经济发展。

（二）逐步加速的经济发展

不发达的市场经济是发展中国家经济的本质特征。由于长期遭受殖民掠夺和封建生产关系的束缚，以及独立后政府政策干预不当，发展中国家的市场和价格制度先天形成不足，后天发育不良。发展中国家各种不发育的制度，还对发展中国家的经济产生着普遍的影响。钱纳里曾认为："发展中国家的结构刚性和有限的替代可能性限制了某些市场的有效运行及整体系统的敏感性。"然而新时代里不可忽视的是，随着世界经济的全球化，广大发展中国家的经济普遍取得了快速增长。

据《南方的崛起：多元化世界中的人类进步》显示，近年来，在发展中国家中，仅巴西、中国、印度这三大领先经济体的经济总产出便与加拿大、法国、德国、意大利、英国和美国这六个传统北方工业强国的国内生产总值总和相当，这是150年来首次出现的情况，表明全球经济实力正在发生引人注目的再平衡。发展中国家的崛起在速度和规模上均呈现史无前例的趋势，历史上从未出现过这么多人口的生活条件及其未来前景变化如此之大、如此之快。如表1-8所示，2015年中国人均GDP为8 027.7美元，比1990

年人均 GDP 317.9 美元增长 2 425.23%；2015 年印度人均 GDP 为 1 598.3 美元，比 1990 年人均 GDP 375.2 美元增长 325.99%。

表 1-8 1990—2015 年中国、印度人均国民生产总值一览表

单位：美元

	1990	2010		2011		2012		2013		2014		2015	
中国	317.9	4 560.5	1 334.57%	5 633.8	1 672.19%	34 197.1	10 657.19%	7 077.8	2 126.42%	7 683.5	2 316.96%	8 027.7	2 425.23%
印度	375.2	1 345.7	258.66%	1 461.4	289.50%	4 781.2	1 174.31%	11 456.2	2 953.36%	1 576.8	320.26%	1 598.3	325.99%

资料来源：世界银行官网

（三）较低的生活水平

随着经济全球化发展和世界经济增长，全球处于绝对贫困线以下的人口不断减少，但发展中国家的相对贫困人口仍不断增加。据世界银行数据显示，2015 年全球贫困人口进一步下降至 7 亿，贫困人口占全球人口的比重继续下降至 9.6%，但据估计，全球仍有近 20 亿人口每天的生活费不足 3.10 美元，新兴国家和发展中国家的这一比例更是超过了 36%。

从表 1-9 可以发现，在 1990—2015 年期间：从低收入国家来看，以欧盟为代表的发达国家与低收入国家人均国内生产总值之比约为 57 倍，其中，2010 年，欧盟人均 GDP 为 33 654.1 美元，低收入国家为 519.3 美元，前者高达后者的 65 倍；从最不发达国家来看，以欧盟为代表的发达国家与最不发达国家人均国内生产总值之比约为 40 倍，其中，1990 年，欧盟人均 GDP 为 15 854.7 美元，最不发达国家为 294.9 美元，前者高达后者的 54 倍。

表 1-9 1990—2015 年人均国内生产总值比较表

单位：美元

人均 GDP	1990	2010	2011	2012	2013	2014	2015
欧洲联盟	15 854.7	33 654.1	36 271.8	34 197.1	35 440.3	36 537.8	32 004.9
中等收入国家	896.2	3 900.7	4 558.8	4 781.2	5 013.4	5 114.6	4 775.6
最不发达国家	294.9	797.9	889.1	921.1	972.1	1 024.4	978.8
低收入国家	292.5	519.3	569.3	596.2	625.2	653.9	617.7

资料来源：世界银行官网

（四）较为劣势的国际地位

大多数发展中国家发展水平低，国内储蓄不足，仅仅出口初级产品以换取外汇，并从发达国家引进必要的技术、外援和外资，而发达国家利用其技术、资金等优势控制着

国际贸易形势，决定着国际关系的规则和格局。因此，发展中国家在经济上依附于发达国家，发达国家则在国际生产、贸易和金融体系中居主导地位，决定着发展中国家在国际经济关系中的脆弱地位及其对发达国家不同程度的依赖性，主要表现在以下几个方面。

1. 对外贸的依赖

多数发展中国家工业基础薄弱，制造业相对落后，许多工业制成品尤其是资本品和高技术产品依赖于进口。同时，发展中国家出口产品以初级产品为主，主要销往发达国家作为原料或中间投入品，发达国家利用其技术和资金优势垄断着这些初级产品的绝大部分深加工；为数较少用于出口的工业制成品也以发达国家为主要消费市场，但其进口需求弹性和替代弹性较大，受到由发达国家主导的国际市场的挤兑。由此可见，发展中国家在进口上依赖发达国家，在出口上受制于发达国家的市场需求。因此，这种对外贸易的依赖，使发展中国家的对外贸易乃至于经济发展极易受发达国家市场波动的冲击。根据国际货币基金组织（IMF）统计，目前世界经济总量达到75.5万亿美元，其中发达国家为46.1万亿美元，发展中国家为29.4万亿美元，二者占世界经济的比重分别为61.1%和38.9%，发展中国家对发达国家呈现较强的外贸依赖性。

2. 对外资的依赖

经济发展所需资金短缺是发展中国家面临的共同难题。许多发展中国家为充分利用外部资源推动国内经济发展而大量引进外资，并主要来自发达国家的资金，形成本国经济发展对外资的高度依赖。引进大量的外资，直接导致发展中国家外债负担过重。此外，外资的大规模流入与流出也容易造成发展中国家经济上的动荡，甚至引发债务危机或金融危机。根据国际货币基金组织的IMF的统计，到2014年年底，发展中国家总的外债达到6.7万亿美元，负债率（债务占GDP比重）国际公认的安全线是20%，到2014年，发展中国家总体的负债率就达到了23.5%。尤其是拉美和加勒比海地区，达到30%，撒哈拉以南非洲地区达到27%。其中拉美地区外债规模大，成为重灾区，2015年为1.8万亿美元，负债率32%，其中智利是58%，墨西哥42%，哥斯达黎加39%，哥伦比亚34%。究其原因，大宗商品价格大幅下跌甚至崩溃是发展中国家形成外债危机的主要缘由。2014年以来，粮食价格下降了20%，矿产价格下降1/3，原油价格下降70%，出口收入大大减少，致使外资依赖性较强的发展中国家的短期外债偿还能力严重削弱。

3. 对技术和人才的依赖

全球经济的竞争，实际上是科技的竞争，科技竞争的关键又在于人才和技术的竞争。一方面，发达国家利用其资金和科技环境等优势，不仅培养了大批高科技人才和技术，而且对发展中国家的人才也有较大的吸引力，并采取多种方式从发展中国家抢人才，挖人才。如美国在2001年至2003年对高科技人才的引进名额从原来的每年11.5万人增加到目前的30万人，德国、英国等也相继出台种种优厚政策从全世界吸引信息技术人才。中国改革开放以来的出国留学人员累计达40多万，而学成归国者仅约33%。显然，在这场全球人才争夺战中，发达国家占据绝对优势，而发展中国家则是雪上加霜。另一方面，发展中国家技术水平低，在赶超战略的驱使下，不得不从发达国家引入先进技术与专业人才，利用现成的技术与人才，发挥"后发优势"，增强本国经济实力。但许多发展中国家过于依赖国外技术与人才，忽视自身技术创新与人才培养，不利于本国经济的长期持续发展。随着世界经济信息化的推进和高新技术产业的深化发展，加上发达国家对本国技术优势和知识产权的保护，发展中国家在技术、人才和经营管理方面对发达国家的依赖程度也在逐步加深。

（五）经济、社会、文化的二元结构

刘易斯在发展中国家经济结构两元经济论中提出，发展中国家不仅具有城市经济内部的结构性差异，也存在农村经济内部的结构性差异。这种结构性差异，归根到底是一种由现代的、引进的产业部门与该社会原存的传统产业部门同时并存的一种经济结构。

在发展中国家，现代工业与传统农业并存，相对发达的城市与广大落后的农村并存。农业主要采取传统的小农经济生产方式，生产规模小，劳动效率低，产品主要用于自己消费，绝大多数农村生活条件艰苦。城市以工业为主，采用大规模生产方式和较先进的技术和管理手段，劳动生产率较高，产品主要用于销售，城市居民收入较高，生活条件较好。在二元经济结构的基础上，发展中国家的社会、文化、制度安排等都存在二元结构。随着经济发展速度差异及收入分配等原因，二元结构的差异有不断扩大的趋势。

四、中国在发展中国家的定位

（一）中国是最大的发展中国家

中国一直是世界上最大的发展中国家。1974年毛泽东主席会见赞比亚总统卡翁达时，曾提出划分三个世界的观点：他将美国、苏联两个超级大国划分为第一世界，亚洲、非洲、拉丁美洲的发展中国家和其他发展中国家划分为第三世界，处于两者之间的发达国家是第二世界，中国属于第三世界。邓小平同志也曾指出："中国永远属于第三世界"。由此可见，在中国发展进程中，一直是属于第三世界的发展中国家。

当前，中国的经济发展已经进入新常态。2010年，中国名义GDP为58 786亿美元，比日本高出4 044亿美元，正式成为世界第二大经济体。但中国仍然是发展中国家。其原因主要有：第一，目前中国人均GDP只有7 500多美元，在全球排第80位；第二，中国城乡和区域发展依然很不平衡，6亿多农民人均收入不到1 500美元，2亿多人口生活低于世界银行贫困线标准，60%生活在中西部的人口人均GDP只有沿海发达地区的一半；第三，中国仍处在快速工业化、城市化进程中，城市化率为53.7%，而发达国家一般都在80%以上。这些指标预示着中国距离建成现代化发达国家、让13亿人民都过上富裕

的日子，还有很长的路要走。

2014 年 11 月习近平在亚太经合组织 (APEC) 工商领导人峰会上所作的题为《谋求持久发展共筑亚太梦想》的主旨演讲中，较系统地阐述了中国经济新常态问题，认为中国经济呈现出新常态的主要特点是："从高速增长转为中高速增长""经济结构不断优化升级""从要素驱动、投资驱动转向创新驱动"。新常态将给中国带来新的发展机遇：经济增速虽然放缓，但无论是速度还是体量，在全球也是名列前茅的；经济增长更趋平稳，增长动力更为多元；经济结构优化升级，发展前景更加稳定；政府大力简政放权，市场活力进一步释放。这是与改革开放时期的前 30 多年相比照而论述的当前和未来一个时期的经济发展新常态。同时，也强调了中国仍然是世界最大发展中国家的事实没有变。

（资料来源：人民网，2014 年 11 月 10 日）

（二）中国与发达国家的差距

作为发展中国家，中国与发达国家相比，有着较大差距。主要表现如下。

1. 经济结构上的差距

目前世界主要发达国家的经济重心开始转向服务业，产业结构呈现出"工业型经济"向"服务型经济"转型的总趋势。形成了以服务业为主导的"三、二、一"经济结构，即产业结构排序为第三产业、第二产业、第一产业。从全球来看，一国服务产业增加值占 GDP 的比重，已成为判断该国经济发达与否的一个重要指标。从表 1-10 可以看出，在中国，第三产业增加值约占 GDP 总值的 40%，第二产业增加值约占 GDP 总值的 49%；第一产业增加值约占 GDP 总值的 11%；在美国，以金融服务业为主的第三产业增加值占 GDP 的比重已达到 80% 以上，以新能源、新材料、生物科技、高新技术产业为主的第二产业增加值占 GDP 总值的 20% 左右，以农业为主的第一产业增加值只占 GDP 总值的 1%；其中，中国第三产业增加值占 GDP 的比重与美国相差一半，第一产业增加值占 GDP 的比重比美国高出约 10 个百分点。美国的现代服务业占据该国产业链的最高端，具有较高的附加值，并对第一产业、第二产业具有巨大的整合功能。

表 1-10 中国、美国三产分别占 GDP 总值比重

国家 \ 比重	第一产业增加值 /GDP 总值	第二产业增加值 /GDP 总值	第三产业增加值 /GDP 总值
中国	11	49	40
美国	1	19	80

资料来源：世界银行官网

2. 经济增长方式上的差距

总的看来，中国经济发展仍属于外延型、粗放型的经济发展模式，是建立在大量人力、物力、财力投入，能源大量消耗的基础上的。与发达国家相比，中国尚处于从粗放型向集约型转变的初始阶段，在科技含量、经济管理、质量效益等方面都还处于低水平。同时，由于城乡和地区发展不平衡，以及高收入阶层和低收入阶层在经济地位和生活水平上差距的不断拉开，社会分化问题仍然较突出。据 2014 年国家统计局的统计监测公报显示，中国还有 7 017 万现行标准下的贫困人口。

城乡发展不平衡、区域发展不平衡是我国经济社会发展中的两大问题，这在京津冀地区表现尤为突出。2014 年《京津冀蓝皮书》研究显示，从人均 GDP 来看，2012 年北京和天津人均 GDP 分别达到 14 027.13 美元和 15 129.04 美元，而河北省人均 GDP 仅为 5 838.95 美元，不仅远远低于京津两市，甚至低于同期全国平均水平 6 094 美元。

由此可以看出，河北省的城市规模及其经济实力，与京津两市之间存在如此大的差距，反映了京津冀城市群"双核"格局突出，内部发展不平衡。应该认识到，区域发展不平衡，除了自然、历史等"先天"因素外，区域分化政策、经济增长方式等均是重要的影响因素。

（**资料来源**：根据相关资料整理。）

3. 国民收入上的差距

改革开放 30 多年来，中国的综合国力、经济实力大大增强，社会生产力和人民生活水平有很大提高。但与发达国家相比，中国人均国民收入还较低。如表 1-11 所示，2010 年美国、日本和中国的人均国民收入分别为 48 950 美元、41 980 美元和 4 300 美元，美国和日本的人均国民收入分别是中国的 11 倍和 10 倍；2015 年美国、日本和中国的人均国民收入分别为 54 960 美元、36 680 美元和 7 820 美元，美国和日本的人均国民收入分别是中国的 7 倍和 5 倍。中国在经济发展提升，国民收入增加的同时，与发达国家差距虽然有减小的趋势，但仍然差距较大。

表 1-11　2010—2015 年人均国民收入比较表

单位：美元

人均 GNI	2010	2011	2012	2013	2014	2015
中国	4 300	5 000	5 870	6 710	7 400	7 820
美国	48 950	50 450	52 520	53 670	54 400	54 960
日本	41 980	45 190	47 830	46 340	41 900	36 680

资料来源：世界银行官网

4. 科技贡献率存在较大差距

据统计，在发达国家，科学技术对经济增长的贡献率已经从 20 世纪初的 2% ~ 3% 上升到现在的 70% ~ 80%。长期以来，中国的科技进步贡献率处于 30% ~ 40% 的水平，与发展中国家差距加大。近年，中国开始逐步实施创新驱动发展战略，并取得一系列突破性进展。例如，科技实力和创新能力进一步增强，重大科技创新成果逐渐增多；科技创新融入经济社会发展全局，新动能加快成长，对供给侧结构性改革的支撑引领作用显著提升；大众创新创业蓬勃开展，全社会支持创新、参与创新的热情空前高涨；科技体制改革主体架构基本建立，企业创新政策、计划经费管理、科技成果转化、收入分配制度等重点领域改革取得实质性突破，科技人员获得感进一步增强；等等。2016 年我国科技进步贡献率已增至 56.2%，有了较大提高，但即便如此，仍然与发达国家差距较大。

🔑 **动动脑**

1. 发展中国家具有哪些共性？
2. 中国与发达国家存在哪些差距？

第二节　农村发展及其基本特征

🌱 **案例导入**

青山绿水变金山银山

曾穷到借裤子穿，如今年收入 10 余万；曾说话怯生生，如今变成自信能干的"多面手"……2015 年 11 月 27 日，中央扶贫开发工作会议召开，吹响了决战脱贫的冲锋号。一年间，旅游扶贫改变了 264 万贫困人口的生活。

2016 年 11 月 15 日召开的国务院常务会议确定，将建立健全产业到户到人的精准扶持机制，因地制宜发展旅游、电商等。

旅游扶贫有哪些新"招数"？保持良好发展态势还需要注意哪些问题？新华社记者组织多地调研。

"一年整村脱贫、两年全面小康"——乡村旅游成脱贫主战场之一。

广西龙胜各族自治县大寨村，地处桂北山区，距离县城约 40 公里，以壮阔的梯田闻名遐迩。十几年前，村民潘保玉外出打工时，穷到裤子都是向别人借的。近年来大寨村用梯田和民族村寨入股，与景区合作，2016 年一年他将通过门票分红、经营旅店获得 10 余万元收入。

山西省红石塄乡车河村村民曾朝玉笑称，自己的家从"破房、陋锅、烟灶火"变成了如今雪白墙壁、瓷砖地板、独立卫生间，靠乡村旅游脱了贫、发了家。

"人穷志不能短，扶贫必先扶志"。很难想象，这里的工作人员，就是附近文化水平不高的山民，曾经说话都怯生生。如今既是农业技术员，又是服务员、导游、演员和保健师。多劳多得的工作机制，使得他们不仅学到了技能，增加了收入，更增强了幸福感和自尊自强的意识。

国家乡村旅游扶贫工程观测中心的数据显示，2015年，贫困村通过乡村旅游脱贫人数264万人，占全国脱贫总人数的18.3%。乡村旅游已成为我国农民就业增收、农村经济发展、贫困人口脱贫的主战场和中坚力量。

（资料来源：山西新闻网－山西日报，2016年12月5日）

🍃**案例思考**

农村发展的内涵包括哪些？

一、农村发展的内涵

（一）农村发展的概念

农村发展包括狭义和广义两个层面。其中，狭义的农村发展是指农村经济总量的提升以及农业生产力的发展。广义的农村发展不仅包括农村经济总量的提升，还泛指农村社会生活各个层面的发展，包括自然、社会、经济、技术、政治和文化等诸多方面。

本书所研究的农村发展是广义的农村发展，是将农村发展置于国家工业化、现代化大背景下，研究农村问题的全局性根源，探索其发展道路，促进农村社会、政治、经济、文化、生态等方面的全面、协调、可持续的发展。如图1-1所示，它主要包括以下三方面：

第一，将农村经济的增长和技术的发展作为最基本的目标，这是农村发展最初的含义，也是最高层次的农村发展，既包含农村社会的变革，也包括生产关系和上层建筑的变化；

第二，随着农村经济增长和技术的发展，必然会要求农村其他条件的发展，如社会保障体系的完善，人口数量的控制以及人口质量的提高等，这是第二层次的农村发展；

第三，是指农民物质和精神生活的改善与发展，它是农村发展的最终目标，是生产力在生产者身上的最终体现。

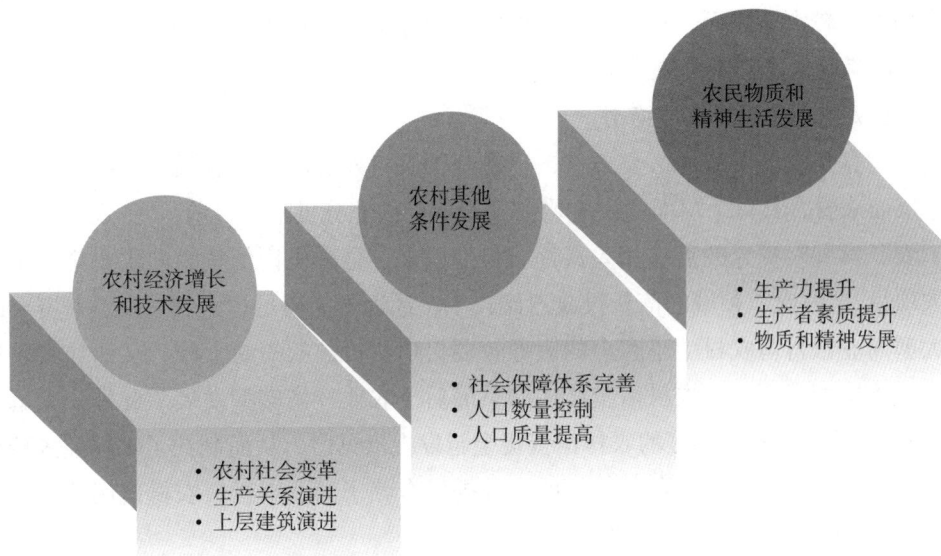

图 1-1 广义农村发展的三层面关系图

（二）农村发展的基本特征

1. 农户是农村发展的基本单位

农村改革的过程就是重新发现家庭经营，让家庭成为微观农业经营主体的过程。中国几千年来的小农经济一直是以家庭经营为主。在 1950 年土地改革之后到初级社建立之前的短暂时期内，每一个农民都获得了土地所有权，原先相当一部分农民在租佃耕地上进行农业生产活动的情况得到改变。直到实行农业合作化之前，农村中的家庭都是一个独立的经济主体，农村的生产、交换、积累和消费都是以家庭为单位进行的。但初级社建立之后，农村耕地逐渐转变为农业生产合作社统一经营，家庭丧失了经营主体的地位，演变为单纯的消费单位。

1978 年以后，随着国家农村政策的逐步改革，包产到户获得快速发展，家庭作为农村经营微观主体的地位予以重新确立。家庭经营，尤其是作为双层经营体制中基础层次的家庭经营，具有十分明显的优势。首先，它与农业生产的特征相适应；其次，它与当时的农业生产力水平相适应。随着农村改革的推进和包产到户在全国范围内普遍实行，中国农业农村快速发展，家庭经营的优势得到充分展现。

2. 土地是农村发展的重要载体

农业是农村主要的产业，这是农村最基本的特征之一。而土地是农业生产最基本的要素。在农业生产中，土地不仅是劳动对象，而且本身又是最好最重要的劳动资料，没有土地就没有农业生产。农业生产对土地的需求一方面表现在需要面积广大的土地，另一方面表现在需要质量较好的土地。农业尤其是种植业，对于土壤、气候、地貌、人文等条件的要求都十分严格。对于不同位置、不同质量的土地，农业生产的品种、质量和数量区别都会较大。因而，只有一定条件的土地才适于农业生产，否则就不可能生产出足够数量的满足人类需求的农产品。

3. 资金是农村发展的必要条件

资金一直是农村发展的必要条件，也是制约农村发展的主要瓶颈。从广义农村发展的三个层面来看，其每个层面的发展均离不开资金的充分供给。目前，"三农"信贷支持与"三农"发展对资金的需求相差甚远。长期以来，金融机构信贷投向主要集中于大企业和大项目，"三农"领域的信贷投放占比较小，远远不能满足"三农"发展对资金的需求。大型商业银行对农村中小客户的服务较弱，信贷投放权纷纷上收，从而导致农村发展中金融支持相对不足，农村信贷结构调整滞后于农业经济转型发展。此外，大量农村资金"农转非"，使本来不足的农村信贷资金越发捉襟见肘，从而制约了农村经济转型发展。因此，农村发展所需的资金供给的有效提供有赖于商业银行、农村信用社，以及扶贫合作社和民间信贷等的有机发展。

4. 技术是农村发展的第一生产力

农业科技进步，可不断为农业提供大量先进的各类农具、农业机械、运输工具、生产性建筑设施等，从而改善和提高现有农业生产技术装备水平，提高劳动生产率，降低生产成本，提高投入产出率，实现生产规模化和效益化。具体而言，从生产资料的提供来看，通过科技研发，可不断开发和提供高质量的生产资料以提高生产效率，可为农业培育和提供动植物新品种，提高投入产出比；从生产技术的改进来看，通过科技创新，可为农业提供先进适用的耕作技术，改善和提高各种农艺技术水平，进而改善和提高农产品质量，大大提高土地产出或投入产出比率；从生产资源的改善来看，通过科技突破，可扩大农业资源的利用范围，提高农业资源的质量和单位资源的利用效率，使有限的农业资源能发挥更大的经济效用，还可促进生物因素和环境因素的统一和协调，按照因地制宜的原则优化农业资源配置，以充分发挥农业生产的地域优势，从而提高农业的经济效益；从生产者素质提升来看，通过科技推广，可使农民的劳动条件不断改善，劳动强度不断降低，收入水平不断提高，从而调动农民推进技术进步的积极性，让农民主动努力地学习与掌握科学文化知识和劳动技能。同时，先进的农业科学技术一旦被农民掌握，将带动农民思想行为的一系列变化，改变和提升传统的价值观念、生产方式和生活习惯。

5. 制度是农村发展的根本保障

在经济发展方面，完善的农村制度体系有利于农村经济向市场经济转型，快速增加农民收入，加快农村经济的发展，促进实现农村经济的可持续发展。当前，中国经济正处于经济转轨时期，农村经济也只有向市场经济转轨，才能与中国的全局经济发展保持同步。

在农村社会稳定方面，中国不同地区的农村经济和社会发展不平衡，全国各地区普遍城乡贫富差距较大，农村农民的社会保障等存在很大差距，社会矛盾也在随之不断升级。为平衡和加快全国各地区的经济发展、控制社会矛盾升级和巩固部分地区的社会稳定，加快全国各地区农村发展的制度建设显得尤为迫切和重要。

在政策管理方面，中国大多数农村地区国家相关政策的执行和落实的效果和程度受农民对国家和该地方政府的态度影响很大。农村发展相关制度的快速建立和完善能在一定程度上极大地促进农民对国家政府和当地政府的信赖和依附，如此，将会在相当程度上促进和加快国家的计划生育、土壤和耕地保护、农村社区化的其他相关政策实行和落实。

二、农村发展与城市发展的关系

在地理形态上，农村和城市是一个社会存在的截然不同又相互联系的两种形态。之所以截然不同，是因为农村和城市在政治、经济、文化、社会、生产方式、生活方式等方面都存在着巨大的差异；之所以相互联系，是因为农村和城市共同组成了社会这一有机体，农村和城市相互依存、相互渗透、相互作用。由于历史、制度等诸多原因，也存在着乡村与城市的分割与对立，即城乡二元结构问题。表现为工业化以来城市由于其在政治、经济、文化、社会等方面处于明显的优势地位，引起了资源要素向城市集聚的现象，进而导致了城市的繁荣与乡村的衰落并存的局面。而逐步破除城乡分治的制度，推动城乡共同发展，则是农村发展进程与社会发展进程不可阻挡的趋势。

（一）农村对城市发展的贡献

1. 为城市发展提供资金

在中国工业化进程中，工业产品和农业产品的价格差距越来越大，当物价普遍上涨时，农产品价格也会上涨，但其上涨幅度远远低于工业产品，而当物价下跌时，农业产品价格下跌的幅度又往往会高于工业产品。于是工业产品与农业产品的价格差距像一把张开的剪刀一样逐渐扩大，形成工农业产品价格"剪刀差"。另一方面，伴随着农村经济的发展，农业生产要素的市场化配置造成农村劳动力、土地等资源流向更具比较优势的工业、服务业等领域，农民工外出打工与种粮收益的"剪刀差"也逐步扩大。在传统的农村发展制度框架下，国家以"剪刀差"等较隐蔽的形式把农民创造的国民收入的一部分用于发展工业和城市建设，并通过计划价格体制把农产品价格强行维持在较低的水平上，从而减弱了对物价总水平的冲击，进而保证了有一定基础和规模的工业体系的形成。

> 据估算，仅1952—1978年，我国通过"剪刀差"形式提供的工业化资金就达3 917亿元，通过税收形式提供的资金仅为935亿元，二者合计为4 852亿元，扣除财政返还给农业的部分，农业净流出资金为3 120亿元，相当于同期国有非农业企业资产原值的73.2%。
>
> （资料来源：人民网，2016年12月）

2. 为城市发展提供劳动力

中国是一个农业大国，农村人口占80%。但随着改革开放的深入，从事农业的人口逐步降低，大量农村劳动力涌入城市，为城市发展提供了充足而廉价的劳动力。据《中国2016年国民经济和社会发展统计公报》显示,2016年年末全国就业人员达77 603万人,其中城镇就业人员41 428万人,占比53.38%。其中,全年城镇新增就业1 314万人。同时,全国农民工总量28 171万人,比2015年增长1.5%。其中,外出农民工16 934万人,增长0.3%;本地农民工11 237万人,增长3.4%。

2015年年末全国就业人员达77 451万人,其中城镇就业人员40 410万人,占比52.17%。其中,全年城镇新增就业1 312万人。同时,全国农民工总量27 747万人,比上年增长1.3%。其中,外出农民工16 884万人,增长0.4%,本地农民工10 863万人,增长2.7%。

3. 为城市消费提供动力

随着大量农村劳动力向城市转移,城市的消费结构和消费水平发生了巨大的改变,他们不但对住宅有极大需求,对食品供应与餐饮业的需求也呈现多样化,同时对服装、日用品与普通交通工具的需求也随之增加,更重要的是对教育、文化娱乐等精神产品的需求也大大增加。这在整体上,对城市的消费的发展提供了新动力,并也推动着政府对教育等公共产品供应量的增加,使城市消费品类与项目愈加丰富多彩。

4. 为城市化进程提供土地

在城市化进程中,还存在一个"土地价格剪刀差",即低价购买农村土地后开展其他用途的工作。随着房地产行业高速发展,城市房地产高速增值,但与此同时,广大农民由于土地产权不明晰,农村房地产市场不成型,因此引发"土地资本剪刀差"现象。具体表现为,一方面,政府用压低农民土地资本价格的方式,应对不断扩张的城市版图和不断高涨的房地产价格,用悬殊的价格差来推动城市化的发展,另一方面,政府将农民所建房屋统一定义为小产权房,剥夺了农民房地产资本的产权界定权利,导致所有农民的房子不能有效进入交易环节,从而使得农民的土地资本失去了升值的机会。据统计,每年农民在土地进入城市化过程中的资本损耗高达5万亿元,也就是说,中国农民每年以5万亿元的土地资本金,无偿支持城市发展。

5. 为城市缓解环境压力提供资源

中共十八大报告把生态文明建设纳入中国特色社会主义事业五位一体的总体布局,提出推进生态文明,建设美丽中国。环境污染、资源浪费等问题一直是人们关注的问题。随着经济的快速增长和人口的不断增加,土地、水、能源等资源不足与人们需求增加的矛盾日益突出。经济快速增长常常是以资源的浪费和环境的破坏为代价的。越来越多的人开始意识到资源环境的重要性,开始寻求经济与环境的协调发展,倡导创建绿色生态环境和进行绿色消费。休闲农业、创意农业、节水农业等新型农业的兴起,大大增加了农业的正外部性发展,为城市缓解环境压力提供有力资源。

(二)城市对农村发展的带动

城市对农村发展的带动,主要表现在伴随着工业化而发展起来的城市化进程,包括以下几方面。

1. 带动农村劳动力就业

随着中国农村的发展,生产力不断提高,生产关系不断改善,大量剩余劳动力涌现。因此,农村进一步发展的必然选择是剩余劳动力的顺利转移,即实现剩余劳动力从传统农业部门向现代工业部门、从农村向城市的转移是城市带动农村发展的核心机制。城市可通过第二、三产业的快速发展,为农村剩余劳动力提供更多的就业机会,将一部分农村剩余劳动力吸纳到城市就业,实现农民的非农收入增长,助推农村经济发展。从整体来看,农村剩余劳动力跨地区和跨行业的流动,将形成劳动力从低生产率部门向高生产率部门的劳动力重新配置。这种配置效应也意味着生产要素配置效率的改善,并构成推动我国经济增长的重要源泉。据统计,在我国改革开放的头 20 年,农村剩余劳动力流动对国内生产总值增长率的贡献份额在 16%~20% 之间。

2. 带动农村发展要素投入

要实现农业和农村发展,要素投入尤其是先进生产要素投入是关键。世界经济发展规律表明,生产要素越多,越先进,生产能力就越强。作为第一产业的农业之所以相对落后,就在于只有土地和文化素质较低的劳动力(有文化、有能力、强壮的劳动力大量流向城市)这两个简单的生产要素。改变农业农村的落后状态最为重要的是获得改造农业和农村的生产要素。而现代城市是先进生产要素的集聚地。如果城市的先进资本、技术和人力资源能够实现部分向农业和农村输送,并在农业和农村领域扎根创业,就能够从根本上增强农村发展的能力,并提升城市带动农村发展的质量。但实践证明,阻碍先进生产要素进入农业和农村的根本原因在于投入农业、农村的资本报酬低于社会平均利润率。所以,只有在农业、农村预期收入提高时,农业、农村才有能力吸引城市要素进入。

3. 带动农村产业发展

产业是经济发展的基石。城市带动农村的能力关键取决于城市产业布局和产业发展水平。一方面,在城市做大、做强涉农产业,既可为农业、农村发展提供生产资料,促进农业、农村的资本积累,又可为农产品在城市销售拓展销路,有效规避农业的市场风险,促进农民增产增收。另一方面,一部分城市产业逐渐向农村进行梯度转移,将城市部分涉农产业逐渐布局到乡镇和农村,既可促进农村城镇化,又能加快农业产业化和规模化发展,促进农业和农村产业升级,由此推进农村经济的快速发展。总体来看,城市对农村的产业带动会产生经济增长效应,即城市成长起来的产业不仅可以为农产品提供广阔的市场销路,还可以转移一部分城市产业到农村,通过促进农村城镇化、农村工业化和农业产业化,实现农村经济的持续增长。

4. 带动农村信息化、现代化

当今中国农村已融入全球化、现代化的开放体系中,但农民组织方式仍然是以小农户为基础,农村形成了社会化小农经济。阻碍农业和农村发展的一个重要原因是农业、农村领域广泛存在的信息不对称和信息不完全,致使农产品信息交易成本过高。农业和农村要发展,需要及时解决农业、农村的信息不对称问题,使农业和农村能够及时有效地获得市场信息。城市是现代信息产生的源泉和集散地。城市可通过报纸、电台、电视、网络等各种传媒渠道，为农业和农村发展提供各类技术信息、市场信息，改变千百年来农村封闭社会的格局，从而提升农村信息化、农产品商品化和农村经济市场化水平。

2016年"快递下乡"工程被正式写入中央一号文件。我们一起再回首这一信息化和现代化的工程：2014年1月6日，国家邮政局在当年的全国邮政管理工作会议上首次提出推动快递企业"向下""向西"和"向外"拓展，启动"快递下乡"工程，推进"快递西进"工程，推进"引进来"和"走出去"更好地结合。那时，快递网点在农村的覆盖率不足50%。仅仅两年时间，到2016年，我国农村地区的快递网点覆盖率已经超过70%，预计在2016年年底达到80%。"快递下乡"以星火燎原之势在中国广袤的农村迅速铺开，一大批曾经在城市里打工的青年人，借着"快递下乡"的东风回乡创业。他们不仅为家乡带回了新的事物、新思想，也把"网购"这种"城市里的生活方式"带了回去。更重要的是，"快递下乡"也让村里人不出家门就做了城里人的生意，乡下的"土货"成为城里人餐桌上的佳肴。中国的农村和城市，第一次与时代的脉搏共振。农村与城市的距离，近了。

（资料来源：中国电子商务研究中心网，2016年1月）

三、农村发展与国家发展的关系

（一）产业结构演进与国家发展

产业结构又称国民经济部门结构，是一个国家国民经济各产业部门之间以及各产业部门内部的构成，是一个国家或一个地区经济系统中各产业部门之间的比例关系和相互联系。在国民经济发展的不同阶段，产业结构也各异，即产业结构将随着国家发展而不断演进。根据经济发展过程中农业与工业相互关系的演化顺序，经济发展过程实际上可以划分为三个阶段，而不同阶段的工农业关系具有各自不同的特征。第一阶段为农业支持工业发展阶段，即以农补工阶段；第二阶段为农业与工业平等发展阶段，即农工自补阶段；第三阶段为工业支持农业发展阶段，即以工补农阶段。

同发达国家的发展历程一样，工业反哺农业也是中国经济社会发展的必然趋势。2002年，党的十六大鲜明提出"工业反哺农业，城市支持农村"。这标志着中国已进入工业支持农业的发展阶段，农业和农村发展对国家发展起着举足轻重的作用。

目前中国已经具备了工业反哺农业的条件。如图1-2所示，从2000年到2015年，美国GDP中农业产值所占比重较低，持续保持在1%左右，而中国GDP中农业产值所占比重则较高，这说明中国的产业结构有待调整。但从2000年至今，中国农业产值所占的比重从14.7%降低至8.9%。根据《中国2016年国民经济和社会发展统计公报》，全年国内生产总值744 127亿元，比上年增长6.7%。其中，第一产业增加值

63 671 亿元，增长 3.3%；第二产业增加值 296 236 亿元，增长 6.1%；第三产业增加值 384 221 亿元，增长 7.8%。第一产业增加值占国内生产总值的比重为 8.6%，第二产业增加值比重为 39.8%，第三产业增加值比重为 51.6%，比上年提高 1.4 个百分点。这说明中国具有工业反哺农业的经济实力。

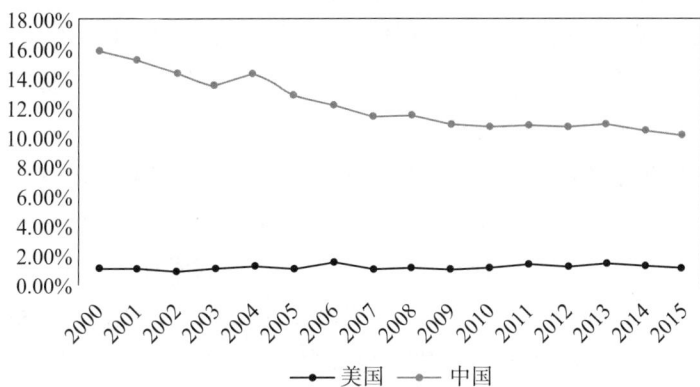

图 1-2　2000—2015 年中国、美国农业 GDP 占比

（资料来源：世界银行网站）

（二）农村发展对国家发展的作用

1. 是国家农业安全的保障

农业发展根源于农村发展，农业安全根源于粮食安全。中国用不到世界 1/10 的耕地，生产了世界 1/4 的粮食，养活了占世界近 1/5 的人口，而这些粮食的生产是以农村为基础的。同时，要保证中国的粮食安全，农村发展是其必要条件。当前，中国经济发展进入新常态，正在从高速增长转为中高速增长，这种情况下更要继续强化农业的基础地位，提升农业的可持续发展能力，保障农产品的有效供给和质量安全，深化农村发展。

党的十八大以来，习近平总书记就建设社会主义新农村、建设美丽乡村，提出了很多新理念、新论断、新举措。强调小康不小康，关键看老乡。中国要强，农业必须强；中国要美，农村必须美；中国要富，农民必须富。强调实现城乡一体化，建设美丽乡村，是要给乡亲们造福，不要把钱花在不必要的事情上，不能大拆大建，特别是要保护好古村落。强调乡村文明是中华民族文明史的主体，村庄是这种文明的载体，耕读文明是我们的软实力。强调农村是我国传统文明的发源地，乡土文化的根不能断，农村不能成为荒芜的农村、留守的农村、记忆中的故园。强调农村发展要注意生态环境保护，注意乡土味道，体现农村特点，保留乡村风貌，坚持传承文化，发展有历史记忆、地域特色、民族特点的美丽城镇。

（资料来源：新华网，2016 年 3 月）

2. 是现代农业发展的基础

现代农业广泛应用现代科学技术、普遍使用现代生产工具，并全过程实现现代管理。它表现为多种具体形式，如高技术农业、设施农业、有机农业、生态农业、立体农业、信息农业、观光农业和精准农业等。现代农业既具有经济功能，又具有就业功能，既具有生态功能，又具有服务功能，它已成为深度开发农业资源潜力，调整农业结构，改善农业环境，增加农民收入的新途径。当前，伴随工业化、城镇化深入推进，我国农业农村发展正在进入新的阶段，农村的良性持续发展，将为现代农业发展奠定坚实基础。

3. 是实现全面建成小康社会的根基

党的十八大明确了中国今后一个时期的发展蓝图：到 2020 年国内生产总值和城乡居民人均收入在 2010 年的基础上翻一番，全面建成小康社会。中国是一个具有悠久文明的农业大国，虽然城镇化进程快速推进，但据统计，农村常住人口仍保持在 6.4 亿左右，乡村土地面积占全国总面积的比例达到 90%以上，农民依然是当前中国最大的社会群体。因此，习近平多次强调，全面建成小康社会最艰巨、最繁重的任务在农村，重点和难点在农民。农村发展成为我国全面实现小康社会的根基。

四、乡村振兴战略与城乡一体化

（一）乡村振兴战略提出与内涵

1. 从新农村建设到乡村振兴战略的提出

农业、农村和农民问题始终是带有全局性和根本性的问题。农业丰则基础强，农民富则国家盛，农村稳则社会安。早在 20 世纪 50 年代中期，党和政府就根据我国具体国情提出了社会主义新农村建设新理念，并于 80 年代提出"建设一个农、林、牧、副、渔全面发展，农工商综合经营，环境优美，生活富裕，文化发达的新农村"的目标，在农村推行了土地承包责任制和村民自治制度。1998 年，党中央又进一步提出"建设有中国特色社会主义新农村的目标"，并从经济、政治、文化三方面作了具体要求与规定。2002年，党的十六大明确提出统筹城乡经济和社会发展的整体要求。2005 年，党的十六届五中全会首次明确提出社会主义新农村建设这一理念。2017 年 10 月 18 日，在党的第十九次全国代表大会上，习近平总书记在报告中首次提出"乡村振兴"战略。这是党中央对"三农"工作做出的一个新的战略部署、提出的一个新的要求。从"新农村建设"到"乡村振兴"，既是党的"三农"工作的一次理念创新和战略跃升，也是一次全面的内涵提升和外延拓展。实施乡村振兴战略彰显了党对人民期待更高水平的回应，是对"三农"发展更高水平的布局，是社会主义新农村建设的"升级版"和新形态。

2. 乡村振兴战略的内涵与目标

十九大报告提出实施乡村振兴战略的总要求，就是坚持农业农村优先发展，努力做到"产业兴旺、生态宜居、乡风文明、治理有效、生活富裕"。建立健全城乡融合发展体制机制和政策体系，加快推进农业农村现代化。这是站在新的历史背景下，农业农村发展到新阶段的必然要求。十六届五中全会，曾经对建设社会主义新农村作出了一个概括，也是 5 句话 20 个字，是"生产发展、生活宽裕、乡风文明、村容整洁、管理民主"。互相对照，可以发现其内涵是不同的。乡村振兴战略的总要求，是农业农村发展到新的阶段，设定的一个新目标，提出的新的更高的要求，这个战略的实施将会为我国农业农村的发展注入强大的动力。

（1）"产业兴旺"目标

从"生产发展"升级到"产业兴旺"，"产业兴旺"是实施乡村振兴战略的根本。"产业兴旺"，是指农村整个产业体系，包括三产融合，都要全面发展。"产业兴旺"的提出，体现了农业不仅是一个提供物质产品的生产部门，还发展了乡村旅游、互联网＋农业等新业态，必须推动农村产业体系转型升级、一二三产业融合发展。

（2）"生态宜居"目标

从"村容整洁"升级到"生态宜居"，"生态宜居"是实施乡村振兴战略的基础。"村容整洁"就是农民的房前屋后要整理得干净些，但"生态宜居"不仅对村庄的生态环境有更高要求，而且也要求整个农业走绿色发展道路、整个农村的生态环境有明显改善，建设人与自然和谐共生的农业农村现代化体现了不仅要求环境优美，还要求空气新鲜、水源洁净、空间安全，建设人与自然和谐共处共生的宜居宜业综合体。

（3）"乡风文明"目标

相同提法的"乡风文明"，"乡风文明"是确保农村健康发展的关键所在。它是指提高农民整体素质，主要体现在：提高个人素质、更新价值观念、创建新的生活方式、构建和谐环境等。乡村文明本质上是农村精神文明建设问题。内容涵盖文化、风俗、法制、社会治安等诸多方面。因此，如何使广大农民过上丰富多彩的精神文化生活，也是乡村振兴战略的重要任务。

（4）"治理有效"目标

从"管理民主"升级到"治理有效"，"治理有效"是实现农村可持续发展的重要保证，它是在完善村党组织领导的村民自治制度的基础上，进一步加强农村基层基础工作，根据农村社会结构的新变化、实现治理体系和治理能力现代化，健全自治、法治、德治相结合的乡村治理体系。"治理有效"的提出，体现了由"管"到"治"的乡村治理新思维，体现了从注重基层民主制度建设过程到追求农村社会稳定结果的转换。

（5）"生活富裕"目标

从"生活宽裕"升级到"生活富裕"，"生活富裕"是农村发展成果的直观表征。它体现了要提升农村居民生活水平，建成更高水平的小康和共同富裕路上不落一人的决心。发展多种形式适度规模经营，培育新型农业经营主体，在促进农村一二三产业融合发展的基础上，支持和鼓励农民就业创业，拓宽增收渠道，提高农民收入水平。

（二）城乡一体化的提出与内涵

1. 城乡一体化的提出

城乡一体化是一个国家和地区在生产力水平或城市化水平发展到一定程度的必然选择。根据发达国家的现代化和城市化发展经验，当城市化水平低于 30% 时，城市文明基本上固定在城市里，农村远离城市文明；当城市化水平超过 30% 时，城市文明开始向农村渗透和传播，城市文明普及率呈加速增长趋势；当城市化水平达到 50% 时，城市文明普及率可能达到 70% 左右；当城市化水平达到 70% 以上时，城市文明普及率将接近或达到 100%。可见，城乡一体、统筹发展是城市化进程中的必然选择。我国由于各种原因导致城乡长期二元分割，2008 年党的十七届三中全会鲜明提出的城乡一体化战略，则为破解城乡二元结构和"三农"问题提供了全新思路和途径。2017 年党的十九大报告中提出实施乡村振兴战略，建立健全城乡融合发展体制机制和政策体系，体现党中央对城乡一体化战略的进一步深化。

2. 城乡一体化的内涵

城乡一体化又称城乡融合。它是指在社会发展战略上把城市、农村视为一个整体，使城乡协调发展、共同繁荣，城乡差别逐渐消失，最终融为一体的过程。

城乡一体化是一项重大而深刻的社会变革，它是随着生产力发展而促进城乡居民的生产方式、生活方式和居住方式改变的过程，是城乡人口、技术、资本、资源等要素相互融合，互为资源，互为市场，互相服务，逐步达到城乡在经济、社会、文化、生态上协调发展的过程。城乡一体化不仅是思想观念的更新，也是政策措施的变化；不仅是发展思路和增长方式的转变，也是产业布局和利益关系的调整；不仅是体制和机制的创新，也是领导方式和工作方法的改进。

3. 城乡一体化的内容

（1）推进城乡发展规划一体化

统筹城乡发展规划和布局是形成城乡一体化的前提。必须按照城乡发展规划一体化的要求，把农村和城市作为一个有机整体，在统一制定土地利用总体规划的基础上，明确分区功能定位，统一规划基本农田保护区、居民生活区、工业园区、商贸区、休闲区、生态涵养区等，使城乡发展能够互相衔接、互相促进。

（2）推进城乡产业发展一体化

推进城乡产业发展一体化是城乡一体化的基础与重点。它要求加速区域经济的协调发展，使三大产业在城乡之间进行广泛渗透融合，城乡经济相互促进，为城乡协调发展提供坚强的物质基础，最终实现共同繁荣。其重点一是要加速城乡工农业经济的一体化，使城乡工农业合理布局，相互补充，互相促进；二是要加快城乡第三产业，特别是商贸流通业的一体化，促进城乡间生产要素的流通，加速现代文明和先进服务业向农村扩散，促进城乡共同繁荣。

（3）推进城乡基础设施建设一体化

城乡发展的差距在基础设施方面尤为明显，要形成城乡一体化新格局，必须在推进城乡基础设施建设方面统一考虑、统一布局、统一推进。特别要增加对农村道路、水、电、通信和垃圾处理设施等方面的建设投入，提高上述设施的质量和服务功能，并与城市有关设施统筹考虑，实现城乡共建、城乡联网、城乡共享。

（4）推进城乡公共服务一体化

缩小城乡之间公共服务水平的差距，是扭转城乡发展差距扩大趋势的基础。为了促进城乡协调发展，必须按照有利于逐步实现基本公共服务均等化的要求，加快完善公共财政体制，加大公共财政向农村教育和公共卫生等方面的转移支付，尤其要加大中央和省级政府的投入力度。

（5）推进城乡劳动力就业一体化

近年来农民收入之所以保持较快的增长速度，一个重要因素是外出务工和从事二、三产业的农民越来越多，农民的非农收入持续较快增长。农民在非农产业和城镇就业已成为当前农民增收最直接、最有效的途径。逐步实现城乡就业和劳动力市场一体化，不仅是增加农民收入的重要途径，也是发育要素市场、支持城市经济发展的必然要求。

（6）推进城乡社会管理一体化

要建立有利于统筹城乡经济社会发展的政府管理体系，改变一些地方政府重城市、轻农村，重工业、轻农业，重市民、轻农民的做法，充分发挥政府在协调城乡经济社会发展和建立相关制度方面的作用。要加大户籍制度改革力度，进一步放宽农民进城落户的条件。要改革农村征地制度，引入市场机制并完善法规，切实解决好失地农民的就业和生活保障问题。

（三）乡村振兴战略与城乡一体化的辩证关系

1. 相辅相成，协同共生

推进城乡一体化与乡村振兴战略相辅相成、协同共生。通过统筹城乡经济发展，可以实现以工补农、以城带乡、城乡产业优势互补的良性互动，促进农村的产业兴旺、农民生活富裕；通过统筹城乡两个文明建设和空间布局一体化，可以促进农村的生态宜居和乡风文明；通过统筹城乡社会事业和社会管理改革，可以推进农村有效管理、社会事业得到快速发展。这样，通过统筹城乡发展，实行工业反哺农业、城市支持农村，让广大农民共享改革发展成果，就可以在城乡一体化的形式上，逐步建立起以工补农、城乡良性互动、协调发展的新型城乡关系，有力推动乡村振兴战略的实施。

2. 本质相异，各司其职

乡村振兴本质是在农村发展中探寻实现最合适中国农村现状的发展战略；城乡一体化的本质强调的是打破城乡之间的隔阂，弥补农村户口与城市户口之间的鸿沟，在机制上实现二者间的公平。作为农业大国，我国农业是经济的基础，而无论城乡一体化深化到什么程度，我国也不可能没有农村，城市并不能替代农村，所以城市与农村在功能与特征上迥然不同，各司其职。一方面，城市，特别是大城市和城市群的建设重点是在提供基础设施，以增强城市承载力，以发展第二、第三产业，并且向周边小城镇辐射，并且城市还承担了吸纳农村剩余劳动力的功能。另一方面，农村与农业部门应承担保障粮食、生态和环境安全等各方面的安全功能。

🔑 动动脑

1. 农村发展体现为哪些方面？
2. 新农村建设与城乡一体化的关系如何？

🌿 链接案例

林毅夫：发展中国家怎么摆脱贫困？

中国马铃薯：成也"土豆"，败也"土豆"

地方政府因地制宜的产业政策在中国最贫穷的地区之一成就了一个显著的转变。安定区已成为中国的"土豆之都"。土豆种植现在占安定全区耕地面积的 60% 以上，60% 的农民收入来源于土豆生产。

马铃薯是世界排名第四的重要农作物，仅次于小麦、水稻和玉米。然而，在人类的食品序列中，马铃薯并非什么高档产品。历经五个多世纪的历史，它已被改良为一种能在所有大陆的高原种植的主要农作物和一款重要的餐桌主食。第二次世界大战之后，随着饮食口味日趋全球化，像麦当劳这样的跨国公司研发生产了各种标准化生产的薯条、薯片和其他冷冻及加工方便食品，马铃薯又开辟了新的市场。

在 20 世纪 90 年代初，中国的权威部门确定了"土豆"（即马铃薯）是一个潜在的收入来源，并对其产业进行鼓励支持，但很少有人认同这样的意见。即使在甘肃省的安定地区（甘肃省定西市下辖安定区，有中国薯都之称，这里的土豆种植已经有相当长的时间），它仍被视为一种有很大市场风险的次要作物，特别是在与小麦相比时，因为政府对小麦的收购价格是有保障的。

此外，农民个人对土地拥有了使用权，这是 20 世纪 80 年代中国农村改革带来的一个变化，农民可以自己做出种植决策，国家不能强迫他们把作物种植品种从小麦转为土豆。地方官员为了使农民相信土豆是本地区的比较优势并且能够带来优厚的收入前景，首先动员村干部在他们的土地上试验大规模种植土豆。虽然出场价格很低（因为较高的土豆产量很大程度上抵消了较低的价格），相对于种植小麦，第一批土豆生产者仍然获得了大量收入。从种植小麦转为种植土豆，即使每公斤土豆的价格较低，总收入也是成倍地提高。除了种植土豆本身得到的较高的经济回报之外，政府还提供资助，使许多农民得以购买优质的土豆种子。

图 1-3 甘肃安定土豆基地

安定区恶劣的自然环境是不言而喻的，却仍然适合土豆的种植，干燥的气候减少了对农药的需求，灌溉设施到位可以改善土地质量。土豆产量的增长吸引了许多急功近利的商人，他们迫不及待地利用价格信息的不对称，从中获利。安定政府针对供应链的分析发现，农民种植土豆作物收入不高的主要原因是他们缺乏市场信息，而且他们的集体议价能力弱。政府帮助他们建立了农民协会，培训当地农民，使他们也成为有能力议价的商人。

考虑到土豆生产的季节性，政府部门与农民合作，帮助他们开发新的和更好的产品品种，并提供补贴，建设存储设施，激励土豆加工制造业的创建。当地政府为支持具有附加价值的加工行业的发展，还与银行联手，为投资者提供贷款，帮助他们解决消费市场剩余的低质土豆，并设定了保底价格。这既给农民带来了额外的收入，又增加了政府的税收收入。这种对农民的支持使农民能够将土豆储存更长的时间，在全年之内都可以平稳地供货，并以有利的价格销售出去。总的说来，地方政府因地制宜的产业政策在中国最贫穷的地区之一成就了一个显著的转变。安定区已成为中国的"土豆之都"。土豆种植现在占安定全区耕地面积的60%以上，超过30%的农村人口参与土豆相关的生产、营销、加工活动，而且，60%的农民收入来源于土豆生产。

然而，当土豆被认定为该地区一个重要的潜在收入和就业来源时，许多专家表示鄙夷，他们认为这简直又是一个失败的政府主导的产业政策。他们强调，中国的商业环境差、技能短缺，而且地理位置似乎不适合种植土豆。对此，张晓波和胡定寰曾反驳道："安定区恶劣的自然环境与许多撒哈拉以南非洲国家相比可谓有过之而无不及。然而，在过去30年，安定区的土地和劳动生产率都有显著改善。因此，安定区农业转型的成功可以为其他在相同发展阶段的国家提供一些有益的经验。"

这样一个成功的故事，同样也可以看作纯粹的奇闻逸事，怀疑论者也会把它当作另一个"只有中国才能成功"的传奇故事，因为对于一个普通的、仍然贫困的、也许还不具备强有力的组织能力的国家来说，这一切似乎过于"复杂"了。

如果从这个故事中得出这样的结论，那将是不正确的。事实上，除了遵循一般常识和从经济分析中得到借鉴，中国的有关机构在建设土豆生产集群上并没有做什么超常的事。就像沙漠中的以色列人，他们与农民和投资者选择的产业是一个与本地经济的潜在比较优势相吻合的产业。他们设计并实施了一个简单的政策方案，帮助消除生产和销售的桎梏障碍，并迅速将所取得的成果广泛地共享。

马里芒果：从内陆"远渡重洋"的历程

即使在营商环境极其恶劣的低收入非洲国家，在特定的行业和领域也可以实现像以色列和中国那样的高速增长。Chuhan-Pole and Angwafo（2011）记述了其中一个关于非洲经济成功的故事，故事讲的是马里的芒果出口。在这个不同寻常的故事里有一个亮点：萨赫勒地区贫穷的内陆国马里，在1996年到2006年之间，出口到欧盟的芒果增加了6倍，在2014年进一步达到3 800万吨，这提高了几百万农民的收入，改善了他们的生活。

这一变化起始于20世纪90年代，那时国家的营商环境非常不理想——即使在2014年，马里的营商环境评级依然很低，世界银行对它的营商指数评级在全球189个经济体中排名第155位。1990年，马里的农业产值占GDP的比例为46%，农业劳动人口占总劳动人口的80%。然而，由于缺乏必要的基础建设，马里无法将出口收益的好处向广大的农业区普及。全国只铺设了11%的道路（2011年达到25%）。马里芒果出口欧盟的高峰年度是2006年，即使在这一年，固定电话和移动电话拥有者也仅占全国人口的13%，低于世界低收入国家的平均值17%。只有不到10%的农场有银行信贷额度。

但是，马里政府依然决定将国家发展战略聚焦于自身具有比较优势的产业。其中，芒果作为首选，是因为南部地区的布古尼和锡卡索具有适合芒果生长的优良的气候条件，以及欧洲市场对芒果的需求快速增长。不仅如此，私人部门已经认定芒果是具有竞争力的作物，小农场主也极其依赖芒果，把它们作为重要的收入来源。

尽管马里的水果和蔬菜有很高的品质，然而国家基础设施匮乏，空运成本过高，市场调研和其他外延服务能力缺乏，储存设施建设不足，所有这些都严重地限制了其销售和出口能力。1992年，马里政府起草了国家农业发展战略——《国家农业发展指导纲要》（SDDR），强调商业农业、出口激励和高附加值，并且开始引导资源投向这些目标。在一些援助组织的帮助下（尤其是来自世界银行和美国国际开发署的帮助），马里政府于1996年也设立了农产品交易和加工试点项目（PAVCOPA），旨在鼓励农业综合经营和出口。

它允许利益相关者为提高产品销售寻找更有效的方法，与此同时，运输和物流系统的革新也使得种植者和出口商能够实现规模效益。

政府也在市场调研、价值链成本分析、标杆管理、产业限制评估等方面起到了因势利导的作用，同时还提供了技术支援和植物检疫方面的培训。

图 1-4　马里政府的农业发展计划，乡间女性会成为受益者

这些政策举措促成了积极外部性的良性循环，马里出口水果的平均质量也明显提高。并且，伴随着基于双赢的交易往来，出口商和种植者之间的关系进一步强化，在产品层面的反向关联已然形成。马里也能在互惠贸易的细分市场中找到稳固的立足点。

芒果出口增长的启动导致了相关子部门的转型，并且增加了私人部门的收益。这进一步以实例更好地验证了以下观点：只要政府和私人部门紧密配合，找出最有竞争力前景的产业——与经济的比较优势一致——并且设计一个可管理的、有目标的改革计划去消除限制发展最严重的瓶颈，那么经济成功的故事就可以发生在最不可能的地方。

（资料来源：中国经济 50 人论坛，2017 年 4 月 24 日）

复习思考题

1. 什么是发展中国家？它具有哪些特征？
2. 中国在发展中国家中的定位如何？
3. 什么是农村发展？它具有哪些特征？
4. 农村发展与城市发展的关系如何？
5. 农村发展与国家发展的关系如何？
6. 何谓新农村建设？其目标有哪些？
7. 何谓城乡一体化？其内容有哪些？
8. 新农村建设和城乡一体化的辩证关系是什么？

第二章　农村发展经济学理论

学习目标

1. 了解人口流动与人力资本理论；

2. 了解农村金融发展理论；

3. 理解农业技术进步理论；

4. 掌握农村农业可持续发展理论；

5. 了解农村社会保障理论。

第一节　农村人口流动与人力资本理论

案例导入

中国人口发展规划：未来 15 年 2 亿人从农村移居城镇

2020 年全国总人口达到 14.2 亿人左右，2030 年达到 14.5 亿人左右。记者从日前国务院印发的《国家人口发展规划（2016—2030 年）》（以下简称《规划》）中获悉以上内容。

流动人口：未来 15 年 2 亿人从农村移居城镇

在"十二五"期间，我国人口城乡结构发生重大变化。常住人口城镇化率从 2010 年的 49.95% 提升至 2015 年的 56.1%，流动人口从 2.21 亿人增加到 2.47 亿人。

《规划》指出，未来 15 年，我国人口流动仍然活跃，人口集聚进一步增强。预计 2016—2030 年，农村向城镇累计转移人口约 2 亿人，转移势头有所减弱，城镇化水平持续提高。此外，以"瑷珲—腾冲线"为界的全国人口分布基本格局保持不变，但人口将持续向沿江、沿海、铁路沿线地区聚集，城市群人口集聚度加大。然而，我国人口合理有序流动仍面临体制机制障碍。城乡、区域间人口流动仍面临户籍、财政、土地等改革不到位形成的制度性约束，人口集聚与产业集聚不同步、公共服务资源配置与常住人口不衔接、人口城镇化滞后于土地城镇化等问题依然突出，不利于有效支撑国家重大区域战略实施。

《规划》明确，到 2020 年实现 1 亿左右农业转移人口和其他常住人口在城镇落户，全面提高城镇化质量。2016—2020 年，户籍人口城镇化率年均提高 1 个百分点以上，年均转户 1 300 万人以上。《规划》提出，进一步拓宽落户通道。除极少数超大城市外，全面放宽农业转移人口落户条件。调整完善超大城市和特大城市落户政策，区分城市的主城区、郊区、新区等区域，分类制定落户政策，重点解决符合条件的普通劳动者落户问题。

解读：2020 年前实现一亿人落户大挑战

城镇化和人口流动活跃仍是未来大趋势。然而，目前我国人口合理有序流动仍面临体制机制障碍。

国家发改委相关负责人称，在优化人口空间布局方面首先是加快推进以人为核心的城镇化，畅通落户渠道，拓展就近城镇化空间，全面提高城镇化质量。二是以城市群为主体形态促进大中小城市和小城镇协调发展，优化提升东部地区城市群，培育发展中西部地区城市群，推动人口合理集聚。该负责人表示，第三是着力改善人口资源环境平衡，制定和完善与主体功能区相配套的人口政策，大力推行绿色生产生活方式，保障边境地区人口安全。四是深化户籍制度、财政制度、农村集体产权制度改革，完善流动人口服务管理，全面破除人口流动的体制机制障碍。

北京大学社会学系教授陆杰华表示，过去我国的城镇化速度比较快，但国家更强调"新型城镇化"。这不是统计上的城镇化水平提高，更多是要实现"人的城镇化"。从2016年到2020年，要实现1亿人落户到城镇。要完成这个目标，挑战是非常大的。

陆杰华曾表示，从20世纪90年代以来，流动人口规模持续增长。按照统计数据，2015年城镇化率是56.1%，实际上把2.47亿流动人口算了进去，但这部分人没有享受到和城镇户籍人口相同的基本公共服务。

（资料来源：新京报，2017年1月26日）

🌱 **案例思考**

我国农村人口流动呈现出什么特点？

一、刘易斯的理论模型

（一）理论的提出

在关于经济发展的全部理论中，刘易斯的"两部门剩余劳动"理论模型是最为重要的模型之一。1954年，刘易斯在英国曼彻斯特大学学报上发表了一篇具有里程碑意义的"劳动无限供给条件下的经济发展"一文，首次提出了完整的两部门经济发展模型，旨在研究仅能维持生存的传统经济的结构转型。之后，拉尼斯（G.Ranis）和费景汉（J.C.H.Fei）对刘易斯理论加以修正。20世纪六七十年代，刘易斯的理论模型成为剩余劳动力大量存在的发展中国家的一般发展理论。刘易斯因其理论贡献而于1979年荣获诺贝尔经济科学奖。

（二）理论的主要内容

在刘易斯的模型中，发展中国家是由两个不同性质的经济部门所组成。一个是传统部门，是一个传统的、人口过剩的、仅能维持生存的农业部门。传统部门中存在着边际生产率低于其生活费用甚至等于零的劳动力。边际生产率在零到最低生活费之间的那部分劳动力被统称为过剩劳动力。其中边际生产率为零的那部分劳动力被称为纯粹的剩余劳动力。另一个是城市中的现代工业部门。这个部门由于具有较高的劳动生产率，因而接受从仅能维持生存部门转移出来的劳动力。

刘易斯模型研究的重点在于：一个是农业部门劳动力的转移过程，另一个是现代部门的产出和就业增长过程。农业部门劳动力的转移和现代部门的就业增长都是由现代部门产出的增加而带来的。它们的转移或扩张速度取决于在现代工业部门中投资的多少和工资的高低。假定资本家将所得到的利润都重新投资，则投资的多少就取决于现代部门利润超过工资的部分。最后，刘易斯假定城市工业部门的工资水平不变，并且这一工资是由传统农业部门中仅能维持基本生存的工资水平再乘以一个百分比得到。例如，刘易斯认为城市工业部门的工资水平至少必须比农业部门的工资水平高30%，才能吸引农业部门的劳动力进入工业部门。在城市工业部门的工资水平不变的前提条件下，从农业部门转移到城市工业部门的劳动力供给曲线被认为具有完全弹性。

下面用图 2-1 来解释刘易斯两部门经济中现代部门增长的模型。

横轴表示工业部门的劳动力数量，纵轴表示工业部门工人的实际工资或劳动的边际产量。OA 表示传统农业部门中仅能维持生存的平均实际收入水平，OW 表示工业部门的实际工资水平。在 OW 工资水平上，农业劳动供给是无限的或完全弹性的，用 WS 表示，因此，其形状是水平的。其经济含义在于，在这一工资水平下，工业部门可以雇佣任意多的劳动力，而无须考虑工资水平的上涨，其根本原因在于劳动力供给是"无限的"。在经济发展初期，假定资本供给为 K，同时存在一条由递减的劳动边际产量决定的劳动需求曲线，其形状为向下倾斜，在图中用 D_1（K_1）表示。不失一般性，假定现代工业部门追求利润最大化。基于此假定，城市工业部门雇佣工人的人数直到他们所生产的边际产品与实际工资相等时才会停止。在图中表现为，劳动供给曲线 WS 与劳动需求曲线 D_1（K_1）的交点。此时，劳动的雇佣人数为 OL_1，工人的工资总额为 $OWFL_1$，现代工业部门的总产出为 OD_1FL_1，D_1WF 则表示总产出的剩余部分，即资本家所得利润总额。

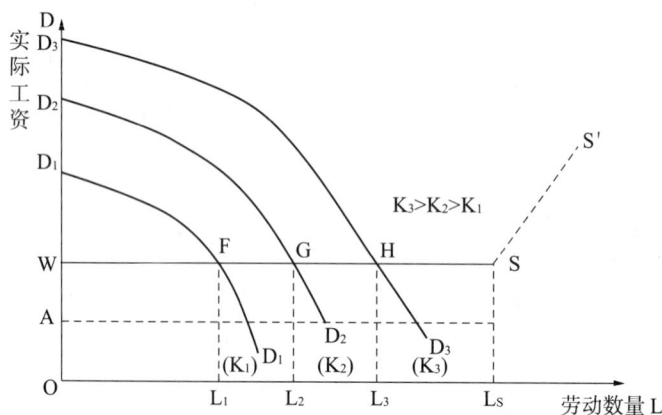

图 2-1　刘易斯两部门剩余劳动理论模型

刘易斯进一步假定，现代工业部门的资本家将会把所有利润用来再投资，从而现代工业部门的资本量将从 K_1 增长到 K_2。与此同时，资本量的增长将导致现代工业部门总产量达到 OD_2GL_2，雇佣的工人数量增加到 OL_2，工人的工资总额增加到 $OWGL_2$，资本家所得利润总额增加到 WD_2G。此后，利润又可继续投资，资本量进一步达到 K_3，雇佣的工人数量增加，工业部门产量增加，利润增加。这一过程将如此循环，一直到工业部门将所有的农业部门的剩余劳动力吸收完为止。此后，由于不断下降的劳动—土地比率意味着农村劳动力的边际产品不再为零，所以，只有当付出比从事农业生产损失更高的成本，才能把农业部门的劳动力吸引出来。这样，伴随着现代工业部门工资和就业的继续增长，劳动供给曲线就不再是一条水平线，而变为向上倾斜的曲线。如图 2-1 所示，当劳动力人数超过剩余劳动力数量 OLs 时，劳动力供给曲线将变成一条向上倾斜的曲线 SS'。综上所述，可以发现当经济活动不断地从传统农业部门向现代工业部门的转移，经济结构将发生变动。

（三）理论的主要意义

刘易斯模式对经济发展理论有很大的影响。在刘易斯建立这一模式后的初期，受到了很多发展经济学家的赞扬和认可。

第一，模式所说的二元结构，大体上符合许多发展中国家的经济特点。与哈罗德—多马模式之类的总量发展分析相比，更接近发展中国家的现实。

第二，刘易斯模式把经济增长和人口流动联系起来观察落后国家的经济发展，其过程与发达国家曾经走过的道路有一致之处，因而模式具有一定的历史经验基础。

第三，刘易斯模式的重点在工业的扩大，但也提到剩余劳动力的消失将逐渐促进农业的进步。这一点，体现了刘易斯并不只偏重工业化而忽视农业进步的思想。

二、拉尼斯—费景汉模型

（一）理论的提出

刘易斯的二元经济理论模型对农村劳动力转移理论具有重要意义，但是它却是根据发达国家在起飞过程中的具体情况得出来的理论，与发展中国家还是存在一些不相符合的地方。比如，刘易斯模型假定城市中不存在剩余劳动力，而实际上，发展中国家的城市中就业也是不充分的，也存在失业现象。农业部门的技术水平也不是永远不变的等。针对刘易斯理论中存在的一些缺陷，20 世纪 60 年代，两位美国经济学家拉尼斯和费景汉合写了《经济发展理论》和《劳动剩余经济的发展》两篇论文，在这两篇论文中提出了他们的改进理论，被称为拉尼斯—费景汉模型。

（二）理论的主要内容

拉尼斯—费景汉模型中把劳动力转移划分为三个阶段。

第一阶段的特征是农业劳动的边际生产率为零的阶段，也就是劳动力无限供给（类似于刘易斯二元经济理论）。在此阶段，农业部门存在隐性失业，隐性失业的农村劳动力转移到工业部门，农产品产量不会减少，农村劳动力对工业部门的供给具有无限弹性，农村劳动力的转移不具有任何困难。

第二阶段的特征是农业劳动边际生产率开始上升，出现了大于零，但仍小于农业的平均固定收入的阶段。工业部门的发展和扩张使得农业部门开始出现劳动力数量的减少，虽然这时的农村劳动边际生产率不断得到提高，但这时农村剩余劳动力的收入仍然低于农业的平均固定收入。因此这个阶段农村依旧存在着农村的剩余劳动力，这些农村剩余劳动力继续向工业部门转移直到完全转移完毕。这个阶段由于农业剩余劳动力边际生产率大于零，因而转移使农业总产量下降，尤其是粮食短缺，工农业直接的贸易条件开始有益于农业部门，农村劳动力对工业部门的供给开始由无限供给转为有限供给，工资水平开始缓慢上升，第一个关键性的转折点开始出现，即刘易斯第一转折点出现。

第三阶段的特征是农业的劳动力边际生产率开始出现等于或者大于农业的平均固定收入。此时农村的剩余劳动力已经完全被工业部门所吸收，农村劳动力的工资是根据市场上劳动的边际生产率的决定，而不是再受习惯或者道德力量限制。这时的农村劳动力和城市的产业工人一样，工资都由其劳动边际生产率决定，农业生产和劳动开始出现商业化的趋势。工业部门如果要继续从农村获得劳动力就需要支付给农村劳动力较高的工资，这样才能够弥补农村劳动力转移出农村带来的损失。这时的农业和工业，农村和城市形成了统一的劳动力市场，这时有限的劳动力供给被完全吸收，农业劳动力的商业化时期到来，第二转折点即刘易斯第二转折点开始出现了。

拉尼斯—费景汉的理论对刘易斯的二元经济结构理论进行了修正，并提出如何解决促使农村剩余劳动力不断转移到第三阶段，其唯一的方法就是提高劳动力转移过程中的农业生产率，从而促使农业和工业的同步发展。为了保证达到工业部门和农业部门平衡发展的目标，该理论提出保持工业部门和农业部门这两个部门的贸易条件都不会恶化的增长刺激的平衡原则。这是在假设人口保持不变的前提条件下提出来的，然而实际上发展中国家的人口增长是非常迅速的，这就加大了转移农村剩余劳动力的难度。为此，该理论认为必须使人口增长速度小于转移农村剩余劳动力的速度。由此提出了"临界最小努力"的概念，即一个国家或者地区的工业部门劳动力的增加数量刚好是农村的剩余劳动力都被工业部门所吸收的数量。并指出，人口增长率的大小决定了临界最小努力的大小。

（三）理论的主要意义

拉尼斯—费景汉理论模型的重要意义在于发展了刘易斯的二元经济结构理论。具体主要体现为以下方面。

首先，该理论认为农业部门不仅提供工业部门发展所需的廉价劳动力，而且为工业部门提供工业发展所需的农业剩余。所以，工业部门和农业部门这两个部门必须平衡发展。

其次，该理论不仅仅认为资本积累是经济发展和扩大工业生产的基础，同时强调了资本积累和技术进步在经济发展和扩大工业生产过程中的重大作用。

再次，该理论不仅仅提出了人口增长在转移农村剩余劳动力过程中的阻碍作用，而且还为转移农村剩余劳动力所需的努力确立了临界准则。

此外，虽然拉尼斯—费景汉的理论模型对刘易斯的二元经济结构理论进行了完善和发展，但是由于该理论建立的基础是农村有剩余劳动力、城市中不存在失业现象以及假定人口不变，因此该理论除了有和刘易斯二元结构理论共同具有的缺陷外，自身还存在着一个重要缺陷，即它假设农村劳动力的工资不会因为农业生产率的提高而得到提高，这显然不符合实际。

三、乔根森模型

（一）理论的提出

美国的著名经济学家乔根森（D.Jorgenson）应用新古典主义（New Classicalism）的分析方法，创立了一个新的二元结构模型，也就是乔根森理论模型。

（二）理论的主要内容

该理论模型认为，促使农村劳动力转移的理论基础是农业剩余。这一点是乔根森为二元结构经济理论所做出的最重要贡献。他认为当农业剩余不存在，也即农业剩余为零时，农村是没有剩余劳动力可转移的。只有在农业剩余存在的情况下，才可能会出现农村的剩余劳动力转移现象。在有农业剩余存在这一前提下，乔根森还提出了另一个假设，也即农业总产出与人口增长相一致。在这一假设条件下，不断提高的农业技术水平将会引起农业剩余的不断增加，进而导致更多的农村剩余劳动力发生转移。正因为如此，农业剩余的规模决定了农村剩余劳动力的转移规模以及工业部门的发展规模。

（三）理论的主要意义

与刘易斯、拉尼斯和费景汉理论模型相比，该理论模型存在以下几点不同之处。

第一，创立的理论基础不同。乔根森以农业剩余与新古典主义的分析方法为其理论基础；而刘易斯等人则以劳动剩余与古典主义的分析方法为理论基础。

第二，对农村劳动力工资的看法不同。乔根森认为伴随着资本积累的增加以及技术的不断进步工资也是会不断提高的；而刘易斯等人则认为全部的剩余劳动力转移在被工业部门完全吸收之前，工资是固定的，不会发生变化，是由农业的人均收入的平均水平所决定的。

第三，劳动力转移的原因和作用不同。乔根森认为农村劳动力发生转移的根本原因是消费结构的变化造成的；刘易斯等人则认为农村的劳动力由农业部门转移到工业部门，不仅提高了整个经济的生产率，而且促进了经济的发展。

第四，出发点不同。乔根森理论以马尔萨斯的人口论作为其出发点，他认为经济的增长决定了人口的增长。正因如此，他的理论否定了刘易斯等人理论中提出的固定工资观点以及劳动剩余假说。

尽管乔根森否定刘易斯等人提出的固定工资观点与劳动剩余假说意义重大，但该理论也存在缺陷。如乔根森理论中有关粮食需求的收入弹性的假定观点，他认为当有农业剩余存在时，粮食需求的收入弹性则为零，这与实际不符。而且他以马尔萨斯人口论作为其出发点的观点也是和发展中国家实际不相符的。

四、托达罗的人口流动模型

（一）理论的提出

传统的经济模型认为，人口之所以从农村流向城市，是对城市地区收入高于农村收入状况的自然理性经济反映。因此，城乡收入差别是诱使农村人口向城市移民的基本因素。美国发展经济学家托达罗（Todaro，M.P.）认为，人口流动主要是一种经济现象，对一个迁移者来说，尽管城市存在失业，但他做出向城市迁移的决策仍然是合乎理性的。

（二）理论的主要内容

托达罗的人口流动模型认为，人口流动过程是人们对城乡预期收入差异做出的反应，而不是对实际收入差异做出的反应。它的基本前提是，迁移者可以考虑在农村和城市部门中他们能在各种劳动力市场获得就业机会，从中选择一个通过迁移能使他们的预期收入最大化的机会。预期收入是按照城乡工作间的实际收入差异和一个新迁移者获得一份城市工作的可能来衡量的。

托达罗人口流动模型的主要特征包括以下四点。

第一，人口迁移主要归因于相对收益和成本的经济考虑（也有心理因素）。

第二，迁移决策是依赖于"预期"，而不是现实的城市与农村的实际工资差额。预期包括两个因素：一是工资水平；二是就业概率。

第三，农村劳动力得到城市工作的概率与城市失业率成反比。

第四，超过城市就业机会增长率的人口迁移不仅是可能的，而且是合理的，甚至可能扩大城市与农村预期收入的差额。

由此可知，城市失业率高是大部分发展中国家城乡间经济比例严重失衡不可避免的结果。

（三）理论的主要意义

强调预期，正是托达罗模型不同于传统人口流动模型之所在。这是因为，在发展中国家的城市中，还远未实现充分就业。农村劳动力如果只从现实的城乡收入差异出发，贸然决定向城市迁移，进入城市劳动力市场，结果可能是，他们可能找不到工作，或只能在城市中传统的、非正式部门谋求临时的或非全日的工作。因此，他们在比较城市现实工资的同时，还得考虑进入城市后有多大风险会在相当长的时期内处于失业或就业不足的状态。事实上，该假定认为，一个现实的或潜在的劳动力把他在一定时期内城市部门的预期收入（即迁移的收益和成本之间的差额）与当时农村普遍的平均收入相比较，如果前者高于后者，那么，他就会迁移。

举例来说。假定一个普通的农村劳动力有两种选择。第一种选择，他继续在农业部门工作，并获得500元的年收入。第二种选择，他可迁入城市到现代部门工作，并获得1 000元的年收入。按照传统的人口流动模型，这个农村劳动力将为获得更高的收入而迁入城市。但是，在托达罗看来，这种假定是从工业化国家经济中演化出来的结论。这种假定暗含着这些国家处于一种充分就业状态。在充分就业状态下，劳动者的迁移决策只是依据收入高低这一因素而定。因此，托达罗认为，在未能充分就业的情况下，潜在的迁移者不能只考虑两种工作的实际收入差异，还得考虑一定时期内在城市现代部门找到高报酬工作的就业机会或概率的大小。因此，当发展中国家的农村劳动力在做出迁移决策时，必须在获得高收入的可能性和在相当长一段时间内失业或就业不足间进行权衡。

例如，如果城市失业率较高，他获得高收入工作的机会只有20%，那么城市工作比农村工作收入要高一倍，对迁移者来说并无实际意义，因为他预期一年内的城市工作实际收入为200元，而不是1 000元，这样一来就低于在农村工作可能所获得的收入。因而，此时他就不会选择迁移。然而，如果他获得高收入工作的机会提高到60%，则他预期一年内的城市工作实际收入为600元，这高于他在农村工作所得的收入，因此，这时做出迁移的选择就是一个合乎理性的决定。

概而言之，只要未来的预期城市收入的"现值"要高于未来的预期农村收入的"现值"，人们将会选择从农村向城市流动。托达罗假定农业劳动者迁入城市的动机主要取决于城乡预期收入差异，差异越大，流入城市的人口越多。上述关系可表示为：

$$M = f(d) \quad f' > 0$$

式中，M表示人口从农村迁入城市的数目，d表示城乡预期收入差异，f' > 0表示人口流动是预期收入差异的增函数。若d > 0，则迁移者愿意流入城市，城市净流入人口就增加；若d < 0，则迁移者不愿意流入城市，甚至从城市倒流入乡村。于是，

城市净流入人口就不会增加，甚至减少。托达罗认为，当前发展中国家城市移民人数猛增，主要是城乡预期收入差异扩大的结果。城市就业机会越多，城乡预期收入差异越大，迁移到城市的人口越多，城市失业水平越高。这在一定程度上解释了为什么一些发展中国家为了降低城市中的高失业率，采取了一系列能够降低城市失业率的措施，其结果非但没有降低城市中的失业率，反而使城市中的失业率进一步提高的原因。

五、舒尔茨的农业发展理论

（一）理论的提出

西奥多·舒尔茨（T.W. Schultz）是美国芝加哥大学教授，1960年被选为美国经济学会会长。20世纪30年代后期和40年代，舒尔茨集中精力研究美国的农业政策。其研究成果集中表现为1943—1953年陆续发表的四本著作，即《重新调整农业政策》（1943）、《不稳定经济条件下的农业》（1945）、《农业生产和福利》（1949）和《农业的经济组织》（1953）。后来他又把注意力转到人力资本投资问题上，这方面代表作有：《对人的投资——一个经济学家的观点》（1959）、《由教育形成的资本》（1960）、《人力资本投资》（1961，1971）、《教育与经济增长》（1961）、《对人的投资见解》（1962）、《教育的经济价值》（1963）、《人力资源》（1972）、《处理不平衡能力的价值》（1975）等。因其对农业经济、人力资本理论以及经济发展理论的贡献，1979年荣获诺贝尔经济学奖。

（二）理论的主要内容

舒尔茨长期专注于农业经济和以农业为基础的经济发展问题的研究，对于农业经济学的发展和发展经济学的进步做出了重要贡献。舒尔茨在研究中发现，从20世纪初到20世纪50年代，美国农业生产率迅速提高和农业产量迅速增加主要归因于人的能力和技术水平的提高，而不是土地、人口数量或资本投入的增加。传统的经济理论认为，经济增长必须依赖于物质资本和劳动力的增加。舒尔茨指出，这种传统观点不符合现代经济。因为人的知识、能力和健康等人力资本的提高，对经济增长的贡献要远远大于物质资本和劳动力数量的增加。对此，舒尔茨曾定量研究了1900—1957年物质资本的收益和人力资本的收益。结果表明，美国人力资本投资额增加了4.5倍，同期物质资本的收益值增加了3.5倍，而人力资本的投资额仅增加了3.5倍，但其带来的收益却增加了17.5倍，因而其大大超过了物质资本投资的收益值。

20世纪60年代后，舒尔茨把发达国家农业经济学与人力资本理论结合起来，运用到发展中国家经济发展问题的研究，提出了改造传统农业的重要理论。1963年，他在《改造传统农业》一书中指出，将传统农业改造成高生产率的经济部门是非常必要的，并强调对农民的投资（智力投资）是改造传统农业的关键因素。舒尔茨认为，资本应该包括物质资本和人力资本两方面。前者体现在物质产品上，后者则依附劳动者身上，具体表现为人身上的知识和技能等。基于上述认识，舒尔茨提出了人力资本概念，并被西方经济学界称为"人力资本概念之父"。所谓人力资本，是指体现在人力资源身上的、以人力资源的数量和质量表示的一种非物质资本。从数量看，人力资本大体相当于一个国家在一定时点上的劳动力人数；从质量看，它以劳动者的素质或工作能力、技术水平和熟练程度来衡量。舒尔茨进一步强调，人力资本投资收益率超过物力资本投资的收益率，而教育则是人力资本形成的主要途径。

（三）理论的主要意义

舒尔茨的分析方法基本上属于新古典主义。在农业经济问题上，舒尔茨曾指出，传统农业中的农民，并非平常大家所认为的懒惰、愚昧和缺乏理性。实际上，他们已经对可获得的资源进行了有效配置，因而，传统农业可能是贫乏的，但效率是非常高的，并已经达到"均衡"的水平。在该水平上，"生产因素的使用，很少有不合理的低效率现象"。从这个意义上来说，作为"经济人"的农民，并不逊色于工业企业家。因此，舒尔茨提出改造传统农业的正确途径，是提供给农民一些现代"生产要素"，并加强人力资本投资，如教育和农业科研的投入。一旦有经济利益的刺激，农民便会为追求利润最大化而创新，进而达到改造传统农业的目的。舒尔茨运用市场均衡方法来研究人力资源的配置问题，但又不拘泥于静态均衡分析，该理论分析中常用动态的视角来考察经济发展，并高度重视经济发展中的失衡现象。

六、中国农村人口流动与人力资本理论的实践

我国近年来随着科技的进步、农业经济的飞速发展，农村劳动力转移的规模、范围日趋扩大。农村劳动力的转移，给我国各地区的经济发展注入了活力。据我国人力资源和社会保障部发布的公报显示，2016年年末，全国就业人员达到77 603万人，其中农村就业人数是36 175万人，占就业总人数的46.6%，农民工总量28 171万人，比上年增加424万人，增长1.5%。其中，本地农民工11 237万人，增长3.4%；外出农民工16 934万人，增长0.3%。2011—2015年我国农民工总量增长速度逐年减缓，随着人口红利的消失，我国农民工总量增速将逐年减缓。另外，2016年全国农民工月均收入水平3 275元，比上年增长6.6%。收入的增加给农业经济的发展注入了资本，促进农村地区经济的快速发展，逐步缩小农村同城市的收入差距，这有利于全面建设小康社会和构建社会主义和谐社会的更早实现。

农村劳动力转移已经取得很大成就，但是转移就业任务仍然十分艰巨。首先，我国是一个拥有14亿人口的发展中大国，其中农村人口占50.32%。农村剩余劳动力数量还是巨大的。其次，我国农村劳动力转移就业空间受多方面因素制约。户籍制度、就业制

度、社会保障制度、土地制度为代表的制度性制约，在很大程度上阻碍了农村劳动力向非产业与城镇的转移。第三，近年来，一面是珠江三角洲出现"民工荒"，它反映供需之间的矛盾和就业结构性矛盾，另一方面，我国不断出台的一系列惠农政策和新型农业经营主体的培育发展等，使得农民工可以就近就地就业，不需要再背井离乡，到大城市或者东南沿海城市打工。

动动脑

1. 农村人口流动与人力资本有哪些支撑理论？
2. 农村人口流动与农村经济发展之间的关系是什么？

第二节　农村金融发展理论

案例导入

引金融活水　富一方乡村

中国邮政储蓄银行湖北省分行（以下简称邮储银行湖北省分行）、湖北省农村信用社（以下简称湖北农信社），靠创新工作法，打出"组合拳"，有效地推动了湖北省的精准扶贫工作开展。

创新方法促精准扶贫

邮储银行湖北省分行总结出金融扶贫"12345"工作法。

秉承"一"个理念。以"普惠金融"理念推动精准扶贫工作，加大金融扶贫政策优惠力度和金融资源配置的倾斜力度，加快创新金融产品和服务，不断提升金融扶贫的精准度。至2019年，扶贫小额信贷规模力争达到10亿元，初步建成全方位覆盖贫困地区和贫困人口的普惠金融体系。

突出"两"类重点。一是重点支持有贷款意愿，有经营项目、还款能力和还款意愿的建档立卡贫困户，"量身打造"贫困户评级授信管理办法，确保扶贫信贷资金精准到户。二是重点支持带动贫困户脱贫的新型农业经营主体。

打好"三"个基础。邮储银行湖北省分行打造了一支2 000多人的吃苦耐劳的基层客户经理队伍，还在全省选派33名优秀青年骨干到县级团委挂职锻炼。同时，搭建一个便民平台。在县及县以下地区布设网点达到1 237个，投放自助存取款机等机具设备1 205台，建成863家农村综合金融服务站等。为支持贫困地区经济发展，邮储银行湖北省分行还组建精准扶贫项目专班，启动了邮储助农贷、邮储扶贫贷、光伏扶贫贷等创新扶贫工作。

落实"四"单要求。一是单设部门。指定三农金融部为金融扶贫工作对口负责部门，建立"省、市、县"三级联动工作机制，全力推动金融扶贫工作开展。二是单创产品。为贫困户开发创新产品"惠农易贷"和"邮储扶贫贷"，制定管理办法及考核标准，切实落实精准扶贫工作要求。三是单列资源。扶贫贷款信贷规模不设限制，贫困户贷款可享受FTP（内部资金转移定价）五折优惠，免收工本费、小额账户管理费、年费。四是单独考核。对贫困地区不良贷款率实行差异化考核，提高不良率容忍度上限，并出台尽职免责办法。

推进"五"项工作。一是加快网络建设。以金融服务网络化工作站为依托，建立客户信息数据库31万条，贷款授信9.1亿元，发放贷款6.7亿元，布放商易通等助农取款机具1 199台，建立工作站1 378个，发放邮储绿卡800余万张，实现金融基础服务精准覆盖。二是建立特色支行。将利川、红安、咸丰县、蕲春、恩施城区5家单位作为金融扶贫示范支行，给予重点帮扶与指导，开辟金融产品创新审批的绿色通道。三是推进信用体系建设。联合农村基层党组织、"驻村第一书记"共同开展贫困农户信用等级评定工作，推进信用村建设活动，打造"银村合作"平台。四是扶持创富项目。积极开展"智力扶贫"，连续三年举办创富大赛，支持6 000多人创业创富，为贫困地区青年创业提供综合金融服务。五是优化生态环境。积极开展"送金融知识下乡""送贷下乡"等活动，切实提高贫困人群运用金融知识致富的意识和能力。

打出金融扶贫"组合拳"

2016年，湖北农信社创新模式，累计发放各项扶贫贷款51亿元，带动8万多贫困户增收。

创新"农商行＋扶贫办＋贫困户"模式，利用资金支持贫困户创业脱贫。针对建档立卡贫困户普遍存在无抵押、无担保的问题，由扶贫办拿出部分扶贫资金设立风险补偿基金，在湖北农信社专户存放，实行"一个平台运作，一个专户储存，统一操作管理，统一担保代偿"。湖北农信社按照风险补偿基金的7~10倍比例进行放大，对符合贷款条件、有技术、有项目，能够良好经营的建档立卡贫困户提供单户最高限额10万元、3年以内免抵押、免担保的信用贷款，让贫困户自主贷款、自主发展、自主脱贫。

创新"农商行＋龙头企业＋贫困农户"模式，利用产业带动贫困户脱贫。湖北农信社坚持"选准一种产业，支持一批项目，形成一个优势，辐射一方农户，带动一批农民脱贫"的支持原则，精准发力，与龙头企业签订扶贫协议，对其发放扶贫贴息贷款。通过信贷扶持产业链的龙头企业，充分发挥其产业核心的拉动作用，带动上下游农户脱贫。

创新"农商行＋新型经营主体＋贫困户"模式，利用能人带动脱贫。针对无技术、无独立经营能力的贫困户，湖北农信社积极探索间接帮扶模式，以贴息贷款的方式支持专业合作社、家庭农场、种养专业大户的发展，通过能人、大户带动的方式，为有劳动意愿的贫困户提供就业岗位，为贫困种养殖户免费提供技术、种苗等，增加其家庭收入，帮助其脱贫致富。此外，湖北农信社大力推进"三通"工程，即：自助银行"镇镇通"、电话银行"村村通"、手机银行"户户通"，努力打通农村金融服务最后一公里。目前，已布设自助存取款设备 5 015 台，乡镇覆盖率达 98%；在 2 万多个行政村安装转账电话37 000 多台；410 万手机银行用户遍布农村千家万户。

（资料来源：人民网 – 人民日报，2017 年 05 月 10 日 ）

案例思考

农村金融对于农村经济发展的作用有哪些？

一、金融发展理论

在古典经济学中，就有对货币、银行等金融因素在经济中作用的讨论，但真正意义上的金融与经济关系研究，始于 19 世纪末 20 世纪初，如凯恩斯、熊比特等人就研究过金融与实质经济的关系。在 20 世纪六七十年代，系统的金融发展理论开始形成，这些经济学家主要有格利、爱德华·肖、戈德斯密斯、麦金农、卡普、马西森、加尔比斯等。到了 20 世纪八九十年代弗莱、列文、金等人对金融发展理论做出了重要贡献。在本节将介绍一些重要的金融发展理论。

（一）戈德斯密斯的金融发展理论

戈德斯密斯的贡献是奠定了金融发展理论的基础，其代表作是 1969 年出版的《金融结构与金融发展》一书。在该书中戈德斯密斯通过对数十个国家，前后长达百余年的金融发展史作了比较研究。

戈德斯密斯率先提出了综合全面的金融结构和金融发展的概念。他认为所谓金融结构，就是一国金融工具和金融机构的形式、性质及其相对规模。他认为金融结构可以进行数量化描述，戈德斯密斯列出了衡量一国金融结构的 8 个指标，这些指标主要涉及金融资产总额与实物资产总额的比值，金融资产与负债在金融机构与工具中的分布，金融资产与负债在各个经济部门中的重要程度。其中最重要的、应用最广泛的一个指标是金融相关率（FIR）。通过构建金融结构指标体系，并计算出几十个国家跨度长达几十年的相关数值，戈德斯密斯比较了这些国家的金融发展水平和历史。

戈德斯密斯通过对各个国家金融发展状况和经济发展水平的观察，认为虽然私人经济国家的金融结构和经济发展水平不尽相同，但是它们却具有大致一致的金融发展道路，在这一条道路上，金融相关比率、金融机构的相对地位等的变化都呈一定的规律性，差异在于起始点不同。

在金融发展对经济发展的作用上，戈德斯密斯强调金融机构与金融资产的种类越多，金融活动对经济的渗透力越强，经济受益于金融而发展得更快。但是在金融发展与经济发展的因果关系上，戈德斯密斯并没有得出确定的结论。

（二）麦金农和肖的金融深化理论

罗纳德·麦金农和爱德华·肖分别从金融抑制和金融深化两个不同的侧面研究了发展中国家的金融深化问题，得出一致的结论。他们的金融发展理论重点提及了真实利率对金融发展乃至经济增长的重大影响。

麦金农等人认为发展中国家是一种被分割的经济（Fragmented Economy）。在这种经济中，市场是极不完全的，因而，无论是商品的价格还是资本的收益都是被严重扭曲的。在货币金融领域，发展中国家主要存在以下四个方面的特殊性：①货币化程度低；②有组织金融机构与无组织金融机构同时存在；③缺乏完善的金融市场；④大多数发展中国家的政府对金融活动实行苛刻的管制，其主要表现是对存贷款利率规定严格的上下限，使实际利率长期地低于使资金供求相等的均衡利率，或通货膨胀率过高造成实际利率过低，成为负数，扭曲了国内资本市场，不能刺激储蓄或阻止低效率的投资，影响金融与经济的发展。他们认为发展中国家正确的金融改革途径应是放松对各类金融机构的管制，实行金融自由化，形成均衡的市场利率，从而提高储蓄率和投资率，进而促进经济发展。

总之，麦金农—肖金融发展模型的核心思想是主张实行金融自由化，以使实际利率通过市场机制的作用自动地趋于均衡水平从而保证经济发展以最优的速度发展。他们认为金融深化的金融战略显然对经济增长有正向的促进作用，在实证中主要表现为正的真实利率有利于经济的增长。

（三）加尔比斯的金融发展理论

自从 1973 年以来，许多经济学家纷纷对麦金农和肖所提出的金融压制和金融深化理论作了进一步的研究，并利用发展中国家的实证资料加以计量验证。在这一方面，较有影响的是西班牙经济学家加尔比斯。

加尔比斯于 1977 年发表《欠发达国家的金融中介与经济增长：一种理论的探讨》一文，在接受麦金农基本理论与政策主张的基础上，用一种"两部门模型"修正和补充了麦金农的"一部门模型"。加尔比斯的金融发展模型较符合有关发展中国家的实际情况。

加尔比斯基本同意麦金农的分析，认为发展中国家的经济总体说来是一种"被分割的经济"。这种经济有以下四个方面的特征：第一，生产技术大不相同的传统部门与现代部门同时存在，因而整个经济中不同投资者的收益水平相差悬殊；第二，现代化的生产过程需要大规模的投资，而发展中国家的主要经济成分——规模较小的小企业根本无法通过自筹资金的途径从事这种投资；第三，金融中介尚处于萌芽状态，不能有效地动员和分配社会资源，因而投资者在相当的程度上不必依赖于自我融资；第四，政府对经济活动的干预，尤其是对金融中介的干预，加剧了经济的分割性，从而它不但无助于经济发展，反而成为经济发展的障碍。

加尔比斯认为对发展中国家而言金融促进经济增长的重要机制在于金融可以使资金

从低收益的部门流向高收益的部门，从而导致整个经济增长的显著加速。而由于发展中国家的特殊性，发展中国家国内因技术原因形成的收益率的差异不能够通过资本的流动加以消除。

（四）弗莱的金融发展模型

美国经济学家马克斯维尔·弗莱（Maxwell Fry）的贡献在于修正和发展了麦金农—肖的金融发展模型，并对发展中国家货币与经济发展的关系作了深入的理论研究和广泛的计量验证。

弗莱认为经济增长的决定因素是投资的效率与规模。发展中国家资本稀缺，从而制约了投资规模的扩大；同时由于这些国家的实际利率过低而影响了投资效率。这样就制约了发展中国家的经济增长。弗莱的金融发展模型是由储蓄函数模型和投资效率模型这两个模型构成的。其结论是提高实际利率对经济增长具有扩大投资规模、增加投资有效性的双重作用。与麦金农等的观点一样，弗莱认为提高实际利率对经济增长具有双重效果，不过弗莱的模型对影响储蓄和投资的各种因素的分析似乎更为详尽一些。而且，弗莱还把时滞因素引入其模型，从而能更准确地反映储蓄与投资的变化对经济增长的实际影响。

二、农村金融发展理论

（一）农业信贷补贴论

20世纪80年代以前，农业信贷补贴论处于主导地位，又称为农业融资理论，该理论支持信贷供给先行的农村金融战略，代表学者有 Adams Dale W(2002) 等。该理论的前提背景是：①由于农村农业生产率低，农民收入来源单一，贫困农村居民没有一定的储蓄能力，因此储蓄转化投资严重不足，使得农村经济发展一直面临着资金缺乏的问题；②由于农业预期收入的不确定性、农业生产风险高、生产周期长、低收益性等，以营利为目标的商业银行不可能对农业发展提供足够的资金支持，银行往往把资金投向非农部门，农村资金缺口难以弥补。

该理论认为：①可以建立专门的、非营利性的金融机构从农村外部注入政策性资金，以增加农业生产和缓解农村贫困；②为缩小农业与其他产业之间的结构性收入差距，必然要求政府利用政策手段给予农业融资较低的利率，以加大对农业的投入；③由于农村难以从正式金融机构获得低成本资金，而非正规金融机构的利率很高，这使得农户由于较高的融资成本而变得更加贫穷，因此必须让政府通过银行的农村支行和农村信用合作组织将大量低息的政策性资金注入农村，达到加快农村高利贷消亡的目的。

然而，这种过度依赖政府政策手段的农业信贷补贴论存在着很大缺陷：①由于存在可以持续得到廉价资金的预期，因此农民缺乏储蓄的激励，这使得信贷机构无法动员农村储蓄以建立自己的资金来源，从而农业信贷成为纯粹的财政压力；②由于农村贷款机构提供给农户低利率的贷款，使得贷款机构交易成本变高，因此逐利性驱使农村贷款机构偏向于给大农户贷款，贫困农民实际上得不到低息贷款的补贴，主要受益人变成了富有的大农户；③由于这些提供低利率贷款的农村信贷机构有政府支持、缺少经营责任，因此它们缺乏监督其贷款者投资和偿债的积极性，导致借款者拖欠贷款现象严重。

（二）农村金融市场论

20 世纪 80 年代后期，农村金融市场论（Rural Financial Systems Paradigm）逐渐代替农业信贷补贴论而占据主导地位，其又称农村金融系统论，代表学者有 Avishay，Braverman（1991）等。农村金融市场论是在批判农业信贷补贴论的基础上产生的，它更加强调市场机制的作用，其主要理论前提与农业信贷补贴论完全相反：①农村居民甚至贫困阶层也是有储蓄能力的。对各类发展中国家的农村地区的研究表明，只要提供存款的机会，即使贫困地区的小农户也可以储蓄相当大数量的存款，因此没有必要由外部向农村注入资金。②低息政策妨碍人们向金融机构存款，抑制了金融发展。③运用资金的外部依存度过高，是导致贷款回收率降低的重要因素。④由于农村资金拥有较多的机会成本，非正规金融的高利率是理所当然的。农村金融市场论完全依赖市场机制，极力反对政策性金融对市场的扭曲，特别强调利率的市场化。

该理论认为：①农村内部的金融中介在农村金融中发挥重要作用，储蓄动员是关键；②为实现储蓄动员、平衡资金供求，利率必须由市场决定，实际存款利率不能为负数；③农村金融成功与否，应根据金融机构的成果（资金中介额）与经营的自立性和持续性来判断；④没有必要施行为特定利益集团服务的目标贷款制度；⑤非正规金融具有合理性，不应无理取消。应当将正规金融市场与非正规金融市场结合起来。

然而，农村金融市场论的功效并没有想象中的那么大，存在的缺陷有：①小农户不一定能通过利率自由化而得到正式金融市场的贷款；②利率自由化可能会减少对信贷的总需求，从而可以在一定程度上改善小农户获得资金的状况，但高成本和缺少担保品仍会使它们借不到足够的资金。因此，小农户的利益仍然需要政府的介入。在一定的情况下，如果有适当的体制结构来管理信贷计划，对发展中国家农村金融市场的介入仍然是有道理的。

（三）不完全竞争市场论

20 世纪 90 年代以来，不完全金融市场理论（Imperfect Market Paradigm）逐渐代替农村金融市场论，成为许多转型国家认同的农村金融理论，代表学者有 Hellman，Murdock，Stiglitz。不完全竞争市场的基础前提是：①由于农业生产的特殊性，农村金融市场存在着严重的信息不对称，农村金融机构无法充分掌握借款人的信息，导致农村信贷回收率低；②农村金融市场机制不是万能的，严重的市场失灵现象导致了不完全竞争市场。

不完全竞争理论认为：为了解决市场失灵所带来的问题，政府这个非市场要素应当介入市场，通过制定有效金融政策来进行适当市场干预。该理论的提出为政府规范和引导农村金融市场提供了依据。不完全竞争理论的政策主张包括：①为保持农村金融市场的稳定性，政府应该采取适当的政策性手段，保持较低的通货膨胀率；②在不妨碍农村金融机构储蓄动员的情况下，政府应该适当从外部提供资金；③在不损害银行最低利润的前提下，政府应该施行适当的政策性低息金融政策；④农村金融市场信息不对称导致的信贷回收率低的问题，政府应该鼓励并通过贷款人联保小组和贷款人互助合作形式，以及实物融资担保的形式来解决；⑤政府应该鼓励和引导非正规金融的发展等。

三、中国农村金融发展理论的实践

农村金融市场的三大发展理论，其核心问题都是围绕政府如何在农村金融市场发挥作用以促进农村金融发展。农业信贷补贴论过分依赖于政府，带来信贷配给难以有效扶贫，金融效率低下等缺陷。农村金融市场论在农村不具备经济稳定的前提下实行开放市场主张，又导致市场失灵等问题。不完全竞争市场理论从信息经济学理论的角度，详细甄别信贷市场与资本市场等其他市场的作用功能，主张政府予以适度干预，为农村金融市场作补充。不完全竞争市场理论为我国农村金融发展体制改革提供了重要启示。

目前，我国加强了对农村发展的支持力度，中央一号文件更是连续九年发布了针对农村金融发展问题的政策部署。经过多年的改革与探索，农村金融市场上初步形成了以农村信用社、农业发展银行、中国农业银行、邮政储蓄银行等为主体，小额贷款公司、村镇银行、农村资金互助组等新兴金融机构为补充的农村金融体系。但这些金融机构在具体的运行过程中仍存在信贷资金有效供给不足、市场竞争不充分、金融机构定位不清晰、金融服务体系不健全、农村资金大量外流等诸多困难。因此，现阶段如何加快农村金融体制改革，提高农村金融服务效率，成为当前乃至今后支持农业现代化发展亟待解决的重要问题。

🔑 动动脑

1. 农村金融发展的现实有哪些理论支撑？
2. 在实际生活中，农村金融扶持应向哪些领域倾斜？

第三节　农业技术进步理论

案例导入

我国农业科技进步贡献率 56% 意味着啥?

在京开幕的第七届国际作物科学大会上，农业部副部长、中国农科院院长李家洋用三大板块和一组数据，对中国农业科技进步贡献率超过 56% 作了解析。

李家洋透露，2015 年，中国农业科技进步贡献率超过 56%，标志着中国农业发展已从过去主要依靠增加资源要素投入转入主要依靠科技进步的新时期。他列举以下一组数据：农作物耕种收综合机械化水平达到 63%，标志着中国农业生产方式已由千百年来以人畜力为主转到以机械作业为主的新阶段；农田有效灌溉面积占比超过 52%，农业靠天吃饭的局面正在逐步改变；主要农作物良种基本实现全覆盖，畜禽品种良种化、国产化比例逐年提升，良种在农业增产中的贡献率达到 43% 以上；新技术新成果的应用示范，使农田氮磷等的排放量降低 60% 以上，坡耕地水土流失量减少 50% 以上，耕地地力提高 1 个等级、综合生产能力提高 20% 以上。

李家洋着重从三大板块来说明中国农业科技的显著进步。

源头创新能力显著增强。构建功能基因组学、蛋白组学、代谢组学等研究平台，解析了多种重要农作物产量、品质、抗性等性状形成的分子基础，促进了品种改良方法和理论进步；建立作物生长发育、器官形态建成、器官间物质分配及产量形成的数字模型，促进了数字农业技术发展；解析先导发现、新靶标和潜在靶标设计、活化活性成分形成机理，促进了生物药物创制。

产业关键技术不断突破。全基因组选择育种芯片、细胞工程和生物育种信息平台的构建，全面带动了现代种业发展；突破农业重大病虫害监测预警与防控技术，形成了重大动植物疫病，绿色防控新模式；创制出一系列新型缓控释肥料，支撑中国成为世界缓释肥第一生产和消费大国；大型联合收割机、基于北斗卫星导航等智能化技术，推进了农机装备产业进步；大宗及特色农产品高效提取与工业化连续分离、绿色低能耗干燥等技术取得重大突破，驱动现代农产品加工业发展；突破无线传感网与云通信、智能化信息处理与云计算等农业物联网关键技术，构建了主要农产品质量全程跟踪与溯源技术体系。

技术创新大幅度提升农业资源利用效率。建立作物节水高产优质用水理论与方法，形成了干旱半干旱区节水农业技术与装备等综合技术体系，农作物秸秆成型燃料技术、合成生物质裂解油技术、沼气技术等实现规模化应用，南方丘陵区稻草秸秆易地覆盖技术模式，使旱坡地水土流失量减少 70%、土壤生产力提高 20%。

（资料来源：科技日报，2016 年 8 月 17 日）

案例思考

农业科技进步如何推动农村经济发展？

一、技术创新理论

（一）理论的提出

创新思想的源头来自于马克思和恩格斯。他们在《共产党宣言》中曾经这样说过"资产阶级除非对生产工具从而对全部社会关系不断地进行革命，否则就不能生存下去。"表明了他们的观点是生产的不断变革，是资产阶级时代超出过去一切时代的地方。马克思、恩格斯的上述观点是关于创新思想的最初萌发。后来，马克思在《资本论》中专门研究了近代资本主义兴起时期的科技创新活动，包括以蒸汽机为代表的技术创新，以流体力学为代表的科学创新，从手工作坊到大机器工业转变的制度创新，从而成为创新研究的开拓者。此后熊彼特继续发展了创新理论，于1912年出版的《经济发展理论》中最早提出技术创新概念。

（二）理论的主要内容

熊彼特在《经济发展理论》一书中明确指出，不是资本和劳动，而是创新才是资本主义发展的根本原因，并用创新来解释经济周期和经济增长问题，并说明"创新"就是生产函数的建立，即实现生产要素和生产条件的一种从未有过的新结合，并将其引入生产体系。创新包含五个方面的内容：①制造新的产品：制造出尚未为消费者所知晓的新产品；②采用新的生产方法：采用该产业部门实际上尚未知晓的生产方法；③开辟新的市场：开辟国家和那些特定的产业部门尚未进入过的市场；④获得新的供应商：获得原材料或半成品的新的供应来源；⑤形成新的组织形式：创造或者打破原有垄断的新组织形式。该理论指出创新活动和技术进步是经济运行体系的内生变量，技术进步带动了投资的大规模的发展；并指出经济的长期稳定增长是由创新和技术进步引起的。

（三）理论的主要意义

熊彼特创新理论最先提出了创新的概念，分析了创新与经济发展的内在规律性，揭示了创新是经济发展的推动力，同时，阐述了企业家是创新活动的倡导者和实行者，并就创新实现的条件、途径等问题进行了详细的论述。此后熊彼特创新理论被他的追随者发展成为当代西方众多经济学理论的两个分支：一是新古典经济学家将技术进步纳入到新古典经济学的理论框架。主要成果就是新古典增长理论和内生经济增长理论。二是侧重研究技术创新的扩散和技术创新的轨道和范式等理论问题。然而熊彼特创新理论虽已包含技术创新，但没有作深入的分析研究，只是为技术创新理论奠定了基础。

二、新古典增长理论

（一）理论的提出

为克服凯恩斯主义分析框架下增长过程的不稳定性，美国经济学家索洛和英国经济学家斯旺引入资本和劳动可平滑替代的新古典生产函数，克服哈罗德—多马模型中资本和劳动不可替代的缺陷。1956年索洛提出了新古典经济增长模型，之后索洛和斯旺创立新古典增长理论。此后英国经济学家米德和美国经济学家萨缪尔森等对该理论进行了发展。

（二）理论的主要内容

新古典增长理论是人均实际GDP的增长，是由于技术变革引起人均资本增加的储蓄和投资水平的观点。如果技术进步停止，增长就结束。新古典经济增长理论认为：①除了实际GDP及其增长率之外的因素决定人口增长。②技术变革率影响经济增长率，但经济增长率不影响技术变革速度。③经济繁荣将持续下去是因为不存在引起工资下降的古典人口增长。但如果技术由于两个相关原因而停止进步，增长将停止。第一，技术变革引起的高利率引起投资增加和资本积累。第二，资本积累最终引起降低资本收益的收益递减，而且，最终减少储蓄并放慢资本积累率。④如果实际利率高于目标利率，资本供给将增加。综上所述，持续不断的技术进步一直在增加资本需求，提高实际利率，并引起增加资本存量的储蓄。只要有技术进步，这个过程就会重复，并创造持续的长期经济增长。增长率波动是因为技术进步以可变的比率发生。

（三）理论的主要意义

按照新古典经济增长理论，所有经济都可以得到相同的技术，而且，资本在全球自由流动以寻求最高可以得到的实际利率。因此，新古典增长理论意味着，全球的增长率和人均收入水平将趋同。在富国之间存在某种趋同的迹象，但趋同是缓慢的，而且对所有国家而言，趋同看来并不明显。索洛新古典经济增长模型发展了哈罗德—多马模型，他认为：在没有外力推动时，经济体系无法实现持续的增长。只有当经济中存在技术进步或人口增长等外生因素时，经济才能实现持续增长。这一理论的缺陷是：一方面，它将技术进步看作经济增长的决定因素；另一方面，它又假定技术进步是外生变量而将它排除在考虑之外，这就使该理论排除了影响经济增长的最重要因素。

三、技术效率理论

（一）理论的提出

技术效率的含义和测度方法在20世纪曾经困扰过很多学者。20世纪50年代在英国出现了对生产效率测度的探讨。当时被人们普遍接受并使用的指标是劳动力生产率，即用每个劳动力投入所获得的产品或利润多少作为衡量技术效率的标志。显然，这个指标缺乏理论依据和实用性，因为任何一个生产过程都必须投入劳动力以外的其他生产要素，如资金、设备及土地等。劳动力生产率的变化并不能全面地反映其他生产要素的利用状况。因此，不少学者认为生产效率指标应当满足下面两个条件：生产效率指标要能兼容多个生产要素的生产效益；生产效率指标不能受任何度量单位的影响，应当允许跨地区、跨时间比较。正是在这种情况下，法瑞尔于 1957 年最早提出技术效率的概念之后，关于技术效率问题的研究不断得到发展。

（二）理论的主要内容

1957 年英国剑桥大学经济学家法瑞尔在《生产效率度量》一文中从投入的角度将其定义为在产出规模、市场价格不变的条件下，按照既定的要素投入比例所能够达到的最小生产成本占实际生产成本的百分比。1966 年勒宾森从产出的角度将技术效率定义为在市场价格水平不变、投入规模及投入要素比例不变的情况下实际产出水平与所能达到最大产出的百分比。技术效率就是指由科技含量的提高而带来的产出成效，反映了对现有资源有效利用的能力，体现的是生产部门在既定投入水平下产出的最大能力，或者是在既定价格和生产技术下，生产部分投入要素的最优比例的能力。换句话说，是指在给定各种投入要素的条件下实现最大产出的能力，或者给定产出水平下投入最小化的能力。

（三）理论的主要意义

从增长源泉这个角度讲，产品产出的增长是要素生产率提高和要素投入量增长的结果，而要素生产率的提高又归结于技术效率改进的作用和技术进步的作用。技术效率是伴随技术进步研究和测度出现的，是生产单元在当前技术水平下，对现有资源有效利用的水平，是技术进步内涵的延伸。技术效率揭示了技术进步、技术推广应用与经济增长之间的关系，技术效率的测算在经济与管理领域中具有非常重要的意义。

四、诱导性技术变革理论

（一）理论的提出

20 世纪 70 年代初，日本东京大学速水佑次郎和美国明尼苏达大学教授弗农·拉坦在各自多年研究亚洲农村发展和技术变迁问题的基础上，合作研讨农业发展问题。他们打破传统农业发展和经济发展理论对研究农业发展问题的限制，从寻求世界各国农业生产与资源利用的变化规律出发，集中分析了技术变迁对农业发展的贡献以及技术变迁在农业发展过程中的作用，从而提出了一个新的农业发展理论——诱导性技术变革理论。

（二）理论的主要内容

该理论认为，一个国家农业生产的增长受其资源条件的制约，但这种制约可以通过农业技术进步来突破。土地、劳动这类初始资源的相对稀缺程度及其供给弹性的不同，在要素市场上表现为它们相对价格的差异。相对价格的差别会诱导出节约相对稀缺而价格相对高昂的资源技术变迁，以缓解供给缺乏弹性的稀缺资源给农业发展带来的限制。劳动供给缺乏弹性或劳动相对于土地价格昂贵，会诱导出节约劳动的机械技术进步；土地供给缺乏弹性或土地相对于劳动价格高昂，则会诱导出节约土地的生物化学技术进步。

（三）理论的主要意义

诱导性技术变革理论在经济学界影响甚广，改变了发展经济学长期以来的结构主义倾向，即突出工业化，而轻视农业进步；突出计划管理，而轻视市场机制。此外，该理论给人们提供了一种可以选择的农业技术进步的最优途径和选择方法，使得某些农业资源的稀缺性和市场对农产品的需求变动能及时地传达给有关技术变迁的当事人。不管人地比例关系如何，发展中国家农业生产增长的潜力还是很大的，潜力就来源于农业技术变迁。各个国家的资源条件不同，决定了生产要素的供给条件不同，发展中国家应致力于创造自己的农业发展模式，只要从本国的资源条件出发，探索出一条适宜的技术变革路径，并进行相应的体制创新，也可以实现农业的成功发展。

五、新经济增长理论

（一）理论的提出

该理论发源于 20 世纪 70 年代，资本主义世界经济正发生第二次世界大战后第一次危机，在以美元为中心的国际货币体系走向崩溃的同时，又连续出现世界性的粮食危机和能源危机，经济增长逐渐放缓。严峻的经济增长现实促使经济学家将注意力转到经济增长问题上来。同时，随着科技全球化和经济全球化进程的不断深化，知识经济初见端倪。新经济增长理论是罗默、卢卡斯等经济学家在大量汲取前人经济增长思想的基础上，试图对新古典增长理论的疏漏和缺陷进行重新思考，以及对 20 世纪 80 年代以来的经济现实做出理论解释的过程中建立起来的。罗默（美）和卢卡斯对新经济增长理论做出了重要贡献。

（二）理论的主要内容

新经济增长理论也被称为"内生经济增长理论"，认为人均实际 GDP 增长是因为人们在追求利润中所做出的选择，而且，增长可以无限持续下去。新经济增长理论的重要内容之一是把新古典增长模型中的"劳动力"的定义扩大为人力资本投资，即人力不仅包括绝对的劳动力数量和该国所处的平均技术水平，而且还包括劳动力的教育水平、生产技能训练和相互协作能力的培养等，这些统称为"人力资本"。在美国经济学家罗默1990年提出了技术进步内生增长模型，他在理论上第一次提出了技术进步内生的增长模型，把经济增长建立在内生技术进步上。技术进步内生增长模型的基础是：①技术进步是经济增长的核心；②大部分技术进步是出于市场激励而导致的有意识行为的结果；③知识商品可反复使用，无需追加成本，成本只是生产开发本身的成本。

（三）理论的主要意义

新经济增长理论的主要意义表现在：①修正了古典增长理论，放弃了技术外生化的假定，突出技术的内生性，强调大部分技术或知识经济主体源于最大化的有意识投资的产物；②将知识和专业化的人力资本引入增长模式，进而总的规模收益递增；③指出了边干边学以及知识外溢在经济发展中的重要作用；④强调发展中国家在经济发展过程中对外开放的重要性；⑤重新确立了政府政策在经济发展中的地位和作用。该理论总结出了一套维持并促进长期增长的经济政策。

六、中国农村技术进步理论的实践

在过去几十年"土地红利"和"人口红利"的要素比较优势背景下，农业技术进步不但通过农业生产力的不断提升保障了我国农产品供给，同时也在农村劳动力支持城镇化的进程中促进了宏观经济增长。然而，随着城镇化扩张与人口增速的不断放缓，总耕地面积逐年逼近18亿亩红线，农村人口也从1978年占总人口比重的95%下降至2015年的43.9%。从农业生产要素的质量看，我国以小规模家庭农业生产经营格局为主，而细碎且密集的耕种面临着土壤养分逐渐流失也严重影响着土地投入质量。另外，从20世纪90年代开始出现以15~64岁农村劳动年龄人口量下降为表现的农村劳动力结构性恶化，到2004年的农村劳动力绝对量下降，同时，包括劳动力在内农业生产投入要素市场价格的日益走高使得农业生产的成本逐年攀升，出现了"空心村"与"386199部队"等一系列农村问题，同时，农业生产经营的人力保障问题凸显。因此，如何从提高科研推广转化率以及优化要素结构等方式促进农业技术进步至关重要。

🔍 动动脑

1. 农业技术进步发展的现实有哪些理论支撑？
2. 在实际生活中，农业技术进步有哪些具体表现？

第四节　农村与农业可持续发展理论

案例导入

农业部启动实施五大行动　牵住农业绿色发展"牛鼻子"

农业部 2017 年 5 月 9 日宣布，启动实施畜禽粪污资源化利用行动、果菜茶有机肥替代化肥行动、东北地区秸秆处理行动、农膜回收行动和以长江为重点的水生生物保护行动等"农业绿色发展五大行动"。

众所周知，近年来，我国农业发展不断迈上新台阶，粮食连年丰收，棉油糖、果菜茶、肉蛋奶、水产品等供给充裕，但也付出了很大代价，农业资源长期透支，过度开发，农业面源污染加重，农业生态环境亮起了"红灯"。化肥、农药等投入品过量使用，农作物秸秆资源化利用率、农膜回收率、畜禽粪污处理和资源化利用率偏低，海洋渔业资源持续衰退等问题伴随而来，成为当前农业生态资源环境面临的最突出问题。

农业部新闻发言人叶贞琴表示，农业绿色发展五大行动就是针对这些农业发展面临的最突出问题和短板开展，解决好这些问题，就牵住了农业绿色发展的"牛鼻子"，要把农业资源过高的利用强度缓下来、面源污染加重的趋势降下来，推动我国农业形成绿色的发展方式，走上可持续的发展道路。叶贞琴介绍了五大行动的重点内容：

畜禽粪污资源化利用行动——力争到 2020 年基本解决大规模养殖场粪污资源化利用问题；

果菜茶有机肥替代化肥行动——力争到 2020 年果菜茶优势产区化肥用量减少 20% 以上，核心产区和知名品牌生产基地（园区）化肥用量减少 50% 以上；

东北地区秸秆处理行动——力争到 2020 年，东北地区秸秆综合利用率达到 80% 以上，新增秸秆利用能力 2 700 多万吨；

农膜回收行动——力争到 2020 年农膜回收利用率达到 80% 以上，农田"白色污染"得到有效控制；

以长江为重点的水生生物保护行动——力争到 2020 年，长江流域水生生物资源衰退、水域生态环境恶化和水生生物多样性下降的趋势得到有效遏制，水生生物资源得到恢复性增长。

农业部将突出重点地区，特别是国家现代农业示范区、粮食生产功能区、重要农产品生产保护区、特色农产品优势区、农业可持续发展试验示范区、现代农业产业园，统筹推进五大行动，把农业绿色发展的机制建起来、模式立起来。

（**资料来源**：新华网，2017 年 5 月 9 日 ）

案例思考

加大农业可持续发展可以从哪些方面入手？

一、环境外部性理论

（一）理论的提出

外部性的概念是由剑桥大学的马歇尔和庇古在 20 世纪初提出的。外部性是指在两个当事人缺乏任何相关的经济交易的情况下，由一个当事人向另一个当事人所提供的物品。这个外部性的定义所要强调的是在两个当事人之间的转移是在他们之间缺乏任何经济交易的情况下发生，也就是说，关于外部性的范围和任何补偿性支持，供应者和接受者之间最起码在事实发生之前缺乏任何谈判。自外部性的概念提出后，越来越多的经济学家从不同的角度对外部性问题进行了深入的探讨。

（二）理论的主要内容

第一，外部性的含义。在完全竞争条件下，资源产品的成本和销售收益全部归卖者，而得到这种资源产品的收益及购买它的成本全部属于买者。但是也有特殊情况，资源配置中未被市场交易包括在内的额外成本及收益通常称之为外部性。

当以下情况出现时，就可以认为资源配置中产生了外部性：

$$U_j = U_j (X_{1j}, X_{2j}, \cdots, X_{nj}, X_{mk}), \ j \neq k$$

其中，U_j 为 j 的效用，X_i（i=1，2，$\cdots$，n，m），j 和 k 是指不同的个人或单位。这个公式的意思是，只要某个人或单位 j 的福利受到他自己所控制的经济活动的影响，同时也受到另外一个人或单位 k 所控制的某一经济活动 X_{mk} 的影响，那么在资源配置中存在外部性。

外部性通常分为积极的和消极的两类。积极的外部性，是指个人或单位无偿地享有额外收益，比如基础设施建设、科研开发，在市场上表现为供给不足；消极的外部性是指个人或单位无偿地承担了不是由他导致的额外成本，比如环境污染，在市场上表现为供给过量。由于外部性问题，市场并不能完全包括交易的所有成本和收益，使得市场机制失灵，同时也为公共部门提供了一个新的职能。

第二，环境外部性的影响。由于外部性的存在，市场不能完全包括交易行为中的所有成本和效益，导致市场失灵，进而导致资源配置低效。在完全竞争的市场中，当存在只增加社会福利而不增加个人收益的正外部性时，企业和个人的产量可能会低于社会最优产量；而当存在只增加社会成本而不增加个人成本的负外部性时，企业和个人的产量可能会超过社会最优产量。因此，外部性的存在，使私人的边际成本或边际收益与社会的边际成本或边际收益发生背离，所以，当个人做出决策时，为了实现个人利益最大化，会忽略其行为带给他人或企业的效益或成本，从而使竞争的结果变得没有效率，资源的配置达不到最优水平，最终导致整个社会福利的下降。

第三，生态环境及景观功能也是一种公共物品。环境污染与破坏具有很强的负外部性，污染者及破坏者所承担的成本远小于社会承担的成本，仅受自身成本约束的污染者及破坏者终将会使环境污染与破坏超出社会最优量，即超过环境的耐受值。环境保护则具有很强的正外部性，保护者所获得的利益小于社会的收益，仅受自身利益激励的保护者不会有足够的动力去提供社会所需要的环境保护。如草原、林地、森林、绿洲、湖泊、耕地等景观的无偿提供就是其外部性的典型例子，它们对净化空气、保护植被、防止水土流失等都起到了积极作用，社会公众也因此而无偿获益；生态农业建设促进了农业资源持续高效利用，改善了生态环境，还推动了无公害农产品、绿色食品的发展，对提高农产品质量安全发挥了积极作用；当前普遍实施退耕还林还草工程，极大地改善了生态环境，为当地与周边地区乃至全国提供了优质环境服务，形成正外部性。然而，如过度牧垦采伐等导致水土流失、土地荒漠化等一系列严重的生态后果，直接影响当地及周边地区的经济和社会的发展，产生了负外部性；不恰当地处理农业废弃物，高效农药的高残留性和毒害性等，都对生态环境造成了破坏，相当于将处理残留农药污染的成本转嫁给了社会产生了负的外部性。

（三）理论的主要意义

研究环境外部性无论在理论上还是实践上都显得非常必要，因为环境外部性阻碍了实质层次上的可持续发展。由于环境问题的复杂性、艰巨性，环境外部性理论有利于公共部门结合使用基于市场和直接管制的方法，以清晰界定环境资源产权为基础，有效规制环境外部性问题，促进环境的保护与可持续发展。此外，环境外部性作为环境经济学的理论基础，重点揭示了市场经济活动中低效率资源配置的根源是社会成本与私人成本的分歧。

二、生态经济理论

（一）理论的提出

生态经济理论是由美国土壤学家 W.Albrech 于 20 世纪 70 年代首次提出"生态农业"的概念，后由英国农学家于 20 世纪 80 年代进一步完善，并把生态农业定义为"生态上能自我维持的，低输入的，经济上有生命力的，在环境、伦理和审美方面可接受的小型农业系统"。

（二）理论的主要内容

生态经济学理论认为，农业生产是一个开放的生态经济系统，必须处理好系统的投入与产出的关系，把生产、生态与经济三方面目标紧密地结合起来，以达到最合适投入、高产高效。而农业生态经济系统最集中和最典型地反映了生态与经济矛盾的根本性，因而造成农业在可持续性上的"先天不足"，以及要解决可持续问题的极大困难程度。依据农业生态经济系统各子系统之间的相互依赖与影响，人们在以大农业为基础，立足于全部土地资源进行农业生态建设中，理应以协调各子系统的关系、使系统稳定性提高和获得大系统的最优化为目标。但事实上，经济效益始终作为人们所追求的目标，其他的目标只作一般考虑或被完全忽视了。从生态经济理论看，农业发展片面追求产量、产值和经济效益是远远不够的，也是农业可持续发展所不足取的。从自然生态环境的角度，系统环境的变化也给农业生态经济系统带来了巨大的冲击和影响，因而成为农业生产高风险与系统脆弱性的根本原因。在气候不断变化的大环境下，农业生态经济系统只有从自然、经济和社会等各个方面作根本性调整，才能适应新的生态环境要求。农业可持续发展理论的基本点应在于遵循社会—经济—自然复合生态系统的"整体、协调、循环和再生"原理，以寻求农业发展在经济上既能尽量提高农业生产水平而又有利于维护资源和环境基础的最佳"切合点"。

（三）理论的主要意义

该理论运用了生态系统中的生物共生和物质循环再生原理，采用系统工程的方法，吸收现代科学成就，因地制宜，合理安排农、林、牧、渔生产结构，以实现生态、经济和社会效益统一的农业生产体系。其含义与国际持续农业的内涵基本上是相似的。中国生态农业是在传统的"有机农业"背景的基础上并借鉴了国外替代农业的各种形式之后提出来的，生态学原理和生态经济学理论为其完善和发展提供了科学依据和坚实的理论基础，从根本上有别于西方国家倡导的那种以低投入或绝对排斥用农用化学品为辅助能为首要特征的"生态农业"模式，非常重视强调遵循包括生态学在内的自然规律和经济规律来指导农业。

三、可持续发展理论

（一）理论的提出

20世纪六七十年代，两位著名美国学者 Barbara Ward(巴巴拉·沃德) 和 Rene Dubos (雷内·杜博斯) 的享誉全球的著作《只有一个地球》问世，把人类生存与环境的认识推向一个新境界，即可持续发展的境界。同年，一个非正式国际著名学术团体即罗马俱乐部发表了有名的研究报告《增长的极限》(The Limits to Growth)，明确提出"持续增长"和"合理的持久的均衡发展"的概念。1987年，以挪威首相 Gro Harlem Brundt land(布伦特兰) 为主席的联合国世界与环境发展委员会发表了一份报告《我们共同的未来》，正式提出可持续发展概念，并以此为主题对人类共同关心的环境与发展问题进行了全面论述，受到世界各国政府组织和舆论的极大重视。1992 年联合国世界与环境发展委员会制定了《21

世纪议程》，得到与会者承认与共识。

（二）理论的主要内容

可持续发展理论的理论核心是能满足当代人的需求，又不对后代人满足其需要的能力构成危害的发展。它包括两个重要概念，一是需要的概念，即世界各国人民的基本需求，认为应将此放在特别优先的地位来考虑；二是限制的概念，即技术状况。该理论具体表现在以下三个方面。①在经济可持续发展方面：可持续发展鼓励经济增长而不是以环境保护为名取消经济增长，因为经济发展是国家实力和社会财富的基础。但可持续发展不仅重视经济增长的数量，更追求经济发展的质量。可持续发展要求改变传统的以"高投入、高消耗、高污染"为特征的生产模式和消费模式，实施清洁生产和文明消费，以提高经济活动中的效益、节约资源和减少废物，使农业可持续发展更加注重清洁、高效。在一定程度上，集约型的经济增长方式就是可持续发展在经济方面的体现。②在生态可持续发展方面：可持续发展要求经济建设和社会发展要与自然承载能力相协调。发展的同时必须保护和改善地球生态环境，保证以可持续的方式使用自然资源和环境成本，使人类的发展控制在地球承载能力之内，这样在一定层面上，促进农业可持续发展循环经济的建设。因此，可持续发展强调了发展是有限制的，没有限制就没有发展的持续。生态可持续发展同样强调环境保护，但不同于以往将环境保护与社会发展对立的做法，可持续发展要求通过转变发展模式，从人类发展的源头、从根本上解决环境问题。③在社会可持续发展方面：可持续发展强调社会公平是环境保护得以实现的机制和目标。可持续发展指出世界各国的发展阶段可以不同，发展的具体目标也各不相同，但发展的本质应包括改善人类生活质量，提高人类健康水平，创造一个保障人们平等、自由、教育、人权和免受暴力的社会环境。这就是说，在人类可持续发展系统中，经济可持续是基础，生态可持续是条件，社会可持续才是目的。综上所述，可持续发展实行循环农业，循环经济。它的基本内涵包括了生态经济社会可持续发展。在经济这个子系统中，充分体现了可持续发展，尤其是对农业可持续发展及相关子系统发展的帮助，以经济进步、社会发展为前提下，逐步建立人口控制为核心，资源和环境为基础的人口、资源、环境、经济和社会发展协调下的可持续发展模式。

（三）理论的主要意义

可持续发展理论，深刻揭示自然—社会—经济的运行机制，在这个复杂的系统中，自然规律和人文规律充分被认识，它们相互影响，交织在一起。促进农业可持续发展的健康运行。此外，对可持续发展程度研究的加深，人口规模处于稳定，高效利用可再生能源，促进集约高效的农业，生态系统的基础得到保护和改善，持续发展的交通运输系统，新的工业和新的就业机会，使整个经济持续发展。

四、中国农业与农村可持续发展理论的实践

我国非常重视农业的可持续发展道路，其中《中国21世纪议程》明确指出我国应走农业可持续发展的道路。农业经济可持续发展、农村社会可持续发展和环境的可持续发展是农业可持续发展的重要组成部分；良性循环的生态系统是实现农业可持续发展的基础与保障，经济的发展在很大程度上有赖于农业可持续发展，其成败与否将直接影响生态建设的进程。中国是发展中的农业大国，经过三十多年的改革开放，使我国农业生产和农村经济取得长足发展，但由于长期以来不合理的开发利用日益加剧，不利于农业和农村经济发展。如何协调农业、资源、环境三者之间的关系，加快我国农业可持续发展，走适合中国特色和中国国情的农业可持续发展道路，是实现经济发展、社会稳定和国家自立的决定因素，加强农业的基础地位是一个不可忽视的重要问题。《中国21世纪议程》把生态农业作为我国实施可持续发展战略的重要措施。实践证明，生态农业符合我国国情，遵循自然、经济规律，保证了农业持续稳定向前发展，增强了抗御自然灾害的能力，有利于农民增产增收，实现了经济效益、生态效益、社会效益的统一。

《中国21世纪议程》中提出了我国农业和农村可持续发展的目标：保持农业生产率稳定增长，提高食物生产和保障食物安全；发展农村经济，增加农民收入，改变农村贫困落后状况；保护和改善农业生态环境，合理、永续利用自然资源，特别是生物资源和可再生资源，以满足逐年增长的国民经济发展和人民生活需要。

1. 人口的可持续性。旨在解决人口增长与自然资源和环境的矛盾。由于农村要为全国人民生产粮食及提供其他物质生活资料和工业生产原料，因而我国农村可持续发展必然要求全国人口可持续增长。

2. 自然资源利用的可持续性。在资本可替代自然资源的条件下，要可持续地开发利用自然资源，尽量保持自然资源存量不减少，并使其质量得到改善。

3. 农村生产的可持续性。农村要以可持续的方式进行生产，涉及农村产业结构、生产方式、生产技术等。我国农村产业结构应逐步向增加第三产业比重的方向调整，采用可持续发展的生产方式，采用低资源消耗、低污染排放技术，高效地利用资源，进行清洁生产，不造成生态环境退化，也无害于人体健康。

4. 消费的可持续性。在现有资源的可承受范围内，人民的消费不能损害后代人赖以生存和发展的自然资源和环境基础，提倡适度消费、公平消费、科学消费、和谐消费。

5. 社会发展的可持续性。主要是增加农村居民受教育和就业的机会，改善农村居民的医疗保健和交通条件，使收入分配更加公正，为农民提供良好的社会保障，扩大基层民主以及可持续的人口增长。

资料来源：根据相关资料整理。

动动脑

　　1. 怎样利用环境外部性理论促进农村可持续发展?

　　2. 农村与农业可持续发展有哪些支撑理论?

第五节　农村社会保障的理论

案例导入

西媒关注中国贫富差距缩小：农村条件改善　社会保障扩大

　　西媒称，毫无疑问，最近 25 年中国经济取得了成功。然而在这个被誉为"奇迹"的增长过程中，生产增长的不均衡分配一直伴随左右，但是这种现象在最近几年开始转变。

　　据西班牙《经济学家报》网站 4 月 20 日报道，康奈尔大学经济学教授拉维·坎伯和王越（音）以及北京大学教授张夏波（音）对最近几年中国不平等现象减少问题进行研究，撰写了题为《中国不平等现象的巨大转变》的报道。有趣的是在中国国内不平等减少的同时，世界上大部分国家包括发达国家和发展中国家却出现了相反的趋势。

　　报道称，中国最近几十年的发展可谓"壮观"，最大限度地减少了人类历史上的贫困人口，然而随之产生的不平等现象引起了专家和评论人士的关注。

　　然而最近几年这个现象正在改变。经济学家强调"从 21 世纪头十年最后几年开始，随着中国经济结构的转变，不平等现象看似有了明显转变"。根据基尼系数，中国在 2010 年人均收入不平等现象看似已经触顶。

　　报道称，2010 年中国的基尼系数为 0.533，此后开始明显下降，至 2015 年降至 0.462。几位专家强调，这个趋势似乎是从 10 年前开始的，当时不平等曲线首次变得缓和，及至最终开始下降并保持这种趋势。

　　进行这项研究的几位教授认为，导致这种转变的原因还需进一步深入研究，但是从迄今分析的材料来看，可以找到明显影响这种转变的几个因素。

　　报道称，多年来从农村涌向城市的移民缩小了农村的劳动力市场，减少了城市与农村人口的收入差距。随着劳动力的减少，农村地区的收入开始增长。

　　另一方面，政府大力投资农村地区基础设施的行为，也有助于加强落后地区的经济活动。2004 年《最低工资规定》的出台有助于不平等现象的减少，尤其是最低工资一直在提高。

　　几位经济学家为此报告还请教了 1971 年诺贝尔经济学奖得主西蒙·库兹涅茨。这位经济学家解释说，在进行工业革命的转型过程中，某些最初仅有少数人受益的生产模式会发生变化。随着社会逐渐适应新环境，人力资源逐渐获得参与生产过程的必要技能，因为低收入人群工资的增长，收入不平等现象会减少。

概括来讲，农村劳动力条件的改善以及农村劳动力人口的减少帮助中国收入不平等差距缩小。另一方面，更加合理的政府投资分配、社会保障的扩大以及最低工资规定也有助于中国产生这种趋势转变。

（资料来源：中国经济网，2017 年 4 月 23 日 ）

案例思考

从政府层面看，应如何加强农村社会保障力度？

一、国家干预主义的理论

（一）德国新历史学派

德国新历史学派的主张成为德国政府实行社会保障制度的理论依据，强调伦理道德因素的重要作用；主张国家干预经济；强调法律对经济的制约作用；实施社会立法，促进社会福利事业的发展。

（二）福利经济学

庇古从边沁的功利主义原则出发，以阿弗里德·马歇尔的均衡价格和"消费者剩余"理论为依据，提出了一套较为完整的福利学说。庇古的一系列理论首先将社会福利与国民收入联系在一起，将社会保障的发展与国民经济的发展联系在一起。新福利经济学以序数效用论为理论基础，运用无差异曲线的分析法来解释福利问题。新福利经济学的理论主要有帕累托的福利经济思想、补偿原则和"社会福利函数"理论。

（三）瑞典（斯德哥尔摩或北欧）学派

福利国家理论是瑞典学派的重要组成部分，利用累进所得税以及转移性支付，新建社会福利设施，使社会各阶级、集团之间的收入和消费水平通过再分配趋于均等化，从而实现收入的平等。

（四）凯恩斯的有效需求不足理论与国家干预思想

1936年凯恩斯在《就业、利息与货币通论》中，彻底摒弃了"供给会自动创造需求"的传统经济学信条，运用总量分析方法，提出了有效需求不足理论以及相应的国家经济干预思想，最早对社会保障制度进行了实证分析和推理。

（五）"贝弗里奇报告"中的福利国家思想

1942 年 11 月，贝弗里奇发表的《社会保障及相关服务的报告》即《贝弗里奇报告》，是影响英国乃至许多国家社会保障制度发展的重要文献。该报告确立了第二次世界大战后英国福利体系重构的基本框架，标志着福利国家思想开始从理论转向现实。

（六）布莱尔的"第三条道路"

"第三条道路"是由美国总统克林顿的几个外交顾问于 1992 年提出的，后来为布莱尔所借用并加以重新阐释，并正式提出"第三条道路"的主张。英国著名社会学家安东尼·吉登斯认为，"第三条道路"倡导一种积极的福利思想，主张用"社会投资国家"或"福利社会"取代"福利国家"，"福利国家"强调的是国家或政府的福利开支水平和活动；"福利社会"强调的是把国家的福利活动与市场、市民社会以及家庭的福利活动结合起来。

二、经济自由主义的理论

（一）供给学派的社会保障经济理论

供给学派是 20 世纪 70 年代末美国积极"滞胀"中诞生的一个与凯恩斯主义相对立的学派。供给学派关于社会保障问题的政策主张利用减税来扩大劳动力的需求和削减福利开支。

（二）哈耶克关于社会福利的思想

哈耶克指出了现实社会保障制度中的不足：社会保障专家的掌权会导致制度的自我膨胀，市场作用受限；依靠权威强制推行的社会保障制度必然带来低效率；强制性收入转移实质上是一种施舍，并非法律权利。他认为社会保障是个相对概念，在《通往奴役之路》中，他将社会保障分为两种："一种是有限度的保障，是大家都能够获得的，是确保每个人维持生计的某种最低需要；另一种是绝对的保障，既不可能让所有的人都得到，也不应当把它作为特权给予任何人。"他主张前一种保障，认为绝对保障会对自由构成最严重的威胁。

（三）艾哈德的福利理论

强调社会保障中的个人责任，"社会保障当然是好事，也是十分需要的。社会保障不等于全民的社会保险，不等于将个人的责任转嫁于任何一个集体。开始时必须实行个人自己负责，只有当个人负责不起或者必须停止时，国家和社会的义务才发挥作用"。

三、公共产品理论

（一）理论的提出

公共产品理论的发展源头，最早可以追溯到古典学派，早在 1739 年，哲学家大卫·休谟就在其著作《人性论》中论述了"搭便车"现象。继大卫·休谟之后，亚当·斯密在 1776 年其著作《国富论》中对政府的职能问题进行了更加深入的分析。在 19 世纪80 年代，奥意学派对古典经济学的一些基本方法和理论加以修改，使公共产品理论分析基础从斯密时代的劳动价值论转变为效用价值论。奥意学派之后是瑞典学派的公共产品理论，代表人物有克塞尔和林达尔，1919 年产生的林达尔均衡是公共产品理论最早的成果之一。到 20 世纪 50 年代，萨缪尔森完成了对公共产品的经典定义，确定了现代公共产品理论的正式形成。

（二）理论的主要内容

公共产品理论是随着人们对资源配置中政府、市场的职能定位和私人利益、社会利益之间关系的认识不断深入发展的。在有限资源的约束条件下，正确划分市场和政府的职能，合理确定双方在资源配置中的主体作用，起到提高社会效益，减少市场和政府的双失灵的作用。该理论认为社会保障具有很强的公共产品性质，农村社会保障是我国公共产品体系框架的一个非常重要的组成部分，是一个不可缺少的重要项目。从社会保障制度的强制性出发，认为社会保障的提供和运行常带有明显的政府行为特征，并且社会保障制度是为弥补一些市场失灵问题而设的，具有社会运行"安全网"和"减震器"等作用，所以得出社会保障应属公共产品。将公共产品理论应用于判断宏观上作为一种社会制度的社会保障制度，可以得出社会保障制度是一种产品形态表现为制度的公共产品。

（三）理论的主要意义

公共产品理论提出了一个政府机制应该怎样做的规范化标准，并为实际中的财政机制变化指明了方向和提供了评判依据。它在解决市场失灵、缓解本国社会矛盾、减轻社会摩擦、统筹城乡协调发展和社会保障等方面起到了不可忽视的作用。此外，公共产品理论对中国改革的实践有很强的解释力和借鉴作用。"制度""政策"也是公共产品，在中国过渡转型时期，运用公共产品理论分析制度变迁，分析市场与"公共选择"两种资源配置方式，尤其是对政府行为边界及其公共产品生产效率进行研究有很强的现实意义。

四、中国农村社会保障理论的实践

农村社会保障作为政府的一项社会政策和实行国民收入再分配的工具，具有保证社会公平、维护社会稳定、促进经济发展等重要作用。经过不断发展，目前已初步建立起一个以最低生活保障、新型农村合作医疗、新型农村养老保险三大制度为支架，辅之以其他社会保障制度或政策措施的农村社会保障体系。

然而，尽管我国农村居民的社会福利水平已得到大幅提升，但农村社会保障等基本公共服务的总体供给水平和均等化水平还仍然较低，农民日益增长的生命健康权利诉求同相对滞后的农村社会保障发展的矛盾仍日益凸显。受制于经济发展水平、财政支持力度、思想观念等多重因素的影响，农村社会保障依然处在一种家庭保障、土地保障和国家救济的低水平上，无法为农民的基本生活、农村社会的发展及农业现代化的实现提供强有力的保障。在农村社会保障理论的指导下，应进一步加强我国农村社会保障体系的建设，促进农村稳定发展，促进小康社会的顺利实现。

🔍 **动动脑**

1. 国家干预主义和经济自由主义的主要区别是什么？
2. 公共产品理论给我们哪些启示？

🌱 **链接案例**

甘肃天水市农村经济发展势头良好

近年来，甘肃天水市农村以农业供给侧结构性改革为主线，以农民增收为核心，以农村发展为重点，加大创新驱动力度，加快转变发展方式，持续推进"48113"现代农业推进计划，不断深化农村综合改革，该市农业农村经济持续向好。2017年上半年全市实现农业增加值25.94亿元，同比增长5.8%；农村居民人均可支配收入3 483元，同比增长8.7%。

一、推进农业农村技术进步，构建现代农业产业体系

围绕"48113"现代农业推进计划，坚持市场导向、典型示范、分类推进，加快实施"一十百千"现代农业建设工程，积极构建现代农业产业体系，推动了全市现代农业持续健康发展。

（一）加快现代农业示范园区建设

按照"一县一个优势产业、一个特色品牌、一个示范园区"的思路，采取"政府引导、企业运作、群众参与、部门帮建"模式，从资金投入、产业规模、基础建设、科技支撑、经营机制、产业孵化能力等方面综合提升园区功能。秦安、武山2个省级现代农业示范区和10个省市级现代农业示范园完成投资2.4亿元。其中，10个省市级示范园完成投资1.64亿元，累计完成投资49.34亿元，建成各类基地17.6万亩，引进推广新品种113个、新技术21项、新设备110台套，引领和支撑了全市农业特色产业基地转型升级。

（二）增强科学发展示范点辐射能力

按照"每个行业有示范、每个县区有典型"的思路，市、县区两级包抓、以奖代补，全市新建、续建各类农业农村工作科学发展示范点100个，其中粮食生产4个、蔬菜产业10个、特色产业8个、果品产业12个、畜牧产业15个、农村合作经济组织10个、水

利基础设施建设 13 个、林业生态建设 7 个、扶贫开发 11 个、改善农村人居环境示范片带 10 个。2017 年上半年完成投资 6.42 亿元，占年度投资计划 11.46 亿元的 56.02%，建成了一批自身发展能力强、示范带动效应明显的示范点，有效发挥了辐射带动现代农业发展的作用。

（三）提升农业科技创新水平

深入实施科技兴农战略，加大农业科技研发、教育培训力度，拓展农业科技创新平台，大力推广全膜双垄沟播、高效农田节水、测土配方施肥、保护性耕作、设施农业、畜禽标准化养殖等农业技术。上半年申报农业科技项目 35 项，引进农作物新品种 394 个、新技术 29 项、新材料 219 项、新机具 93 台（套），建立试验示范基地 284 个 38.5 万亩，举办各类农业科技培训 1 278 期 17.76 万人次，认定新型职业农民 1 734 人。

（四）持续做大电商营销平台

以创建"国家级电子商务示范城市"为契机，建成县区电商运营中心 7 个、乡镇电商服务站 113 个、村级电商服务点 2 491 个，清水县通过了全国电子商务进农村综合示范县评审，全市实现网上交易额 22 517 万元、销售额 14 741 万元。实施"1+1+N"电商人才培训计划和"万名农村电商人才培训工程"，开展电商培训 32 期 4 342 人次。特别是烟铺村"天水电商第一村计划"，通过实施家家通光纤、户户开微店、人人用微信、Wi-Fi 服务全域覆盖，推动了果农从传统销售方式迅速向现代网络销售的转变。

（五）探索建设田园综合体

各县区聚焦深化农业供给侧结构性改革，充分发挥果品、油菜、连翘等特色种植规模优势和"秦安蜜桃"等知名品牌效应，广泛应用"互联网+"，相继推出"相约桃乡秦安·感受美丽田园"等特色观光农业主题，集成打造融赏花摘果、农事体验于一体的"农业公园"，创新推出了"果树认养"等新产业新业态，引导专业合作社和农民把田园综合体建设与乡村文化、绿色环境和特色美食进行捆绑推广，融合打造休闲农业和乡村生态旅游品牌，形成了促进现代农业发展、带动精准脱贫攻坚、建设美丽乡村、一二三产融合发展的新局面。

二、补齐农村基础设施短板，完善农村社会保障体系

始终把基础设施建设作为补齐短板、改善民生、加快发展的重要抓手，抢抓政策机遇，加快农业农村发展基础项目建设，农村生产生活条件显著改善。上半年市直农口部门共争取农业基础建设项目省以上投资 22.28 亿元。

（一）加快民生水利建设

围绕推进"6363"水利保障行动，加快农田水利建设，2017 年上半年完成建设投资

11.55 亿元，占省下达计划 21.5 亿元的 53.7%；治理水土流失面积 110.53 平方公里，占市计划任务 250 平方公里的 44.2%；开工建设农村安全饮水巩固提升工程 6 处，完成投资 1 123 万元。

（二）加快林业生态建设

围绕"一线、一廊、八点"绿化布局，采取山水林田路综合治理、集中连片立体绿化的模式，加快推进国家林业重点工程，上半年完成生态造林 17.34 万亩，其中新一轮退耕还林 5.42 万亩、造林补贴 3.05 万亩，三北五期工程造林 5.55 万亩，天保工程封育 1.6 万亩，社会造林及其他造林 1.72 万亩，建成秦安马庙流域、郭山流域、清水黑墨沟流域等千亩以上生态绿化示范点 20 多个，创建清水县城郊北山生态园、成纪新城北山生态观光园等造林示范点 30 多个。

（三）加快农村道路建设

按照"政府主导、部门协作、群众参与"的建设模式，年内计划新建农村公路项目 403 个 1 164.2 公里，实施安全生命防护工程 316.4 公里，2017 年上半年开工建设项目 142 个，完成路基工程 580 公里，处置隐患公路 132.1 公里，累计完成投资 7 966 万元，占补助资金 55 966.6 万元的 14.2%。

（四）紧扣资金短缺抓金融创新

积极推进实施扶贫互助资金"双助贷"工程，全市扶贫互助资金总量达到 17.89 亿元，注册运行行政村达到 2 462 个，涉及农户 18.18 万户，累计发放借款 11.35 亿元。

三、农村人居环境持续改善，促进绿色可持续发展

围绕"百村示范、千村整洁、水路房全覆盖"，以 310 国道、天定高速、庄天二级公路沿线"三条示范片带"为引领，紧扣年度创建任务，分类指导，分层布局，因地制宜，因村施策，促进了农村人居环境持续改善。

（一）抓示范

围绕农村"生态美、富足美、生活美、文化美、文明美"的目标，确定年内建成省级"千村美丽"示范村 20 个、市级示范村 25 个、县区级示范村 49 个、整洁村 305 个。坚持规划先行，各县区编制完成了示范村建设规划、整洁村整治规划及本县区 2017 年总体实施方案、示范村建设实施方案和整洁村整治实施方案。严格对照示范村建设标准，各县区加快省、市、县三级示范村道路硬化、环境美化亮化等基础配套设施建设，全市硬化砂化村组道路 1 135.97 公里、硬化巷道 794.64 公里，安装太阳能路灯 2 745 盏，改造危旧墙 10.3 万米，305 个整洁村已完成整治任务的 53.43%。

（二）抓整治

紧盯农村环境难点问题，大力推进农村垃圾治理、农村生活污水治理试点、农村新能源试点、农村生态绿化、农业绿色清洁生产等"五项行动"，启动建设了总投资1.7亿元的城乡生活垃圾收集处置系统，建成生活垃圾收集站130座，新建农村垃圾池（箱）2 661个，建立农膜回收网点147个、尾菜处理示范点15个，废旧农膜回收率、尾菜处理率、农作物秸秆综合利用率分别达到47.3%、39.1%和82%，规模化养殖场畜禽粪便资源化利用率达到81%。

（三）抓机制

各县区坚持把农村环境管护作为治本之策，积极推广垃圾"户分类、村收集、镇转运、县处理"管理模式，健全村规民约，严格落实"三包"责任制、环卫轮流值班等管护机制，初步解决了农村环境常态保洁问题。目前，全市有104个乡镇成立了环卫机构，有1 937个村组建了保洁队伍，有2 131个行政村对生活垃圾进行集中处理。特别是麦积区三岔镇探索出的农村保洁市场化模式，甘谷县部分示范村推行的垃圾付费制度，清水县部分示范村建成的雨污分离设施，为全市改善农村人居环境、推进全域无垃圾行动探索了新路子。

（四）抓保障

市县区普遍建立了财政引导、项目整合、社会帮扶、群众参与的多元化投入机制，市财政列支专项奖补资金3 200万元（其中省级"千村美丽"示范村市级财政配套2 000万元），全市计划投入各类资金6.04亿元（其中45个省、市级示范村3.62亿元），为农村人居环境改善提供了资金保障。充分发挥市改善农村人居环境协调推进领导小组办公室职责，制定印发了《实施方案报审工作流程》《村庄规划评审工作流程》《项目招投标服务流程》《项目管理工作流程》《财政奖补资金管理工作流程》等5个工作规程，进一步提升了项目的绩效管理和规范化水平。结合"明察暗访督查落实年"活动，督查通报工作进展2次，开展县区美丽乡村互查互比1次，推动了任务落实。

（**资料来源**：天水市政府门户网站，2017年7月28日）

🌿 **复习思考题**

1. 人力资本理论主要有哪些？
2. 农村金融发展理论主要有哪些？
3. 农业技术进步理论主要有哪些？
4. 农村和农业可持续发展理论主要有哪些？
5. 农村社会保障理论有哪些？

第三章 中国农村发展的历史沿革

1. 了解从新中国成立后至今我国农村发展的历史沿革；

2. 了解改革开放前我国农村的发展状况；

3. 掌握改革开放后我国农村的发展变化；

4. 掌握新时期下我国农村发展的重点及趋势。

第一节　改革开放前中国农村发展

案例导入

绝版文物票证——河北省80年整包粮票强势登陆央广国宝苑

粮票是我国在特定经济时期发行的一种购物凭证，经过历史的沉淀，粮票现已成为绝版文物，成为特殊历史的产物。为响应我国文化工程的号召，在2017年3月8日晚9点，也就是两会召开期间（3月3号—3月16号），正式推出首期首档首款文物票证——《中国票证——河北省1980年1市斤粮票（整包）》。众所周知，央广作为一个国家级的媒体，凡是推广的每一件作品都是国家支持和发展的方向，都是后期收藏种类重中之重的项目。荣登《央广国宝苑》栏目的《中国票证——河北省1市斤粮票（整包）》使粮票再次成为集藏者搜集的重点，整包地方粮票更是成票证精品，收藏投资一举两得。

粮票作为计划经济的见证和缩影，它反映了中国在一定历史时期的社会经济状况，有极为重要的研究价值和收藏价值。新中国成立初期，由于物资匮乏，关系民生的日用品供需矛盾突出，国家在1953年10月出台了统购统销政策，从此百姓生活进入了长达40多个春秋的"票证时代"。那时，各类五花八门票证充斥山城，粮票、肉票、布票、盐票、油票、煤票、烟票、蔬菜票……就连买糖果糕点、火柴肥皂也要凭票，票证渐渐成了城乡居民吃饱穿暖的一种保障。直到20世纪90年代中期，票证才结束了它的特殊身份和流通历程。

粮票从发行至使用，全部依据人口数量计划印制及销毁。类似青海、新疆等人数相对较少的地方，其粮票的发行数量也相对较少，而且因有使用时间限制而被大量使用消耗，随即根据相关制度过期即销毁，因此对于普通家庭来讲，根本没有机会将粮票结余保存下来，更别说收藏整包地方粮票了。

随着我国经济的飞速发展、物质供应的极大丰富，凭票购物的时代渐渐离我们远去。对于粮票，过了发行期，就不能再印制了，故有不可再生性，现有的粮票随着不断的消耗、损坏，粮票的存世数量只会越来越少，粮票的不可再生性注定了它的价值只会越来越高，整包地方粮票的市场价格自然水涨船高。

（资料来源：中国网，2017年3月6日）

🌱 **案例思考**

新中国成立初期为什么要用票证来消费？粮票等票证对当时农业和农村的发展作用有哪些？

新中国成立之初，我国处于社会主义初级阶段，工业基础薄弱，农业在国民经济中占很大比重。为迅速发展国内经济，从新中国成立到改革开放前，我国采取了一系列措施恢复农业生产，国家在农村建立了为工业提供积累的一整套制度安排。

一、土地集体所有制的建立

（一）土地集体所有制的建立背景

土地所有制，指在一定的社会生产方式下，由国家确认、承认的土地所有权归属的一种强制性制度。土地所有制不但是生产资料所有制的重要有机组成部分，同时也是土地制度的核心内容和基础部分。新中国成立前，占全国农村人口总数不到 10% 的地主、富农，占用了 70%~80% 的土地。新中国成立之初，通过土改运动将封建半封建的土地私有制转变为农民个人土地所有制，之后通过合作化运动建立起农村集体土地所有制。

（二）土地集体所有制的建立过程

1. 土地改革时期（1950—1953 年）

1950 年 6 月颁布的《中华人民共和国土地改革法》规定："废除地主阶级封建剥削的土地所有制，实行农民的土地所有制"。到 1953 年春，全国除部分少数民族地区外，土地改革都已完成。全国有 3 亿多无地少地的农民（包括老解放区农民在内）无偿地获得了约 7 亿亩土地和大量生产资料。从而通过土地改革，基本解决了"耕者有其田"的问题，变土地地主私有制为土地农民私有制。这在经济上和政治上极大地解放了农民，使农民同时拥有土地所有权和自由劳动权，农产积极性大大提高，为新中国成立后的经济恢复和社会稳定发挥了重要作用。

图 3-1　新中国成立初期的土地改革

1950 年 6 月 28 日，中央人民政府委员会通过了《中华人民共和国土地改革法》。这部法律总结了中国共产党过去领导土地改革的历史经验，适应新中国成立后的新形势，成为指导新解放区土地改革的基本法律依据。

江西革命老区的农民分得土地后，向毛泽东主席写信报告土改的结果，他们说："我们有了这命根子，一定要勤劳耕种，努力把生产搞好，争取我们的生活迅速改善。今天我们全乡群众热烈地集合在松江山上，庆祝土地还家。会场上红旗招展，锣鼓喧天，我们尽情地高呼，尽情地歌唱，尽情地欢笑。"

2. 农业合作化时期（1953—1956 年）

1953 年，中共中央先后发布了《关于农业生产互助合作的决议》和《关于发展农业生产合作社的决议》，把农业增产和共同富裕的希望寄托在合作化上。据统计，参加互助组和初级社合作的农户由 1951 年年底的 2 100 万户增加到 1954 年年底的 7 000 万户，在全国农户总数中的比重由 19.2% 增加到 60.3%。农民通过股份合作制的形式，以土地入股分红。由于合作社 80% 以上增产增收，并且一般是互助组优于单干，合作社又优于互助组，自愿入社的人越来越多。但 1955 年春夏之后，受"右倾机会主义"影响，农业合作化运动盲目发展，很多农民被强制入社。到 1956 年年底，加入合作社的农户达到全国农户总数的 96.3%，其中参加高级社的农户占全国农户总数的 87.8%。这时，农民开始离不开生产队，农民的土地所有权和自由劳动权实际上被剥夺，只能靠"挣工分"获得必要的生活资料。

图 3-2　新中国成立初期的农业生产合作运动

3. 人民公社化时期（1958—1977 年）

1958 年 8 月，中央政治局扩大会议做出《关于在农村建立人民公社问题的决议》，规定人民公社实行政社合一、工农商学兵相结合的原则。到年底，全国 74 万个农业合作社合并为 2.6 万个人民公社，全国 99% 以上的农户参加了人民公社。人民公社的特点是"一大二公"，实际上就是"一平二调"，即政府和公社经常无偿地调用生产队的土地、物资和劳动力，甚至调用社员的房屋和家具。这样，集体土地所有权的界限十分混乱。1962 年，中共中央发布的《农村人民公社条例修正草案》（人民公社 60 条），明确确立了"三级所有，队为基础"的集体土地制。"三级"分别是指人民公社、生产大队和生产队。"三级所有"是指人民公社范围内的土地属于人民公社、生产大队和生产队三级所有，即有的属于人民公社所用，有的属于生产大队所有，有的属于生产队所有。生产队范围内的土地一律不准出租和买卖，由生产队组织本队的劳动力统一经营，农民个人和家庭不拥有独立的土地财产权利，也不是独立生产经营单位。

二、农产品统购统销

（一）实施农产品统购统销的背景

新中国成立后，经过三年的国民经济恢复，我国提出工业现代化的目标。因此，较快的工业发展速度与落后的农业之间的矛盾日益突出，尤其是粮食产量过低和需求过快的矛盾严重。在此严峻情况下，为贯彻过渡时期总路线，顺利实施"一五"计划，解决人民生活和国家建设所需重要物资的供求矛盾，我国从1953年10月起陆续对粮、棉等农副产品实行统购统销，即在农村中对农民实施计划征购，在城镇对居民采取定量配售，实施完全由国家严格控制农副产品市场的政策。

（二）农产品统购统销的内容

1953年10月，我国通过了《中共中央关于粮食统购统销的决议》等文件。1953年12月开始，除西藏和台湾外，全国城乡开始实行粮食统购统销。粮食统购统销的政策体制体系包括四个方面的内容。

1. 计划收购

生产粮食的农民应按中央统一规定的收购粮食品种、收购价格和计划收购的分配数量将余粮售给国家，统购价格大体维持在当时城市出售价的水平。

2. 计划供应

计划供应范围人口接近2亿，包括县以上城市、农村集镇、缺粮的经济作物产区、一般地区缺粮户、灾区的灾民。供应品种也由少到多，供应办法由简到繁，由宽到严。

3. 市场管理

一切从事粮食经营、加工者统一归当地粮食部门管理，所有私营粮商一律不允许私自经营粮食，农民的粮食只能在国营粮店或合作社收购后才能进城出售，所有私营粮食加工者一律不得私自自购原料，自销成品，禁止跨行业经营粮食。

4. 中央统一管理

所有方针政策的确定、所有收购量和供应量、收购标准和供应标准、收购价格和供应价格等，都必须由中央统一规定或经中央统一批准，地方只能在既定的方针政策原则下实施。

以上四个方面互相紧扣，形成了一个完整的政策体系。不过，当时的统购统销制度还是给市场留下了一些空间。只要不投机倒把、扰乱市场，农民在交纳公粮和计划收购以外的余粮后，都可以自由存储和自由使用。私营粮商、私营粮食加工厂也可以在国家的严格监督和管理下，由国家粮食部门委托代理销售粮食或从事粮食加工。

（三）农产品统购统销的作用

实行统购统销的实质，是在特定条件下在农产品的购销上以国家的计划管理替代市场调节，其实施的结果在当时收到明显的成效，也对计划体制的形成起到推动作用，对后来的中国社会主义经济和社会的发展产生了重要影响。

1. 保证资金积累

在当时主要农产品生产不足、供不应求的情况下，采取这一政策保证了社会基本需要和国家快速工业化所需的资金积累。

> 在整个农产品统购统销时期，国家通过"剪刀差"获取的农业剩余数额要远远大于农业税的数额，成为一种规模庞大的"暗税"，关于具体金额，不同的研究者曾得出过不同的结论，综合来看普遍认为是 5 000 亿~8 000 亿元之间。而同一时期，即实行农产品统购统销的 1952—1985 年间，全国征收的农业各税总额为 975.43 亿元，显然，"剪刀差"才是国家从农民那里获取资金的主渠道。统购统销和"剪刀差"是我国工业化过程中的重要制度保证，确保了农业的积累源源不断地抽往城市和工农业。
>
> （资料来源：根据相关资料整理。）

2. 加速社会主义改造过程

统购统销与社会主义改造是相互依存的，统购统销除了用以缓解供求矛盾、稳定物价之外，还在于以之将分散的小农经济纳入国家计划建设的轨道，引导其互助合作、走上社会主义道路。

3. 促进二元经济结构的形成

统购统销与严格的户籍管理制度共同作用对二元化社会格局的形成起了极大的作用。统购统销保障农产品的收购、城市的物资供应，对城镇居民实行按户计划的、低价定量的日用生活品供应以及实施价格补贴；户籍管理制度严格控制城镇人口的增长，以便对城镇居民实行就业、粮油供应、公费医疗和养老保险等，借此缓解工业化过程中过快城市化给国家带来的压力，保证社会发展所需要的基本稳定。然而，这一特定条件下的制度安排后来逐渐显示出其负面作用，即较先进的工业与落后的农业、城市的现代化社会与农村的传统社会的长期相互并行的局面。

三、农业税制度

（一）农业税的背景

新中国成立初期，国民经济百废待兴，政府国库空匮，基于为工业化提供积累资金，为国家提供财政收入的需要，我国设置了农业税。

（二）农业税的设置和贡献

1. 农业税的设置

农业税是对从事农业生产、有农业收入的单位和个人征收的一种税，征税对象为农业收入。从广义来看，农业税主要包括农（牧）业税、农业特产税和屠宰税等与农村相关的税种。

> 1950年我国通过了新中国第一部具有全国性的农业税税法《新解放区农业税暂行条例》，该暂行条例将1950年农业税的全国平均税率确定为13%，并规定可征收农业税地方附加用于地方支出，但不得超过正税的15%。在这一时期，除了国家税收外，农民还承担了各种杂项负担。
>
> 1958年《中华人民共和国农业税条例》公布实施，该条例的要点有：全国一律实行比例税制，而非新解放区实行原有的累进税制；全国平均税率定为15.5%。到"五五计划"开始时，即1976年，全国农业税（正税）加上地方附加的征收总额为250多亿元。
>
> （资料来源：根据相关资料整理。）

2. 农业税的贡献

从占国家财政份额的角度看，改革开放前农业各税在我国税制结构中占有重要地位。1950年，农业各税占总税收的比重曾接近40%，直到"五五计划"时期以后才随着工商税收的增加而逐渐降到了个位数（详见表3-1）。

表3-1　1950—1978年农业税税额及其占全国税收的比重

年　份	农业各税	占税收比重（%）
1950	19.10	39.00
1951	23.35	28.78
1952	27.35	28.00
1953	27.51	22.99
1954	33.13	25.06
1955	30.72	24.10

年　份	农业各税	占税收比重（%）
1956	29.65	21.05
1957	29.67	19.16
1958	32.59	17.39
1959	33.01	16.13
1960	28.04	13.77
1961	21.66	13.64
1962	22.83	14.09
1963	24.00	14.61
1964	25.89	14.23
1965	25.78	12.62
1966	29.55	13.31
1967	28.95	14.72
1968	30.02	15.67
1969	29.56	12.56
1970	31.98	11.37
1971	30.86	9.87
1972	28.37	8.95
1973	30.52	8.75
1974	30.06	8.34
1975	29.45	7.31
1976	29.14	7.14
1977	29.33	6.26

资料来源：国家统计局国民经济综合统计司.新中国五十年统计资料汇编，北京：中国统计出版社，1999

　　从表3-1可以看出，从绝对数额看，1950—1978年的农业税基本保持了稳定，而其占国家税收总额的比重除部分年份有所反弹外，总体呈下降趋势。但从另一方面看，在1956年前农业税占国家税收总额的比重一直保持在20%以上，直到1970年，农业税所占比重还保持在10%以上，这充分说明农业为国家财政做出了巨大的贡献。

🔑 **动动脑**

1.土地集体所有制是如何建立的？

2.我国在新中国成立之初为什么要实行农产品统购统销？

第二节　改革开放后中国农村发展

案例导入

改革开放 30 年：农村大变化　农民得实惠

岁月如歌，三十年的岁月弹指一挥间，三十年的改革开放给尼勒克县各族群众带来了巨大福祉，该县各族干部群众乘改革开放的春风，艰苦奋斗，锐意进取，农村经济实力明显增强，农民收入持续增长，生活水平如芝麻开花节节高，广大农村发生了翻天覆地的变化。1978 年全县生产总值仅为 2 686 万元，2007 年迅速增加到 113 873 万元，是 1978 年的 42.4 倍，农牧民人均纯收入 3 216 元，是 1978 年的 35 倍，年均增长 12.6%，农村面貌发生巨大变化。

日前，尼勒克县加哈乌拉斯台乡阔克阿尕什村村民明延青一提起改革开放三十年的变化，嘴里就有说不完的开心事，他扳着指头说："过去住的是土坯房，走的是黄土路，烧的是柴火，满村到处是草垛，多数村没电没路，到下雨天道路就成烂泥巴坑，一天到县上的班车就一趟。而现在的房子都是宽敞明亮的抗震安居房，村里的柏油路通到了家门口，做饭烧的是沼气、煤气，就连偏远牧区的自来水也接上了，文化活动室也有了，条件一下子变得这么好，今后更有信心发家致富了"。农民明延青朴素的言语深刻地印证了改革开放对老百姓生活的改变。

三十年来，尼勒克以"村村通油"工程为契机，使县、乡二级规划区内全部道路实现柏油化，50% 的行政村达到四级沥青路面标准，乡、村彻底摆脱了改革初期"晴天一身土、雨天一身泥"的格局，公路通车里程达 600 公里，是 1978 年的 2.7 倍，拥有各种车辆 1 115 万辆（不包括私家车），完成公路客运量 59 万人。据该县乌拉斯台乡直属村 79 岁老人李生辉回忆："过去老家出事情了，发个电报要专门到县上坐班车去发，来回花费两天时间，真把人'磨'坏了。"而目前全县拥有邮电局 17 个，比 1978 年增长 21%，全年邮电业务总量 1 718 万元，是 1978 年的 132.77 倍，年均增长 17.7%，农村用户 14 354 户，是 1978 年的 172.9 倍，电话普及率达 61.08 部 / 百人。

尤其是近几年来，尼勒克县在新农村建设中，本着"规划先行、分类指导、试点示范、基础突破"的工作思路，通过"五通工程"等基础设施建设，重点对农田水利、基层组织、学校、卫生院（所）、文化室等进行建设，还围绕农村"十星级"文明户创建，大力实施"1555"工程，加大农村"2211"基础工程建设，切实改变了农村各族群众人居环境的条件。目前，该县试点村建设抗震安居房 11 337 幢，修建沼气池 1 100 余座，农村合作医疗覆盖率达到 96%，农村适龄儿童入学率达到 99.74%，农民病有所医，老有所养，一大批惠农政策的相继出台，如退木还草补助、计划生育奖励、农村低保、教育"两费"减免，农村合作医疗等"阳光政策"，让各族群众切切实实享受到了改革开放的成果。

（资料来源：中广网，2008 年 11 月 25 日）

改革开放的成果体现在农民生活中的哪些方面？促进农村经济发展的原因有哪些？

1978 年，党的十一届三中全会的召开拉开农村改革的序幕，全会做出的"以经济建设为中心"的战略决策和"解放思想、实事求是"的思想路线，成为改革启动时期各项农村政策制定、实施的理论依据和行动指南。通过农村土地制度改革、农产品流通体制改革、乡镇企业异军突起和农村税费改革等一系列改革，中国农村改革不断深入，农村发展不断向前。

一、农村土地制度改革

（一）农村土地制度改革概况

改革 30 年来，我国农村土地制度变迁经历了两个大的阶段。第一阶段（1978—1999年），恢复和拓展农业生产责任制，逐步确立"土地集体所有、家庭承包经营、长期稳定承包权、鼓励合法流转"的新型农村土地制度。第二阶段（2000—2008 年），农村土地制度改革沿两条主线展开：一是继续完善并用立法规范承包土地制度；二是探索和推进土地征用制度及农村建设用地制度的改革。农村土地制度 30 年变迁采取了农民自发制度创新与国家强力推行相结合的方式，沿着"明确所有权，稳定承包权，放活使用权，保障收益权，尊重处分权"路径前行，至今形成了一套比较完整和成型的新型土地制度。这一制度的基本精神是充分实现集体土地所有权利益的同时，赋予农民长期而有保障的土地使用权；这一制度的政策内容包括坚持农村土地集体所有长期不变，集体土地家庭承包经营长期不变，允许农户在承包期内依法、自愿、有偿转让土地经营权，允许集体经济组织拍卖荒山、荒地、荒坡、荒滩的经营权，在具备条件的地方可以通过有偿转让集中土地的经营权来实行适度的规模经营。这些精神和政策以法律形式载入了《农村土地承包法》。

改革开放以来，我国农村土地制度改革经历了三个大的阶段。

1. 家庭承包制的确立和稳定阶段（1978—1999 年）

1979 年 9 月，党的十一届四中全会通过《关于加快农业发展若干问题的决定》，该《决定》指出，"三级所有、队为基础的制度适合于我国目前农业生产力的发展水平，决不允许任意改变"，但"可以在生产队统一核算和分配的前提下，包工到作业组，联系产量计算劳动报酬，实行超产奖励"。到 80 年代初，各个类型的农业生产责任制也在绝大多数的生产队建立起来了。从 1982 年到 1986 年，中央连续五年在中央一号文件中对家庭联产承包经营责任制进行完善。1993 年的全国人大会议上，正式把家庭承包经营写入宪法。

家庭联产承包责任制改革的实施，将土地产权分为所有权和经营权，即所有权仍归集体所有，经营权则由集体经济组织按户均分包给农户自主经营，集体经济组织负责承包合同履行的监督，公共设施的统一安排、使用和调度，土地调整和分配，从而形成了一套有统有分、统分结合的双层经营体制。家庭联产承包责任制的推行，纠正了长期存在的管理高度集中和经营方式过分单调的弊端，使农民在集体经济中由单纯的劳动者变成既是生产者又是经营者，从而大大调动农民的生产积极性，较好地发挥了劳动和土地的潜力。

2. 规范化和法制化建设阶段（2000—2012 年）

此阶段《农村土地承包法》和《物权法》相继颁布并实施，农村土地制度改革沿两条主线展开：一是继续完善并用立法规范承包土地制度；二是探索和推进土地征用制度及农村建设用地制度的改革。农村土地制度改革变迁采取农民自发制度创新与国家强力推行相结合的方式，沿着"明确所有权，稳定承包权，放活使用权，保障收益权，尊重处分权"路径前行，形成了一套比较完整和成型的新型土地制度。这一制度的基本精神是充分实现集体土地所有权利益的同时，赋予农民长期而有保障的土地使用权；这一制度的政策内容包括坚持农村土地集体所有长期不变，集体土地家庭承包经营长期不变，允许农户在承包期内依法、自愿、有偿转让土地经营权，允许集体经济组织拍卖荒山、荒地、荒坡、荒滩的经营权，在具备条件的地方可以通过有偿转让集中土地的经营权来实行适度的规模经营。

3. 市场化和可持续发展阶段（2013 年至今）

2013 年党的十八届三中全会提出，"健全国家自然资源资产管理体制，统一行使全民所有自然资源资产所有者职责。完善自然资源监管体制，统一行使所有国土空间用途管制职责。"这项改革一旦实施，意味着国有土地的所有权将由专门的机构来行使，政府的行政管理部门不再承担经营土地等自然资源资产的职能了。这将有利于征地制度和集体土地的市场化改革，政府在土地问题上将从既是"裁判员"又是"运动员"的局面，逐步向"所有者与管理者分开"转变。

另一方面，土地的产权改革方面，"三权分置"逐步取代"两权分置"。2015 年中央一号文件提出，要抓紧修改农村土地承包方面的法律，界定农村土地集体所有权、农户承包权、土地经营权的权利关系。即在农村土地所有权与承包经营权分离的基础上，促使承包权与经营权再分离，实现所有权、承包权、经营权相互分置和并行，赋予集体、承包户、经营者各自对应的权利主体、权能机构、权属关系和保护手段。"三权分置"是在承包经营权内部进行的，是承包者与经营者之间农地关系与相关权利义务的重新配置。与"两权分置"相比较，"三权分置"中分置的产权层次更高，分置的边界更清晰，分置的意义更深远，将从更高层次上创新和完善农地制度和农村基本经营制度。

（二）家庭联产承包责任制的影响

1. 赋予农民土地承包经营权

通过土地制度改革，逐步从政策和法律上认可并赋予了农民土地承包经营权，并由此奠定了我国农业家庭经营的制度基础，确立了我国农业家庭经营的主体地位。在最初由农民自发推动的承包制的改革中，通过包干到户、包产到户等形式，农民事实上获得了以家庭为单位开展农业经营的土地承包经营权。并在此之后，国家不断出台政策对土地家庭承包经营进行引导，对农民的土地承包经营权进行界定、规范和保护，从制度和法律层面赋予了农户从事家庭经营的土地承包经营权。

> 在土地承包经营权的基础上，农业的生产、经营和劳动计量在以家庭为单位的同一单位进行，生产者的成本、收益趋向一致，这就自动建立起了"多劳多得"的激励机制，极大地调动了农民的生产积极性，彻底解放了生产力，从而推动了我国农业持续多年的经济增长。
>
> 按照林毅夫（1994）的估计，以不变价计算，1978—1984年中国农业总产值增加了42.23%，其中46.8%来自家庭承包制实行所带来的生产率的提高。
>
> （**资料来源**：清华大学中国农村研究院，2013年10月）

2. 开辟了农村土地要素市场

通过土地制度改革，在赋予农民土地承包经营权的同时，开辟了农村土地要素市场。从最开始政策上就允许农民的土地承包经营权流转，但受农村人口和劳动力转移缓慢等外部条件制约，土地流转程度一直很低。20世纪90年代中期，随着工业化、城镇化发展，农村人口和劳动力向城镇和非农产业转移加快，土地流转的外部条件不断改善，土地承包经营权流转程度逐步得到提高。这一方面促进了土地集中和农业规模化、集约化和产业化经营，另一方面为农村剩余劳动力转移和外出就业提供了便利，有效促进了农村经济的发展。

> 据农业部抽样调查，1992年全国共有473.3万户农户转包、转让农地1161万亩，分别占承包土地农户总数的2.3%和承包土地总面积的2.9%。
>
> 1998年农业部对包括河北、陕西、安徽、湖南、四川和浙江省的抽样调查，有9.8%的农户转出了土地，转出土地面积占村组土地总面积的比例达5.2%；有8.4%的农户转出了土地，转入土地面积所占的比例为6.0%。总体上看，有近1/6的农户、1/20的土地进入市场交易。而在沿海地区，土地流转的比例则更高。2001年，浙江省土地流转面积达300万亩，占到全省耕地的12.4%。
>
> （**资料来源**：根据相关资料整理。）

3. 建立了土地财产物权保护制度和土地管理法律体系

通过土地制度改革，中国不断以法律等正式制度的形式巩固改革成果，规范土地制度建设。逐步形成了包括《宪法》有关条款、《物权法》《农村土地承包法》《土地管理法》《民法通则》《草原法》《森林法》《土地管理法实施条例》等国家法律法规，《土地管理法》地方实施办法和《农村土地承包法》地方实施办法等地方法规以及有关司法解释和部门规章等在内的农村土地制度法律法规体系，基本建立起农村土地财产物权保护制度和土地管理法律体系，逐步将农村土地纳入到法制管理轨道。

> 我国在农村土地物权制度建设方面完善和规范了农村多元化的农民集体土地所有权法律制度。
>
> 1986 年通过的《土地管理法》，根据农村集体土地"三级所有"的现实，明确规定"集体所有的土地依照法律属于村农民集体所有，由村农业生产合作社等农业集体经济组织或者村民委员会经营管理"。同时规定："村农民集体所有的土地已经分别属于村内两个以上农业集体经济组织所有的，可以属于各该农业集体经济组织的农民集体所有。"
>
> 1998 年修订通过的《土地管理法》在规范村所有、组所有的同时，规定"已经属于乡（镇）农民集体所有的，由乡（镇）农村集体经济组织经营、管理"。后来的《农村土地承包法》《物权法》等法律则对土地所有权做了同样的规定，从法律上规范了组所有、村所有和乡（镇）所有的农村集体土地所有制形式，完善了农村多元化的集体土地所有权制度，为依法规范土地发包、土地调整、征地补偿等提供了依据。
>
> 我国在依法规范土地所有权的同时，建立起了土地承包经营权、集体建设用地使用权、宅基地使用权等用益物权制度。《物权法》明确规定了土地承包经营权、集体建设用地使用权、宅基地使用权的用益物权地位。与《物权法》相配套，《农村土地承包法》规定了土地发包方和土地承包方的权利义务关系和土地承包期限，从法律上统一了土地承包经营权的权利内涵，统一规定了各类土地承包经营权的期限。规定发包方在享有发包土地、监督承包方合理利用土地、保护土地等权利的同时，不得非法变更、解除承包合同，不得干涉承包方依法进行正常的生产经营活动；明确规定土地承包经营权是承包方依法享有的、在土地用途管制下对承包土地占有、使用、收益和处分的权利，有依法获得征地补偿的权利。
>
> （资料来源：根据相关资料整理。）

4. 建立了土地用途管制制度和耕地保护制度

我国在农村土地制度改革中，一方面，适应市场经济发展的需求，不断从政策和法律上赋予并明确界定、规范和保护农民的土地使用权，如土地承包经营权、集体建设用地使用权、宅基地使用权等；另一方面，通过建立土地利用规划管理制度、土地用途管制制度和耕地保护制度等，逐步建立健全了国家对个人土地利用行为的管制规则体系，这对保护耕地和保障土地资源的可持续利用发挥了重要作用。

《土地管理法》自1987年1月1日起施行，标志着我国城乡土地由多部门分头管理开始转向城乡土地统一管理，由此开始逐步建立和完善了土地统计制度、土地调查制度、土地利用规划管理制度、土地用途管制制度、耕地保护制度等一系列农村土地管理制度。

1998年修订通过的《土地管理法》从法律上进一步确立了土地用途管制制度，规定国家实行土地用途管制制度。国家编制土地利用总体规划，规定土地用途，将土地用途分为农用地、建设用地和未利用地。严格限制农用地转为建设用地，控制建设用地总量，对耕地实行特殊保护。建设占用土地，涉及农用地转为建设用地的，应当办理农用地转用审批手续。这次修订通过的《土地管理法》明确规定建立包括占用耕地补偿制度和基本农田保护制度的耕地保护制度。占用耕地补偿制度要求，非农建设经批准占用耕地的，按照"占多少，垦多少"的原则，由占用耕地的单位负责开垦与所占用耕地的数量和质量相当的耕地；没有条件开垦或者开垦的耕地不符合要求的，应当按照有关规定缴纳耕地开垦费，专款用于开垦新的耕地。基本农田保护制度要求，将县以上政府批准的粮棉油生产基地、有良好的水利与水土保持设施的耕地、蔬菜基地等不低于行政区80%的耕地划入基本农田保护区，实行更加严格的管理和保护。

（资料来源：根据相关资料整理。）

二、农产品流通体制改革

（一）农产品流通体制改革概况

总体而言，中国农产品流通体制改革经历了两大阶段。

1. 农产品放开搞活阶段（1981—1992年）

十一届三中全会后，我国开始实行对内改革、对外开放的经济政策。农产品流通体制开始突破以往的计划经济体制，统购统销的制度被逐渐放开。在这段时期，我国不断调整和提高农产品收购价格，并适当减少农产品统购统销的品种和数量，逐步放开农产品集贸市场。通过此阶段改革，逐步改变了不合理的工农产品比价，增加了农民收入，刺激了农业生产较快发展。

1981年1月，中共中央在《当前农村经济政策的若干问题》中指出：对重要农副产品实行统购派购是完全必要的，但品种不宜过多。对关系国计民生的少数农产品，继续实行统购派购；对农民完成统购派购任务后的产品和非统购派购产品，应当允许多渠道经营。1981年7月，国家物价总局等8个部门联合发布《农副产品议购议销价格暂行管理办法（草案）》，推动农副产品议购议销活动的发展，搞活市场。

1983 年 10 月，国务院发出《批转商业部关于调整农副产品购销政策、组织多渠道经营的报告的通知》，将商业部主管的一、二类农副产品由 46 种减为 21 种，其余 25 种农产品降为 3 种，实行市场调节。1984 年 7 月，国务院批转国家体改委、商业部、农牧渔业部《关于进一步做好农村商品流通工作的报告》，将 21 种一、二类农副产品减为 12 种；执行派购的 30 种中药材品种减为 24 种；林产品中的小材小料和竹木制品被全部放开，同时开放一部分木材市场；淡水鱼品种全部放开，并规定海水鱼品种也要逐步放开。

1985 年 1 月，中共中央、国务院颁布《关于进一步活跃农村经济的十项政策》："除个别品种外，国家不再向农民下达农产品统购、派购任务，按照不同情况分别实行合同定购和市场收购。"根据这一政策，国务院各个部门对分别主管的农副产品陆续取消了统购统销制度。

1991 年 10 月，国务院发出《关于进一步搞活农产品流通的通知》，之后，除棉花、烟草、蚕茧、四种名贵中药材、部分林产品、边销茶等小部分农副产品外，大部分农副产品都已基本实现自由购销，全国农副产品收购总额中由市场调节价格的比例达到 81.8%。这一阶段的农产品流通体制改革打破了计划经济体制的限制，农产品流通市场得到了恢复和发展。

（资料来源：根据相关资料整理。）

2. 农产品流通深化改革阶段 (1993 年至今)

这一阶段的农产品流通体制改革，主要以粮食和棉花的流通体制改革为主要内容，并不断完善了农产品市场流通体系。经过迂回和渐进式改革，粮食和棉花购销最终得以放开，这标志着我国农产品流通体制改革基本完成。至 2004 年，我国农副产品收购总额中由市场调节价格的比重达到 97.8%。

粮食是关系国计民生最为重要的商品，历来受到中央及各级政府的高度重视。1985 年统购派购制度取消后，国家对粮食收购改为合同定购，定购的粮食按"倒三七"（三成按原统购价，七成按原超购价）比价计价，并辅以市场收购，粮食统销政策不变，形成了粮食流通体制的"双轨制"模式。1993 年 2 月，国务院颁发《关于加强粮食流通体制改革的通知》，要求农产品形成以市场购销为主，合同定购为辅的格局。粮食购销走出"双轨制"，进入全面市场化的阶段。但国家放开粮食购销体制后，以市场化为目标的流通体制改革却未能顺利实施，导致粮食供需缺口扩大，引发粮价大幅上涨，1994—1997 年，粮食流通又回到"双轨制"模式。1998 年，粮食流通体制进入全面改革时期，国务院先后下发了《关于印发当前推进粮食流通体制改革意见的通知》（1998 年 11 月）、《关于进一步完善粮食流通体制改革措施》（1999 年 5 月）、《关于进一步深化粮食流通体制改革的意见》（2001 年 7 月）等文件。

到 2004 年 5 月，国务院下发《关于进一步深化粮食流通体制改革的意见》，明确指出："2004 年全面开放粮食收购市场""积极稳妥地放开粮食主产区的粮食收购市场和粮食收购价格"。"一般情况下，粮食收购价格由市场供求形成"，粮食购销完全实现了市场化。

棉花是我国支柱产业纺织业的主要原料，关乎国家经济命脉，国家对棉花购销也一直保持慎重对待。总体而言，新中国成立后国家对棉花购销一直执行统购统销的政策，个别时期曾尝试适当放开，但由于紧张的市场供求关系，棉花市场大一统的局面未曾被改变。直到 1998 年 11 月，国务院在《关于深化棉花流通体制改革的决定》中指出："从 1999 年 9 月 1 日新的棉花年度起，棉花的收购价格、销售价格主要由市场形成，国家不再作统一规定。"标志着棉花流通市场开始放开。2001 年 7 月，国务院发出《关于进一步深化棉花流通体制改革的意见》，进一步加快了棉花购销的市场化。粮食和棉花购销的最终放开，标志着我国农产品流通体制改革基本完成。

（资料来源：根据相关资料整理。）

（二）农产品流通体制改革的影响

1. 市场化流通体制逐步建立

农村经济体制改革是我国经济体制改革前奏，农村流通体制改革是我国经济体制改革的突破口。建立农产品市场化流通体制的核心目标是平衡好生产者和消费者利益，增强流通环节的竞争性，提高农产品流通体系的运行效率。完善农产品市场化流通体制改革的方向包括：一是进一步培育市场主体，提高农民的组织化程度；二是提高市场建设和管理水平；三是加强农产品产销的社会化服务体系建设；四是健全宏观调控体系。在国家宏观调控下，充分发挥市场机制对农产品购销和价格形成的作用，完善农产品价格形成机制，建立完善粮食等重要农产品的国家储备体系和市场体系。

2. 农产品流通体系日趋完善

随着市场化流通体制的逐步建立，农产品流通体系日趋完善。除传统的集贸市场外，各种综合市场、专业市场、批发市场和期货市场逐步深入农村，连锁经营、物流配送、电子商务等现代流通方式以及小型超市、便利店等新型流通业态逐渐在农村建立和发展。农民经纪人、农产品运销大户和农村流通合作组织等多元化流通主体逐步形成，互为补充，共同发展。此外，包括农资连锁配送等在内的分销、直销、超市、总代理等多种经营模式蓬勃发展。另一方面，随着农产品流通体系的完善，农民直接进入流通领域的组织化程度逐步提高，"小农户与大市场"的矛盾得到相对解决。

3. 农产品市场宏观调控能力不断增强

随着市场化流通体制的逐步建立和农产品流通体系的日趋完善，我国农产品储备机制和价格机制不断得到合理使用和有序运行，经济手段、法律手段和行政手段不断得到综合运用，使得国家对农产品市场供求和价格的宏观调控能力明显增强。

2017 年 1 月 11 日，中储粮总公司和中储棉总公司重组大会在北京举行，标志着两家央企重组工作正式实施。两家公司重组后，中储棉总公司无偿划转并入中储粮总公司，成为其全资子公司。重组后的中储粮将成为国内最大的农产品企业集团，进一步增强了国家农产品宏观调控能力。

中储粮和中储棉两家企业具备整合重组的良好基础。中储粮成立于 2000 年，负责中央储备粮油的经营管理；中储棉成立于 2003 年，负责储备棉经营管理。两家企业均以重要农产品储备经营管理为主业，执行国家粮棉油宏观调控任务，使命一致、业务相近。重组后的中储粮将继续聚焦粮棉油储备主业，优化收储网点和网络布局，着力提高储备运营效率。中储棉总公司作为其全资子公司，将继续承担国家下达的储备棉经营管理任务。

粮棉油储备体系是保障国家安全的重要组成部分。两家企业重组后，企业资产规模将达到 1.47 万亿元，位居央企前列，储备品种涵盖小麦、稻谷、玉米等主要粮食品种，大豆、豆油、菜油、葵花籽油等食用油脂油料以及棉花共八大品种，成为国内最大、国际影响举足轻重的农产品企业集团，将使中国企业在国际农产品领域的影响力进一步提升。同时，将能够进一步整合国家战略物资储备资源，有利于统筹开展粮棉油调控业务，形成更为高效的决策和执行机制，在更高层次上整合各类调控资源，并有利于加强和巩固国家重要农产品储备体系，使产业更集中、管理更集中，服务宏观调控更有力，以及有利于增强企业的活力、控制力、影响力和抗风险能力，提升重要农产品安全保障能力，提高储备效率效能。

（资料来源：经济日报，2017 年 1 月）

三、乡镇企业的兴起与发展

（一）乡镇企业概况

在中国农村改革中，被称为异军突起的乡镇企业的改革和发展经历了五大阶段。

1. 开始发展阶段（1978—1983 年）

中国乡镇企业的雏形形成于 20 世纪 50 年代的"社队企业"，即在人民公社时期由人民公社兴办的非农业企业。1978 年，中国经济改革首先在农村地区启动，随着农村家庭联产承包责任制的推广、农业劳动生产率提高，农村经济发生了一系列较大的变化，尤其是农业劳动力逐步从土地束缚中解放出来，形成日益庞大的待业群体。为了吸收消化大量的农村富余劳动力，在 60 年代初因国内经济困难被取消的社队企业，后期作为补充城市生产能力的不足而逐步恢复，并在改革后的农村就业压力下进一步得到发展，成为农村经济新的增长点。

这一时期乡镇企业发展的特点是：从业人数不断递增，生产规模迅猛增长。从图 3-3 可以看到，乡镇企业的从业人数，从 1978 年的 2 826.56 万人增加到 1983 年的 3 234.64 万人，增长了 14.44%。从图 3-4 可以看到，乡镇企业的总产值，从 1978 年的 495.13 亿元增加到 1983 年的 1 016.83 亿元，增长了 105.37%。

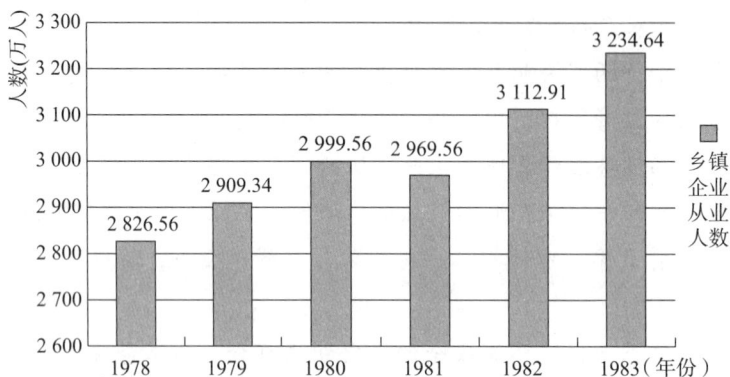

图 3-3　1978—1983 年中国乡镇企业从业人数变化情况

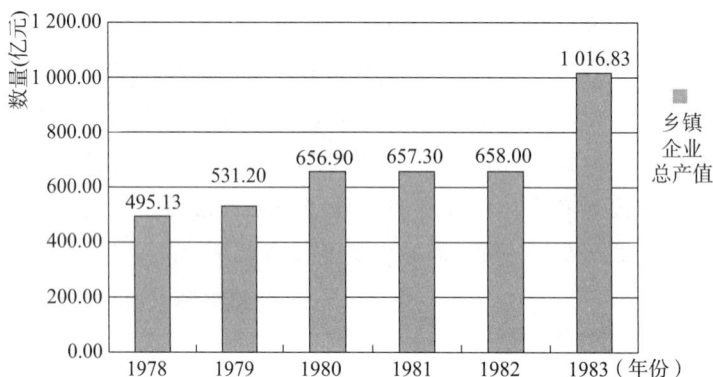

图 3-4　1978—1983 年中国乡镇企业总产值变化情况

（资料来源：根据中国统计年鉴数据整理。）

2. 高速增长阶段（1984—1988 年）

1984 年是乡镇企业发展的转折点。1984 年中央一号文件中提出，在兴办社队企业的同时，鼓励农民个人兴办或联合兴办各类企业。同年四号文件又进一步将社队企业正式改名为乡镇企业，并明确指出发展乡镇企业的意义和作用，制定了指导乡镇企业发展的总方针，提出了开创乡镇企业新局面的历史任务，并对乡镇企业的若干政策问题做出了规定。文件要求各级政府对乡镇企业与国有企业同等对待，一视同仁，给予必要的扶持，因而形成同心协力推动乡镇企业发展的高潮。

据统计，1984 年乡镇企业的个数从上一年的 134.64 万户，猛增到 606.52 万户。根据报道，1984 年 5 月份，仅在浙江省一省范围内，农民就集资了 1.4 亿元人民币，兴办起 2 万多个乡镇企业。从所有制构成看，这一时期乡镇企业出现了较大的变化，从企业数量来看，集体企业只占到了 30.72%，农民户办和联户办的企业却达到 69.28%。但是在经济总量上，乡镇集体企业仍占据着主导地位，在 1985 年的统计中，乡镇集体经济占到乡镇企业总产值的 72.86%，总收入的 71.37%，利税总额的 65.9%。需要指出的是：1984 年以前的农村企业数据只统计了集体企业，并不包括农民户办和联户办企业，因此，难以准确衡量户办和联户办企业在 1984 年前后的变化，但从 1984 年的比例构成看，户办、联户办企业已占到乡镇企业总数的近 7 成，总产值的 14.3%，以及从业人员的 23.5%，已具有了较强的实力。其后几年，户办和联户办企业一直保持了较强的增长势头，逐步发展成为乡镇企业中的重要组成部分。

（资料来源：中经网，2016 年 4 月）

3. 整顿复苏阶段（1989—1996 年）

1989—1991 年期间，国家整顿经济秩序，乡镇企业发展放缓。很多企业出现了开工不足，亏损上升等现象。但由于乡镇企业本身是依靠市场经济发展起来的，对市场变化反应灵敏，能够迅速对产品和生产规模调整，因此，即使在这段缓慢发展时期，乡镇企业对地方经济和社会发展的贡献仍在不断加大。如这段时期乡镇企业的发展速度虽然有所减缓，但总产值的年增长率达到 14.36% 与 21.3% 之间，保持了较高的增长速度。1991年乡镇企业的总产值首次突破 1 万亿元大关。

1992 年年初，邓小平南方谈话，全国乡镇企业加快发展步伐。同年十四大的召开，确认了发展乡镇企业是国民经济发展的必由之路。1993 年十四届三中全会后，我国逐步从传统计划经济体制向现代社会主义市场经济体制转变，乡镇企业在我国农村经济中的支柱地位和作为中国中小企业的主体地位进一步得以确立。

4. 转型变革阶段（1997—2001 年）

在此阶段，国家继续实行适度从紧的货币和财政政策，国内经济呈现出整体短缺向结构性过剩转变。在不太有利的整体环境下，乡镇企业整体生产经营困难，发展速度减缓，产品积压严重，经济效益下滑。在此情况下，很多乡镇企业加大改革力度，对原来所有权不清的乡村集体企业进行改制。在这期间，我国有 90% 多的乡村集体企业进行了改制，成了私营企业、股份制企业或股份合作制企业。

5. 调整创新阶段（2002 年至今）

进入 21 世纪，科技革命突飞猛进，经济全球化深入发展。2001 年"入世"后的中国，市场更加开放，竞争更加激烈，经济结构调整部分更加迅速。此阶段的乡镇企业发展呈现两大创新特点，一是形成产业集聚，园区经济快速发展。从表 3-2 可以看到，2009 年乡镇企业园区总数达 9 712 个，入园企业总产值达 101 431 亿元，占比达 25.5%。二是乡镇企业的创新意识增强，研究开发机制逐步建立。据统计 2009 年年末，乡镇企业建立技术创新中心和研发机构 39 550 个，乡镇企业园区已成为高新技术的聚集地。

表 3-2　2009 年中国乡镇企业园区经济发展情况

乡镇企业	入园企业		入园从业人员		入园企业总产值	
园区总数（个）	数量（家）	占比（%）	数量（万人）	占比（%）	总值（亿元）	占比（%）
9 712	775 191	2.9	2 387	15.3	101 431	25.5

资料来源：王宝文 . 中国乡镇企业发展历程及转型研究 [J]. 农村经济，2012（2）

（二）乡镇企业发展的影响

1. 提高了资源配置效率，促进了经济增长

乡镇企业依靠自身的积累逐渐壮大，它的发展为农村大量剩余劳动力提供了广阔的就业空间，使稀缺的资本和闲置的劳动力有效结合起来，从而部分纠正了传统发展模式的弊端，提高了资源利用率，增加了整个社会产出。如表 3-3 所示，自 1978 年改革开放以来，乡镇企业不仅通过扩大要素投入规模增加产出量，而且表现出极高的生产效率。

表 3-3　1980—1988 年国有工业、集体工业、乡村工业全要素生产率比较

年　份	国有工业	集体工业	乡村工业
1980—1988	2.40	4.63	6.06
1980—1984	1.80	3.45	4.07
1984—1988	3.01	5.86	8.00

资料来源：Jefferson，Rawski and Zheng(1992)

另一方面，乡镇企业在技术上的创新也提高了整个社会的竞争力和发展潜力，并促进了经济增长。乡镇企业要在市场中获取利润才能生存，竞争迫使其成为积极的技术创新者。

据调查资料显示，在 1990—1995 年间，4 523 家乡镇企业中有技术创新活动的企业占 70.7%，其中既开展产品创新又开展工艺创新活动的占 50.4%，仅有产品创新或仅有工艺创新的分别占 13.5% 和 6.8%；从事 R & D 活动的企业占 34.4%，拥有正式 R & D 机构的企业占 22%。五年中平均每家企业的产品创新和工艺创新分别为 3.8 项和 2.5 项，而平均每家企业获得的技术为 4.7 项；企业创新经费支出主要用于购买机器设备，其费用占创新总支出的 73.4%。并据统计，1980—2006 年，我国全社会名义增加值年均增长率为 15.9%，而同期乡镇企业年均增长率达 18.81%，乡镇企

业成为我国经济最具活力的部门。

（资料来源：张晓山，李周. 中国农村改革30年研究 [M]. 北京：经济管理出版社，2008 ）

2. 优化了经济结构，推动了经济体制改革

乡镇企业的发展是我国第二次工业化的继起，成为中国经济、社会结构转换和现代化的重要促进因素。2006年，我国乡镇企业创造工业增加值40 864.3亿元，占全国工业增加值的44.75%。在乡镇企业中，从事工业生产的职工80 272万人，分别占乡镇企业和农村劳动力的57%和17%。此外，由于乡镇企业一开始就在市场中运行，必须考虑消费者需求，因此它的发展还优化了我国的工业结构，使长期以来我国经济过于偏斜于重工业的现象得到改变。1990年，我国工业结构中重工业占总产值的比例为50.6%，与1978年的56.9%相比下降了6.3个百分点。工业结构改善后，我国重工业和轻工业、工业和农业、生产和消费之间的联系更加紧密。而且，由于轻工业相对于重工业投资额较省，生产周期较短，因此，整个社会的投资效益就更高，消费者也可以得到更多的社会福利。

同时，在乡镇企业快速发展过程中，中国一直在进行经济体制改革。乡镇企业的发展使得中国在"渐进式"经济改革中出现了一块较大的经济增量。它提供的产品使改革赢得了社会支持，它产生的利润保证了改革者的积极性，它上缴的税收增强了国家公共支出和转移支付的能力，从而减少了改革过程中的摩擦成本，推动了经济体制改革。

3. 促进了农业生产方式转变，增加了农民收入

如表3-4所示，多年来，乡镇政府在决定企业利润分配时，通过购买大型农业机械、兴修水利等"以工补农""以工建农"的方式将乡镇企业的部分利润投入了农业。

表3-4 早期乡镇企业的"以工补农"支出

年　份	以工补农投入额	年份	以工补农投入额
1985	8.8	1992	105
1987	8.5	1993	130
1988	11.6	1994	135
1990	77.8	1995	72.5
1991	86.5	1996	80

资料来源：朱刚. 中国农村公共财政. 研究报告，1998

同时，乡镇企业积极推动工业化和城市化前进的步伐，让部分农民从农业生产领域退出，土地资源逐渐集中。推进土地规模化发展，促进农业生产方式转变，并增加了农民收入。据统计，2006年，农民获得的人均工资性收入和家庭经营工业纯收入合计为1 443.29元，占当年人均纯收入的40%。

四、农村税费改革

（一）农村税费改革的概况

1. 主要内容

农村税费改革的主要可概括为："三个取消，两个调整，一项改革"。

（1）三个取消

即取消乡镇统筹费、农村教育集资等专门面向农民征收的行政事业性收费和政府性基金、集资，取消屠宰税，逐步取消劳动积累工和义务工。

（2）两个调整

即调整农业税政策，调整农业特产税政策。

（3）一项改革

即改革村提留征收使用办法，是指原村提留采用新的农业税附加方式统一收取，农业税附加比例最高不超过农业税正税的20%；农业税附加全部返还给村级组织，用于村干部报酬、五保户供养、办公经费等，农业税附加实行乡管村用；村内兴办其他集体生产公益事业所需资金，实行"一事一议"制度，筹资实行上限控制。

2. 配套改革措施

为了使农村税费改革顺利进行，还采取了一些配套改革措施，主要有：

一是，精简乡镇机构和人员，按照中央精神，乡镇机构精简人员20%；

二是，教育体制改革，主要是农村教师工资改由县财政统一发放，调整教育布局，扩大教育规模；

三是，一些地方还进行了县乡财政管理体制的改革和调整。

3. 改革过程

2000年，安徽省进行全省范围的改革试点。2001年，江苏省自费进行了全省范围改革试点。2001年，以省为单位进行农村税费改革的范围进一步扩大到河北、内蒙古、黑龙江、吉林、江西、山东、河南、湖北、湖南、重庆、四川、贵州、陕西、甘肃、青海和宁夏16个省份，上海市和浙江省自费进行农村税费改革试点。2003年，其余11个省份开始以省为单位进行农村税费改革试点。至此，农村税费改革试点在全国范围展开。

（二）农村税费改革的影响

农业税的终结，标志着一个时代的结束，同时也预示着一个新时代的开始。它不仅改变了原有的农村分配关系，同时也对我国农业进步、社会发展有着巨大的推动作用。

1. 有利于保护农民利益，促进农民增收

农业税的终结使得那些原本建立在农业税基础之上的不合理的税费负担得以根除，农民的负担也因此大幅度减轻，农民的利益得到了保护。农民的"零负担"直接加速了农民的增收，调动了农民种粮的积极性，促进了粮食生产，保障了国家粮食安全。此外，

农业税的取消，也遏制了城乡差距继续扩大的趋势，为形成城乡经济社会发展一体化新格局做出了贡献。据统计，2006年全面取消农业税后，农民每年减负总额超过1 000亿元，人均减负120元左右。

2. 有利于深化农村制度变革，缓解农村社会矛盾

农村税费改革标志着一个时代的结束，同时也预示着一个新时代的开始。一方面，它有力推进了乡镇机构改革。随着农村税费改革的进行，农业税费的减免，国家进行了撤乡并镇、精简机构人员的配套改革，并取得明显成效。据民政部统计，截至2004年9月30日，全国乡镇与1995年比，共精简机构17 280个，裁剪人员8.64万人，减少财政支出8.64亿元。另一方面，它有力推进了农村公共财政制度改革。通过税费改革，加大了国家对农村的转移支付力度。首先，国家通过对农村的转移支付来贯彻实施"工业反哺农业、城市反哺乡村"，对农民实行"多予、少取、放活"的方针；其次，农业税的取消、政府间权力的制衡使基层政府的财政来源、财政支出趋于明朗，更加透明，一定程度上改变了过去基层财政收入来源复杂、支出混乱的局面。

🔍 动动脑

1. 家庭联产承包责任制的建立体现了生产力和生产关系之间的哪些互动关系？
2. 乡镇企业的发展阶段体现了该组织形式的哪些本质特点？

第三节　新时期中国农村的发展

🌸 案例导入

韩长赋：依托精准扶贫和美丽乡村建设等发展特色产业促进农村发展

2月23—25日，农业部部长韩长赋在广西调研时强调，各级农业部门要认真学习贯彻中央农村工作会议和中央一号文件精神，紧紧围绕推进农业供给侧结构性改革这条主线，创新思路，拼搏进取，确保中央各项部署任务落到实处；要把特色产业扶贫抓紧抓实，带动贫困地区农户精准扶贫；要统筹布局生产、加工、物流、研发等功能板块，把现代农业产业园打造成现代农业示范的载体、现代农业技术装备集成的载体、新主体"双创"的载体、优势特色农业发展的载体、农村一二三产业融合的载体。产业是扶贫的主要依托，产业扶贫是完成脱贫目标任务最重要的举措。贫困地区的特色产业发展得如何，韩长赋非常关心。在位于百色市田东县思林镇的钱记鲜蛋养殖有限公司蛋鸡产业园，韩长赋听取产业园项目投入、流程管理等介绍，和贫困户交谈，了解企业带动贫困户等情况。韩长赋对公司突出绿色发展，保护生态，采用绿色生态循环养殖模式，把"臭鸡粪"变成"香水果""做食品先铸良心，挣票子带上乡亲"，扎实推动贫困地区农民增收致富的做法表示赞赏。思林镇定阳村火龙果基地成立合作社，吸收 163 户贫困户以国家扶持资金和劳力入股分红，韩长赋听后点头赞许。他指出，产业扶贫要发挥比较优势，因地制宜调整结构，突出绿色生态导向，选好产业和项目，积极引进龙头企业，围绕市场需求，大力发展优质高效农产品，实现生产生态协调发展，让龙头企业与贫困户结成发展联合体，共同分享产业链收益；地方有关部门要根据产业需求创新金融服务，大力支持投资不大见效快的产业，不断增加农民收入，为老区贫困户精准脱贫创造条件。现代农业产业园建设是农业供给侧结构性改革和现代农业发展的重要抓手，是 2017 年中央一号文件提出的重要举措。广西现代农业园区建设有什么特点，能给全国提供什么借鉴？韩长赋特地来到南宁市隆安县金穗农业集团香蕉加工园区，查看年产 10 万吨香蕉浆及 3 000 吨香蕉粉等香蕉加工品的生产情况。金穗公司的诞生地那桐镇定江村定典屯综合示范村，依托公司优势资源，注重生态产业与观光农业结合，建设了四个农业产业化生产基地和两个主题农业观赏园。韩长赋实地察看宜居宜游的美丽乡村，肯定公司帮助农民就业增收，带动一方经济发展所作的贡献。位于玉林市玉东新区的"五彩田园"现代特色农业示范区，面积有 52 平方公里，覆盖 10 个村 3.26 万人。园区引进农产品深加工和农业观光旅游项目，助力农业"接二连三"。韩长赋在园区规划馆听取整体情况介绍，走进石斛龙园、农业高科技展示馆、昊华马铃薯千亩高产示范基地，详细了解园区建设等情况，肯定他们创新探索取得的初步成效。随后，韩长赋在玉林市政府主持召开座谈会，听取了"五彩田园"业主、合作社负责人、科技人员等汇报。韩长赋指出，发展现代农业产业园要依托本地优势，发展特色产业，延长产业链条，加大加工业发展力度，宜种则种，宜养则养，宜游则游，促进一二三产业融合发展；要创新体制机制，政府要做好引导和支持工作，调动企业、农民等各方面积极性，处理好政府、企业和农民之间的利益关系；要把农民、农村带动起来，发挥好农民的主体作用，让农民参与产业园建设，通过股份合作、土地流转、园区就业等共享产业园建设收益，使"没有围墙"的产业园区可复制可持续，把园区建成生态园、科技园、加工园、流通园、观光园、示范园等，形成功能多样、高效生态、产业融合、城乡一体的新格局。

（资料来源：中国农业新闻网——农民日报，2017 年 2 月 27 日）

🌿 案例思考

新时期如何通过精准扶贫、美丽乡村建设等促进我国农村发展？

一、农村集体产权制度改革

（一）农村集体产权制度改革的背景

以"资产变股权、社员当股东"为主要特征的农村集体产权制度改革发端于 20 世纪

90 年代初，其背景主要有以下三点。

1. 产权保护的需要

农村集体资产是农业农村发展的重要物质基础和动力来源。一方面，要发展壮大集体经济，增强农业农村发展活力，迫切需要推进农村集体产权制度改革，管好用好集体资产，促进资产保值增值，形成归属清晰、权能完整、流转顺畅、保护严格的集体产权制度，建立符合市场经济要求的集体经济运行新机制。另一方面，随着农村集体资产规模日益庞大，大规模的产业园区不断增多，城镇规模急剧扩张，引发了大量的土地征占、租赁、流转或拍卖等现象，大量土地等资源型资产转变为货币形态资产，农村集体资产规模明显增加。在共同所有的体制条件下，资产产权关系的模糊特征凸显，对产权明晰和产权保护产生了客观需求。

2. 社会发展的需要

全面建成小康社会，关键在于增加农民收入。在中国，农民拥有两个权利，一是家庭拥有承包地带来的土地权利，二是集体所有资产带来的财产权利。即通过开展土地制度改革，赋予农民一家一户一块土地的权利，通过推进农村产权制度改革，赋予农民一家一户相应的集体资产权利，让农民真正分享集体资产的收益。另一方面，随着工业化、城镇化进程的加快，农民逐渐在城镇长期居住，市民化的要求日益迫切。通过产权制度改革，理清农户和集体的产权关系，让农民带着股权进城，有利于增加农民市民化的经济承受能力，解除农民离开农村之后的后顾之忧，对加快农民市民化进城发挥杠杆效应。

3. 完善双层经营体制的需要

统分结合的双层经营体制是具有中国特色的农村基本经营制度。目前，家庭经营的积极性已得到了较充分调动，但集体统一经营的功能发挥得还不够，模式和经验还不多，需要对其有效实现形式进行深入探索。进行农村集体产权制度改革，从以前的集体所有、集体统一经营，到现在的集体所有、股份合作经营，不仅是一种经营方式的转变，更是一种可以在更大范围推广的实现形式革新，是一项重大制度创设。

（二）农村集体产权制度改革的内涵

1. 农村集体产权制度改革的概念

农村集体经济组织产权制度改革是在坚持农民集体所有制的前提下按照股份合作制的原则，将集体资产折股量化到人，由农民共同共有转变为农民按份共有的产权制度改革。其目的是"还权于民"，构建"归属清晰、权责明确、保护严格、流转顺畅"的农村集体经济组织产权制度。

农村集体资产包括三类：农民集体所有的土地、森林、山岭、草原、荒地、滩涂等资源性资产；用于经营的房屋、建筑物、机器设备、工具器具、农业基础设施、集体投资兴办的企业等经营性资产；用于公共服务方面的非经营性资产。

2. 农村集体产权制度改革的本质

从微观层面看，农村集体产权制度改革体现了双层经营体制的优越性，要靠发展集体经济、强化集体经济；从宏观层面看，该改革体现了发展社会主义公有制、全面建成小康社会都与集体经济高度相关。由此可知，探索发展壮大农村集体经济是农村集体产权制度改革的要义所在。

> 农业部部长韩长赋 1 月 3 日在国新办新闻发布会上表示，经过长期的发展积累，目前全国农村集体经济组织拥有土地等资源性资产 66.9 亿亩，各类账面资产 2.86 万亿元，大体上全国的村平均每个村是 500 万元，东部地区的村有近千万元。这些资产如果不盘活整合，就难以发挥应有的作用；如果不尽早确权到户，就存在流失或者被侵占的危险，因此，推进农村集体产权制度改革非常必要、非常紧迫。
>
> 韩长赋介绍，农村集体产权制度改革有利于增加农民的财产性收入。农民的收入分四个方面，一是家庭的经营性收入，二是打工的工资性收入，三是财产性收入，四是各种转移性收入。这项改革有利于增加农民的财产性收入。此前，一些先行地区，特别是沿海一些地区已经开展这项改革。到 2015 年年底，全国已经有 5.8 万个村，4.7 万个村民小组实行这项改革，已经累计向农民股金分红近 2 600 亿元，2015 年当年就分红了 411 亿元。
>
> 这项改革还有利于增添农业农村发展的新动能。改革农村集体产权制度，发展农民股份合作等多种形式的联合和合作，有利于激活农村的各类要素的潜力，完善现代农业的经营体系，增添农业农村发展的新动能。比如上海市闵行区梅陇镇华二村通过改革，集体年收入从 2005 年改革时的 3 300 万元增加到 2015 年的 8 100 万元，年均增长超过 9%。再比如广东省佛山市的南海区，2015 年村组 78 万名社员股东人均分红是 5 172 元，占人均可支配收入的 20%。所以这项改革确实意义重大，而且也被实践所证明。我们相信，改革可以促进农业发展、农民增收和农村稳定。
>
> （资料来源：中国网，2017 年 1 月 3 日）

（三）农村集体产权制度改革的关键点

2016 年 12 月 26 日中共中央、国务院印发了《关于稳步推进农村集体产权制度改革的意见》，对农村集体产权制度改革的关键点明确如下。

1. 成员确认

把成员边界搞清楚，是农村集体产权制度改革的重中之重，也是改革最为复杂的一项工作。相比土地承包到户的权利主体确认，该项改革的成员身份确认更具有复杂性。一般而言，需要开展经营性资产改革的地区，往往是经营性资产积累比较多的村镇，也恰恰是人员流动最频繁、户籍人口与常住人口最不一致的地区。因此，科学确认成员身份，不仅涉及农民的财产权益，更是事关农村社会和谐稳定的大事。

2. 股权设置

从目前各地实践来看，集体资产股权主要有成员股和集体股两种类型。往往一些村干部希望改革后保留一块集体股，以解决可能存在的集体债务和公共支出，而农户则希望不再保留集体股，以免今后产生新的矛盾。就此，我国明确提出，股权设置要由集体成员民主讨论决定，但总的原则是以成员股为主。

3. 股权管理

股权管理问题的核心在于，是实行随人口变动而调整股权的动态管理，还是实行不随人口变动调整股权的静态管理。从地方实践看，大部分完成改革的地区实行的是静态管理，即生不增、死不减，入不增、出不减。如广东南海提出了"确权到户、户内共享、社内流转、长久不变"的股权管理办法，明确今后新增人员只能分享户内股权，集体经济组织总股权数不随人员增减而变动。从制度设计看，各类集体资产的产权制度安排应当相互衔接，由于农民的土地承包关系要求保持长久不变，那么集体资产股权关系也应当实行长久不变。正是基于以上考虑，我国提倡实行不随人口增减变动而调整的股权管理方式，但具体是选择动态还是静态，要由集体成员民主决定。

4. 股权流转

经营性资产的股份合作制改革，不同于工商企业的股份制改造，坚持成员集体所有，实行封闭型管理，是这次改革的典型特征。为了维护农村集体经济的社区性，防止外部资本侵占集体资产，我国明确了两点要求，即农村集体产权制度改革的范围严格限定在集体经济组织内部，股权的流转不能突破集体经济组织的范围。

农民变"股民" 资源变资本

日前，由农业部举办的全国农村集体产权制度改革会议透露，这项改革是我国基本经济制度和农村基本经营制度领域的一件大事，2017年全国农村集体产权制度改革试点县由此前的29个扩大到100个。农业部已会同中央农办，选择了100个改革基础较好的县（市、区），作为新一轮改革试点单位。

目前，我国农村集体资产总量规模可谓庞大，全国农村集体经济组织账面资产总额（不含西藏）2.86万亿元，村均493.6万元。同时，涉及全国农村集体土地总面积66.9亿亩，其中农用地55.3亿亩，建设用地3.1亿亩。总之，这项改革事关9亿农村人口和农业转移人口福祉。农民拥有的集体经济权益如何确权和赋能？

四川成都温江区万春镇天乡路社区农民高利洪不会想到，50多岁的自己会从一个普通农民变成"股民"。最近，包括他在内的社区2 367位农民，依托股份经济合作社，又迎来了一次按期分红。社区党总支书记王世军告诉记者，目前，集体经济年收入1 547万元。每年每个农民可以从股份经济合作社领取2 537元土地租金、960元铺面租金和233元股金。

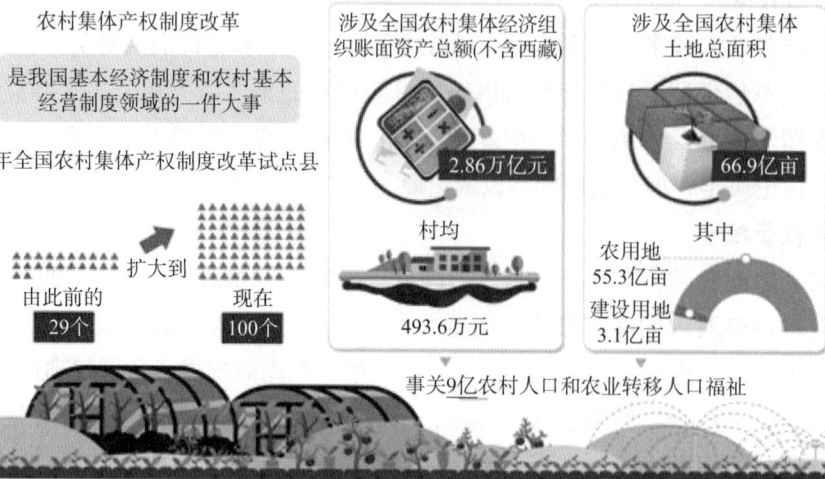

为高利洪创造价值的是天乡后街，这条繁华街道拥有 3.6 万平方米商铺，是社区的集体资产。天乡路社区是成都市最早摸索农村集体经济股份化改革的社区。2007 年，社区率先探索股份化改革试点，以当年 9 月 30 日为结算点，清产核资界定集体经济组织经营性净资产 1 921 万元，集体土地 2 298 亩，商铺 3.6 万平方米，并成立了天乡路股份经济合作社，让作为集体成员的农民成为股民——有股份的农民。

温江区是此前国家批准的 29 个集体产权改革试点县之一。2015 年 5 月份，经中央深改小组审议，29 个县试点集体资产股份权能改革。试点县全面清产核资、确认成员身份，将集体经营性资产折股量化到人、确权到户。在此基础上，积极发展农民股份合作，赋予农民对集体资产股份占有、收益、有偿退出及抵押、担保、继承权。这 29 个县的探索为 100 个县的试点扩围积累了经验。

"改革主要在有经营性资产的村镇开展。大量的集体资产，如果不盘活整合，就难以发挥应有的作用；如果不尽早确权到户，就存在流失或者被贪占的危险。"农业部部长韩长赋说，农村社会结构正发生深刻变化，农村人口流动与集体成员财产权不清晰的矛盾日益突出；广大农民财产意识不断增强，保障农民财产权利与集体资产被侵蚀的矛盾也日益突出。为此，必须推进农村集体产权制度改革，完善集体资产的治理体系，更好地保护农民的财产权益。

（资料来源：中国经济网，2017 年 6 月 15 日）

（四）农村集体产权制度改革的措施

1. 确认农村集体经济组织成员身份

依据有关法律法规，按照尊重历史、兼顾现实、程序规范、群众认可的原则，统筹考虑户籍关系、农村土地承包关系、对集体积累的贡献等因素，协调平衡各方利益，做好农村集体经济组织成员身份确认工作，解决成员边界不清的问题。

2. 保障农民集体资产股份权利

组织实施好赋予农民对集体资产股份占有、收益、有偿退出及抵押、担保、继承权改革试点。建立集体资产股权登记制度，记载农村集体经济组织成员持有的集体资产股份信息，出具股权证书。健全集体收益分配制度，明确公积金、公益金提取比例，把农民集体资产股份收益分配权落到实处。

3. 有序推进经营性资产股份合作制

将农村集体经营性资产以股份或者份额形式量化到本集体成员，作为其参加集体收益分配的基本依据。改革主要在有经营性资产的村镇，特别是城中村、城郊村和经济发达村开展。

4. 引导农村产权规范流转和交易

鼓励地方特别是县乡依托集体资产监督管理、土地经营权流转管理等平台，建立符合农村实际需要的产权流转交易市场，开展农村承包土地经营权、集体林权、"四荒"地使用权、农业类知识产权、农村集体经营性资产出租等流转交易。县级以上地方政府要根据农村产权要素性质、流转范围和交易需要，制定产权流转交易管理办法，健全市场交易规则，完善运行机制，实行公开交易，加强农村产权流转交易服务和监督管理。维护进城落户农民土地承包权、宅基地使用权、集体收益分配权，在试点基础上探索支持引导其依法自愿有偿转让上述权益的有效办法。

5. 加强国家对农村集体产权制度改革的管理

要梳理细化各项改革任务，明确任务承担单位，制定配套的分工实施方案，国家和各地有关部门按职责抓好落实。要加强监督检查，严肃查处和纠正弄虚作假、侵害集体经济组织及其成员权益等行为。并要加大政策支持力度。清理废除各种阻碍农村集体经济发展的不合理规定，营造有利于推进农村集体产权制度改革的政策环境。并抓紧研究制定农村集体经济组织方面的法律，以及修改农村土地承包方面的法律，加强改革的法制化建设。

松江区多管齐下深化农村集体产权制度改革

松江区在2013年年底全面完成14个涉农街镇的镇村两级集体产权制度改革的基础上，按照"明晰产权、规范管理、发展壮大"的改革目标，继续深化集体产权制度改革工作，多举措发展壮大农村集体经济，使农民共享改革开放的成果。

一、加强集体资产管理体制机制建设，建立完善各项制度

松江区把农村集体资产规范管理列入了对街镇主要领导的考核事项，从区级层面先后制定了一系列文件，通过制度建设，不断完善了管理决策机制、经营管理机制、财务管理机制、监督管理机制、收益分配机制和统筹发展机制等六大机制，切实加强改革后农村集体资产规范管理，确保集体资产保值增值。

二、督促全面实行改革社员分红，增强农民群众获得感

通过集体产权制度改革收益分红，农民真正获得了集体收益分配权，享受了改革开放的成果。从 2014 年起全区 14 家镇级联合社已连续每年实施分红，2017 年已有 13 个街镇镇村两级集体经济组织进行了分红，分红额达 2.64 亿元，比上年增长 6.9%。自 2011 年来镇村两级已累计分红 10.03 亿元。同时 14 个街镇全部制订了"十三五"期间的社员可持续分红方案。

三、理顺资产权属关系，使联合社成为集体经济投资主体

松江区明确镇级集体经济联合社是所有镇级农村集体资产的合法持有者，在中山街道先行先试，理顺了下属 7 个集体公司的权属关系的基础上，该区从 2016 年开始大力推进镇级集体企业出资人进行工商登记变更，推进联合社独立核算、实体化运作，目前已全面完成了 14 个街镇资产公司、集体企业的出资人变更为联合社，联合社出资比例 99%。现正在对其他的集体公司进行出资人变更。

四、加大资产集中管理力度，促进区域内统筹发展

推进镇级联合社收购或托管村级集体资产，统一租赁标准，规范资产管理，提高集体资产投资回报率。主要通过两种方式：一种是托管方式，如小昆山镇、新浜镇等镇把村级经营性固定资产委托镇资产公司经营管理；另一种是收购方式，按市场评估价，由镇级联合社收购村级合作社资产，2016 年共收购村级资产 14.48 亿元，主要推进地区为泗泾镇、车墩镇、佘山镇、泖港镇等。据统计，自产权制度改革以来，有 9 个街镇共收购村级固定资产 72 处，面积 24 万平方米，有的已通过土地指标平移，实施二次开发，提升农村集体资产质量。

五、积极开展二次开发，加快发展壮大集体资产

通过盘活存量资源，实施资产回购、收购，进行二次开发，扩大资产总量，改善资产质量。2016 年度各街镇落实计划二次开发项目 26 个，投资总额 19.8 亿元。截至 2016 年年底，全区农村集体总资产 584.51 亿元，比改革时增长了 77.7%，净资产 133.99 亿元（其中镇级总资产 518.17 亿元，净资产 113.92 亿元）。

（资料来源：上海市农业委员会，2017 年 5 月 23 日）

二、美丽乡村

（一）美丽乡村建设的背景

2013 年在我国中央一号文件中，首次提出要建设"美丽乡村"的奋斗目标。这一重

大目标的提出源于以下背景。

1.社会主义新农村建设

2005年我国在"十一五"规划中，明确提出了建设社会主义新农村的战略部署，提出以"生产发展、生活宽裕、乡风文明、村容整洁、管理民主"为方针，扎实推进社会主义新农村建设。要以工业促进农业、以城市带动乡村的步伐开展社会主义新农村建设，构建和谐社会。要实现真正意义上的小康社会，农村的发展是重点也是难点，只有农村富裕了，国家才能真正繁荣；只有农村稳定了，社会才能真正安宁；只有实现农村现代化，才能真正实现国家现代化。美丽乡村建设是社会主义新农村建设的进一步具体化，是新时期的社会主义新农村建设。

2.城乡共融一体化发展

城乡共荣即城乡统筹发展是一个国家由二元经济向一元经济发展的必由之路。2010年以来我国把统筹城乡发展作为重点，努力促使城乡共融一体化发展。即要求无论城市还是乡村，每个公民在公共福利的享受方面公平均等。在实践中，当城市发展到较高水平时，其进一步发展往往需要农村的发展提供相应支撑。当前在我国城市化水平日益提高的现状下，实现城乡共融一体化发展应该以农村农民为主体，提高农民的文化水平，增加农民收入，改善农民居住生活条件，增加农民购买力，开启广阔的农村市场，只有真正提高农村的发展水平，才有可能真正实现城乡共融一体化发展。

3.美丽中国的建设要求

2012年党中央十八大报告提出："要努力建设美丽中国，实现中华民族永续发展。"第一次提出了城乡统筹协调发展共建"美丽中国"的全新概念，随即出台的2013年中央一号文件，依据美丽中国的理念第一次提出了要建设"美丽乡村"的奋斗目标，新农村建设以"美丽乡村"建设的提法首次在国家层面明确提出。贫穷落后中的山清水秀不是美丽中国，强大富裕而环境污染同样不是美丽中国，只有实现经济、政治、文化、社会、生态的和谐发展、持续发展，才能真正实现美丽中国的建设目标。然而，要实现美丽中国的目标，美丽乡村建设是不可或缺的重要部分。事实上，农村地域和农村人口占了中国的绝大部分，因此，要实现十八大提出的美丽中国的奋斗目标，就必须加快美丽乡村建设的步伐。

（二）美丽乡村的内涵

1.美丽乡村的概念

美丽乡村（beautiful village）是指经济、政治、文化、社会和生态文明协调发展，规划科学、生产发展、生活富裕、乡风文明、村容整洁、管理民主，宜居、宜业的可持续发展乡村（包括建制村和自然村）。

2."美丽乡村"建设的内容

"美丽乡村"建设内容概括为四个美：产业美、环境美、人文美、生活美。其中产业美是基础、环境美是特征、人文美是灵魂、生活美是目标，四美的有机结合反映出美丽乡村这一综合体。

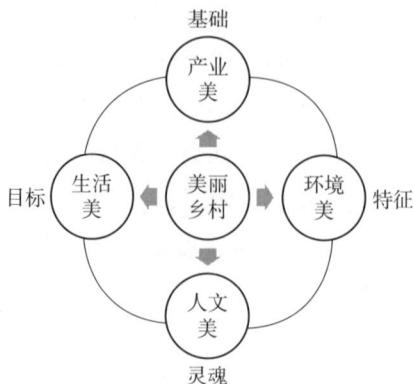

图 3-5 "美丽乡村"建设的内容

（1）尊重自然，创造产业美

产业美是"美丽乡村"建设的基础。乡村是在一定的自然环境下产生的，是最原始的社会存在，包括山、水、林、木等各种自然资源，是各类自然因素的统一体。乡村得天独厚的自然禀赋和自然景观等是构建美丽的重要前提。"美丽乡村"建设应保持村庄自然生态的本来面貌，构建适合自身特色的产业布局及美丽风光，做到有产业发展的同时体现生态美。

发展生产靠什么？一靠政策，二靠科技。宏观上每年的强农惠农政策的出台，都为农民的增收打了一针强心剂，而一大批优良品种和重大集成技术在生产实践中的推广和应用，则为粮食的稳产增产保驾护航。据了解，2014 年始，农业部重点建设了一批科技创新与集成示范基地，建立科技与生产结合的长效机制。通过"政府＋基地＋专家（农技员）＋企业（规模经营组织）＋农民"的模式，在进一步促进农业科技成果转化应用的同时，助推美丽乡村创建工程。

江苏省张家港市南丰镇永联村，是产业发展型的典范村，1970 年由长江边近 700 亩芦苇滩围垦而成，曾是张家港市面积最小、人口最少、经济最落后的村。永联村起步于改革开放之际，村集体成立永联钢铁集团，并围绕钢厂，通过流转土地逐步形成以 4 000 亩的苗木基地、3 000 亩粮食基地、400 亩花卉基地、100 亩特种水产基地和 500 亩农耕文化园为依托的现代农业产业体系，目前永联村的经济发展指数在全国 64 万个行政村中位列前 3 名，2012 年实现人均收入 28 766 元。

（资料来源：农民日报，2014 年 6 月 4 日）

（2）规划科学，建造环境美

产业美是"美丽乡村"建设的特征。众所周知，住房、道路、卫生治理等都是乡村必不可少的生活条件。住房布局是否合理、乡村道路是否通畅、卫生治理是否清洁，这些都关乎着乡村居民生活的质量与幸福指数。总体而言，住房规划和道路规划会影响乡村的整个空间布局和外在形象，而卫生整治关系到乡村生活环境的洁净。因此，"美丽乡村"是住房和道路科学规划布局美、卫生治理清洁美的综合体现。

　　浙江省安吉县山川乡高家堂村在农村垃圾处理上提供了可借鉴的做法。高家堂村是在浙江省第一个引进美国阿科蔓技术应用于生活污水处理的村，全村生活污水处理率达到 85% 以上，并建成了一个以环境教育和污水处理示范为主题的农民生态公园。此外，高家堂村以专门的村庄保洁队伍实施垃圾分类收集管理，生产、生活垃圾处理率达 100%。事实上，在一些集体经济宽裕的农村，已经从"猪—沼—气""猪—沼—果"中尝到了循环生态发展的甜头。

　　该省农业生态与资源保护总站站长王衍亮说，农业是对自然资源的直接利用与再生产，是其他经济社会活动的前提和基础，农业生产与自然生态系统的联系最紧密、作用最直接、影响最广泛，只有农业生态文明建设取得实际效果，我国的美丽乡村建设才会有根本性的质的突破。

（**资料来源**：农民日报，2014 年 6 月 4 日）

（3）传承传统，创建人文美

　　人文美是"美丽乡村"建设的灵魂。传统文化来源于乡村，根植于乡村，中国传统文化的传承与发展，离不开对乡村的保护。乡村文化传统是乡土特色习俗的凸显，保护乡村特色就是保持乡村原生态文化风貌。"美丽乡村"不仅仅要有外在美，更要有内涵美，特色文化能够提升乡村独特的意蕴，使"美丽乡村"意义深远。同时，村民在保持与发扬传统文化的过程中会更具有归属感与满足感，创造更深层次的人文美。

　　在贵州黔西南州万峰林下纳灰村，布依族姑娘阿过讲述了她名字的来历：过去布依族青年以对歌和吹浪哨来吸引异性关注，阿过的父亲就是在山的这边和阿过的母亲对上了歌，山歌不足以传情，男孩游过南盘江把女孩娶回家，生了两个孩子，一个叫"过"，一个叫"江"。这样一个美好的故事，也许只能发生在中国的西南山区，远离城市，峰成林，水静流，雾气迷蒙中只有山歌锐声飞来。布依族人依山，苗族人傍水，下纳灰村以民族风情旅游为主导产业，并且很好地保存了山水之间这两个美丽的少数民族的文化，阿过从一个只能说布依语的小姑娘长大成为汉语流利的导游，每天她会给来到纳灰村的游客们介绍布依族、苗族的民俗文化。"仅仅从我的描述中，大家就很惊叹了，走在我们这么美丽的少数民族村寨，汉族游客顿觉心旷神怡"，阿过说。

（**资料来源**：农民日报，2014 年 6 月 4 日）

（4）管理民主，建设生活美

　　生活美是"美丽乡村"建设的目标。乡村的和谐发展离不开民主化的管理，"美丽乡村"建设以人为本,在建设过程中,尊重村民的选择与意愿,注重提高村民参与村内事务的积极性、主动性与创造性。同时,将注重提升农村居民的生活满意度与舒适感,建设和谐的生活之美。

(三)美丽乡村建设的模式

我国农业部于 2014 年 2 月提出"美丽乡村"建设十大模式,作为典型向全国推广。

1. 产业发展型模式

该模式主要在东部沿海等经济相对发达地区,其特点是产业优势和特色明显。在这种类型的乡村中农民专业合作社、龙头企业发展基础好,产业化水平高,初步形成"一村一品""一乡一业",实现了农业生产聚集、农业规模经营,农业产业链条不断延伸,产业带动效果明显。

2. 生态保护型模式

该模式主要在生态优美、环境污染少的地区,其特点是自然条件优越,水资源和森林资源丰富。在这种类型的乡村中,具有传统的田园风光和乡村特色,生态环境优势明显,将生态环境优势变为经济优势的潜力较大,适宜发展生态旅游。

3. 城郊集约型模式

该模式主要在大中城市郊区,其特点是经济条件较好,公共设施和基础设施较为完善。在这种类型的乡村中,交通便捷,农业集约化、规模化经营水平高,土地产出率高,农民收入水平相对较高,是大中城市重要的"菜篮子"基地。

4. 社会综治型模式

该模式主要在人数较多、规模较大、居住较集中的村镇,其特点是区位条件好,经济基础强,带动作用大,基础设施相对完善。

5. 文化传承型模式

该模式主要在具有特殊人文景观,包括古村落、古建筑、古民居以及传统文化的地区,其特点是乡村文化资源丰富,具有优秀民俗文化以及非物质文化,文化展示和传承的潜力大。

6. 渔业开发型模式

该模式主要在沿海和水网地区的传统渔区,其特点是产业以渔业为主,通过发展渔业促进就业,增加渔民收入,繁荣农村经济,渔业在农业产业中占主导地位。

7. 草原牧场型模式

该模式主要在我国牧区半牧区县(旗、市),占全国国土面积的 40% 以上。其特点是草原畜牧业是牧区经济发展的基础产业,是牧民收入的主要来源。

8. 环境整治型模式

该模式主要在农村脏乱差问题突出的地区,其特点是农村环境基础设施建设滞后,环境污染问题严重,当地农民群众对环境整治的呼声高、反应强烈。

9. 休闲旅游型模式

该模式主要在适宜发展乡村旅游的地区，其特点是旅游资源丰富，住宿、餐饮、休闲娱乐设施完善齐备，交通便捷，距离城市较近。这种类型的乡村适合休闲度假，发展乡村旅游潜力大。

10. 高效农业型模式

该模式主要在我国的农业主产区，其特点是以发展农业作物生产为主。这种类型的乡村农田水利等农业基础设施相对完善，农产品商品化率和农业机械化水平高，人均耕地资源丰富，农作物秸秆产量大。

表 3-5　美丽乡村建设的模式及典型村

序号	模式名称	地域	特点	典型村
1	产业发展型	东部沿海等经济相对发达地区	产业优势和特色明显，产业化水平高	江苏省张家港市南丰镇永联村
2	生态保护型	生态优美、环境污染少的地区	自然条件优越，水资源和森林资源丰富	浙江省安吉县山川乡高家堂村
3	城郊集约型	大中城市郊区	经济条件较好，公共设施和基础设施较为完善	上海市松江区泖港镇
4	社会综治型	人数较多，规模较大，居住较集中的村镇	区位条件好，经济基础强，带动作用大，基础设施相对完善	吉林省松原市扶余市弓棚子镇广发村
				天津大寺镇王村
5	文化传承型	具有特殊人文景观的地区	乡村文化资源丰富，具有优秀民俗文化以及非物质文化	河南省洛阳市孟津县平乐镇平乐村
6	渔业开发型	沿海和水网地区的传统渔区	产业以渔业为主	广东省广州市南沙区横沥镇冯马三村
				甘肃天水市武山县
7	草原牧场型	牧区半牧区县（旗、市）	草原畜牧业是牧区经济发展的基础产业，是牧民收入的主要来源	内蒙古锡林郭勒盟西乌珠穆沁旗浩图高勒镇脑干宝力格嘎查
				内蒙古太仆寺旗贡宝拉格苏木道海嘎查
8	环境整治型	农村脏乱差问题突出的地区	农村环境基础设施建设滞后，环境污染问题严重	广西壮族自治区恭城瑶族自治县莲花镇红岩村
9	休闲旅游型	适宜发展乡村旅游的地区	旅游资源丰富，餐饮、娱乐等设施完善齐备，距离城市较近	江西省婺源县江湾镇
10	高效农业型	农业主产区	以发展农业作物生产为主	福建省漳州市平和县三坪村

资料来源： 根据相关资料整理。

浙江安吉的美丽乡村

安吉，安且吉兮之意，位于浙江省西北部。"七山一水二分田"，层峦叠嶂、翠竹绵延，被誉为气净、水净、土净的"三净之地"，竹业、茶业和椅业构成安吉的三大特色产业，2008 年在全国首先提出建设美丽乡村，是浙江省首批旅游经济综合改革试点示范县、长三角首选乡村休闲旅游目的地，被评为中国最佳生态旅游县。

这个曾是浙江省 25 个贫困县之一、环境严重污染的地区，是如何发展成一个环境优美、经济富庶、乡村旅游蓬勃发展的全国美丽乡村典范之地呢？

"安吉模式"概述

"安吉模式"以打造"中国美丽乡村"为抓手，以建设生态文明为前提，依托优势农业产业，大力发展以农产品加工业为主的第二产业和以休闲农业、乡村旅游为龙头的第三产业，提高农民素质，改善农村环境和村容村貌，走上了一条一二三产业结合、城乡统筹联动、人民富足幸福的小康之路，实现了农业强、农村美、农民富、城乡和谐发展。

"安吉模式"的发展历程

一、历史阵痛——安吉模式艰辛起步

20 世纪 80 年代，安吉被列为全省 25 个贫困县之一。走"工业强县"之路后，环境遭到了严重污染。为了治理环境，安吉关闭了严重污染企业，但又一次拉大了与周边县区经济发展的距离。

二、深入探索——"安吉模式"初显雏形

经过长期认真调研和思考，安吉县委下决心把改善生态环境放在首位，利用优势农业资源、深挖"三片叶子，一把椅子"的传统产业优势，大力发展竹子、茶叶、蚕桑生产和加工，鼓励发展无污染的转椅生产，形成主导产业。2006 年安吉被命名为首个"国家生态县"。

三、思路转变——"安吉模式"丰富完善

面对经济发展的困境，安吉县委县政府意识到，安吉最大的优势是良好的生态环境，只有顺势而为，变环境优势为经济优势。安吉政府立足生态优势，大力创建竹子、椅业、电力、书画之乡；发展毛竹种植和开发利用；大力发展椅业生产，产品远销欧美等发达国家；建设水电站，破解"电荒"的瓶颈等。第一产业、第二产业的发展，让安吉人得到了第一桶金，大批城市游客的到来又使安吉的第三产业迅猛发展。

四、与时俱进——"安吉模式"深化升级

在中国进入大众旅游时代，国家旅游局号召开展全域旅游的情况下，安吉

"十三五"工作计划简洁明了：通过五年努力，把安吉建设成为一个环境更优美、经济更富强、社会更和谐、百姓更幸福的内外兼具的美丽乡村，打造名副其实的全国美丽乡村样板。通过村庄建设强化精品示范引领、引入社会监督力量长效管理、全力培养品质农民以深化主题三大措施打造美丽乡村升级版。

图 3-6　安吉"美丽乡村"

图 3-7　安吉"白茶"

（资料来源：中国乡村发现网，2016 年 4 月 1 日）

三、精准扶贫

（一）精准扶贫的提出背景

1. 农村贫困化导致农村地区衰退或发展滞后

贫困一直是各种社会和经济形态面临的共同难题，减贫和消除贫困是农村发展的重要方面。改革开放以来，我国扶贫开发工作取得了举世瞩目的成就，实现了从普遍贫困、区域贫困到基本解决贫困的转变。但是，当前我国仍然面临艰巨的贫困治理任务，按照调整后的人均 2 300 元贫困标准，2016 年我国农村仍有 4 335 万贫困人口，贫困地区发展滞后的问题仍然没有得到根本改变。精准扶贫是我国新时期扶贫开发的重大战略转型，是我国当前和今后一个时期内农村发展的又一战略重点。

2. 经济增长减贫效应下降

长期以来，我国的农村扶贫的主要特点是区域瞄准，没有识别到户。20 世纪 80 年代中期开始，中国的主要扶贫对象是国家或省确定的贫困县，2001 年开始将扶持的重点转向 15 万个贫困村，2011 年国家又确定了 14 个连片特困地区。由于农村贫困人口相对集中在中西部的一些资源环境条件恶劣、地理位置偏远的贫困地区，我国采用以区域开发为重点的开发式扶贫有其合理性。然而，随着整个宏观经济环境的变化，特别是收入分配不平等程度的扩大，以区域开发为重点的农村扶贫已经出现了偏离目标和扶贫效果下降的问题。三十多年的高速经济增长使在平均水平上衡量的人均收入快速增长的同时，也出现了严重的收入分配不平等现象。全国的基尼系数从 1981 年的 0.288 提高到 2016

年的 0.465，不平等程度增加了 62%，并高于国际警戒线 0.40。不平等程度的扩大意味着处于收入分配底端的贫困人口越来越难以享受经济增长的好处，即经济增长的减贫效应下降。这意味着靠推动贫困地区经济增长来带动贫困人口脱贫的效果越来越差，而中国经济增长速度的下降和具有更强减贫效应的农业在 GDP 中比重的下降进一步降低了经济增长的减贫效应。中国未来通过经济增长来大规模减贫的可能性大大降低了。在经济增长减贫效应下降的背景下，实施更加有针对性的扶贫政策来直接对贫困人口进行扶持就显得越来越重要。精准扶贫就是为了抵消经济增长减贫效应的下降而必须采取的措施，将成为未来中国农村扶贫的主要方式，也是农村贫困人口到 2020 年摆脱贫困的根本保证。

3. 小康社会全面建设的需要

我国要顺利完成 2020 年全面建成小康社会的战略目标，就需要将贫困问题，贫困人口减少问题，提到新的战略高度上来。2016 年统计显示，我国广大农村地区贫困人口达 4 335 万人，扶贫压力和责任依然较重。从扶贫机制上来说，我国扶贫实施存在着识别不准确，扶贫质量低，扶贫针对性差的不足。由此，带来的是扶贫工作的实际效果大打折扣，扶贫资源的较大浪费，扶贫效应的持续性低。难以有效地做到扶贫标本兼治并有效克服腐败问题滋生等问题。2015 年，李克强总理在《政府工作报告》中强调，"要优化整合扶贫资源，实行精准扶贫，引导社会力量参与扶贫事业。"习近平主席明确提出了 2016 年的国民经济与社会发展的五大重要任务，其中重点提到要"坚持精准扶贫、精准脱贫，瞄准建档立卡贫困人口，加大资金、政策、工作等投入力度，提高扶贫质量。"因此，在全国贫困地区以及贫困人口中开展"精准扶贫"成为当前我国扶贫工作和农村工作的重要构成部分。

（二）精准扶贫的内涵

1. 概念

精准扶贫最基本的定义是扶贫政策和措施要针对真正的贫困家庭和人口，通过对贫困人口有针对性的帮扶，从根本上消除导致贫困的各种因素和障碍，达到可持续脱贫的目标。

2. 内容

（1）精准识别

精准识别是实施精准扶贫政策的基本前提。它是指通过一定的方式将低于贫困线的家庭和人口识别出来，同时找准导致这些家庭或人口贫困的关键性因素，它是精准扶贫的基础。精准识别通过申请评议、公示公告、抽检核查、信息录入等步骤，将贫困户、贫困村有效识别出来，并建立贫困户和贫困人口档案卡，以摸清致贫原因和帮扶需求。

（2）精准帮扶

精准帮扶是精准扶贫政策的核心。它是指在精准识别的基础上，针对贫困家庭的致贫原因，因户和因人制宜地采取有针对性的扶贫措施，消除致贫的关键因素和脱贫的关键障碍。在贫困户和贫困人口准确识别基础上，根据贫困的成因采取针对性的措施进行有效帮扶，因贫施策、精准到户到人是精准帮扶的关键，重点通过发展生产脱贫一批、异地扶贫搬迁脱贫一批、生态补偿脱贫一批、发展教育脱贫一批、社会保障兜底一批。

（3）精准管理

精准管理是实施精准扶贫政策的重要保障。它的重点在于扶贫对象精准、项目安排精准、资金使用精准、措施到户精准、因村派人精准、脱贫成效精准。首先，要对所有识别出来的贫困户建档立卡，为扶贫工作提供包括贫困家庭基本状况、致贫原因和帮扶措施等方面的详细信息，为精准扶贫提供信息基础。然后，根据贫困状况的实际变化，及时识别出新的贫困家庭和人口，同时将已经脱贫的家庭和人口调整出去，保持精准扶贫的有效性。

（4）精准考核

精准考核是提升精准扶贫工作成效的重要手段。它是指针对贫困户和贫困村脱贫成效，建立贫困人口脱贫退出和返贫再入机制，完善贫困县考核与退出机制，加强对贫困县扶贫工作情况的量化考核，强化精准扶贫政策实施的效果。新阶段的农村扶贫工作有明确的分工，由中央政府负责区域发展和片区开发，地方政府负责精准扶贫工作。

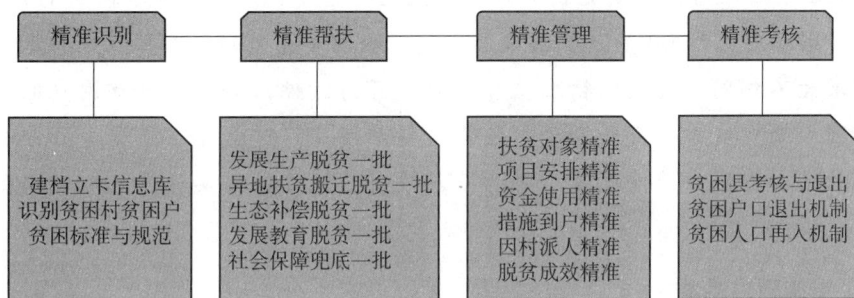

图 3-8　精准扶贫内容结构图

"六个精准"——习近平精准扶贫系列论述探析

为了落实精准扶贫方略，习近平提出"六个精准"要求，即扶持对象精准、项目安排精准、资金使用精准、措施到户精准、因村派人精准、脱贫成效精准。"六个精准"是精准扶贫的本质要求，是做好精准扶贫工作的关键所在。

（一）扶持对象精准

要使精准扶贫有效，就必须准确地找到要扶持的贫困家庭和人口。目前，全国识别贫困人口的方法是在总指标控制下，由基层通过民主评议和建档立卡来识别贫困人口。中国农村贫困人口的数量是由国家统计局根据约 7 万农村住户的抽样调查数据推算出来的。2014年年底，人均消费支出或人均纯收入低于2 800元贫困线的贫困人口在样本户中的比例为7.2%。将这一比例乘以全国农村人口总数就估计出农村贫困人口7 017万。为了控制扶贫人口的规模，防止地方为了获得更多扶贫资源而过分夸大贫困状况，国家将统计部门估计的贫困人口数分解到地方，同时允许上浮10%，地方政府在指标的控制下进行贫困人口识别。

（二）项目安排精准

扶持对象识别出来并建档立卡以后，就需要根据贫困户和贫困人口的实际需要进行有针对性的项目帮扶，做到因户因人施策。这就需要找准每个贫困家庭的致贫原因，并分析哪些因素是可以通过扶持在短期内得到解决或缓解的，哪些因素需要长期干预。根据全国建档立卡数据分析，疾病、缺资金、缺技术、缺劳力是贫困户主要的致贫原因。更为重要的是，多数贫困户的致贫原因不止一个，是多个致贫因素综合作用的结果。在找准每一个贫困户致贫因素的基础上，需要有针对性地安排扶持项目，对家庭和个人进行有效的帮扶。

（三）资金使用精准

要保证扶持项目得到实施就必须有相应的资金支持。精准扶贫面对的是2 000多万户贫困家庭、7 000多万贫困人口。致贫原因千差万别，对扶持项目和扶持方式的需求大不相同。要保证精准扶贫有效和可持续性，必须根据贫困户的实际情况因户因人制宜安排项目和资金，使资金精准使用。这就要求将资金的分配和使用权下放给对贫困户的情况最了解的基层政府，让其根据实际情况确定项目和分配资金。

（四）措施到户精准

以往的扶贫经验表明，很多扶贫项目不仅难以到户，到户后效果也很差，主要原因是贫困户在发展生产中面临诸多的障碍，他们缺技术、缺资金、缺市场信息、缺市场经济的理念和行为方式。让贫困户单家独户地与公司、合作社和大户等现代农村经营主体竞争，成功的希望非常渺茫。地方政府需要重点探索和建立贫困户的受益机制，重点是保证扶贫效率到贫困户，而不是片面强调所有的扶持项目和资金都要到贫困户。

（五）因村派人精准

大量的扶持项目和措施都需要由村一级来具体实施，村级组织的能力是影响精准扶贫效果的关键因素之一。上级政府通过向贫困村选派第一书记和驻村工作队可以在短期内大幅度提高贫困村的管理水平，有利于精准扶贫工作的实施。

（六）脱贫成效精准

精准扶贫的目的就是要使现有标准下的贫困人口到 2020 年全部脱贫，并且要保证扶贫成果真实可靠，具有可持续性。要达到脱贫成效精准，前面的五个精准是保障。在此基础上，还需要对脱贫效果进行科学的考核和评估，防止成果造假和贫困人口被脱贫现象的发生。国家统计局可以利用农户抽样调查数据每年对全国和各省总的减贫状况进行可靠的评估，从而为国家根据减贫效果调整扶贫政策提供决策依据，并制定相应的奖惩措施。

［**资料来源**：汪三贵，刘未."六个精准"是精准扶贫的本质要求——习近平精准扶贫系列论述探析 [J]. 毛泽东邓小平理论研究，2016(01):40-43］

（三）精准扶贫的措施

2013 年至 2016 年 4 年间，每年农村贫困人口减少都超过 1 000 万人，累计脱贫 5 564 万人；贫困发生率从 2012 年年底的 10.2% 下降到 2016 年年底的 4.5%，下降 5.7 个百分点；贫困地区农村居民收入增幅高于全国平均水平，贫困群众生活水平明显提高，贫困地区面貌明显改善。新时期下对精准扶贫的展开，要更加注意以下几方面。

1. 认识要再提升

管理部门尤其是地方政府要从体现社会主义制度优越性的高度，从实现社会稳定和小康社会的高度，充分认识脱贫攻坚的极端重要性，抓住和用好历史机遇，在精准扶贫、精准脱贫上扎实推进。

2. 底数要再清楚

坚持精准识贫，真扶贫、扶真贫，要以求真务实的精神、高度负责的态度，对贫困户进行再核实、再对档，进村入户、挨家调研、精准识别、建档立卡，真正把贫困人口全部找出来、数据统计清楚，做到应进则进、应退则退、应扶则扶，一户不漏、一人不落，切实摸清贫困人口的底数，确保贫困识别全覆盖、无盲点、零遗漏，精准帮助贫困人口"挖穷根""摘穷帽"。

3. 精准要再落实

因地制宜、因人施策，一户一户搞清致贫原因，一家一家选准脱贫路子，做到扶持对象精准、项目安排精准、资金使用精准、措施到户精准、因村派人精准、脱贫成效精准。应积极学习先进经验，推广各地典型做法，紧密结合实际，创造性地落实精准扶贫。

4. 制度要再创新

加快推进农村土地制度、金融制度和社会保障等相关制度改革，优先在贫困地区典型县域开展政策试验和制度改革试点，激发贫困地区要素资源市场，释放发展活力。针对贫困地区实际，采取发展产业、依靠科技、对口帮扶、异地搬迁和政府兜底等有效措施，实现精准扶贫脱贫。

环京津农业扶贫三大专项行动加快推进

7月20日，环京津农业扶贫三大专项行动推进活动在河北省围场满族蒙古族自治县举办。农业部副部长陈晓华强调，打赢脱贫攻坚战，是党中央、国务院做出的重大决策部署。环京津扶贫要依托区位优势、资源优势和市场优势，在"环"字上做文章，重点选择京津市场优势特色农产品、安全优质方便主食、经济生态休闲旅游等"短缺"产业，扎实推进农村创业创新，促进精准扶贫产业脱贫。

陈晓华指出，发展产业是实现脱贫的根本之策，农产品加工业、休闲农业和乡村旅游，连接工农、沟通城乡、亦工亦农。发展农产品加工业、休闲农业和乡村旅游，推进农村创业创新，对挖掘农业增收潜力、释放农村资源红利、激发农村发展活力、助推农民脱贫致富具有重要意义。

陈晓华强调，环京津扶贫要聚焦四个方面：一是聚焦产地初加工，改造升级贮藏、保鲜、烘干、分类分级、包装和运销等设施，加强菜篮子产品和特色农产品产后商品化处理，满足京津优质特色农产品需求。二是聚焦主食加工业，加快发展中央厨房、鲜切菜、净菜加工，加强功能化、营养化、便捷化多元主食产品开发，培育放心主食品牌，满足京津主食消费升级需求。三是聚焦休闲农业和乡村旅游，因地制宜发展一批美丽乡村、特色小镇，提升服务、打造品牌，串点成线、连线成面，满足京津休闲消费升级需求。四是聚焦农村创业创新，加大培训力度、构建服务平台、营造发展氛围，引导农民工、中高等院校毕业生、退役士兵、科技人员等返乡下乡创业创新。

陈晓华要求，各级农业部门要立足当地实际，分析产业发展形势，强化"规划引导、政策落实、典型示范、资金支持、利益联结"五大保障措施，有序推进产业提档升级、融合发展，切实推动环京津贫困地区贫困农户早日脱贫致富、迈入小康。

活动由农业部农产品加工局、农业部农村社会事业发展中心和河北省农业厅共同举办。来自张家口、承德、保定三市28个贫困县政府部门和企业以及中国农科院的200多名代表参加活动。

（资料来源：农业部新闻办公室，2017年7月20日）

动动脑

1. 新时期我国农村发展呈现出哪些新形式？
2. 作为消费者对美丽乡村建设能够提供哪些帮助？
3. 精准扶贫在互联网时代有哪些新方法？

田园综合体：2017 年中国农村发展的热词

2017 年中央一号文件提出，支持有条件的乡村建设以农民合作社为主要载体让农民充分参与和受益，集循环农业、创意农业、农事体验于一体的田园综合体。

田园综合体的概念

田园综合体是以田园景观和农业生产为基础，以农民充分参与和受益为核心，以综合开发为手段，以村容绿、村业兴、村民富为目标，以观光休闲功能为主题的乡村发展平台。它融合了生产与生活生态、一产与二产三产，包含了农业生产交易、田园休闲体验、乡村生态居住等功能。在保障乡村与自然和谐发展的基础上，实现农业、加工业、服务业的有机结合，在有限的空间里充分融合乡村的产业功能、休闲功能、文化功能、社区功能，具有典型的特征。

田园综合体的内涵

从其内涵和外延上来看，田园综合体并不是一个新词，它是在原有的生态农业和休闲旅游基础上的延伸和发展。从业态上来看，它是"农业＋文创＋新农村"的综合发展模式，是以现代农业为基础，以旅游为驱动，以原住民、新住民和游客等几类人群为主形成的新型社区群落。从发展历程来看，田园综合体并非凭空产生，是在农业现代化、新型城镇化等发展历程基础上，结合新形势下农业增效、农民增收和农村生态环境保护的多重客观需求而提出的。

田园综合体的组成

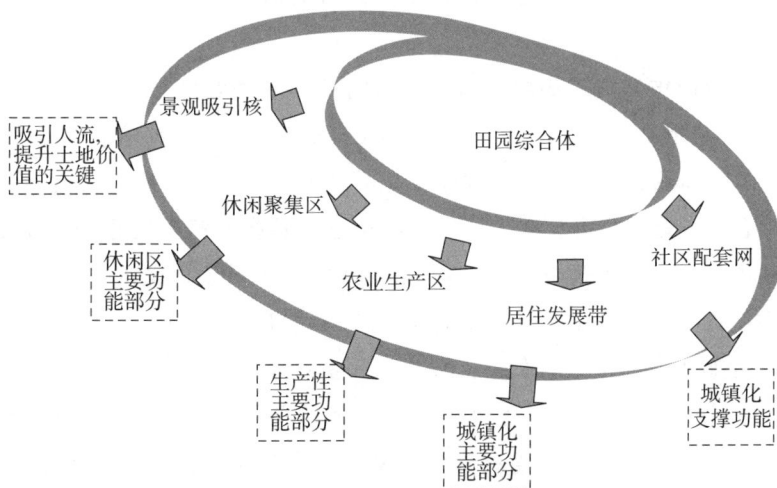

图 3-9　田园综合体示例图

如图3-9所示，田园综合体由以下几部分组成。

（1）景观吸引核：吸引人流、提升土地价值的关键所在

依托观赏型农田、瓜果园、观赏苗木、花卉展示区、湿地风光区、水际风光区等，使游人身临其境地感受田园风光和农业魅力。

（2）休闲聚集区：为满足客源的各种需求而创造的综合产品体系

可以包括农家风情建筑（如庄园别墅、小木屋、传统民居等）、乡村风情活动场所（特色商街、主题演艺广场等）、垂钓区等。休闲聚集区使游人能够深入农村特色的生活空间，体验乡村风情活动，享受休闲农业带来的乐趣。

（3）农业生产区：生产性主要功能部分

让游人认识农业生产全过程，在参与农事活动中充分体验农业生产的乐趣，同时还可以开展生态农业示范、农业科普教育示范、农业科技示范等项目。

（4）居住发展带：城镇化主要功能部分

居住发展带是田园综合体迈向城镇化结构的重要支撑。通过产业融合与产业聚集，形成人口相对集中居住，以此建设居住社区，构建了城镇化的核心基础。

（5）社区配套网：城镇化支撑功能

服务于农业、休闲产业的金融、医疗、教育、商业等，即称为产业配套，由此形成产城一体的公共配套网络。

田园综合体的实例

与乡村共生：无锡阳山镇步入田园文旅小镇2.0时代

记者从无锡市惠山区阳山镇获悉，"无锡阳山市民农庄暨田园文旅小镇项目"28日在无锡田园东方举行了战略合作签约仪式。据悉，在"创新城乡发展，建设美丽阳山"的大背景下，阳山镇、国开金融、田园东方三方将共同建设无锡田园东方二期项目——中国首个田园文旅小镇。

据了解，全新的田园文旅小镇将通过人与自然的和谐共融与可持续发展，通过"三生"（生产、生活、生态）、"三产"（农业、加工业、服务业）的有机结合与关联共生，在涵盖生态农业、休闲旅游、田园居住等复合功能的基础上，规模更宏大、业态更丰富、文旅要素更创新、乡建理念更包容，使阳山的生态旅游度假产业呈现更好的风貌。

田园文旅小镇拟规划建设成为集"1个小镇中心、5个主题游乐（自然乐园、农场牧场、拓展乐园、花谷以及其他主题农庄）、4个度假产品（精品客栈、民宿聚落、度假村、生态营地）、3个农业基地（休闲农业、CSA社区支持农园、生产性农业园区）、2种田园社区（分散式、集中式）"为一体的田园主题综合性文旅项目。田园文旅小镇将于2017年动工建设，部分业态将于当年建成开放，项目整体开放后将形成100万人次的年客流接待能力。

图 3-10　田园东方鸟瞰图

"田园文旅小镇充分诠释了阳山以适宜人居为核心、生态环境提升为基础、以农业现代化为特色、打造休闲度假产业集群的发展理念，也是阳山进行美丽乡村和新型城镇化建设的重要实践。"阳山镇相关负责人表示，阳山有望走出一条苏南发达地区新型城镇化和可持续发展的特色道路，并建设成为长三角最重要的乡村休闲旅游目的地和城乡一体化建设的新标杆。

记者了解到，无锡田园东方以"美丽乡村"的大环境营造为背景，以"田园生活"为目标核心，以农业产业创新为基底，将项目开发与阳山的发展融为一体，贯穿生态与环保的理念，是集现代农业、休闲文旅和田园社区等产业于一体的田园综合体项目。已建成投入使用的田园东方一期示范区充分尊重阳山的自然生态和项目原址拾房村的历史记忆，按照"修旧如旧"的方式，选取十座老房子修缮和保护，还保留了村庄内的古井、池塘、原生树木，最大限度地保持了村庄的自然形态。

据悉，上述示范区内还开设有田园生活馆、拾房书院、花间堂稼圃集、华德福学校、绿乐园、田园大讲堂等各类与生活和度假密切相关的业态，完整还原了一个重温乡野、回归童年的田园旅居生活。示范区受到了社会各界的广泛认可，多年来已接待了来自长三角的近 50 万的客流，还获得了国开金融倡导的新城镇建设领域"市民农庄"的相关政策扶持。

（**资料来源**：中国新闻网及根据相关资料整理，2017 年 6 月）

🌿 复习思考题

1. 我国的土地集体所有制是如何建立的？

2. 农产品统购统销的内容有哪些？其作用是什么？

3. 家庭联产承包责任制是如何建立的？它产生了哪些影响？

4. 我国农产品流通体制改革有哪些主要举措？它产生了哪些影响？

5. 我国乡镇企业是如何兴起和发展的？它有哪些主要影响？

6. 我国农村税费改革的内容有哪些？其影响是什么？

7. 什么是农村集体产权制度改革？其本质是什么？

8. 请简述农村集体产权制度改革的关键点以及主要措施。

9. 什么是美丽乡村？其建设的内容主要有哪些？

10. 美丽乡村的建设模式主要有哪些？

11. 什么是精准扶贫？其内容主要有哪些？

12. 新阶段下，我国应如何进一步推进精准扶贫？

第四章 人力资本：农村剩余劳动力转移与新型职业农民培育

学习目标

1. 掌握人力资本的概念、内容和形成途径，理解其对农村发展的作用。

2. 掌握农村剩余劳动力和农村剩余劳动力转移的概念，了解农村剩余劳动力转移的改革历程和意义，理解其现状特点和新时期下的引导方向。

3. 掌握新型职业农民的内涵和特点，理解新时期下推进其发展的主要任务。

第一节 人力资本及其对农村发展的贡献

🌱 案例导入

新经济需要新的"人力资本"

新经济是经济增长的新动能

2017 年的政府工作报告显示，2016 年我国就业增长超出预期。其中，全年城镇新增就业 1 314 万人。高校毕业生就业创业人数再创新高。2016 年年末城镇登记失业率 4.02%，为多年来最低。"13 亿多人口的发展中大国，就业比较充分，十分不易。"

国务院此前印发的《"十三五"促进就业规划》，提出到 2020 年我国城镇新增就业 5 000 万人以上的目标。观察当前经济增长和劳动力市场表现会发现，经济增长速度与过去相比已经大大下降且正在进入"L"形增长底部，但劳动力市场表现却很强劲，城镇新增就业屡创新高。这一现象从传统经济视角来看似乎很难解释。

事实上，我国目前正处在经济结构转型升级以及经济增长方式转换时期，传统增长动能不断减弱，新增长动能不断增强。在此趋势下，经济增长的新动能只能来自新经济。

一直以来，新经济这一词汇大多存在于美国论述经济发展的相关著作中，而就当下中国而言，对于什么是新经济还没有一个完整而统一的答案。我们理解中国的新经济至少应该包括以下两个部分。

新经济首先是创新经济，主要指靠研发、靠新技术、靠新产业等创新所带来的经济活动。这类经济活动带来的增长动能在任何时代、任何发展阶段都是推动经济增长的不竭动力；其次，新经济是传统经济活动通过业态融合所衍生出来的新业态经济。这一类经济活动虽然看起来并不新，但因为业态融合的特点也就具有了新经济属性。

新业态经济很难再套用传统的三次产业划分。比如，在一个非常偏远的农村，一些农户可能从事的是传统农业生产，但他们可能又开有网店，是电商，同时还可能经营农家乐，提供观光旅游服务，这样的经济体创造的经济活动应该归类在第一产业、第二产业，还是第三产业呢？显然，归于任何一个产业都很难，因为这样的活动体现了业态的融合。通过业态融合而产生的经济活动实际上就是一种新的经济。而创新经济和新业态经济两个部分合在一起就构成了当前中国的新经济。

人力资本促进经济增长转型升级

从新经济的角度去理解劳动力市场，恐怕就能在就业和经济增长之间的关联性上做出更合理的解释。中国目前每年新增劳动力数量大概在 1 500 万 ~1 600 万之间，和过去相比一个最显著的变化就是新增劳动力中大学以上毕业生所占比例已接近一半，这个比例今后还要不断提升。这意味着传统经济增长方式必须转变，因为传统经济增长方式对应的劳动力结构在一二十年前都是初中以下的毕业生，而现在以大学毕业生为主的新增劳动力显然与传统经济增长方式不适应。当然，现在劳动力素质和劳动力结构的转变也为新经济的发展创造了基本条件。

今后的经济发展，人力资本一直并将仍然是一个稳定推动因素，更需要基于更广阔的视角来积累人力资本。从全世界来看，经济增长与全民技能水平的提高具有非常显著的直接关系，技能也是 21 世纪个人幸福和经济成功的关键驱动力。缺乏正确的技能投资，人们将处于社会的边缘。如果技术进步不转化为经济增长，知识经济在中国将无法持续增长。

只有掌握了技能才能使生活变得更好，才能真正驱动经济发展。中国现在面临的挑战是如何实现经济增长动能的转换，实现经济的成功转型和升级。从这个意义上来看，人力资本的改进、技能的提升非常关键，我们必须不断拓展人力资本积累的途径，从而为经济的转型升级提供必要的支撑。

（资料来源：中国科学报，2017 年 3 月 20 日）

🌿 **案例思考**

什么是人力资本？人力资本的形成途径有哪些？

一、人力资本的内涵

（一）人力资本的概念

人力资本（human capital）是指通过各种形式的生产性投资而获得的知识和技能的积累，以提高人的素质和劳动技能。由于这种知识和技能可以为其所有者带来工资收益，因而形成了一种特定的资本，即人力资本，它与物质资本相对应。

狭义的人力资本包括两方面要素：一是人的寿命、力量强度、耐久力和精力等物理要素，这主要受卫生条件、医疗保健水平和营养状况的影响；二是人的生产能力和技能要素，这主要受个人的工作经验、教育和培训的影响。

广义的人力资本亦包括两方面要素：一是劳动人口的增加，即数量的变化；二是劳动生产力的提高，即专门的劳动技能、生产经验和劳动力素质的提高，其中劳动力素质的提高具体包括劳动力质量的变化，即劳动者的体质、职能、文化科学知识、思想觉悟和道德水平的提高。

（二）人力资本的内容

人力资本是体现在劳动者身上的以劳动者的数量和质量表示的非物质资本。同物质资本一样，人力资本也是靠对人的投资形成。而对人力进行投资，其目的是通过人力资本去获取更大的经济收益。其具体内容包括以下几方面。

首先，人力资本体现在人的身上，表现为人的知识、技能、资历、经验和技术的熟练程度等，表现为人的能力和素质。

其次，在人的素质既定以后，人力资本可表现为从事工作的总人数以及劳动市场上总的工作时间。

再次，人的能力和素质是通过人力投资而获得的。因此，人力资本又可理解为是对人力的投资而形成的资本。从货币形态上看，它表现为提高人力的各种开支，主要有保健支出、学校教育和在职教育支出、劳动力迁移的支出等。

最后，既然人力是一种资本，无论是个人还是社会的对其投资必然会有收益。从这个意义上说，人力资本是劳动者的时间价值即收入提高的主要源泉，因此人力资本的高低在一定程度上也可以表现为人力所有者即劳动者的收入上。

正是以上人力资本内容的特殊性决定了衡量人力资本投资的特殊方法。舒尔茨主张，在对人力投资进行计量时，只能以投资收益替代投资成本来衡量人力资本投资。增加的收入便是这类投资的收益。

二、人力资本的形成途径

人力资本的形成途径多种多样，主要通过以下几方面投资积累形成。

（一）教育和培训投资

教育投资又称为智力投资，是人口投资的重要组成部分，包括花在儿童早期教育、正规学校教育、职业培训等方面的费用支出，用于提高人口的智力、知识、能力和技术水平等。这种投资转化为知识存量，一般分为宏观教育投资和微观教育投资。前者主要是指国家政府用于教育的投资，后者是指劳动者个人或家庭用于本人在业培训和子女学校教育方面的费用支出。根据中国统计年鉴公布的数据显示，2013—2015年中央和地方一般公共预算中的教育支出分别为22 001.76亿元、23 041.71亿元和26 271.88亿元；2013—2015年全国居民人均教育文化娱乐支出分别为1 397.7元、1 535.9元和1 723.1元，2015年比2013年增长23.3%，年均增长11.0%。这表明我国居民对教育和培训的投资逐步增长，人力资本逐步累增。

（二）医疗卫生和营养保健的投资

这种投资包括穿衣、住房、医疗服务、营养物品、自我照顾等有关身体保健方面的费用支出。这种支出有助于改善个人的健康状况，可转化为健康资本存量，从而对劳动者体质、寿命、力量强度、耐久力和精力有所影响。根据中国统计年鉴公布的数据显示，2013—2015 年全国居民人均医疗保健支出分别为 912.1 元、1 044.8 元和 1 164.5 元，2015 年比 2013 年增长 27.7%，年均增长 13.0%。这表明我国人力资本保健意识不断增强，生活质量逐渐提高。

（三）对人力资源国内流动的投资

用于劳动力国内流动的各种费用支出，包括个人负担的投资和由政府与社会承担的投资。它有助于调剂不同地区劳动力的余缺，有利于最大限度地发挥人力资本的潜力，提高人力资本的使用效率。

（四）对人力资源国际流动的投资

用于移民入境的支出是一种对人力的投资，是一国人力资本形成的又一条途径。包括设施、移民渠道的建立，移民咨询公司的建立等。移民是人力在国家间的流动，移民入境是使国外的人力迁徙到本国。从人力投资的角度来看，如果入境的是经过专业培训的人才，则节省了培养费用和教育支出，如果入境的是普通劳动者或未成年者与儿童，则节省了生育、抚养和入境前的保健费用，相对而言比较经济。

三、人力资本对农村发展的作用

（一）人力资本可使收益递增

经济学家认为：在技术系数不变的条件下，生产中某一要素投入达到一定程度后，会出现收益递减的趋势。但是，人力资源是一种"活"的、能动的智力资源，其使用过程是伴随着知识增长和更新、经验积累、能力开发和个性完善等一系列自我丰富、强化和发展的过程，人力资本的增强会使生产过程中的技术系数发生变化。因而人力资本会带来投资的高回报，是一种高增值性资本。

人力资本的主要含量是知识，包括科学技术知识和管理知识等。知识在经济发展过程中的作用有两个特点：一是它会产生外部效应，即一种新知识或新方法在单个企业或部门的运用会很快对其他企业或部门产生示范作用；二是它具有积累效应，即随着知识存量的增长其所蕴含的生产能力将呈现倍增的扩张趋势。

因此，用于人力资本的投资与物资资本投资不同，它从总体和长期上具有收益递增的特点，随着人力资本的积累，社会的生产可能性边界将会以越来越快的速度向外扩展，这一特点决定了人力资本积累是经济发展的最强大的推动力。同时，人力资本的增强，还使劳动者在生产过程中的组织、协调、适应和创新能力增强，从而使生产规模有可能建立在更大、更安全、更有效益的基础上，提高生产的经济效益。

人力资本正在发生巨大变革

著名经济学家厉以宁调研发现，中国社会正在发生深刻变化，尤其是农村的变化超出了预料，而且很大程度上就体现在人的变化上。他表示，现在各地农民都在想方设法脱贫致富。一方面，农民注重加强自身学习，农村土地确权之后，家庭农场规模扩大了，农民积极参加各种技能培训班，学习如何管理家庭农场、如何培养接班人；另一方面，从农村出来打工几年后回乡创业、就业的人多了起来，他们带回大批经验和技术。农民工返乡参与家乡建设，不仅有利于农村经济发展和城市去产能、调结构，还能解决留守儿童、留守老人等问题。厉以宁举例说，在陕西汉江，当地农村不允许使用农药，农民种地只能使用有机肥。由于种茶经济效益高，许多农民种起茶叶，产生了规模效应，于是建起了茶厂，出现大量用工需求。村里人把这个信息告诉在外务工的子女，打工族们纷纷回到当地就业，有了人，当地的经济活了，农村的经济发展也有了很大改善。

（资料来源：新浪财经网，2017年3月5日）

（二）人力资本可提高国民和个人收入水平

舒尔茨认为，工人实际增长的收入是"一种向人类投资的收益"。每一单位劳动生产率的提高，表面看来是劳动单位不变，实际上单位劳动已经因工人平均的人力资本数量的稳定增加而有所增加。因而随着经济的增长，工人实际工资的增长是由于人力资本数量的增长而增长的。根据发展经济学家对发展中国家的教育收益率进行的经验研究，一个人所受的教育年限与他所获得的收入水平成正比变化关系，受教育年限越长，收入水平越高。因而可看出人力资本是促进经济增长的一个重要因素，人力资本的提高能够提高国民和个人收入水平。

在农村经济发展当中，人力资本投资提高了劳动者的素质，使农民更容易掌握农业技术知识，接受农业高新技术成果，有利于农业生产实现规模化和机械化，有利于提高劳动者对资源的利用效率和劳动生产率，降低农产品的生产成本，增加农民收入。尤其随着农产品市场化程度日益加深，为了提高农产品附加值，增强竞争力，不少依托当地农业特色或区域特色的农产品加工业、服务业等产业迅速发展，促进农村劳动力向二、三产业转移，有利于促进农民增收。

（三）人力资本可促进人的全面发展

人的思想意识和道德观念的更新，会影响经济发展的进程。一般而言，一国国民的思想素质越高，奋斗精神越强，创新意识越浓，企业家精神越普及，对现代化的追求越迫切，商业道德水准越高，其经济发展的动力便越足。反之，一国国民的思想素质低下，因循守旧，安贫乐道，甚至道德水准低下，便越将持久地在低收入水平的贫困陷阱中挣扎。

在农村经济发展中，加大农村人力资本投资力度，增加对农村人口的教育和培训，提高人力资本存量，不仅能帮助和促进其技术能力的提升，更有利于其市场经济意识的培养和认识，有利于提高农村劳动者的整体素质。

🔑 动动脑

    1. 人力资本具体表现为哪些方面？

    2. 人力资本依靠哪些方法可形成？

第二节　农村剩余劳动力转移

🌿 案例导入

内蒙古自治区通辽市开发区农村劳动力转移就业达 11 189 人

2016 年，通辽市开发区坚持把促进农村劳动力转移就业作为改善民生、统筹城乡发展的重要抓手，通过突出重点、强化推进措施，不断加快农村劳动力转移就业步伐。

孔鲜亮是滨河街道杜家一村村民，今年他应聘到民盾保安公司，经培训合格后，公司将他安排到他家附近的新天地小区就业上岗，成为小区的一名保安人员。

近年来，随着通辽市开发区工业化、城镇化进程的加快，很多农民都选择就近择业。此外，县域经济的快速发展，为农村剩余劳动力提供的既能外出赚钱又可兼顾家庭农业生产的就业机会越来越多，成为众多返乡农民工在家门口就业的重要推手。

目前餐饮、家政和保安服务等行业已成为劳动力转移的热门领域，服务业成为相对稳定的就业抓手。通辽市盛天物业服务有限公司紧抓市场走向，联手通辽市职业学院开办蒙东情家政服务公司，学校提供技能培训，企业搭建对外输出平台，为不少 40~50 岁年龄段的人员提供了就业机会。

为大力引导农村劳动力向城镇和非农产业转移，加大对农业转移劳动力的帮扶力度，2016 年，开发区积极探索农村剩余劳动力转移就业新举措，通过技能培训、搭建供需平台等方式，助力农村劳动力向有一定就业和择业能力的产业工人转型，从而实现顺利就业。目前，通辽市开发区已形成农村劳动力转移由小规模向大规模转变，转移输出层次由单纯体力型向技能型转变，季节性、临时性短工向常年、稳定转移就业转变的新趋势。1—9 月份，通辽市开发区农村劳动力转移就业 11 189 人，完成全年任务目标的 139.8%。

（资料来源：内蒙古自治区人民政府网，2016 年 11 月 1 日 ）

🌱 **案例思考**

什么是农村剩余劳动力转移？我国农村劳动力转移的现状是什么？

一、相关概念界定

（一）农业劳动力与农村劳动力

1. 农业劳动力

农业劳动力指从事第一产业（即广义农业）的劳动力，包括具体从事种植业、林业、畜牧业、渔业与副业的劳动者。

2. 农村劳动力

农村劳动力指在农村从事第一、第二、第三产业的劳动力。农村劳动力与农业劳动力的区别表现在：首先，农村劳动力是按照劳动力所从事职业的地域划分的，其对应的经济范畴是城镇劳动力；农业劳动力是按照劳动力所从事职业的性质划分的，与之相对应的经济范畴是非农业劳动力。其次，农村劳动力的范围比农业劳动力更大，它既包括农业劳动力，也包括农村从事第二、三产业的劳动力。

（二）农业剩余劳动力与农村剩余劳动力

1. 农业剩余劳动力

农业剩余劳动力属于产业的范畴，与非农产业的剩余劳动力相对应，取决于农业劳动力增加量与其他生产要素量的结合状况，过量结合必然导致劳动力剩余。农业剩余劳动力是一个动态和相对的概念，有绝对剩余和相对剩余之分。

农业劳动力的绝对剩余，是指在确定的农业生产经营方式下，与有限的农村生产资源（主要是土地、水、林木等资源等农业基本生产资料）相匹配的农村劳动力资源已处于饱和状态，超过适度劳动力需求规模而导致劳动力绝对剩余。

农业劳动力的相对剩余，则是由农业生产经营方式的自身缺陷使其对劳动力的吸纳潜力不能充分释放出来，导致了农村劳动力的剩余。即农业劳动力的劳动生产率达到全国平均水平时，农业劳动力仍供过于求。

2. 农村剩余劳动力

农村剩余劳动力是指现有农村劳动力供给量超过了农村各产业实际对劳动力的需求量，从而导致了部分农村劳动力处于失业状态。"农村剩余劳动力"强调农村地区适度劳动力规模之外的劳动力剩余。它是属于地域范围，与城镇剩余劳动力相对应，用公式表示为：

农村剩余劳动力 = 农业剩余劳动力 + 农村非农产业剩余劳动力

从公式来看，农村剩余劳动力在量上大于农业剩余劳动力。随着农村经济体制改革的不断深入，农业现代化水平提高，耕地对劳动力的需求锐减，从而出现了大批农业剩余劳动力。由于林业、牧业、渔业劳动力所占农业劳动力的比重较小，其剩余现象并不突出，所以农业剩余劳动力以种植业的剩余劳动力为主。

（三）农村剩余劳动力转移

就整体而言，当前我国农村工业和农村第三产业尚处于发展初期，对农村劳动力的吸纳能力还相对较低，但随着农村多元经济的不断推进，其劳动力吸引能力将具有巨大的潜力。结合目前我国发展的实际情况，讨论农村工业和第三产业剩余劳动力问题还相对较早，并且这部分剩余劳动力多数会回到原居住地参加农业劳动，最终表现为农业剩余劳动力。因此，在一定时期内，我国农村剩余劳动力约等于农业剩余劳动力。但两者的本质含义不同。

1.农村剩余劳动力转移

是指农村劳动力从农村向城镇的空间转移过程，主要表现为农业领域的劳动力向二、三产业转移。农村剩余劳动力的合理转移，可以优化人力资源配置，改善社会经济结构，推动全社会的可持续发展，是科技进步和经济发展的必然趋势。

2.农业剩余劳动力转移

真正意义上的农业剩余劳动力转移，是指农业剩余劳动力向农业以外的产业转移，从事非农生产和经营活动超过半年以上。根据农业剩余劳动力转移地点与居住地距离的远近可以分为异地转移和就地转移。

二、农村剩余劳动力转移改革历程

（一）多种经营促进农业内部转移（1978—1983年）

20世纪70年代末80年代初，家庭联产承包责任制的实行，改变了激励机制，调动了农民的积极性，农业生产率得到大幅提高，从种植业释放出大量剩余劳动力。在当时农村非农产业还很落后的背景下，只有通过调整和优化农业生产结构，在农业内部消化农业剩余劳动力。此时政府调整了农业政策，适时引导农民发展多种经营，农业剩余劳动力从种植业部分向林牧副渔部门转移。1981年3月，在国务院转发国家农委《关于积极发展农村多种经营的报告》的通知中，要求纠正"把绝大部分的注意力集中在有限的耕地上，而耕地又几乎只是集中于种粮食作物"的错误做法，同时指出："多种经营，综合发展，应当作为我国繁荣农村经济的一项战略性措施。"

（二）乡镇企业促进就地转移（1984—1988年）

1984年，城镇非农产业迅速发展，吸收了大量的农村劳动力，尤其是国务院发布的四号文件明确了乡镇企业在国民经济中的重要地位，并在政策、资金和税收方面给予了大力支持，使乡镇企业异军突起，空前发展。这个阶段乡镇企业吸纳劳动力大大增加，大量农村剩余劳动力就地转入二、三产业就业。据统计，从1984—1988年，全国乡镇工业单位数由 481.2 万个增加到 773.5 万个，增长了 60.74%；从业人员从 3 656.1 万人增加到 5 703.4 万人，增长 56%；工业总产值增长到 4 529.4 亿元，比 1983 年增长 498%。这个时期，农村劳动力转移数量也是跨越式增长，其绝对数由 1980 年的 2 000 多万人增加到 1988 年的 8 000 多万人，8 年增长了 3 倍多。

（三）转移停滞阶段（1988—1991 年）

从 1988 年下半年开始，为了抑制日益严重的通货膨胀，国家开始对国民经济进行为期三年的停滞整顿。通过采取紧缩政策，压缩固定资产投资规模，控制乡镇企业贷款；同时关、停、并、转了一批经济效益差、资源浪费大、环境污染严重的乡镇企业，大大削弱了其吸收农村剩余劳动力的能力。因而出现了农村劳动力再次返乡，向传统的农业部门回流的现象。1989 年乡镇企业吸纳劳动力数量比 1988 年减少 179 万人，1990 年比 1989 年又减少了 102 万人。

（四）流动政策促进异地转移阶段（1992—2003 年）

1992 年春，在邓小平南方谈话发表的推动下，中国经济体制改革重上轨道，农村剩余劳动力转移也重新得到发展。1993 年十四届三中全会通过了《中共中央关于建立社会主义市场经济体制若干问题的决定》，决定明确提出了建立劳动力市场，要鼓励和引导农村剩余劳动力逐步向非农产业转移和在地区间有序流动。1994 年，劳动部颁布《农村劳动力跨省流动就业暂行规定》，这是国家第一个关于对农村劳动力跨地区流动就业实行规范化管理的文件，开始实施以就业证卡管理为中心的农村劳动力跨地区流动就业制度。1998 年十五届三中全会在《中共中央关于农业和农村工作若干重大问题的决定》中，再次明确要发展二、三产业，建设小城镇，并提出要开拓农村广阔的就业门路，应城镇和发达地区的客观需要，引导农村劳动力合理有序流动。在此阶段，乡镇企业凭借其灵活的市场运作和适应能力迅速向沿海城市发展，农村剩余劳动力在"三来一补"的产业发展形势下，也大量向沿海转移，"民工潮"涌现。此阶段农村剩余劳动力转移进入高速增长时期，年均转移农村剩余劳动力超过了 800 万人。

（五）规范管理促进城乡统筹就业阶段（2004 年至今）

2004 年年初，我国在政府工作报告中指出：切实保障农民工工资按时足额支付，决定用三年时间基本解决建设领域拖欠工程款和农民工工资问题。2006 年颁布的《国务院关于解决农民工问题的若干意见》，要求对农民工实习属地管理，把农民工纳入城市公共服务体系。输入地政府要转变思想观念和管理方式，要在编制城市发展规划、制定公共政策、建设公用设施等方面，统筹考虑长期在城市就业、生活和居住的农民工对公共服务的需要，提高城市综合承载能力。要增加公共财政支出，逐步健全覆盖农民工的城市公共服务体系。这是政府第一次系统地规范对农民工的管理，标志着农民工管理开始走向规范化。同时，随着户籍制度改革和城乡统筹就业综合配套改革的逐步深入，农民工的权益逐步得到保护，农村剩余劳动力转移逐步走向一个新阶段。

三、农村剩余劳动力转移的意义

农村劳动力转移的过程，不仅体现了中国从计划经济体制向市场经济体制转轨的过程，也体现了劳动力市场发育和城乡经济关系转变的过程。一方面，农村劳动力从边际劳动生产率较低的农业部门向边际劳动生产率更高的非农部门转移，带来了经济效益的改善，并成为推动经济增长的重要动力；另一方面，劳动者通过劳动力转移在初次分配中获得改善，有利于增进他们的福利，从而成为农村减贫的重要手段。

（一）劳动力转移是推动经济发展的重要源泉

改革开放之初，中国是一个人力资源丰富而二元经济特征极其明显的发展中国家。从资源禀赋的特点看，资本的稀缺和劳动力的无限供给成为中国经济发展所面临的基本的制约条件和格局。因此，摆脱经济的二元特征，实现经济的发展，就需要充分发挥自身的禀赋优势，规避资本稀缺所带来的制约。最大规模地扩大就业，发挥人力资源的优势，就是促进中国经济发展的必由之路。

实际上，中国基金发展的历程正体现了上述规律。通过发挥人力资源的比较优势，最大限度地挖掘就业潜力，为经济增长提供了源源不断的效率源泉。这其中，农村剩余劳动力持续转移，使中国制造业在很长的时期内保持了较低的劳动力成本，并激励了劳动密集型产业的发展。劳动力成本的优势使中国制造业具有很强的国际竞争力，支撑了中国经济的发展。即便近年来中国制造业的劳动力成本呈现不断上升的趋势，但仍然保持着相对其他经济体的竞争优势。据测算，2013 年，中国制造业的单位劳动力成本是德国的 29.7%、韩国的 36.7% 和美国的 38.7%。可以预期，只要能够正确处理劳动力成本和劳动生产率的变化关系，在一定时间内中国制造业仍将保持一定的国际竞争力，并为中国经济向高收入阶段的迈进提供重要的动力。

在二元经济条件下，无论在制造业还是服务业部门就业，转移出农村剩余劳动力都会有更高的劳动边际产出。因此，劳动力跨地区和跨行业的流动，形成了劳动力从低生产率部门向高生产率部门的重新配置，这种配置效应也意味着生产要素配置效率的改善，并构成推动中国经济增长的重要源泉。根据国家统计局农民工监测调查数据，2015 年在城市劳动力市场上，从事服务业的农民工总数达到 7 500 万人，占该年度外出务工农民工总数的 44.5%。此外，据测算，在中国改革开放的头 20 年，农村劳动力流动对国内生产总值增长率的贡献份额在 16% ~ 20% 之间。

（二）劳动力转移是缩小城乡之间和地区之间收入差距的基本手段

伴随着劳动力流动规模的逐步增加，劳动力在区域之间的流动也日益明显。由于农村剩余劳动力的转移主要受价格信号的引导，因此，劳动力由劳动边际报酬低的地区向边际报酬更高的地区流动，将有助于缩小地区之间的收入差距。而且，随着农村劳动力迁移规模的扩大和收入的增长，劳动力迁移对缩小区域之间收入差距的作用就会更加明显。

农村劳动力转移对区域间收入差距影响的一个维度是城乡之间的收入差距。作为一个具有二元经济特征的经济体，城乡收入差距一直以来被认为是收入差距最主要的来源。相应地，缩小城乡收入差距除了需要对农村地区的发展在公共政策方面予以额外关注以外，劳动力由农村向城市的转移也是缩小城乡收入差距的基本手段。总体而言，劳动力流动规模越大，农民工的工资收入越高，农村劳动力转移对缩小城乡收入差距所产生的影响就会愈发明显。根据国家统计局农民工监测调查，2005 年中国农民工的数量为 1.26 亿，月平均工资水平为 821 元 (2001 年价格)；到 2015 年农民工数量增加了 34.1%，实际工资水平增长了 196.2%。

农村劳动力转移对区域间收入差距影响的另一个维度是城乡之间的基尼系数。如图 4-1 所示，2003 年以后，随着中国经济发展进入刘易斯转折点，劳动力转移的形势发生明显的变化。这一变化不仅体现为农村劳动力流动的规模继续扩大，也表现为城市劳动力市场上农民工工资的迅速上涨。同时，产业的区域间转移开始出现，中西部地区开始越来越多地承接发达地区的产业转移。这些因素结合起来，对区域间收入差距缩小的作用也越来越明显。

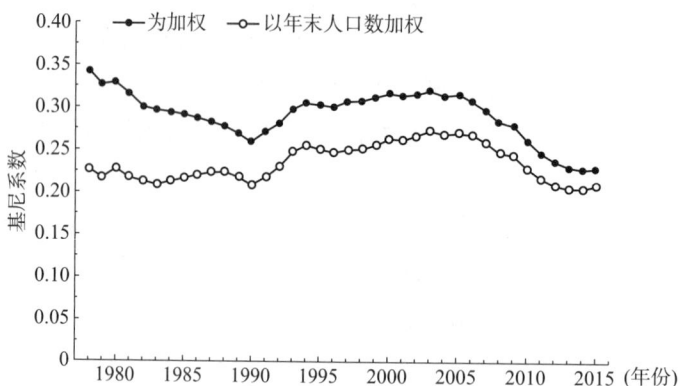

图 4-1 1978—2015 年中国地区之间的收入差距

（资料来源：中国统计年鉴）

图 4-1 展示的是改革开放以来地区之间收入差距指数的变化情况。

20 世纪 80 年代，农村和城市的经济体制改革都着眼于微观激励机制改革，所激发的技术效率提高也具有普遍的增长效应。我们看到省际人均 GDP 的基尼系数由 1978 年的 0.343，下降到 1990 年的 0.261；如果以人口为权重，则这两年人均 GDP

的基尼系数分别为 0.228 和 0.208。由于在这一时期劳动力流动的规模仍然有限，因此，尽管转移有利于缩小地区差距，但尚不足以成为地区间收入差距缩小的主导力量。

20 世纪 80 年代末和 90 年代初，中国经济经过短暂的调整后，1992 年开始恢复了强劲的增长，而市场配置效率开始在经济发展过程中发挥越来越重要的作用。在这一阶段，区域间的经济差距开始伴随着区域间专业化程度的提高而逐步拉大，人均 GDP 的基尼系数上升到 2003 年的最高点 0.32。

2003 年以后，随着中国经济发展进入刘易斯转折点，劳动力转移的形势也发生了明显的变化。度量地区间收入差距的指标在 2003 年达到峰值以后开始下降。虽然构成地区间收入差距的因素很多，但地区间收入差距转折与刘易斯转折点的契合，充分说明了农村劳动力转移对缩小地区间收入差距的积极作用。

[资料来源：贾朋，等 . 中国农村劳动力转移与减贫 . 劳动经济研究，2016（4）]

（三）农村劳动力转移是减贫的重要手段

无论是城市还是农村，来自劳动力市场的收入都是家庭收入的重要来源。如图 4-2 所示，2015 年城市家庭可支配收入中近 60% 来自于劳动收入，农村家庭可支配收入中近 40% 来自于工资性收入。考虑到农业家庭经营的收入在很大程度上依赖于农业劳动的投入，因此，来自于劳动要素的收入占农村家庭收入的实际比重应该更高。另外和城市家庭相比，农户对劳动力市场收入的依赖程度越来越高。如图 4-2 所示，1990 年工资性收入占农村家庭纯收入的比重为 20%，到 2015 年该比重已经上升了近一倍。

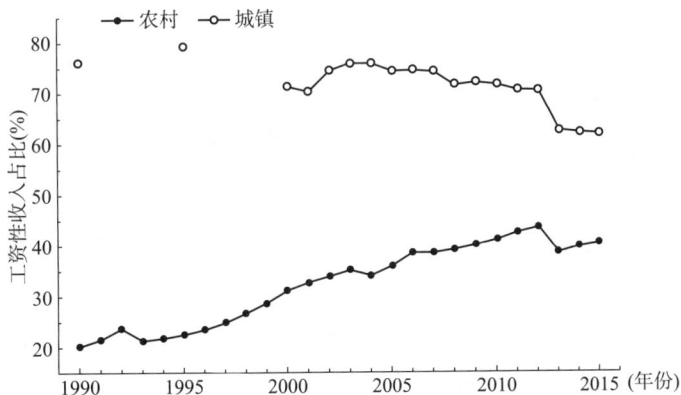

图 4-2　1990—2015 年工资性收入占家庭收入的比重

资料来源：中国统计年鉴

注：2012 年以前（含 2012 年）城镇居民家庭人均收入为可支配收入，农村居民家庭人均收入为纯收入；2013 年及以后，城镇居民家庭人均收入和农村居民家庭人均收入均为可支配收入。

对于贫困地区的农户而言，由于其拥有的资源禀赋有限，和经济发达地区相比，所能获得的经济机会相对匮乏。因此劳动力资源是贫困家庭最重要的经济资源。一旦劳动力市场流动的障碍逐步减少，贫困家庭就可以通过劳动力转移，将劳动力资源配置到本地或异地的非农劳动力市场，并通过家庭内部的收入转移，获得减贫效应。从我国实际发展来看，由于劳动力市场的发育和经济的持续发展，交通基础设施建设不断加强，使得来自贫困地区尤其是偏远贫困地区的农户，可以更加充分地利用劳动力市场减贫。并随着时间的推移，相对贫困的家庭迁移的可能性也逐渐增加。

四、农村剩余劳动力转移现状特点

（一）地域特征

从流动的空间分布看，农村剩余劳动力逐步由异地转移向就地就近转移发展。所谓就地转移，其实质就是鼓励农村劳动力在当地非农部门从事经济活动，并由此促进农村地区的城市化。

1. 农民工总量继续增加，增量主要来自本地农民工

据国家统计局资料显示，2016年农民工总量达到28 171万人，比上年增加424万人，增长1.5%，增速比上年加快0.2个百分点。其中，本地农民工11 237万人，比上年增加374万人，增长3.4%，增速比上年加快0.7个百分点；外出农民工16 934万人，比上年增加50万人，增长0.3%，增速较上年回落0.1个百分点。本地农民工增量占新增农民工的88.2%。在外出农民工中，进城农民工13 585万人，比上年减少157万人，下降1.1%（详见图4-3）。

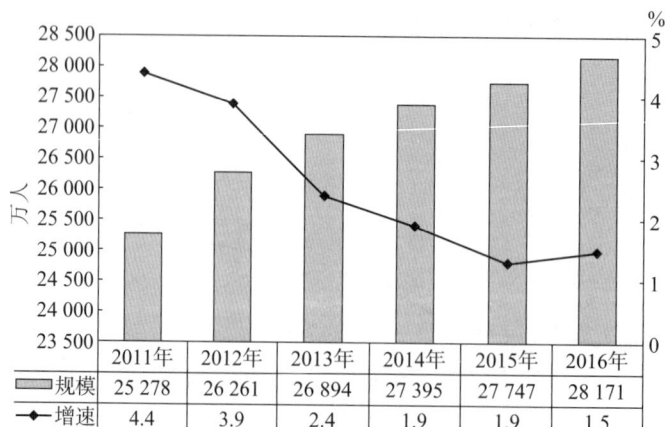

	2011年	2012年	2013年	2014年	2015年	2016年
规模	25 278	26 261	26 894	27 395	27 747	28 171
增速	4.4	3.9	2.4	1.9	1.9	1.5

图4-3 农民工总量及增速

资料来源：国家统计局

2. 外出农民工增速继续回落，跨省流动农民工继续减少

据国家统计局资料显示，2011—2016年，外出农民工增速呈逐年回落趋势，增速分

别为 3.4%、3%、1.7%、1.3%、0.4% 和 0.3%。外出农民工占农民工总量的比重也由 2011 年的 62.8% 逐渐下降到 2016 年的 60.1%（详见图 4-4）。

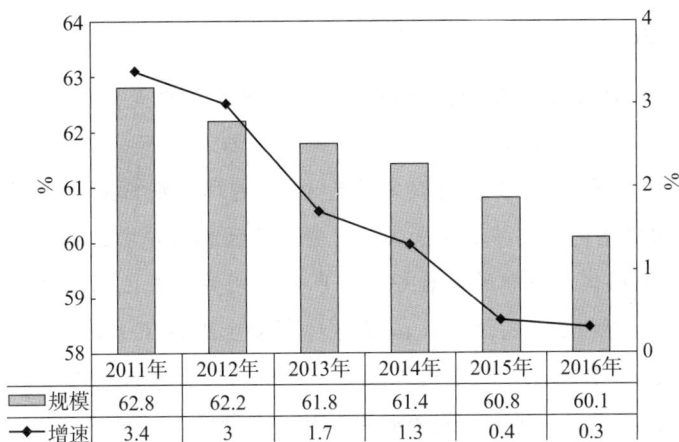

图 4-4　外出农民工增速及占农民工总量的比重

资料来源：国家统计局

据国家统计局资料显示，2016 年外出农民工中，跨省流动农民工 7 666 万人，比上年减少 79 万人，下降 1%，占外出农民工的 45.3%，比上年下降 0.6 个百分点。分区域看，东部地区跨省流动的农民工占 17.8%，比上年提高 0.4 个百分点；中部地区跨省流动的农民工占 62%，比上年下降 0.5 个百分点；西部地区跨省流动的农民工占 52.2%，比上年下降 1.3 个百分点；东北地区跨省流动的农民工占 22.9%，比上年下降 2.3 个百分点（详见表 4-1）。

表 4-1　2016 年外出农民工地区分布及构成

单位：万人，%

按输出地分	外出农民工总量			构成		
	外出农民工	跨省流动	省内流动	外出农民工	跨省流动	省内流动
合计	16 934	7 666	9 268	100.0	45.3	54.7
东部地区	4 691	837	3 854	100.0	17.8	82.2
中部地区	6 290	3 897	2 393	100.0	62.0	38.0
西部地区	5 350	2 794	2 556	100.0	52.2	47.8
东北地区	603	138	465	100.0	22.9	77.1

资料来源：国家统计局

人大代表卢金生："民工荒"反映结构性就业矛盾

农民工的代言人

55 岁的卢金生拥有多个身份，他是全国人大代表，也是江西省丰城市蕉坑乡驻台州流动党支部书记、办事处主任。同时，他还是浙江台州一家民营企业的负责人，但他坚称自己是"老表"，一直把自我定位为 19 年前那个刚出来闯天下的农民工。因为每年"两会"的议案建议都涉及农民工，卢金生又被称为是农民工的"代言人"。

2017 年是这一届代表履职的最后一年，卢金生又关注农民工的哪些权益？又提了哪些议案和建议？央广记者围绕农民工话题对卢金生进行了专访。谈到农民工话题，卢金生更加兴奋："我自己也是从农民工做起，严格意义上来说现在还是农民工。我对农民工生活状况、需求比较了解，也有切身的体会。我要多反映农民工的声音。"

1998 年，卢金生怀揣着买完车票仅剩的 70 元钱，来到浙江台州开始打拼。初来乍到，人生地不熟，卢金生用"盲目"来形容当时的自己。"那个时候是很盲目的，觉得年轻就要到外面闯一闯。"凭借自己的勤劳苦干和聪明才智，卢金生很快在台州金属加工行业中站稳了脚跟。为了让后续出来务工的老乡不再"盲目"，作为老党员的卢金生心里盘算着要做点什么。2002 年，在卢金生的推动下，丰城市蕉坑乡驻台州流动党支部在浙江台州成立。"我们这个支部，在我们党员心目中，就是在外地有一个家，在整个务工群众当中，那就是一个主心骨。在他生活困难的时候，在最需要帮助的时候，你给予帮助，这感觉是一件相当有成就感、很快乐的事。"

流动党支部渐渐成为务工乡亲之间的纽带，一旦遇到找工作困难、劳资纠纷等问题，"老表们"首先想到的都是找支部。招商引资、维权维稳，培养人才，帮扶创业，党支部的力量可以说务实又管用。卢金生给我们讲了当时的一个故事：2007 年，台州当地的台州银行，当时社会上有人发布短信散布谣言：台州银行要倒闭了，存了钱的赶快去取钱，一下午就有几千人跑到营业所挤兑，卢金生闻讯后立即动身去劝，他向乡亲们解释，银行的钱不会少的，很快就稳定了局面，后来跟支部成员赶过去把这些人全部劝退了。"

卢金生脸上带着自豪说，目前流动党支部的服务对象早已不限于蕉坑乡的外出务工人员了。"我们不光是为丰城为蕉坑的群众服务，解决困难，到 2008 年之后，整个江西省甚至是外省的务工群众都会找到我们。"据卢金生介绍，他的老家蕉坑乡是丰城市山洼里的一个边远乡镇，人口只有 1 万 3 千多，土地贫瘠，是典型的贫困乡。在卢金生和流动党支部的热心帮助下，十几年来有 4 000 多名农民工从山里走进城里。最高峰有 4 000 人通过卢金生介绍出来务工。到如今，家乡发生了巨大变化："我们那起码 3/4 的家庭都有小轿车了。到了过年，整个集镇小轿车都要停到集镇一里路外了。"

返乡创业成热潮

与20世纪的劳务输出大潮相反，如今，卢金生逐渐开始号召老乡们返乡创业，也有越来越多从蕉坑乡走出去的创业者回到家乡发展。他认为，返乡创业一方面经济效益好，现在一个个都是小老板；同时社会效益也好，解决了留守儿童、夫妻两地分居、照顾老人等一系列问题。

作为人大代表，卢金生一直也非常关注农民工群体的现状与问题。针对近些年的"民工荒"，卢金生分析认为是产业转型的结构性就业问题。他说，现在第三代的农民工已经面临就业，高素质高要求的民工是比较紧缺的，粗糙的、劳动密集型的农民工比较剩余，不太好找工作。一方面是农村的劳动力出不去，出去没人要，第二方面是很多企业出现"民工荒"，这是一种就业结构性矛盾。卢金生表示，未来农民工最终会转型成为产业工人。"咱们的产业在经历转型升级，向自动化、高科技化这方面转移。以后农民工技术水平一定要跟上去。加大力度建立农民工培训机构，让农民工技术、素质能跟上工业化转型升级的要求。"他还建议，教育部门要把民工子弟学校纳入义务教育范畴，在师资力量、经费保障、校舍设施等方面与公办学校看齐。这样一方面能解决农民工子女入学难的问题，第二方面能体现教育公平原则。

如何让农民工切身体会更多的获得感？卢金生表示，很多农民工最大的愿望就是真正地融入城市，应该把门槛放低，让农民工享受到城市居民的均等服务，那么农民工就有了获得感。现在要考虑的就是城市怎么来接纳农民工。

（**资料来源**：央广网南昌，2017年3月10日）

（二）结构性特征

1. 青壮年为主，但平均年龄不断提高

从农村剩余劳动力的年龄结构来看，在农村劳动力转移的较早期阶段，年轻劳动力是转移的主体；随着转移过程的推进，青壮年农民工比重持续下降，农民工平均年龄不断提高。

据国家统计局资料显示，2016年农民工仍以青壮年为主，但所占比重继续下降，农民工平均年龄不断增长。从平均年龄看，2016年农民工平均年龄为39岁，比上年提高0.4岁。从年龄结构看，40岁以下农民工所占比重为53.9%，比上年下降1.3个百分点；50岁以上农民工所占比重为19.2%，比上年提高1.3个百分点（详见表4-2）。

表 4-2　农民工年龄构成

单位：%

年龄＼年份	2012	2013	2014	2015	2016
16~20 岁	4.9	4.7	3.5	3.7	3.3
21~30 岁	31.9	30.8	30.2	29.2	28.6
31~40 岁	22.5	22.9	22.8	22.3	22.0
41~50 岁	25.6	26.4	26.4	26.9	27.0
50 岁以上	15.1	15.2	17.1	17.9	19.2

资料来源：国家统计局资料

2. 文化水平总体较低，但高中及以上程度上升

随着农村教育水平的不断提高，以及农民工就业培训和继续教育的体系的不断完善，农民工的知识化趋势逐步显现。据国家统计局资料显示，2016 年农民工中，未上过学的占 1%，小学文化程度占 13.2%，初中文化程度占 59.4%，高中文化程度占 17%，大专及以上占 9.4%。高中及以上文化程度农民工所占比重比上年提高 1.2 个百分点。其中，外出农民工中高中及以上文化程度的占 29.1%，比上年提高 1.2 个百分点；本地农民工中高中及以上文化程度的占 23.9%，比 2015 年提高 1.3 个百分点（如表 4-3 所示）。

表 4-3　农民工文化程度构成

单位：%

	农民工合计		外出农民工		本地农民工	
	2015 年	2016 年	2015 年	2016 年	2015 年	2016 年
未上过学	1.1	1.0	0.8	0.7	1.4	1.3
小学	14.0	13.2	10.9	10.0	17.1	16.2
初中	59.7	59.4	60.5	60.2	58.9	58.6
高中	16.9	17.0	17.2	17.2	16.6	16.8
大专及以上	8.3	9.4	10.7	11.9	6.0	7.1

资料来源：国家统计局资料

3. 男性劳动力为主，但本地女性劳动力上升

改革开放以来，我国城镇非农产业快速发展，吸纳了大量农村劳动力。而转移出来的主要是男性劳动力和未婚的女青年。2006 年全国农业普查的数据显示，我国农村外出从业劳动力 13 181 万人，其中，男劳动力占 64%；女劳动力占 36%。但值得一提的是，在当地农民工中，女性出现增长的趋势。据 2016 年国家统计局资料显示，在全部农民工中，男性占 65.5%，女性占 34.5%。其中，外出农民工中男性占 68.3%，女性占 31.7%；本地农民工中男性占 62.8%，女性占 37.2%。农民工中女性占比比上年提高 0.9 个百分点，

主要是由于本地农民工在农民工总量中占比继续提高，而本地女性农民工占比较高所致。

（三）产业特征

20 世纪 80 年代，我国农村剩余劳动力转移的产业分布主要以第二产业为主，90 年代后第三产业也逐渐开始成为吸纳农村剩余劳动力的又一渠道。据统计，目前在农民工中，从事制造业的比重最大，占 35.7%，其次是建筑业占 18.4%，服务业占 12.2%，批发零售业占 9.8%，交通运输仓储和邮政业占 6.6%，住宿餐饮业占 5.2%。从近几年调查数据看，变化较明显的是建筑业，农民工从事建筑业的比重在逐年递增，从 2008 年的 13.8% 上升到 18.4%，从事制造业的比重则趋于下降。

五、新时期下农村剩余劳动力转移的引导

（一）改革户籍制度，实现双向流动

我国通过户籍制度对人口流动进行限制。1950 年后，我国建立起和户籍制定有重要关系的制度，如教育、医疗、福利、住房、就业等方面的制度，在就业、养老、生活等领域中，城乡居民没有平等的身份，当农民到城市后，在生活与工作中遇到很多困难影响劳动力转移甚至影响经济发展。今后要进一步改革户籍制度让农民工在子女教育、社会福利、工作时间与报酬、劳动福利与就业准入制度上获得和城市居民一样的待遇。要改革农村劳动力转移的管理体制、运行机制、社会保障、劳动保护、国家投入、市场准入等环节，消除体制障碍，积极构建有序、竞争、开放、统一的劳动力市场，协调城乡经济发展并推动农村劳动力转移。

我国户籍制度改革取得重大进展

户籍制度改革意见和居住证暂行条例"双落地"，城乡户口统一登记为居民户口，农业转移人口落户城镇数量明显增加，在异地他乡城市工作、生活的常住人口有了更多"归属感"……

2014 年以来，在各地各部门的共同努力下，户籍制度改革的政策框架基本构建完成，改革取得重大进展，农业转移人口市民化更加便利。

让亿万农业转移人口实现"市民梦"

近年来，党中央、国务院高度重视户籍制度改革工作，召开了一系列重要会议进行研究部署。这项改革涉及人口规模前所未有。从制度的顶层设计到全面推进落实，从户口迁移政策的制定到与此密切相关的经济社会领域改革政策的配套完善，每一步都走得十分坚强有力。

2014 年 7 月，国务院印发《关于进一步推进户籍制度改革的意见》，2016 年 1 月

---

1 日,《居住证暂行条例》施行。2016 年 2 月,国务院印发《关于深入推进新型城镇化建设的若干意见》,9 月印发《推动 1 亿非户籍人口在城市落户方案》。

公安部充分发挥户籍制度改革牵头组织作用,狠抓公安机关改革部署落实工作,及时研究解决落实过程中遇到的困难和问题;多次召开 13 个部委参加的改革专班协调会,推动完善户籍制度改革政策体系;强化户籍制度改革督查力度。

农业、国土、教育、人社、卫生计生、住建、财政、发改等有关部门出台了一系列配套政策措施,着力解决广大农业转移人口最为关心的教育、就业、医疗、养老、住房保障以及农村“三权”等方面的实际问题。

农村“三权”改革稳步推进,“人地钱”挂钩机制初步建立,城镇基本公共服务全覆盖有序推进……一系列改革政策的相继出台,有力调动了地方政府推动户籍制度改革、农业转移人口和其他常住人口在城镇落户的“两个方面的积极性”。

2016 年全国户籍人口城镇化率达到 41.2%。

随着户籍制度改革的不断深入,全国城乡统一的户口登记制度全面建立。各地取消了农业户口与非农业户口性质区分和由此衍生的蓝印户口等户口类型,统一登记为居民户口,不再以农业户口与非农业户口为依据区分农村人与城里人。与此同步的是,各地户口迁移政策普遍放宽,不少大中城市适当降低了落户门槛,努力满足广大农业转移人口的落户需求。

中西部地区的一些省份结合实际,最大限度地放开落户口子。四川省、贵州省、青海省、宁夏回族自治区除省会(首府)市以外,全面放开了全省(区)其他城市的落户限制。

北京、上海、广州、深圳等超大城市、特大城市积极建立完善积分落户制度,拓宽农业转移人口落户渠道。上海市 2015 年、2016 年办理持居住证人员在沪落户 2.4 万人,超过此前 6 年间全市“居转户”人数总和。

随着户口迁移政策的落地落实,各地农业转移人口和其他常住人口落户城镇数量明显增加。

推行居住证制度　去年发放居住证 2 890 余万张

2016 年 1 月 1 日《居住证暂行条例》施行以来,北京、天津、河北、山西、内蒙古、辽宁等 25 个省区市均出台了贯彻实施办法,居住证从此取代了暂住证。

公安部部署各地取消了暂住证制度,全面实施居住证制度,深入清理与暂住证制度相关的地方性法规政策,积极开展居住登记和居住证办理工作。

2016 年已发放居住证 2 890 余万张,北京市发放近 169 万张,上海市共发放 40.6 万张,广州市发放 81 万张,深圳市发放 171.5 万张。

对于初次申领居住证的,各地均要求申请人须在居住地居住满半年;对于曾经办理暂住证并在有效期内的，准予申领居住证并将暂住证申领年限计入居住年限；对于未办理暂住证的，只要有其他材料能够证明在当地居住半年以上的，也可以办理居住证。

各地普遍落实《居住证暂行条例》规定的6大基本公共服务和7项便利，同时，积极探索扩展基本公共服务范围，提升服务标准。

天津、河北、山西、黑龙江、江苏、江西、山东、湖北、重庆、陕西还增加了与居住证持有人共同居住生活的子女可以按规定参加当地中考、高考。

（**资料来源**：新华网，2017年2月）

（二）重视教育培训，提升农民素质

提高农民素质是保证农村劳动力就业与转移的重要条件。一方面，要加大农村地区九年义务教育体制的普及，确保义务教育的实现，以及在经济发展水平相对较高的地区要尽快普及高中教育和职业教育。另一方面，要不断提升政策性财政补贴力度，拓展"阳光工程"涵盖领域，增加农村劳动力就业补贴比例。对于技术含量高、用工数量多的岗位，要重视培训质量、增加培训时间。要研究、尝试培训补贴机制，运用直接补贴、培训券等方式来补贴被培训农民，让农民在培训中获得实惠。要拓展培训渠道，全面体现出用工企业、培训机构、政府部门、农民主体的作用，进而形成合力，寻找多方共享利益、多方共担经济费用的培训机制。以解决结构性就业问题为切入点，不但要增强劳动力质量也要转变他们的观念，让劳动力市场供应方与需求方建立起更加合理的关系。

（三）建立健全社会保障制度

首先要关注农民工子女教育问题。让孩子们在公办全日制中小学校中接受义务教育，财政负责他们的教育经费。如农民工子女尚留在输出地，当地农村组织和政府相关部门要重视对他们的培训和教育。其次要全面维护农民工的正当权益。

根据劳动法的相关规定，用人企业和进城农村劳动力要签订正式就业合同。合同对劳动报酬、劳动条件、工作内容、合同期限和协约责任进行明确。工会要吸纳农民工，要提高农民工的工作环境，使其获得与城镇职工相同的工作权利与待遇。最后要提高农民工的社会保障。转型期要根据轻重缓急的基本原则，逐步建立起农民工医疗保险与工作保险，针对农民工特点建立起应急救助机制和养老保险机制。此外。要在农村地区建立起管理转移劳动力的专门机构，改变农村劳动力转移和就业分散负责、多头管理的问题，将转移劳动力工作列入规范、统一的管理机制中。在城市中要根据制度统一、权利平等的趋势，从防范式管理逐步转变成服务式管理。解决农民工社会排斥、经济接纳的问题。

（四）加快产业结构调整和城市化进程

一方面，通过加快乡镇地区的产业开发，大力发展产业融合，可以为农村剩余劳动力转移提供更多便利条件。随着农村地区经济发展水平的提高，乡镇地区逐渐成为农村与城市结合的关键点，通过引导城镇地区的企业发展，可以形成二次创业的产业化格局，带动农村地区的人口转移，并且向城镇集中，逐渐形成规模化生产，从而为城镇地区的工业和农业发展提供足够的劳动力。另一方面，我国城市化进程的缓慢在一定程度上拖慢了农村剩余劳动力转移的速度。与大中型城市相比，很多小城市、小城镇的建设具有更大的发展空间，对农村剩余劳动力具有更高的容纳力，所以加快城市化进程，促进中小城市的快速发展，可以为农村剩余劳动力的转移过程提供足够的资源和空间。同时，加强城市地区的就业政策的建设，扩大地区的市场容量，从而创造更多就业机会，吸引农村剩余劳动力转移，这也是一个有效的发展途径。

"南宫模式"：产业结构调整促农民城镇化转移的成功典范

所谓"南宫模式"，是指改革开放以来，南宫村坚持从实际出发，依靠集体经济的力量，积极发展二、三产业，大力调整产业结构，推动产业结构不断升级，最终找准自己的产业和功能定位，并在深化改革的过程中，经过集体改制、旧村改造、集体建设用地开发等措施，实现了农民的城镇化转移，有效带动农民致富。

一、南宫村的基本情况

南宫村是北京丰台区王佐镇政府所在中心村，全村共有810户，2 390人，1 300多名劳动力，占地面积4.5平方公里。1978年，全村只有三个自然村，6个生产队，集体耕地2 752亩，集体资产总额只有12万元，工副业项目只有一个黏土砖厂。经济总收入为78万元，人均收入只有141元。到2016年，全村已发展到一个集团公司和11个子公司，共有23个村办集体企业。固定资产45亿元，经济总收入达到20亿元，利税总额达到1.1亿元，农民人均纯收入4.6万元。

二、南宫村的发展历程

1983年以前，南宫村还是以农业经济为主，结构单一的普通农村，农业生产基本上是以大田农作物为主，曾经是京郊农业学大寨的先进典型。当时有三个自然村，6个生产队，集体资产总额只有12万元，年人均分配最高没有超过200元，村办集体企业只有一个黏土砖厂。

1984年，南宫村同全国多数农村一样实行了家庭联产承包责任制，土地开始分户经营。1986年，南宫的干部群众抓住改革开放的历史机遇，利用砖厂的原始积累，及时调整农业结构，瞄准首都市民的菜篮子，大力发展种植业和养殖业多种经营，使足了农业结构调整的劲。经过农业产业结构的调整，到1991年，南宫村的粮食生产只占当地生产总值的30%，蔬菜生产占到30%，养殖业占到40%，农业已经由以粮为主的传统农业跃升为以向城市提供副食品为主的城郊型农业。农民人均纯收入达到2 000多元，尝到了"调整"带来的甜头。

随着南宫村经济的发展和产业结构的不断调整，特别是二三产业的发展，原有的农业经营形式越来越不适应发展的需要，只解决了温饱，但解决不了富裕。于是，南宫在90年代初期陆续将承包到户的土地重新收回，实行规模化经营。

1992年，开始了全面改造建设新南宫的历史进程。一方面大力发展以加工制造为主的工副业项目，机电设备厂、金属结构加工厂、门窗厂等成为南宫城镇化建设的重要支撑；另一方面，开始大力发展第三产业。1993年建起了南宫娱乐城；1994年扩建了农副产品交易市场，建成了南宫文化商业街、休闲广场，丰富了南宫市场；1995年建设了南宫宾馆。这些项目为南宫第三产业的发展奠定了物质基础、积累了实践经验。

2000年，南宫村打出了第一眼优质地热温泉井，采取"一次开发，梯次利用"的科学应用模式，并利用地热资源发展温泉产业，建起了国内唯一的南宫世界地热博览园，集温泉养殖、温泉种植、温泉垂钓中心、温泉健身、温泉科普于一体，进一步拓展了农业向第三产业的延伸。2004年，集团公司投资近3 000万元建成了2万平方米的智能化温室公园，成为农业旅游的又一个亮点。世界地热博览园和智能化温室公园已成为南宫村发展都市型现代化农业的重要基地，被誉为中国地热第一村。

三、产业结构调整促农民城镇化转移的实效

经过30多年产业结构的不断调整升级，南宫村最终形成了"三二一"的产业格局。到2015年，南宫村二三产业比重已经占全村经济的95%以上，形成了由旅游服务业、商贸流通业、开发建筑业、加工制造业、生态农业和社区物业构成的六大产业格局。特别是地热资源和观光农业与旅游业的生态资源开发型产业融合，使南宫成为国家AAAA级旅游景区和全国首批生态休闲旅游示范区，旅游业安置劳动力就业1 632人。2016年，共接待游客110万人次，年收入达到了9 000万元。目前，不但全村100%的劳动力得到安置，同时为周边地区和外来务工人员提供了近3 000个就业岗位。

（资料来源：根据相关调研资料整理。）

动动脑

1. 农村剩余劳动力是指哪些人群？
2. 农村剩余劳动力为什么会发生转移？

第三节　新型职业农民培育

案例导入

揭秘青岛新型职业农民持证上岗　小证书带来大效益

小证书的大效益

按照村民的指引，记者在沙北头村东侧的大棚里，见到了一个正在忙碌的身影。她正在忙着照看着盆栽葡萄，还有来自其他地方的考察团。窦泽英告诉记者："我以前可不是这样，以前俺就是一个普通的农民，那现在是怎么变成这样的呢？都是因为一个证。"

窦泽英带着记者来到了她家，见到了她口中那个改变命运的证书。一个封面为新型农民职业资格证书展现在记者面前，打开证书，里面写着窦泽英的职业方向是蔬菜园艺。这个证书是由青岛市新兴职业农民证书培训工作领导小组颁发的新型职业农民资格证书。这种地怎么还需要考证了呢？可别小看了这样一个证书，按照窦泽英的说法，没考证之前，她就是个普通农民，年收入也就六七万元，但考了这个证之后，她的年收入能到二十万元。窦泽英告诉记者："当初我还老不情愿呢，俺不愿意考，觉得考了没用，可要不是王书记和这个证，俺也不会是现在这个样子。"

鲶鱼效应有效果

有了科学的新技术，再加上自己的勤劳能干，窦泽英的收成节节高，大姜、圆葱和大蒜这些蔬菜每年带给她家的收益，可以达到20万元。2016年下半年，在合作社的帮助下，窦泽英也贷款建了属于她自己的一间大棚，里面培育的正是她和我们第一次见面时的盆景葡萄。

通过学习考证，给窦泽英家带来的变化，这也被村里的其他人看在眼里。而有了窦泽英这个活榜样，庄户学院的学员也多了起来，很多村民自发地走进了新型职业农民培训的课堂。除了在课堂里学习理论知识，前来上课的专家还会和农民一起走进田间地头，结合他们遇到的实际问题逐一解答。很多村民听了专家讲课之后，还会和专家们互留微信，有问题就给作物拍个照片、给专家通过微信发过去，很快问题就能得到解答。而窦泽英也从一个原本普通的农家妇女，变成了十里八村的种地明星，很多村民都会来她地里取经学习。

村民说："这不，刚才问她，再去培训叫着我们一块，现在种地，不像过去种地种粮食，不出钱，现在都是高效益的农作物，没有技术绝对种不好。"

掌握了新技术，沙北头蔬菜合作社的产量上去了，农民的腰包鼓起来了。其实，窦泽英的故事在平度乃至青岛都不是偶然和个例，新型职业培训给农民的生活带来翻天覆地的变化，这离不开当地政府对这项工作的重视和支持。

农民持证上岗大势所趋

2014 年以来，平度市共投入资金 508 万元，培育培训新型职业农民 15 000 多人，有 11 500 人获得各类技术证书，而值得注意的是，平度新型职业农民的培训对象，除了像窦泽英这样的传统意义上的农民之外，还包括了大学生、返乡农民工等创业人员。

以青岛乐义农业示范基地为例，不过在这里接受新型职业农民资格培训的对象更为广泛，包括大学生、返乡农民工、退伍军人以及当地的农民，年龄也从 20 岁到 50 岁不等。有个小伙子名叫范张艳，他是青岛农业大学毕业的高才生，在拿到新型职业农民资格证书之后，他在这里担任育种员的工作，像他这样取得新型职业农民职业证书的，在整个乐义基地要占到一半以上。

平度市农业局局长告诉记者："农业的发展离不开新型的职业农民，那么新型职业农民怎么诠释？我们现在通过培训、培育，让更多的农民掌握一些新的技术、新的观点、新的理念，让他们更好地投入到农业生产中去。"

（资料来源：齐鲁网，2017 年 3 月 9 日 ）

❦ **案例思考**

新型职业农民的概念是什么？新兴职业农民培育的途径有哪些？

一、新型职业农民的源起

舒尔茨 (T.W.Schultz, 1964) 在《改造传统农业》一书中指出要将传统农业改造成现代农业，除了需要政府或其他非营利企业为农业生产提供杂交种子和机械等现代农业生产要素外，还要求农民具有"使用有关土壤、植物、动物和机械的科学知识的技能和知识。"即现代农业的发展离不开一大批高素质的农业劳动力。

随着工业化和城镇化的迅速发展，大量农村青壮年劳动力转入城镇及非农产业就业，我国现有的农业劳动力已很难适应现代农业发展的需要，空心化、农业兼业化和农村人口老龄化日趋明显。"谁来种地""怎样种地"成为现代农业发展必须面对并尽快解决的重大问题。因此，培育高素质的新型职业农民队伍对巩固我国农业的基础地位、促进现代农业发展具有十分重要的意义。

党的十六大以来，我国进一步深化了新世纪中国特色社会主义现代化建设发展新阶段的指导思想和基本思路，大力调整农业结构，推进农业产业化。十七大又明确提出了"培育有文化、懂技术、会经营的新型农民，发挥亿万农民建设新农村的主体作用"。2012 年，我国首次在中央一号文件中提出"大力培育新型职业农民"的观点，之后多次对其进行重点引导（详见表 4-4）。由此可见，无论从理论或中国实践发展来看，新型职业农民的培育在当前都十分紧要。

表4-4　2012—2017年我国对新型职业农民的引导

年　代	出　处	提　法
2012	中央一号文件	大力培育新型职业农民
2013 年	中央农村工作会议	要把加快培育新型农业经营主体作为一项重大战略，以吸引年轻人务农、培育职业农民为重点，建立专门政策机制，构建职业农民队伍
2014 年	中央一号文件	扶持发展新型农业经营主体，加大培育新型职业农民的力度
2015 年	中央一号文件	积极发展农业职业教育，大力培养新型职业农民
2016 年	中央一号文件	加快培育新型职业农民，将职业农民培育纳入国家教育培训发展规划，基本形成职业农民教育培训体系，把职业农民培养成建设现代农业的主导力量
2017 年	中央一号文件	重点围绕新型职业农民培育等工作来开发农村人力资源

资料来源：根据相关资料整理。

二、新型职业农民的内涵

（一）新型职业农民的概念

新型职业农民是指专职从事农业生产经营活动，主要生活来源为农业收入，科技文化素质较高，掌握现代农业生产技术与经营管理知识，利用市场并追求利润最大化的现代农业经营者。新型职业农民既可以是农民专业合作社或农业企业的经营管理人员，也可以是一般的种养大户或家庭农场主，还可以是一般的农业技术工人。

（二）新型职业农民的类型

1. 生产经营型职业农民

是指以农业为职业，占有一定的资源，具有一定的专业技能，有一定的资金投入能力，收入主要来自农业的新型职业农民。如专业大户、家庭农场主、农民合作社带头人等。

2. 专业技能型职业农民

指在农民合作社、家庭农场、专业大户、农业企业等新型生产经营主体中较为稳定地从事农业劳动作业，并以此为主要收入来源，具有一定专业技能的新型职业农民。如农业工人、农业雇员等。

3. 社会服务型职业农民

指在社会化服务组织中工作或个体直接从事农业产前、产中、产后服务，并以此为主要收入来源，具有相应服务能力的新型职业农民。如农村信息员、农村经纪人、农机服务人员、统防统治植保员、村级动物防疫员等农业社会化服务人员等。

表 4-5 新型职业农民的主要类型

主要类型	定 义	举 例
生产经营型职业农民	以农业为职业、占有一定的资源、具有一定的专业技能、有一定的资金投入能力、收入主要来自农业的农业劳动力	专业大户、家庭农场主、农民合作社带头人等
专业技能型职业农民	在农民合作社、家庭农场、专业大户、农业企业等新型生产经营主体中较为稳定地从事农业劳动作业，并以此为主要收入来源，具有一定专业技能的农业劳动力	农业工人、农业雇员等
社会服务型职业农民	社会化服务组织中或个体直接从事农业产前、产中、产后服务，并以此为主要收入来源，具有相应服务能力的农业社会化服务人员	农村信息员、农村经纪人、农机服务人员、统防统治植保员、村级动物防疫员等农业社会化服务人员

资料来源：根据相关资料整理。

三、新型职业农民的特点

如表 4-6 所示，新型职业农民与传统农民相比，具有鲜明的相区别的特点。

（一）热爱农业、全职务农

作为合格的新型职业农民，首先要热爱农业，崇尚农业生产和农业可持续发展，具备较强的社会责任感，把农民作为一种职业，而不再是当作一种身份。其经济活动以从事农业生产为主体，并以此为生计来源。在职业规划上，新型职业农民以务农为自己的终身职业选择。这种职业与教师、公务员、医生等其他职业一样得到社会高度的认同与尊重。

（二）有文化、高素质、懂技术、善经营

1. 有文化

指新型职业农民必须具备一定的文化知识和学历，兼备一定的自然科学和人文科学文化知识，以及较好的农耕文化，并能学以致用。

2. 高素质

是指新型职业农民具有较高的农民职业素质，良好的思想道德和精神面貌，秉承自力更生、艰苦创业的自我发展精神，敢闯、敢干的开拓创新勇气，以及持之以恒、锐意进取的奋勇争先意志。体现"创业、创新、创优"的本质特点。

3. 懂技术

指新型职业农民必须掌握一定的、能够适应工作和竞争需要的科学技术知识和劳动经验、生产技能，并能经常性地接受职业技能培训并掌握最新的科学种植、养殖技术，

具备使用农业机械等现代物资装备的能力。技术素质是农民素质的主体部分，在新型农民的形成过程中发挥关键性作用。

4.善经营

新型职业农民从事农业生产经营的目标不是为了维持生计，而是为了获取最大利润。他们追求的是用最少的投入获取最大的收入，因此新型职业农民要像企业经理人那样学会现代经营管理方法。由于新型职业农民生产的产品直接面向市场，产品的市场供求状况将直接影响到其获利情况，因此新型职业农民还需要具备"三大意识"和实现"三大转变"。"三大意识"即政策法规意识、市场风险意识和农产品质量安全意识，"三大转变"即由追求农产品数量增长向提高农产品质量和效益转变，由一家一户的粗放生产向"农户+农民经纪人""农户+公司""农民+农民协会"等多种形式的产、加、销一体化的规模化生产和集约化经营转变，按照价值规律、供求关系来调整产品结构，通过市场增产增收，通过经营管理致富。

（三）规模生产、较高收入

新型职业农民要把农业作为稳定的职业，具备较大经营规模和较高收入。其生产活动必须在一定的规模基础上进行，其劳动生产率比传统农民高得多。其在生产、服务和经营方面具有自己的规模和特色，收入水平远远高于传统农民。

表 4-6　新型职业农民与传统农民的比较

	传统农民	新型职业农民
身份	农夫，农夫与自然经济相契合，从事自然产品经济	职业农民，以需求指导农业生产，又以新产品引导市场，利用市场并追求利润最大化
受教育程度	文化教育程度低	知识化农民，至少具有高中文化程度，具有现代农业生产的基本知识和技能
思想观念	思想观念陈旧、保守，法制意识不强	有良好的思想道德、精神面貌和职业素质，有创业能力，有法制意识和权利保护意识
科学素养	科技素质低，掌握和应用科学技术的水平较差	具有较好的科学素养和科技应用能力
经营能力	对土地高度依赖，从事单一的农业生产经营活动，以经验为主	具有经营头脑，有较强的经营管理能力，农业市场化、规模化、现代化生产
收入能力	传统生产，收入较低	规模化生产，收入较高

习近平：身份农民与职业农民的区别

习近平总书记在参加今年"两会"四川代表团审议时指出，就地培养更多爱农业、懂技术、善经营的新型职业农民。这是习近平"农民观"的新表述，与习近平先前相关表述是一脉相承的："农村经济社会发展，说到底，关键在人。要通过富裕农民、提高农民、扶持农民，让农业经营有效益，让农业成为有奔头的产业，让农民成为体面的职业。"

新型农民与传统农民的差别在于，前者是一种主动选择的"职业"，后者是一种被动烙上的"身份"。现在，大量的农村青年外出打工了，主动选择离开农村的土地。这是大多数"身份农民"脱贫奔小康的道路选择，是时代的进步，历史的必然。富裕农民，必须减少农民。中国人民大学国家发展与战略研究院研究员冯仕政说，"职业农民"概念的提出，意味着"农民"是一种自由选择的职业，而不再是一种被赋予的身份。从经济角度来说，它有利于劳动力资源在更大范围内的优化配置，有利于农业、农村的可持续发展和城乡融合发展，尤其是在当前人口红利萎缩、劳动力资源供给持续下降的情况下，更是意义重大；从政治和社会角度来说，它更加尊重人的个性和选择，更能激发群众的积极性和创造性，更符合"创新、协调、绿色、开放、共享"的发展理念。

"身份农民"与"职业农民"的差别还在于，前者最多只能勉强养家糊口，有的人总结"职业"和"体面"的内在关系是这样的：不职业不富裕，不富裕不体面。这是因为，"职业农民"操作的不再是自家的一亩三分地，生产都有适度的规模，产量和质量有技术做保证，产品的营销加工等与市场需求紧密联系，等等。

"谁来种地"和"怎样种地"是农业现代化的关键。习近平总书记用"爱农业、懂技术、善经营"九个字勾勒出新型职业农民的鲜明特征，具有重要的导向意义：热爱是最好的老师，农业是一项技术活儿，农业也是一个可以赚钱的行当。

（资料来源：央视新闻网，2017 年 4 月 13 日）

四、推进新型职业农民培育的主要任务

2017 年 1 月，为贯彻落实《国家中长期人才发展规划纲要（2010—2020 年）》和《全国农业现代化规划（2016—2020 年）》的部署，加快构建新型职业农民队伍，强化人才对现代农业发展和新农村建设的支撑作用，农业部发布了《"十三五"全国新型职业农民培育发展规划》的通知，明确了新时期推进新型职业农民培育的主要任务如下。

（一）选准对象、分类施策，提高新型职业农民培育的针对性

1.遴选重点培育对象

以县为主，深入开展摸底调查，围绕现代农业产业发展、新型农业经营主体发育和农业重大工程项目实施，选准培育对象，建立培育对象数据库。优先从国家现代农业示范区、农村改革试验区、粮食生产功能区、重要农产品生产保护区、特色农产品优势区、

农业可持续发展试验示范区、现代农业产业园遴选培育对象，将新型农业经营主体信息直报平台中的人员纳入培育对象（详见表4-7）。

表4-7 "十三五"新型职业农民培育遴选重点培育对象

分类	重点培育对象
类型	1.生产经营型职业农民重点培育对象：专业大户、家庭农场经营者、农民合作社带头人、农业企业骨干和返乡下乡涉农创业者； 2.专业技能型职业农民重点培育对象：在新型农业经营主体稳定就业的农业工人（农业雇员）； 3.专业服务型职业农民重点培育对象：从事农业产前、产中、产后经营性服务的骨干人员。
产业	根据农业产业发展需要，重点遴选粮食和主要农产品适度规模生产，种植业、畜牧业、渔业、农产品加工业转型升级、休闲农业与乡村旅游、农村一二三产业融合等产业领域和农机、植保、兽医、质量安全、农村信息等服务行业的从业者。把产业扶贫建档立卡贫困户优先遴选为职业农民培育对象。
渠道	1.培训提高的对象：具有一定产业基础的务农农民； 2.吸引发展的对象：到农村创业兴业的农民工、中高等院校毕业生、退役士兵、科技人员； 3.培养储备的对象：接受中、高等职业教育的农民和涉农专业在校学生。

资料来源："十三五"全国新型职业农民培育发展规划

2.科学设置培训内容

围绕提升新型职业农民综合素质、生产技能和经营管理能力，科学确定相应培训内容。在综合素质方面，重点设置职业道德素养、团队合作、科学发展等内容；在生产技能方面，重点设置新知识、新技术、新品种、新成果、新装备的应用，市场化、信息化、标准化和质量安全等内容；在经营管理能力方面，重点设置创新创业、品牌创建、市场营销、企业管理、融资担保等内容。在农民职业教育方面，推动农业职业教育课程改革，设置职业素养、创业实践、产业融合等内容，提高教育培养的系统性科学性，满足高素质新型职业农民培育需求。

3.分类分层开展培训

分类型、分产业、分等级制定培训标准，设置培训模块和培训课程，组建教学班，合理调配师资力量，开展精细化培训。部、省、市、县分工协作，部、省重点开展经营管理、创业兴业能力以及师资培训，市、县重点开展技术技能培训；部级重点抓好农民企业家、国家级农业产业化龙头企业和示范合作社带头人培训，省级重点抓好青年农场主、省级农业产业化龙头企业和示范性合作社带头人培训，市、县级根据当地主导产业发展需求，统筹抓好新型农业经营主体带头人、务农农民、农业工人、社会化服务人员的培训工作。

（二）创新机制、多措并举，增强新型职业农民培育的有效性

1.创新培育机制

健全完善"一主多元"新型职业农民教育培训体系，统筹利用农广校、涉农院校、农业科研院所、农技推广机构等各类公益性培训资源，开展新型职业农民培育。充分发挥市场机制作用，鼓励和支持有条件的农业企业、农民合作社等市场主体，通过政府购买服务、市场化运作等方式参与培育工作，推动新型职业农民培育面向产业、融入产业、服务产业。深化产教融合、校企合作，发挥农业职业教育集团的作用，支持各地整合资源办好农民学院，拓宽新型职业农民培育渠道。鼓励农业园区、农业企业发挥自身优势，建立新型职业农民实习实训基地和创业孵化基地，引导农民合作社建立农民田间学校，为新型职业农民提供就近就地学习、教学观摩、实习实践和创业孵化场所。

2. 探索培育模式

坚持理论与实践相结合，集中培训与现场实训相结合，线上培训与线下培训相结合。采取"一点两线、全程分段"的培育模式，即以产业发展为立足点，以生产技能和经营管理能力提升为两条主线，在不少于一个产业周期内，分阶段组织集中培训、实训实习、参观考察和生产实践。鼓励各地结合实际，大力推行农民田间学校，探索菜单式学习、顶岗实训、创业孵化等多种培育方式。鼓励有条件的地方组织新型职业农民走出去，开展跨区域和国际交流。

3. 运用信息化手段

建设新型职业农民信息化服务云平台，对接 12316 农业综合信息服务平台，整合农业专家和农技推广服务等线上资源，充分利用云计算、大数据、互联网、智能装备等现代信息技术手段，为农民提供灵活便捷、智能高效的在线教育培训、移动互联服务和全程跟踪指导，提高培育效果。

（三）规范认定、科学管理，加强新型职业农民培育的规范性

1. 规范认定管理

原则上由县级以上（含）人民政府制定认定管理办法，主要认定生产经营型职业农民，以职业素养、教育培训情况、知识技能水平、生产经营规模和生产经营效益等为参考要素，明确认定条件和标准，开展认定工作。有条件的地方可探索建立按初、中、高三个等级开展分级认定。要充分尊重农民意愿，不得强制或限制农民参加认定。对于专业技能型和专业服务型职业农民，鼓励参加国家职业技能鉴定。

2. 规范培育管理

在各级农业行政主管部门的领导下，依托农民科技教育培训中心（农业广播电视学校）等专门组织管理机构，搭建新型职业农民培育工作基础平台，做好需求调研、培育对象遴选、培育计划和方案编制、认定管理事务、数据库信息维护和培训标准编制、师资库建设、教材开发、绩效评估等基础工作，连接多种资源和市场主体，对接跟踪服务和政策扶持，提高培育工作的专业化、规范化水平。

3. 规范信息管理

完善新型职业农民信息管理系统，健全新型职业农民培育信息档案和数据库，及时

录入基本情况、教育培训、产业发展、政策扶持等信息，并根据年度变化情况及时更新相关信息，提高新型职业农民信息采集、申报审核、过程监控、在线考核等信息化管理服务水平。各地可结合实际，积极探索新型职业农民注册登记制度，鼓励新型职业农民到当地农业部门注册登记，建立新型职业农民队伍动态管理机制。

（四）跟踪服务、定向扶持，提升新型职业农民的发展能力

1. 加强跟踪指导服务

依托新型职业农民培育工程项目，组织培训机构和实训基地对新型职业农民培育对象开展一个生产周期的跟踪指导；推动农技推广机构、农业科研院所、涉农院校等公益性机构将定向服务新型职业农民纳入绩效考核内容，建立跟踪服务长效机制；支持新型农业经营主体和农业社会化服务组织面向新型职业农民开展市场化服务。

2. 加大政策扶持力度

支持新型职业农民享受新型农业经营主体的扶持政策。鼓励新型职业农民带头创办家庭农场、农民合作社等各类新型农业经营主体，发展多种形式的适度规模经营，通过土地流转、产业扶持、财政补贴、金融保险、社会保障、人才奖励激励等政策措施，推进新型职业农民和新型农业经营主体"两新"融合、一体化发展。支持新型职业农民享受创新创业扶持政策。支持新型职业农民创新创业，享受简便市场准入、金融服务、财政支持、用地用电、创业技能培训等鼓励返乡创业的政策措施。支持新型职业农民对接城镇社保政策。有条件的地方，支持新型职业农民参加城镇职工养老、医疗等社会保障，解决新型职业农民长远发展的后顾之忧。

3. 鼓励交流合作

总结各地新型职业农民自发组建合作组织和开展交流合作的经验，支持新型职业农民在产业发展、生产服务、营销促销等方面开展联合与合作，加强对新型职业农民协会、联合会、创业联盟等组织的指导和服务，帮助健全管理制度、完善运行机制，促进职业农民共同发展。鼓励支持新型职业农民参加多种形式的展览展示、创新创业项目路演和技术技能比赛。

（五）巩固基础，改善条件，提升新型职业农民培育的保障能力

1. 加强师资队伍建设

完善师资选聘管理制度，建立开放共享的新型职业农民培育师资库，重点充实职业道德、经营管理、创业指导、品牌建设、质量安全、市场营销和电子商务等方面的师资。加强师资考核评价，建立培育对象直接评价机制，对师资队伍实行动态管理。加大师资培训力度，支持开展形式多样的教学竞赛、岗位练兵等活动，引导专兼职教师自觉更新知识，推介优秀教师和精品课程，不断提高教育培训能力。

2. 改善培育基础条件

支持教育培训机构充实教学设施设备，改善办学条件，完善信息化教学手段，加强基地建设，遴选建设一批全国新型职业农民培育示范基地，支持各地重点建设实训基地、创业孵化基地和农民田间学校。根据新型职业农民分层培训需求，部、省重点加强教学资源开发条件和信息化建设，提升职业教育和培育管理能力；市、县重点完善现场教学、在线学习和实习实训条件，提升基础培训和服务能力。

3. 优化教学培训资源

健全教材、课程等教学资源开发选用制度，农业部负责全国通用性文字教材、音视频教材和网络课件等教学资源开发，省级负责区域性教学资源开发，市、县级负责地方特色教学资源开发，形成以全国和省级通用教学资源、地方和特色教学资源衔接配套的新型职业农民教学资源体系。开展精品教材、精品网络课件等教学资源评价推介活动，鼓励各地优先选用优质教学资源，确保培训质量。

六盘水市六项措施抓好新型职业农民培育

2016 年以来，六盘水市新型职业农民培育工作严格按照全市新型职业农民培育整体推进方案要求，结合该市特色产业"3155 工程"现代高效农业示范园区建设、培训能力和农民科技需求，坚持立足产业、政府主导、多方参与、注重实效的原则，以提高农民科技素质和创业就业本领为目标，积极组织各县、特区、区及培训机构，以茶叶、蔬菜、花卉、生猪产业、养鸡、村级资产管理员及中药材园艺工、农村服务员等为重点，大力开展新型职业农民科技教育培训。截至目前，全市共完成新型职业农民培育 1 398 人，为任务数的 62%。在工作中主要采取了以下措施：

一是制订实施方案，明确目标任务。为确保 2017 年新型职业农民和农村青壮年规范化技能工程顺利实施，制定了《六盘水市 2016 年新型职业农民培育工作实施方案》，并明确了新型职业农民总体思想、培训任务、培训内容、补助标准、组织和保障措施等。在培训中根据实际需要，及时调整培训专业和课程设置，合理调配师资力量，使整个培训工作有条不紊，扎实有效地开展。

二是认定培训机构，培训师资力量。六盘水市按照省农委关于培训机构和培训师资的有关要求，在六盘水农业信息网上发布公告，组织各县区申报培训机构，并进行了严格的审查核实、择优认定、网上公示和上报备案等程序，同时按照省科教处的要求，切实加强了师资队伍建设，建立了培训师资队伍，遴选熟悉"三农"具有丰富专业知识和实践经验的专家及具有中级职称以上的优秀专业技术人员进入师资库，并通过举办师资队伍培训班，集中推广参与式培训模式，建立了稳定的教学实习基地和兼职教师队伍。

三是突出重点，按需培训。结合六盘水市实际，紧紧围绕该市农业特色产业

"3155 工程"、农业产业园区、各乡镇主导产业如茶叶、猕猴桃、蔬菜、刺梨、养殖业等举办培训班。

四是开展帮扶指导。按照不同类型职业农民特征，组织农业技术人员下到乡镇有重点地开展指导，实现按需培训。

五是加强学员跟踪服务。适时对参训学员进行跟踪服务和后续指导工作，了解学员所学技术在生产中的应用情况和转化成果，对比经济效益和社会效益，不断总结农民培训工作的经验，更好地推动了农村经济的发展。

六是强化典型宣传。展示农民培训工作成效，制作典型职业农民专题片。邀请市电视台对典型职业农民进行现场采访并在电视新闻频道宣传十余次。专题片围绕新型职业农民培育为主线，以学员参加培训、回乡创业、带动致富的典型事例为内容，全方位展示六盘水市新型职业农民培育整体推进市工作成效。

（资料来源：六盘水市政府办公室，2017 年 8 月 9 日）

动动脑

1. 寻找身边的新型职业农民，想想他与传统农民有何区别？
2. 新时期下该如何培育新型职业农民？

链接案例

中国农民职业化之路的创新实践
——全国新型职业农民培育工作纪实

这是一项牵动"三农"发展全局的战略工程，这是一项确保现代农业后继有人的基础工程，这是一项事关全面建成小康社会的创新实践，这更是一条提高农民、扶持农民、富裕农民的根本之路，这就是新型职业农民培育。

从习近平总书记关于"谁来种地"问题的重要论断，到连续 5 个中央"一号文件"的战略部署，从农业部、财政部新型职业农民培育工程的应运而生，到全国 1 600 余县的相继实施，新型职业农民队伍发展壮大，呈现可喜局面——提升了一批对农业有感情、有经验的"老农"，吸引了一批有乡愁、想创业的"新农"，引进了一批有学历、能创新的"知农"。

中央政治局委员、国务院副总理汪洋指出，人才是现代农业发展的关键，要加快培育新型职业农民，不断壮大新农民队伍。培育新型职业农民，是新形势下我国"三农"工作的"总抓手"。

实践证明，新型职业农民培育这条独具中国特色的农民职业化之路，不仅正在改变着亿万农民的命运，也在深刻影响着农业现代化的进程。仅 2013 年以来，全国共培育新型职业农民260万人，一批高素质的青年农民正在成为种养大户、家庭农场主和农民合作社领办人，一批大学生、返乡农民工和退伍军人加入到新型职业农民队伍中，一批"戴眼镜"的新型职业农民正在涌现，为推动我国农业现代化的早日实现发挥了举足轻重的作用。

新型职业农民肩负着前所未有的使命——

再过10到20年，一大批有文化、懂技术、善经营、会管理的新型职业农民，将是中国现代农业发展的主要依靠力量，中国农业将主要由他们来承担，并由此走向现代化

眼下，我国已进入全面建成小康社会的决胜期，也是加快推进农业现代化的关键期。农民是农村生产生活的主体，是推动农村社会发展的首要力量，然而农村人才的流失给农业农村发展带来新的挑战。一方面农村务农劳动力呈现兼业化、老龄化、低文化；另一方面现代农业规模化、标准化、集约化生产对劳动力素质提出更高要求，"谁来种地、如何种好地"引发全社会关注。

毋庸置疑，解决"谁来种地"问题的核心是要解决人的问题，农业现代化的根本是农民的现代化，"让农业成为有奔头的产业，让农民成为体面的职业"是农民最实际的期盼。可以说，培育农民、提高农民不仅是国家的战略要求、产业的现实需求，更是农民的真心诉求。

新型职业农民培育是事关"三农"发展的重大战略性问题。传统农耕社会中，"面朝黄土背朝天"道尽了农事耕作的艰辛，也让"农民"成为卑微的身份符号，"跳农门"成为千百年来农民无奈的选择。大力培育新型职业农民，让农民不再是低微身份的象征，而是一种体面而有尊严的职业，坚定他们以农为根、以农为业、以农为生的信心，在希望的田野耕耘现代农业、建设美丽新农村。

新型职业农民培育是事关农业现代化的方向性问题。农民职业化是农业基本现代化的重要指标，"职业化农民＋合作化经营＋社会化服务"是我国现代农业发展的基本方向。只有加大新型职业农民培育力度，加快构建一支高素质现代农业生产经营者队伍，才能为农业现代化建设提供坚实的人力基础和保障。

新型职业农民培育是事关全面建成小康社会的全局性问题。"小康不小康，关键看老乡"，全面建成小康社会的重点和难点在农民。

虽然这几年农民收入持续增长，但城乡收入绝对差距还在扩大，而且农民社会保障水平低，公共服务少。培育新型职业农民，将其打造为专业大户、家庭农场主、合作社领办人和农业企业骨干，使农业成为有奔头的产业，使农民成为脱贫致富的带头人。

可以说，时代发展呼唤着新型职业农民，新型职业农民也肩负着前所未有的使命。

诚如农业部部长韩长赋所言，再过10到20年，一大批有文化、懂技术、善经营、会管理的新型职业农民，将是中国现代农业发展的主要依靠力量。中国农业将主要由他们来承担，中国农业将由此走向现代化。

新型职业农民培育制度框架基本形成——

培育与培训虽然只有一字之差，但是代表了一种制度上的创新，由单一的技术培训拓展到技能培训和经营管理并重，由单纯的教育培训延伸到认定管理、跟踪服务以及政策扶持。

新型职业农民培育是一项复杂的系统工程，科学的顶层设计和强有力的政策推动，是保证其顺利实施的关键。

2012—2016年，中央连发的5个"一号文件"对新型职业农民培育工作做出全面部署。为此，农业部在2012年就开始启动新型职业农民培育试点，2014年联合财政部启动实施新型职业农民培育工程，2016年，新型职业农民培育工程已经覆盖8个整省、30个整市和800个示范县，全国1 600多个县开展了新型职业农民培育工作。

农业部副部长张桃林表示，经过几年的努力，我国已初步形成了政府推动、部门联动、产业带动、农民主动的新型职业农民培育工作格局，基本确立了教育培训、规范管理、政策扶持"三位一体"，生产经营型、专业技能型、专业服务型"三类协同"，初级、中级、高级"三级贯通"的新型职业农民培育制度框架。

"培育与培训虽然只有一字之差，但是代表了一种制度上的创新，不再是简单地就项目论项目，单纯地完成培训任务，而是更加注重培育的质量，由单一的技术培训拓展到技能培训和经营管理并重，延伸到培训后的认定管理、跟踪服务，还有扶持政策的跟进落实，提高了培育的针对性、规范性和有效性。"农业部科教司司长廖西元如是说。

正是为了确保培育质量，新型职业农民培育工程实施以来，资金投入不断增长。中央财政每年投入11亿元，2016年扩大到13.9亿元，带动地方每年投入近10亿元，提高了补助标准，提升了培训效能。

采访中记者了解到，在培育新型职业农民的过程中，各地积极探索、大胆实践，纷纷将新型职业农民培育工作上升为政府行为，列为农业农村重点工作，创造了不少可推广、可复制的好经验。

江苏省委、省政府将"新型职业农民培育程度"纳入农业现代化指标体系，提出到2020年全省新型职业农民培育程度达到50%，为此省财政每年投入1亿元，各市县也将新型职业农民培育纳入目标考核重点内容。如今，这项工作开展得风生水起。

陕西省连续3年被农业部确定为整省推进示范省，2013年启动职业农民塑造工程，创新性地将大中专院校的农业学生作为新生力量列为培育对象。"在职业农民培育中，我们探索出了独具特色的'理论授课、网络教学、基地实训、资格认定、帮扶指导、政策扶持'的模式，建立职业农民数据库，认定了一大批职业农民。"陕西省农业厅副厅长杨效宏向记者介绍。

重庆市自2014年以来在35个区县开展了新型职业农民培育工作，覆盖范围位居全国前列。为帮助新型职业农民渡过发展难关，永川区出台了系列扶持政策，比如发展设施农业，财政每亩补助 6 000 元；新建茶叶生产基地，每亩补助 1 900 元；创建一件国家级驰名商标，给予一次性 50 万元奖励等。

湖南省探索政企合作模式，与袁隆平农业高科技股份有限公司合作，共同开发湘农科教云平台，2016 年在 20 个县开展线上教育培训试点，年培训新型职业农民 3 万名。省农业厅科教处处长蔡小汉告诉记者："通过创新模式，充分利用信息化手段，线上线下结合，实现更加精准的培育。"

新型职业农民为"三农"发展带来巨变——

新型职业农民从根本上提高了农业的内在潜力和发展动力，也为凋敝的乡村带来了生机和活力，带动了更多农民走上脱贫致富之路，更为自己赢得了无上荣光。

据农业部对登记入库的 100 多万新型职业农民分析显示，初中文化程度的占 67.58%、高中（含中专）的占 23.10%、大专及以上的占 4.95%，远高于全国平均水平；从年龄上看，18~45 岁的占 53.65%，45~60 岁的占 44.40%，一批文化程度相对较高、年龄相对年轻的高素质农民正在成为新型职业农民队伍的主体力量。

中央农业广播电视学校常务副校长刘天金深有感触："新型职业农民从根本上提高了农业的内在潜力和发展动力，推进了现代农业规模化生产、产业化经营、社会化服务，成了农村脱贫致富的带头人。"

新型职业农民对于现代农业的贡献究竟有多大？四川省广汉市农业局的统计数据可以窥见一斑：当地流转土地中的 80% 流转给了新型职业农民，而在 2015 年的农业总产值中，职业农民贡献近 40%。

这一现象在其他地区也体现得同样明显。贵州省石阡县新型职业农民吴德强，流转了 200 多亩土地种植水蜜桃，成立了果业专业合作社，收入逐年上升。在他的带动下，当地农民纷纷加入合作社，目前全乡水果面积达 3 000 多亩，带动果农 50 多户，果业成为当地的特色产业。

"新型职业农民给农业生产经营方式带来的变革是巨大的。"刘天金认为，"培养一个新型职业农民，相当于培养了一个家庭农场主、培养了一个适度规模经营者。当新型职业农民成为现代农业发展的主体力量，适度规模经营也就实现了。"

新型职业农民不仅为现代农业发展注入了动力，也吸引了一大批大学生、农民工和退伍军人等回乡投身农业。更重要的是，产业的发展和年轻人的回归让原本逐渐凋敝的乡村有了生机和活力，留守老人、留守儿童、留守妇女等问题也随之迎刃而解，在他们的带动下，更多农民脱贫致富。

28 岁的刘洁是陕西省三原县鲁桥镇东里村的瑞洁种植家庭农场主，她的 50 亩家庭农场以蘑菇种植和加工为主。"我们农场现在结对帮扶周边 80 个残疾人，他们可以把土地流转给农场，拿地租和分红，有劳动能力的可以来打工学技术。"刘洁说，从 2015 年至今，农场帮扶的贫困户达 200 多户，已成为县里重要的残疾人扶贫基地。

　　而在湖南省宁乡县沙田村，由新型职业农民创办管理的湘都生态农业园则让沙田人过上了另一种生活。"80后"新型职业农民、副董事长谢明告诉记者："128户村民就在生态园里工作生活，我们帮他们把民房改造成农家乐，改造水电网路，纳入养老保险，一年户均收入就能达到15万元。"

　　带动产业，带富村民，激活乡村，除了物质上的变化，新型职业农民自身的精神面貌也发生了巨大变化。

　　"作为新型职业农民，就不能用老观念经营农业，必须注重创新经营理念和模式。在这种职责的驱动下，我探索出了'一年四季有活干、有钱赚'的农业经营模式，带动了更多农民致富。"32岁的河南省夏邑县刘店集乡新型职业农民王飞不无骄傲地说。

　　"我现在办农场，有底气，有技术，有办法，有市场。农业让我有体面有尊严，我为自己成为一名新型职业农民而自豪！"广西南宁市武鸣区罗波镇旧陆斡村高级职业农民黄必文说，正是新型职业农民培育，让他从一个只有一腔热血的莽撞青年脱胎换骨成一名具有专业技能和现代思维的新农民。

　　"让农民成为有奔头令人美慕的职业，不是一朝一夕的事，需要整个社会环境的改变，更需要农民自己的努力。新型职业农民用自己的行动赢得了尊重，他们不光要有致富的本领，还要有良好的素养。新型职业农民培育工程就是要帮助他们转变理念、增强本领、提升素质，推进务农农民的职业化进程。"采访中，许多新型职业农民培育工作者都对这项工作满怀信心。

　　科教兴农，人才强农，新型职业农民固农。新型职业农民是推动"三农"发展的核心力量，培育新型职业农民是"三农"发展的主要目标，是一个漫长的过程，需要久久为功，合心合力，一张蓝图绘到底，让新型职业农民早日长成参天大树，遍布广袤田野！

（资料来源：中国粮食信息网，2016年11月）

复习思考题

1. 什么是人力资本？它包括哪些内容？
2. 人力资本有哪些形成途径？人力资本对农村发展有哪些作用？
3. 什么是农业劳动力和农村劳动力？两者有何区别？
4. 什么是农业剩余劳动力和农村剩余劳动力？两者有何区别？
5. 什么是农村剩余劳动力转移？它与农业剩余劳动力之间有何关系？
6. 农村剩余劳动力转移有何意义？
7. 我国农村剩余劳动力转移的现状特点是什么？新时期下应如何引导？
8. 什么是新型职业农民？它有哪些基本类型？
9. 新型职业农民具备哪些特点？
10. 新时期下如何推进新型职业农民培育？

第五章 土地资源：农村土地流转与工商资本租赁农地

学习目标

1. 了解土地资源的概念、特性及其对农村发展的贡献；

2. 理解农村土地流转的内涵、现状与模式；

3. 理解工商资本租赁农地的内涵、特点、模式与管理。

第一节　土地资源及其对农村发展的贡献

🌿 案例导入

这些年：农民眼中的土地资源

家住北京市昌平区流村镇长峪城村的赵俊虎是北京市郊区的一名普通农民，以往的每年夏初，赵俊虎都要和野猪"斗智斗勇"。家里9亩老玉米地，一个不留神，一半儿就要断送在野猪嘴里。"看也看不住，守也守不住，一年一亩地能闹个三五百元就不错。"

可2016年，赵俊虎稍稍松了口气。"土地流转给镇里种树，旱涝保收一年一亩地2500元。"他所在的昌平区流村镇长峪城村，八成农户参与了土地流转，原先的边角旮旯地一块块连成了绿海。

边角地、撂荒地，政府出资流转，农民稳获收益。长峪城村的变化只是个缩影。昌平区实施山区造林工程，截至目前已有6 000亩深山边角地、撂荒地变成生态景观林地。到明年秋天，将达到1.4万亩。

野猪嘴里夺口粮

长峪城村海拔1 000多米，因为地势高、离城区偏远，这里又被当地人称为昌平的"小西藏"。赵俊虎家的玉米地就高高挂在半山腰上。眼前的这块地，用赵俊虎自己话说，过去是"年年操心，年年收不上粮"。山里没水，种地全靠老天，逢着大旱的年头，闹不好就是颗粒无收。好不容易盼来个好年景，又架不住野猪来"搅局"。野猪毁地，政府有补偿。但按政策最高80%的补损，并不能完全弥补村民损失的经济收益。

2016年，响应政府的山区造林工程，赵俊虎将自家符合政策条件的两亩玉米地流转给镇政府绿化造林。"一亩地一年流转费2 500元，两亩地就是5 000元，比过去9亩地一年的收益还要高。"赵俊虎挺知足。

天上掉下两万块

和赵俊虎一样享受到山区土地流转政策的高崖口村民魏要江，还要更"得意"些，"家里9亩地都够上了流转条件，一年光这份收入就有两万两千五百元。"在魏要江眼里，这两万多元真好比是"天上掉馅饼""要搁自己家种，连个零头都挣不来"。

"增收的道儿宽了"

套用平原造林政策，在山区流转土地搞造林工程，昌平区在全市是第一个。"目的一是让农民增收，二是扩大生态建设的成果。"昌平区相关负责人介绍，这次纳入山区造林工程政策范围的全是偏远的山区、半山区，包括流村、延寿、南口、十三陵四个镇。和长峪城、高崖口一样，很多山区村面临靠天吃饭、农民增收难的困境。而另一方面，植树造林60多年，昌平山区已没有更多增绿空间。

区委、区政府经过多次到山区镇调研，最终确定由区财政出资，参照平原造林土地流转标准，从农民手中"买"回低效、荒弃的果树地，以及农地、边角地，开展山区绿化。去冬今春，已完成绿化面积6 000亩。今年刚刚完成流转的8 000亩土地，秋季陆续进场施工，预计2017年下半年完工。

"冬天来还不太能看出效果，夏天来，那才叫好看！"在长峪城村，赵俊虎掏出手机，给记者看自己8月份拍摄的照片。青翠的国槐树下，一片金色、粉色、橙色的花海，映衬着远处的山峦，别有一番诗情画意。

"夏天那几个月，我们村都成景点了，尽是城里人开着小车来拍照的。"赵俊虎语气颇有几分自豪。

按照政策，树种下去，养护工作优先考虑当地村民。"山区农民绿岗就业比例要不低于80%。"昌平区园林绿化局相关负责人介绍。并且待遇和平原造林工程养护工人一样，给上"五险"，月收入约2 000元。

据测算，昌平山区符合造林条件的边角地、撂荒地、低效果树地总计约4万亩，全部流转后，年土地租金将达到1亿元，年养护资金1.07亿元。预计可吸收1 100名当地劳动力就业。在造林面积最大的流村镇，农民人均增收将达4 000余元。

（资料来源：北京日报，2016年12月13日）

🌱 **案例思考**

什么是土地资源？土地资源的属性是什么？其对农村发展的贡献有哪些？

一、土地资源的内涵

（一）土地资源的概念

土地资源是指目前被人类所利用和未来可预见能被利用的土地。它是人类赖以生存和发展的重要资源和物质基础，也是农业生产中不可缺少的生产资料和劳动对象，在人类社会中起着极其重要的基础性、战略性作用。同时，随着人类社会的进步和发展，土地资源不仅在食物保障方面占有重要地位，并在生态维护、经济发展、产权明晰和文化丰富等方面也逐渐发挥其日益强劲的作用。

（二）土地资源的范围

1. 土地资源的结构范围

从结构方面来看，土地资源包括：农用地，建设用地，非利用地。农用地是指直接用于农业生产的土地，包括耕地、林地、草地、农田水利用地、养殖水面等；建设用地是指建造建筑物、构筑物的土地，包括城乡住宅和公共设施用地、工矿用地、交通水利设施用地、旅游用地、军事设施用地等；未利用地是指农用地和建设用地以外的土地，包括荒草地、盐碱地、河流水面、湖泊水面、滩涂等。

2. 土地资源的地形范围

从地形方面来看，土地资源的范围包括：高原、山地、丘陵、平原、盆地。一般而言，山地、高原发展林、牧业；丘陵、平原、盆地发展耕作业。

3. 土地资源的用途范围

从土地的利用类型方面来看，土地资源的范围包括：耕地、林地、牧地、水源、城镇居民用地、交通用地、其他用地（渠道、工矿、盐场等）以及冰川和永久积雪、石山、高寒荒漠、戈壁沙漠等。

（三）农业土地资源

农业土地资源是指直接或间接用于农业生产的土地。按照其用途，农业土地地可分为耕地、园地、林地、沟渠、田间道路和其他生产性建筑用地。其中，耕地、园地、林地、草地是农业用地中最主要的土地类型。

二、土地资源的特性

土地的特性表现为自然特性和经济特性两个方面。

（一）土地资源的自然特性

1. 位置固定性

每块土地的地理空间位置是固定的，因此土地只能在其所处的地域内加以利用，并与特定的气候、地形、地质等环境因素以及周围的社会经济因素紧密相连，形成土地利用的地域性特征，使土地在位置优劣、地力肥沃度等方面存在着地域性差异，从而产生土地级差收入的差异。

2. 数量有限性

就全球而言，人类所拥有的土地数量是由地球的大小所决定的，地球的总面积约为5.1亿平方公里，该面积数据自地球形成之日就是如此，地球大小的不变性决定了土地面积的不变性和有限性。

3. 质量差异性

由于土地自身的条件（地质、地貌、土壤、植被、水文等）以及相应条件（光照、湿度、雨量等）的差异，造成土地的巨大自然差异性。土地的质量差异性要求人们合理利用各类土地资源，确定土地利用的结构与方式，以取得土地利用最佳综合效益。

4. 功能永久性

土地作为一种生产要素，其功能具有可再生性与永久性，只要人类合理地利用与保护，土地就能够永久地利用。例如，农用土地肥力可以不断提高，非农用地可以反复利用。

（二）土地资源的经济特性

1. 土地供给的稀缺性

土地供给的稀缺性不仅仅表现在土地供给总量与土地需求总量的矛盾上，还表现在由于土地位置的固定和质量差异性导致的某些地区（城镇地区和经济文化发达、人口稠密地区）和某些用途土地供给的特别稀缺。

2. 土地利用方式的相对分散性

由于土地位置的固定性和位置的差异性，对土地只能是因地制宜地分别加以利用，因而土地利用方式是相对分散的。因此要求人们在利用土地时要进行区位选择，以提高土地利用的综合区位效益。

3. 土地利用方向变更的困难性

土地用途首先受自然条件的限制，其次还由于在农业生产上轻易变更土地利用方向往往会造成巨大的经济损失，因而是不合理的。

4. 土地报酬递减的可能性

土地报酬递减是指在技术不变的条件下，对单位面积土地的投入超过一定限度就会产生报酬递减的后果。因此要求人们必须寻找在一定技术、经济条件下投资的适合度，确定适当的投资结构，并不断地改进技术，以便提高土地利用的经济效果。

5. 土地利用后果的社会性

土地是自然生态系统的基础因子，互相连接，不能移动和分割。因此，每块土地利用的后果，不仅影响本区域内的自然生态环境和经济效益，而且必然影响到邻近地区甚至整个国家和社会的生态环境和经济效益，产生巨大的社会后果。

三、土地资源对农村发展的贡献

（一）保障农业生产

农业土地资源的保护和有效使用能充分保障农业生产。我国一直实施严格的耕地保护，在强化土地用途管制、制约新增建设用地无序扩张的同时，逐步建立起与我国工业化、城镇化及农业现代化水平相适应的对耕地保护的反馈机制，并从规划制度、区制度、审批制度、平衡制度、农田制度、责任制度、检查制度、建设及环境保护制度等多方面建立起系统的基本农田保护制度。这加大了工业对农业的支持和反哺力度，加强了对建设用地收益补偿耕地的引导和利用，保障和促进了农业生产的发展。

> 　　基本农田的保护制度主要包括以下几方面。
>
> 　　（1）基本农田保护规划制度。各级人民政府在编制土地利用总体规划时，应当将基本农田保护作为规划的一项内容，明确基本农田保护的布局安排、数量指标和质量要求。
>
> 　　（2）基本农田保护区制度。县级和乡（镇）土地利用总体规划应当确定基本农田保护区，保护区以乡（镇）为单位划区定界，由县级人民政府设立保护标志，予以公告。
>
> 　　（3）占用基本农田审批制度。基本农田保护区经依法划定后，任何单位和个人不得改变或者占用。国家能源、交通、水利、军事设施等重点建设项目选址确实无法避开基本农田保护区，需要占用基本农田，涉及农用地转用或者征用土地的，必须经国务院批准。严禁通过调整各级土地利用总体规划变相占用基本农田。
>
> 　　（4）基本农田占补平衡制度。
>
> 　　（5）禁止破坏和闲置、荒芜基本农田制度。禁止任何单位和个人在基本农田保护区内建窑、建房、建坟、挖砂、采石、采矿、取土、堆放固体废弃物或者进行其他破坏基本农田的活动。禁止任何单位和个人占用基本农田发展林果业和挖塘养鱼。禁止任何单位和个人闲置、荒芜基本农田。
>
> 　　（6）基本农田保护责任制度，并作为考核领导干部政绩的重要内容。
>
> 　　（7）基本农田监督检查制度。县级以上地方人民政府应定期组织土地行政主管部门、农业行政主管部门以及其他有关部门对基本农田保护情况进行检查，发现问题及时处理或向上级人民政府报告。
>
> 　　（8）基本农田地力建设和环境保护制度。地方各级人民政府农业行政主管部门和基本农田承包经营者，要采取措施，培肥地力，防止基本农田污染。
>
> （资料来源：根据相关资料整理。）

（二）促进农业规模经营

　　自家庭联产承包责任制实行以来，很长一段时间内大大激发了农民的生产热情，解放了农业的生产力，极大地促进了我国农业和农村的发展。但是，不明确的承包期限导致农民害怕国家突然收回承包权，使农业投入得不到应有的产出保障，因此农民不愿做长期投资，不愿进行需要大量资金和人力投入的规模经营，导致农业发展缓慢。之后我国明确规定了土地承包经营的期限为三十年，并还允许土地承包户进行转包。这促使农民对农业土地资源进行高效管理，使农业从粗放型经营逐渐走向集约型经营，农业生产不断向高效化迈进。又由于土地的可转包，使农业逐步实现规模经营，大大提高了农业生产力，促进了农业的发展，也带动了农村经济的发展。

（三）有利于实现农业现代化和农村城市化

近两年，我国逐步进行了"三块地"的改革和试点，即农村土地征收制度改革意在缩小土地征收范围，规范土地征收程序；集体经营性建设用地制度改革意在允许经规划确定为经营性用途的存量农村集体建设用地，与国有建设用地享有同等权利，在符合规划、用途管制和依法取得的前提下，可以出让、租赁、入股；而宅基地制度改革的基本思路是，在保障农户依法取得的宅基地用益物权基础上，改革完善农村宅基地制度，探索农民住房保障新机制，对农民住房财产权做出明确界定，探索宅基地有偿使用制度和自愿有偿退出机制，探索农民住房财产权抵押、担保、转让的有效途径。这些对于我国实现农业现代化和农村城市化，增加农民收入等均具有重要意义。

"三块地"改革试点

农村土地征收、集体经营性建设用地入市、宅基地制度改革，通常被称为"三块地"改革。

这项改革的试点工作始于三年前。2014年12月2日，中央全面深化改革领导小组第七次会议审议了《关于农村土地征收、集体经营性建设用地入市、宅基地制度改革试点工作的意见》。2015年2月，全国人大常委会授权国务院在北京市大兴区等33个试点县（市、区），暂时调整实施土地管理法、城市房地产管理法关于这"三块地"的有关规定，明确在2017年12月31日前试行。改革试点正式启动！

据国土资源部副部长张德霖介绍，目前33个试点地区累计出台约500项具体制度措施。集体经营性建设用地入市地块共计278宗，总价款约50亿元。3个原征地制度改革试点地区按新办法实施征地的共59宗、3.85万亩。15个宅基地制度改革试点地区退出宅基地7万余户，面积约3.2万亩。

（资料来源：中国农村之声，2017年7月26日）

🔑 **动动脑**

1. 土地资源有哪些本质特点？

2. 土地资源如何能提高农民收入、促进农村发展？

第二节　农村土地流转

🌿 **案例导入**

辽中：创新土地经营模式　加快土地流转步伐

近日，记者从辽中区农村合作经济经营管理局了解到，该局把农村土地流转作为构建新型农业经营体系、加快现代农业发展的有力保障，作为提高农民收入、增强农业竞争力的有效途径，作为推进城乡一体化发展的重要举措，切实加强指导，增强工作合力，使我区农村土地流转工作稳步推进，流转政策不断健全，流转模式不断创新，流转数量不断增加，流转行为逐步规范化，流转主体逐步多元化，流转期限逐步长久化。截至2016年6月20日，全区土地流转面积已经达到48.638 9万亩，占农户承包土地面积的44.22%。

近几年来，辽中区农村合作经济经营管理局，以优化资源配置、促进城乡统筹、增加农民收入为目标，坚持依法自愿有偿的原则，明确所有权、稳定承包权、搞活经营权，按照"扩大总量、整合存量、提高质量"的要求，不断创新土地流转形式，健全土地流转机制，规范土地流转管理，构建新型农业经营体系，促进农村土地流转行为顺畅稳妥有序，促进流转关系长期稳定规范，促进流转土地集中连片高效，加快推进农业现代化。

在加强农村新型合作经济组织建设，积极培育农民专业合作社、家庭农场、种粮大户、农业产业化龙头企业等新型农业经营主体的同时，创新土地经营模式，支持多种类型的新型农业服务主体开展代耕代种、联耕联种、土地全托管、服务大包干、土地入股和"公司+农户+基地"的土地经营模式，引导土地向种、养、加工大户集中，促进土地的连片开发和规模化经营，使土地流转向更高层次发展。总结了六间房镇会怀农机专业合作社代土地全托管、服务大包干的做法；肖寨门镇大兰坨子村土地托管、实行统一规划、统一进行技术指导、统一供种、供苗、统一对农副产品进行检测、统一品牌和包装、统一销售的做法；朱家房镇众利农牧专业合作社对社员入股的700亩土地，采取固定收益（保底分红600元）+浮动收益（农资成本减低+返聘农民人工费+盈余返还）的方式予以分红的做法；老大房镇未家村4组在农民自愿的基础上，将817旱田地以每亩700元的价格流转给沈阳市博洋饲料股份公司种植玉米，作为生产饲料原料的做法，促进了土地流转和规模经营。到目前全区已有农民专业合作社811家、家庭农场180家、种植百亩以上种粮大户1 079家。全区土地流转面积达到48.638 9万亩（包括民间流转），占农户承包面积的44.22%。推动了农业产加销衔接、农村一二三产业深度融合，促进了区域经济发展。

（**资料来源**：辽中新闻网，2016年12月16日）

🌿 **案例思考**

我国现行土地流转的模式大致有哪些？它有哪些发展趋势？

一、农村土地流转的内涵

（一）农村土地流转的概念

农村土地流转包括农村土地所有权流转和农村土地使用权流转。由于我国《土地管理法》禁止农村土地买卖并规定实行农村土地分层经营体制，因此在我国农村土地流转专指农户承包地使用权的流转。

农户承包地使用权的流转，即农地使用权的流转，是指农地所有者，按照市场经济规律，以提高土地利用效益为目的，通过出让、租赁、入股等多种方式，对农业土地配置现状进行调整，实现土地资产配置不断优化的一个动态过程。农地使用权流转是一项政策性、原则性都很强的工作，不仅涉及农用土地经营者和使用者之间的利益，直接决定农业土地所有者权益能否充分实现和用地单位经济效益的高低，而且也涉及能否通过农地的合理有序流动，实现农地资产的合理配置，不断提高农地的经济效益、社会效益和生态效益。

（二）农村土地流转的本质

1.农村土地流转实质是确立农户经营的主体地位

土地问题是农民最大的民生问题，涉及农民最核心的利益。中国农村改革是以土地承包制的推行为基点开展起来的，并逐步向纵深推进。土地使用权与土地经营权的流转，即农村土地流转，确立了农户经营的主体地位。

2.农村土地流转的根本出发点是要充分保障农民权益

推进农村土地使用权有序流转，其根本立足点就是要充分保障农民权益，最大限度尊重农民意愿，最大限度发挥市场的决定性作用。从改革进程来看，目前提出的"三权分置"，是第二次"分置"，即在农村土地所有权与承包经营权分离的基础上，促使承包权与经营权再分离，实现所有权、承包权、经营权相互分置和并行，赋予集体、承包户、经营者各自对应的权利主体、权能结构、权属关系和保护手段。它是承包者与经营者之间农地关系与相关权利义务的重新配置，将从更高层次上创新和完善农地制度和农村基本经营制度。

中国农村土地流转的变迁

1949年，中华人民共和国成立，随即在1950年颁布的《中华人民共和国土地改革法》中将没收地主的土地分给无地、少地的农民所有，农民个人拥有土地并且自主经营土地。

1953年土地改革不久，为了解决个体农业分散经营，资金缺乏，不能兴办较大规模的农用水利建设，难以抵御自然灾害的现状，我国将土地农民个体所有制变为集体所有制，建立了人民公社。农民的土地转为集体所有，集体经营。此时农民的承包权、经营权等同于使用权。

1978年的家庭联产承包责任制改革将土地产权分为所有权和经营权。这是我国农村土地权利第一次"分置"，此次"分置"是"两权分置"，即把农村土地所有权与土地承包经营权进行分置。通过"分"和"统"，坚持集体土地所有制，把集体土地的承包经营权落实到承包户，实现家庭承包经营。第一次"分置"，是在农村集体与农户之间进行的，是农户与集体之间农地产权的重新配置，是农地制度的第一次创新，奠定了农村基本经营制度的基石。

2013年11月，十八届三中全会通过的《中共中央关于全面深化改革若干重大问题的决定》中"坚持农村土地集体所有权，依法维护农民土地承包经营权，发展壮大集体经济。鼓励承包经营权在公开市场上向专业大户、家庭农场、农民合作社、农业企业流转，发展多种形式规模经营"体现了农村土地制度改革"三权分置"的萌芽思想。在2014年11月《关于引导农村土地经营权有序流转发展农业适度规模经营的意见》中农村土地制度改革方向"三权分置"正式提出。

（资料来源：根据历史资料整理形成）

二、农村土地流转的现状与模式

（一）农村土地流转的现状

据农业部统计显示，截至2016年6月底，全国承包耕地流转面积达到4.6亿亩，超过承包耕地总面积的1/3，在一些东部沿海地区，流转比例已经超过1/2。全国经营耕地面积在50亩以上的规模经营农户超过350万户，经营耕地面积超过3.5亿亩。农村土地流转呈现如下特点。

1. 土地流转方式多种并存

在土地"三权分置"的背景下，农村土地流转的方式有转包、出租、互换、转让、入股等多种方式。2014年，全国农村土地流转形式转包占比46.7%，出租占比36.7%，互换占比5%，转让占比3.5%，股份合作占比3.4%，其他形式为4.7%，上述不同的流转形式共同发挥了农村土地流转市场机制的功能与作用。但由于我国农村土地流转尚未完善，以转包和出租为主的方式仍占主要地位，占比远大于其他流转方式。

2. 土地流转规模扩大、速度加快

2002年我国农村土地流转仅5 300万亩，到2016年流转面积已达到4.6亿亩，2014

年间增长近 8 倍。在增长规模扩大的同时，增长速度也呈现出加快趋势。2007 年前的十年间，全国农村土地流转年均仅增长 14%，而 2008 年农村土地流转猛增 70%。截至 2016 年，农村土地流转占承包比重超过 1/3。这种发展趋势有效促进了农业规模化经营，从根本上改变了过去小农生产的格局，为农业现代化发展奠定了基础。

3. 土地流转主体由个人向多元化转变

随着农业经济的创新和发展，农村土地流转呈现出多元化状态。一方面，土地流转主体逐步由过去的农户之间流转不断向农户与农业合作社、企业、家庭农场等流转转变，农户个人的承包经营规模正逐步缩小，农业合作社、企业、家庭农场等组织机构经营规模比例扩大。另一方面，经营项目也由种粮为主的单一模式向渔业、林业、养殖等多种模式转变。

4. 土地流转地区发展不平衡

由于地区之间的社会经济条件、农地制度实现形式、农民文化背景及地方政府偏好等的差异，致使地区之间的农地流转表现出较大差异。整体而言，东部沿海地区土地流转市场形成早，发展较为成熟，中西部地区相对发展较缓。

（二）农村土地流转的模式

1. 土地流转传统模式

2002 年《中华人民共和国农村土地承包法》中规定："通过家庭承包取得的土地承包经营权可以依法采取转包、出租、互换、转让或者其他方式流转。"2005 年《农村土地承包经营权流转管理办法》中第三十五条对土地转包、出租、互换、转让、入股予以了明确定义（详见表 5-1）。

（1）转包

是指承包方将部分或全部土地承包经营权以一定期限转给同一集体经济组织的其他农户从事农业生产经营。转包后原土地承包关系不变，原承包方继续履行原土地承包合同规定的权利和义务。接包方按转包时约定的条件对转包方负责。承包方将土地交他人代耕不足一年的除外。

（2）出租

是指承包方将部分或全部土地承包经营权以一定期限租赁给他人从事农业生产经营。出租后原土地承包关系不变，原承包方继续履行原土地承包合同规定的权利和义务。承租方按出租时约定的条件对承包方负责。

（3）互换

是指承包方之间为方便耕作或者各自需要，对属于同一集体经济组织的承包地块进行交换，同时交换相应的土地承包经营权。

（4）转让

是指承包方有稳定的非农职业或者有稳定的收入来源，经承包方申请和发包方同意，将部分或全部土地承包经营权让渡给其他从事农业生产经营的农户，由其履行相应土地的权利和义务。转让后原土地承包关系自行终止，原承包方承包期内的土地承包经营权部分或全部灭失。

（5）入股

是指实行家庭承包方式的承包方之间为发展农业经济，将土地承包经营权作为股权，自愿联合从事农业合作生产经营；其他承包方式的承包方将土地承包经营权量化为股权，入股组成股份公司或者合作社等，从事农业生产经营。

表 5-1　传统土地流转模式对比

流转模式	定义	特征	优点	缺点
转包	承包农户将土地流转给本集体经济组织内其他承包农户	土地承包权不发生变化，流转发生在统一经济组织内	有利于村集体内部生产要素优化配置	流转范围局限
出租	农户将所承包的土地全部或部分租赁给本集体经济组织以外的人进行生产经营	土地承包权不发生变化	促进农村劳动力转移，增加农民非农收入并享有土地收益	契约稳定性较低；土地承包期限受限制
互换	承包方之间由于需要，对属于同一集体经济组织的承包地进行交换，同时交换土地承包经营权	土地承包权发生变化，流转发生在统一集体经济组织内	操作简单，利于生产	规模化、集约化水平不高
转让	承包农户经发包方同意将承包期内部分或全部土地承包经营权让渡第三方	土地承包权发生变化	促进土地流转集中	农户获得一次性收益；流转受让方受限制
入股	承包方之间将土地承包经营权作为股权，入股从事农业生产经营	土地承包权不发生变化，股份合作经营特征	延长土地收益链，促进生产要素优化组合；提高农业生产专业化、现代化水平	风险较大，需要一定经济基础，形成一定产业形态的农村地区

资料来源：根据相关资料整理。

2. 土地流转创新模式

（1）农村集体建设用地入市模式

农村集体建设用地入市是指在符合土地利用总规划、城乡规划、村庄（集镇）规划的前提下，遵循供求、竞争等市场规律，在土地要素市场上有偿转移、再转移农村集体建设用地使用权，从而实现市场优化配置的流转模式。

2013 年 11 月十八届三中全会公布的《关于全面深化改革若干重大问题的决定》中

提出"允许农村集体经营性建设用地出让、租赁、入股，实现与国有土地同等入市、同权同价""建立城乡统一的建设用地市场"。自集体土地得以上市以来，土地流转的步伐大步加快，同时土地的增值收益也不断提高。

土地流转经典模式之集体建设用地直接入市

自 2013 年，为深化土地管理制度改革、提升国土资源节约集约利用，深圳市政府发布《深圳市完善产业用地供应机制拓展产业用地空间办法（试行）》，其中规定：原农村集体经济组织继受单位合法工业用地可申请进入市场流通、原农村集体经济组织继受单位实际占用的符合城市规划的产业用地，在厘清土地经济利益关系，完成青苗、建筑物及附着物的清理、补偿和拆除后，可申请以挂牌方式公开出（转）让土地使用权。同时公布两种收益分配方式供选择：第一种方式是所得收益 50% 纳入市国土基金，50% 归原农村集体经济组织继受单位；第二种方式是所得收益 70% 纳入市国土基金，30% 归原农村集体经济组织继受单位，并可持有不超过总建筑面积 20% 的物业用于产业配套。

深圳农地入市第一拍，具有标志性意义。以往农村集体土地想要入市，必须先经过征地补偿后收归国有，只有国有土地可以走招拍挂的出让流程。而今后，农村集体工业用地不需要再经过国有化，便可直接到深圳土地交易中心出让，且土地收益直接按比例由政府和村股份公司分成。如果说上一轮土地改革的核心是所有权与使用权分离，并实现了国有土地的市场化和资本化的话，那么，新一轮土地改革将重点探索、推动集体土地的资本化和市场化，"同地、同权、同酬"的城乡土地市场一体化越来越近。

（**资料来源**：土地资源网，2016 年 4 月 1 日）

（2）土地信托模式

农村土地信托模式是在保证农民集体所有权和土地承包权不变，农村土地经营承包人（农户）在信任土地信托机构的基础上，将自己承包地的使用权信托于土地信托公司，并且土地的收益由收益人（多由农户自己担任）所有，以获取在土地收益和土地资源利用方面的更多利益的一种模式。信托期间，受托人（多为土地信托公司）为信托土地的直接管理人，在不改变原农用地用途的前提下，从事农、林、牧、副、渔等农业生产活动。

我国的农村土地信托将信托制度的基本理念融入农村土地流转市场，是对土地流转形式的一种创新。该模式较好推动了农业适度规模经营，并通过信托公司，将分散的土地资源集中成片，采用招标、拍卖等方式流转土地于企业或种植大户，大幅度降低了土地流转的交易成本和投资风险，在提高投资效益方面优势明显。

土地流转信托

自 2013 年 10 月，中信信托推出国内第一单土地流转信托后，北京信托、中建投信托、兴业信托相继开展该项创新业务，2014 年四家信托公司在贵州、安徽、北京、江苏、河南等地先后共推出十余款土地流转信托计划，但土地流转信托项目并未在行业内得到大规模推广，2015 年鲜有土地流转信托产品落地推出。这主要源于用信托将土地集合起来容易，但后期运营管理需要注入大量资源，信托公司很难把手头的项目聚合成一个整体，巨大的人员投入使得这种零散的土地流转信托模式难以盈利。

作为国内土地流转信托的开创者，中信信托 2015 年仍在进一步探索土地流转信托的创新模式，试图构建农业产业链、"农+"一站式服务体系，利用中信的平台和品牌优势整合各类资源，旗下子公司中信信诚资产管理公司增资控股哈交所，试点以黑龙江为基地打造粮食全产业链社会化服务模式，通过兰西中信现代农业服务有限公司等线下服务实体和"农+网"线上载体的结合，为农业规模经营主体提供包括农资、农技、农机、仓储、交易、融资、理财等全程化农业服务，通过产业链内物流、信息流和资金流闭环，实现资金和产品自偿还，助力农民增收、农业增效和农村发展。

（资料来源：搜狐财经，2016 年 11 月 7 日）

（3）反租倒包模式

土地反租倒包模式是承包土地使用权商品化的重要方式之一。其中"反租"指由乡镇政府或村集体经济组织将已经承包到户的土地，通过租赁的方式集中到集体手中，"倒包"是指集体将土地进行统一的整治、规划和布局后将土地的使用权通过市场，承包给企业或者种植大户。

反租倒包不改变土地承包经营关系，不仅调整制度替换成本较低，而且遵守自愿原则，以合同为交易媒介，改变农村土地细碎化的现状，此外行政力量的介入可使农业经营企业或种植大户较易实习土地集中管理、生产和经营。但另一方面，该模式在实践中由于村集体的权利异化，炒地和寻租的现象时有发生。如乡政府、村委会转包或倒包所收取的租金远高于支付给农户的租金，集体获得比农户更多的差额地租，从而在经济上损害了农民利益。此外，交易过程中的不平等、信息不对称，致使集体转包或倒包的信息农民无从知晓，损害了农民的利益。

浙江庆元县岭头乡后村村反租倒包土地促农增收

2011 年，村经济合作社为解决"有田无人种、有人无田种"的矛盾，经过调查研究，召开社员大会，将农户的承包田统一反租过来，然后倒包给种植大户。村经济合作社将承包到户的 96 亩土地按等级分类评估定价，以每年每亩 200～400 元的价格通过租赁形式集中到集体，与农户签订土地流转规范合同，并且以同样的方式租赁了与本村毗邻的大际洋、莲花、大园等村 136.3 亩不便管理的土地。将反租的 232.3 亩耕地集中连片，进行统一规划。然后，将其中的 167.3 亩和 65 亩分别承包给留守的 16 个种养大户种植水稻和茭白。与此同时，村经济合作社成立了专业服务组织，为种植户提供统一技术指导、统一原材料采购、统一病虫害防治、统一水利灌溉、统一提供市场信息等，实施无公害标准化生产。

后村村通过将承包户的承包耕地进行返租倒包，取得了明显成效。既降低了生产成本，又增加了农民家庭收入。据估算，通过反租倒包整村流转实行规模经营后，每亩节约农药、化肥等原材料成本 135 元，节约劳动力 3.5 个折合价格 200 多元，合计每亩节约生产成本 335 元。茭白亩产由往年的 1 500 公斤增加到 3 300 多公斤，提高了一倍多，每亩收入增加 5 500 多元。水稻产量比往年提高了 20%，经济效益提高了 35%。每年全村增加了家庭经济收入 50 多万元。

（资料来源：新农村商网，2016 年 9 月 2 日）

三、农村土地流转的新趋势

在"互联网 +"背景下，农村土地流转呈现一些新趋势。

（一）"电商 + 农地流转"的众筹消费模式

"电商 + 农地流转"的众筹消费模式是指采用新型农业电商模式 + 土地流转的运营手段，将线下的土地流转转变为"O2O 模式"（即将线下的商务机会与互联网结合，让互联网成为线下交易的平台）。消费者通过网上预约来定制土地流转面积，并且可以根据自身喜好要求运营商种植瓜果蔬菜或花卉。农户除获得农地租金外，参与项目生产环节还可获得工资。

目前阿里巴巴集团推出的"聚土地"，以及京东联手北京、河北果蔬农业基地，针对北京市场所推出定制私人农场的服务都是这一模式的典型代表。这种模式既满足了消费者个性化、定制化需求，同时也为电商和农地所有者提供了合作共赢的有效渠道。

（二）"互联网 + 农地流转"的产权交易平台模式

农地流转的产权交易平台模式创建步骤如下：首先，需要构建由非政府部门的市场主体所组成的土地流转中心，用以提供信息传递、中介服务以及监督管理等服务；其次，农地承包者或村集体需要向土地流转中心提出农地委托申请（主要包括农地类型、面积、委托年限和经济关系处理要求等）；再次，土地流转中心将信息汇总后发布到土地流转网上面；随后，工商企业或者种植大户在土地流转平台上找到满意的农地后，可直接到土地流转中心进行土地信息核实、价值评估、法律咨询、合同签订等项目办理。农地流转后，土地流转中心继续对农地委托人和受让方进行追踪服务，督促农地合同的有效合法履行，在法律和政策范围内及时调整双方的纠纷。

土地流转进入互联网时代

目前，全国土地流转规模不断扩大，已经有超过 1/3 的承包地流转出去，每年新增流转面积 4 000 多万亩，涉及数以百万计的承包农户。随着土地流转快速发展，许多地方建立了多种形式的农村产权流转交易市场和服务平台。截至 2015 年年底，全国已有 1 231 个县 (市)、17 826 个乡镇建立了土地流转服务中心，覆盖了全国约 43% 的县级行政区划单位。这其中就有土地流转网络交易平台。

以往农民们大多依靠口头协议的土地流转正进入互联网时代，涉及从信息上网、土地测量、价格发现到撮合交易的全过程。过去相当长阶段，土地流转的前期交易存在信息失真、虚假地源、土地中介乱收费等乱象。近年来，很多地方发展起政府主导的土地流转中心，虽解决了乱象，但依然存在两个问题，一是大多局限在某行政区域内，客户来源少，二是体制上不灵活导致交易不活跃。

很多种粮大户、合作社等新型主体为扩大经营规模需要流转土地，不少农民因为进城务工等原因也希望把土地流转出去。而因为信息不对称，大户难以找到连片的土地，农民也只能在附近乡邻流转。网络平台则有效解决了上述问题，线上土地流转平台实现了大数据，哪个区域、什么土地、多大面积、什么时候成交、成交额多少都能覆盖。

土地流转的形式在不断创新。除了互联网企业，一些地方政府也尝试土地流转市场的互联网化。山东平度建立了农村产权交易网上市场，覆盖各个乡镇，定期汇总发布全市包括农村土地流转供求信息在内的农村集体产权供求信息，同时采取乡镇信息员定期提报，农民自主发布供求信息等灵活多样的形式，对信息发布平台进行完善，为新型经营主体提供准确及时的流转信息。

目前的多数土地流转网络平台采取以线上平台线下分站相结合的 O2O 运营模式，建立土地综合服务中心，并发展土地授权经纪人加盟业务。把互联网技术与土地流转相结合，可以让土地流转更高效，让参与者特别是农民能从中受益。日前，由农业部制定的《农村土地经营权流转交易市场运行规范》正式印发。土地流转网络平台也纳入《规范》，这将更加有利于其在交易主体、条件、品种等多方面的规范运行。

（资料来源：经济日报，2016 年 9 月 20 日）

🔑 **动动脑**

    1. 本节中土地流转的几种模式主要区别有哪些？

    2. 如何看待土地流转与适度规模经营？

    3. 农村土地流转所反映的实质是什么？

    4. 在农村发展的实践中有哪些农村土地流转的模式？

第三节　工商资本租赁农地

🌱 **案例导入**

土地流转交易立新规　工商资本下乡不能"任性"

    日前，农业部印发了《农村土地经营权流转交易市场运行规范（试行）》，对土地流转市场运行提出了一系列规范，尤其是对集体对外流转土地以及工商资本下乡等情况进行了明确。7月4日，《经济日报》记者就相关热点问题采访了农业部经管司司长张红宇。

    "近年来，土地经营权流转规模不断扩大，已经有超过1/3的承包土地流转出去，每年新增流转面积4 000多万亩，涉及数以百万计的承包农户。因此，建立健全安全、有序的土地经营权流转交易市场，对维护广大农民群众和新型经营主体合法权益意义重大。"张红宇说。

    张红宇介绍，农村土地经营权流转交易市场是依照市场规律，为交易双方提供服务的平台。这类市场是政府主导、服务"三农"的非营利性机构，可以是事业法人，也可以是企业法人。实践中，多数土地经营权流转交易市场是依托农业系统经营管理部门成立的事业单位或国有企业，也有一些是民营企业利用互联网等手段建立的流转交易平台。

    据此，《规范》定位为指导性文件，目的是为各地提供参照文本，各地农村土地经营权流转交易市场可在此基础上，根据实际情况补充完善调整相关内容，进一步完善相关工作规则，引导土地经营权公开、公正、规范流转交易。《规范》提出，交易标的权属应清晰无争议，交易双方具有流转交易的真实意愿，符合法律法规政策和规划要求。交易品种包括以家庭承包方式和其他承包方式取得的土地经营权，也包括集体经济组织未发包的土地经营权，以及其他依法可流转交易的土地经营权。

    实践中，集体对外流转交易土地的现象已经屡见不鲜，整村整组流转土地的情况也有很多。一方面，集体统一流转土地在提高议价能力、为农民争取更大利益方面发挥了积极作用，也减少了流入方的交易成本，极大提高了土地流转交易的效率；另一方面，集体流转土地时，少数基层干部私相授受、谋取私利的现象也有发生，侵犯了农民合法土地权益，影响了农村经济社会的和谐稳定。

因此，《规范》在流入方进场交易时特别提出：集体在组织统一流转农户通过家庭承包方式取得的经营权时，要有书面委托书；未发包集体土地经营权流转时，要提供农村集体经济组织成员的村民会议 2/3 以上成员或者 2/3 以上村民代表签署同意流转土地的书面证明。

近年来，在农村土地流转中，工商资本下乡租赁农地呈加快发展态势，2015 年流入企业的农户承包地面积达到 4 600 万亩，占流转土地总面积的 10.4%。一方面，工商资本进入农业，可以带来资金、技术和先进经营模式，加快传统农业改造和现代农业建设；但另一方面，工商资本长时间、大面积租赁农地，容易挤占农民就业空间，加剧耕地"非粮化""非农化"倾向，存在不少风险隐患。

为此，《规范》专门强调，流入土地超过当地规定标准以上的，需提供农业经营能力等证明、项目可行性报告，以及有权批准机构准予流转交易的证明，强调了土地流转的规范化。

（资料来源：经济日报，2016 年 7 月 5 日 ）

案例思考

什么是工商资本下乡租赁农地？它与土地流转之间有何关系？

一、工商资本租赁农地的内涵

（一）工商资本租赁农地的源起

1. 现代农业产业发展对工商资本产生巨大吸引力

近年来，在国家政策支持、科技进步等共同作用下，我国传统农业向现代农业转变进程加快，现代农业产业体系逐步建立，农业功能形态和产业链条不断拓展，已经突破传统种养殖业和生产环节，成为产加销、贸工农融合发展的大农业。同时，城乡居民消费的升级，促进了绿色有机农业、设施农业、休闲农业、农业服务业等产业的快速发展，这些附加值高、投资回报快的产业提高了农业综合利润，成为吸引工商资本进入的重要领域。

2. "制度红利"对工商资本投资农业具有激励作用

进入 21 世纪以来，国家持续加大对农业的支持力度，在农业制度安排上从被动的适应调整转变为主动的设计，连续多年出台了一系列强农惠农政策，对改善农业基础条件、提高农业产出效率、降低农业生产风险等产生了积极作用，吸引了部分工商资本的进入。

3. 土地资源的稀缺性满足了工商资本的避险需要

随着我国城镇化和工业化进程的加快推进，城乡土地需求不断增长，土地资源日益稀缺，价值也不断提升，在城市土地资源空间有限的条件下，农村土地的潜在价值成为工商资本拓展的对象。

（二）工商资本租赁农地的概念

工商资本租赁农地即工商资本下乡租赁土地，是指城市工商业者在利润的驱动和国家政策的引导下以资本形式注入农村，使城市资金与农村土地相结合，并以规模化、集约化、企业化方式参与农业生产各环节和农业产业各链条以提高农业生产效率的现代农业生产经营活动。

二、工商资本租赁农地特点

（一）投资规模呈加速化

近几年，工商资本加快"进军"农业，投资规模逐年增长。据统计，截至2016年6月，全国家庭承包耕地流转面积达到4.6亿亩，已经超过家庭承包经营耕地总面积的1/3。

（二）投资主体呈多元化

目前，工商资本租赁农地的主体，既有本地的工商企业、个体工商户，也有市外、省外甚至境外的企业和个人，投资主体比较广泛，呈现主体多元化投资态势。此外工商资本既有来自第二产业工业、建筑业的，也有来自第三产业如房地产、酒店等行业的，呈现投资来源多元化趋势。

（三）经营方式呈一体化

目前，越来越多的工商资本选择以市场为导向、专业化分工、标准化生产、社会化协作的经营策略，将基地开发、产品加工、市场拓展有机融合，形成产加销一体化的经营格局。

引工商资本做农业打造世界级猕猴桃产业高地

国家级猕猴桃种植示范区位于复兴乡，核心区面积1万亩，由联想集团全资控股佳沃公司投资建设，主要种植"金艳""东红"专利品种，是全国规模最大、品种最优、科技化和标准化程度最高的猕猴桃种植基地。

实施"三全"战略　打造"中国猕猴桃之都"

走进国家级猕猴桃种植示范区，一垄垄猕猴桃连绵起伏、一望无际，果子挂满枝头，"金艳"即将进入采摘期，整个园区管理规范有序。目前，园区运用农业物联网集成技术，建成物联网示范点，通过节水灌溉管网铺设、自动化物联管控设备单元配置，实现环境、土壤、湿度、病虫害等数据自动收集监测分析及自动化管理。这一切都源于我县引进工商资本进入农业，加速促进了猕猴桃产业实现农业现代化。

基于我县良好的生态环境和产业基础，联想佳沃公司通过长达3年时间的全球考察，2013年确定携手蒲江，专业投资猕猴桃产业。公司坚持"好产品从种植开始"

理念，实施"三全"战略，以全产业链的集成服务、全球化的技术资源布局和全程控源的产品品质管理，建设国际一流的规模化猕猴桃种植示范园、国家级猕猴桃工程研发中心和现代化的仓储物流中心，实现品种、品质、技术和交流的国际领先，成为中国猕猴桃第一品牌。

"421"猕猴桃产业发展模式　共同做大产业规模

立足佳沃集团信息技术领先优势，公司充分发挥工商资本在科技支撑、规模化种植、冷链物流、市场渠道等环节的作用，在 1 万亩的自建基地形成"421"猕猴桃产业发展模式，即科技支撑联动、种植基础联动、物流保障联动、市场主导联动等四个联动，土地和劳动力两个要素，一个农民与公司的利益共享平台。

在科技支撑环节，公司依托猕猴桃工程中心为产业链的各个环节提供技术支撑；在种植环节引入全球良好农业规范（GLOBAL GAP），推进适度规模和标准化生产，建成标准化种植示范园；建立冷链物流体系，实现产品流通领域质量安全全程可控可追溯；构建全球化市场营销体系，实施订单式生产。公司把农民分散耕作的土地集中流转、产业化规划、网格化分割、规模化发展、科学化管理，高效利用土地资源；加大职业农民培养，提升园区劳动力猕猴桃专业素养。通过保底地租、承包管理、季节性务工、超产分成等分配方式，农民与公司构建起了利益共享平台。

（资料来源：今日蒲江，2015 年 10 月 28 日）

（四）区域差距呈扩大化

工商资本租赁农地存在明显的区域差距，东部沿海地区农业生产基础和投资环境优越，工商资本发达，投资农地起步较早，投资规模也较大，而中西部地区涉农企业可选择的经营范围与盈利空间相对有限，工商资本租赁农地发展相对较慢。

三、工商资本租赁农地的模式

（一）工商资本独立经营模式

基于地区发展需要，政府制定相关产业扶持政策，以区域性大项目为依托，集中引进一批同一主导产业的工商企业，推动当地农业产业转型升级、优势产业集聚和规模化经营。

以北京房山区青龙湖镇国际葡萄酒庄项目为例，国际红酒城共涉及 9 个村，村级根据实际情况制订多种流转方案，由镇村共同筛选确定全镇统一的方案，全部按每年每亩 1 200 元进行土地流转，并形成递增机制，每五年增加 5%，这种做法避免了由于土地流转费标准过低而损害农民利益的问题和由于相邻村、相邻地块流转标准不一致而形成的追涨问题。对于已流转土地的农民，只要有就业意愿，则由镇政府统一安排其就地就业，在取得土地流转费外，又获得一份工资。对于不愿进行土地流转的农民，青龙湖镇尊重他们的意愿，在规划区外调整同样大小的土地让其继续耕种。

（资料来源：房山区经管站官网，2015 年 3 月 13 日）

（二）产权式合作模式

在明晰产权的基础上，实行产权股份合作经营的方式引入工商资本，破解了引入工商资本过程中如何保护农民土地权益的难题。

北京平谷区"正大绿色方圆 300 万只蛋鸡养殖示范项目"是典型的产权式合作模式。该项目为平谷农村改革打开了一道新的大门，"四位一体产权"模式的建立把农民、企业、政府和银行紧紧绑在了一起：西樊各庄村通过成立"北京绿色方圆畜禽养殖专业合作社"，流转本村村民的 755 亩地，为该项目提供建设用地，他们是项目的法人主体，除获得土地收益外，还可以取得工资性收入和分享企业红利。平谷区谷财国有资产经营公司和正大集团出资 50%，组建谷大投资有限公司，作为项目的融资平台，向银行进行融资，他们是项目的投资主体；而正大集团所属的北京正大畜禽科技公司则是项目的运营和管理主体，受投资公司委托，帮农民管理资产，赚到的钱用来偿还银行本息和给合作社社员分红。这种产权式土地流转模式，农民不只是简单的农业经营者、体力的出卖者、土地的出租者，而且能成为现代农业企业的主人。工商资本为现代化农业发展提供了人才、管理、资金等现代要素，盘活了农村土地资源。更重要的是探索了让农民在现代化农业项目中拥有产权的增收致富新机制，在工商资本退出方面树立了典范，保护了农民的土地财产权益。

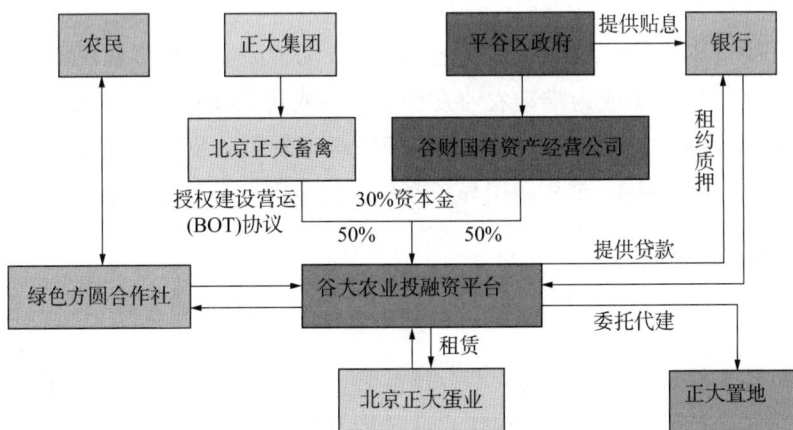

图 5-1　正大集团"四位一体"产权合作模式图解

（资料来源：根据相关资料整理。）

（三）工商资本与村集体管理相结合模式

工商企业将村集体农地租赁过来后，企业负责产前决策和产后销售，将产中的经营管理工作委托给村集体，农户依然在农田上耕作，实现了资本与土地、劳动要素的优化组合，也实现了工商企业、村集体和农户三方利益共享。

北京通州区于家务乡前伏村与北京神农河谷稻香农业开发有限公司的合作模式属于典型的工商资本与村集团管理相结合模式。该项目共流转 2 000 亩土地，北京神农河谷稻香农业发展有限公司所需要的土地主要用于种植"太空育种"的甜高粱和土地种植树木花卉提炼精油，发展园林植物精油提炼产业，该公司为了降低企业成本，按照合同约定，公司将农作物的田间管理委托给村委会全权代管，从播种、定苗、除草、灌溉、中耕、施肥、收获等环节，村委会组织安排本村农机、人力进行田间作业，为神农公司节约了管理费、房租费、运输费等。前伏村农民的身份由单一的土地承包人变成了承包人和农业工人双重身份；使农户的收入由单一的流转费变成了土地流转费和农业打工费双份收入。同时，村委会出租土地上的农业设施（包括：2 000 亩地内的机井、地埋线、高压线路、变压器、田间路等），以每年每亩 200 元标准收取使用费，这样每年可增加集体收入 40 万元。通过土地流转盘活了集体闲置资产，提高了集体资产的利用率，增加了集体财产性收入。同时，可以弥补本村发展经济和公共公益事业建设资金的不足，增强集体经济调控能力，以保证本村经济的持续稳定发展，真正实现了互利共赢。

（资料来源：中国农经信息网，2015 年 5 月 6 日）

四、工商资本租赁农地的管理

为防范工商资本租赁农地后造成一定风险，鼓励工商资本从事农民干不了、干不好的农业领域，确保其真正成为推动农业发展、引领农民致富的重要引擎，2015 年 4 月，农业部、中农办、国土资源部、国家工商总局联合下发了《关于加强对工商资本租赁农地监管和风险防范的意见》，就规范引导工商租赁农地进行了明确规定。

（一）鼓励限制管理

1.三项鼓励

一是，鼓励工商资本重点发展资本、技术密集型产业，从事农产品加工流通和农业社会化服务，推动传统农业加速向现代农业转型升级，优化要素资源配置，促进一二三产业融合发展。

二是，鼓励工商资本从事适合企业经营的现代化种养业（发展良种种苗繁育，高标准设施农业，规模化养殖等），开发农村"四荒"资源发展多种经营，投资开展土地整治、高标准农田建设、农业环境治理和生态修复。

三是鼓励工商资本通过利益联结机制带动农民共同致富，支持"公司＋农户"共同发展，通过签订订单合同、领办创办农民合作社、提供土地托管服务等方式，带动种养大户、家庭农场等新型农业经营主体发展农业产业化经营，实现合理分工、互利共赢，让农民更多地分享产业增值权益。

重庆：城市工商资本带来"化学反应"

近日，笔者从重庆市工商联和市农委联合主办的城市工商资本投资渝东南生态保护发展区助推现代特色效益农业对接会上获悉，重庆市工商联持续深入推动的"城市工商资本下乡"活动，使农业资源和民营经济有机融合，催生出 1+1>2 的化学反应。众多传统业态"触农而新"，一大批农村资源焕发勃勃生机。

重庆市工商联党组副书记、副主席彭光远告诉记者说："重庆市工商联持续推动城市工商资本下乡活动已有三年多时间。从反馈情况来看，活动开展得有声有色，特别是在加快新农村建设，改善基础设施条件，产业带动农民增收致富，助推精准扶贫，推动公益事业发展，提升文化旅游品质等方面成效显著，加快了农业现代化新进程，开创了重庆农村发展新局面。"

谈及城市工商资本下乡活动的整体情况，彭光远表示，活动呈现出四大特点：一是总量保持高位增长，并且 50% 以上的投资量都涉及农业产业化、农村现代化、农民现代服务业等"三农"产业。二是民营资本主导明显，近几年，民间投资投向第一产业的规模不断扩大，投入稳中有升，占比不断提高，说明民营资本已成为推动农村发展的主力军，发挥着主导作用。三是农企对接助推精准扶，截至 2016 年 3 月底，重庆民企联村数量累计达到 1 169 家，结对帮扶贫困村 907 个，丰都、开县、云阳、潼南、南川、忠县等 6 个区县的贫困村实现了"民企联村、助力精准扶贫"的全覆盖。四是发展方式加速转变。城市工商资本大量涌入农业农村，加快了农业发展方式的转变。一方面，投资主体多元化带动投资方向多样化。另一方面，加速推动传统农业向现代农业转变。

（资料来源：中国工商时报，2016 年 6 月 6 日）

2. 限制禁止

限制工商资本长时间、大面积租赁农地，不得借政府或基层组织通过下指标、定任务等方式强迫农户流转农地。对租赁期限，应视项目实施情况合理确定，可以采取分期租赁的办法，但一律不得超过二轮承包剩余时间；对租赁面积，由各地综合考虑人均耕地状况、城镇化进程和农村劳动力转移规模、农业科技进步和生产手段改进程度、农业社会化服务水平等因素确定。既可以确定本行政区域内工商资本租赁农地面积占承包耕地总面积比例上限，也可以确定单个企业（组织或个人）租赁农地面积上限。首次租赁面积一律不得超过本级规定的规模上限；确有良好经营业绩的，经批准可进一步扩大租赁规模。

禁止擅自改变农业用途、严重破坏或污染租赁农地等违法违规行为。

（二）风险防范管理

一是工商资本租赁农地应通过公开市场规范进行。鼓励各地加快发展多种形式的土地经营权流转市场，建立健全市场运行规范，明确交易原则、交易内容、交易方式、交易程序、监督管理及相关责任等事项。严禁工商资本借政府或基层组织通过下指标、定任务等方式强迫农户流转土地，凡是整村整组流转的，必须经全体农户书面委托，不能以少数服从多数的名义，将农户承包地集中对外招商经营。

二是指导工商资本与农户签订规范的流转合同。流转合同中应明确土地流转用途、风险保障、土地复垦、能否抵押担保和再流转，以及违约责任等事项。加强流转合同的履约监督，建立健全纠纷调解仲裁体系，引导流转双方依法依规解决流转矛盾。

三是鼓励各地建立健全租赁农地风险保障金制度。工商资本租赁农地应先付租金、后用地。各地可按照流入方缴纳为主、政府适当补助的原则，建立健全租赁农地风险保障金制度，用于防范承包农户权益受损。租地企业（组织或个人）可以按一定时限或按一定比例缴纳风险保障金。租赁合同期满租赁者无违约行为的，应当及时予以退还。抓紧研究制定租赁农地风险保障金使用管理办法，有条件的地方可以探索与开展农业保险、担保相结合，提高风险保障能力。

工商资本租赁农地必须"先付租金、后用地"

日前，南京市政府办公厅下发《关于积极引导土地经营权有序流转推进农业适度规模经营的实施意见》。在引导土地经营权有序流转方面，《意见》提出，鼓励农民以承包地出租、入股等形式长期流转承包地，参与农业产业化经营。按照国家部署，推进土地经营权抵押、担保试点。

严禁各级政府、基层组织通过下指标、定任务等形式强迫农户流转土地；整村、整组流转承包地的，必须取得全体农户的书面委托，不得以少数服从多数为由强行流转承包地；严禁各级组织或个人私自截留土地流转租金，防止少数基层干部在土地流转中私相授受、谋取私利。同时，完善土地经营权流转价格评估指导机制，鼓励采用粮食等实物计价方式，建立农民土地流转收益稳增长机制。

《意见》特别提出，要加大工商资本租赁农地监管。一方面，引导工商资本发展适合企业化经营的现代种养业。综合采用"公司＋合作社＋农户""公司＋农户"等订单生产模式，建立企业与农户间紧密的利益链接机制，让农民更多分享来自农业产业链延伸带来的增值收益。

另一方面，依据实际合理确定工商资本租赁农地的规模、时间控制标准，避免大规模长期或超期占用农村承包土地。租赁期限最长不得超过二轮承包期。严禁破坏、污染、圈占闲置耕地和损毁农田基础设施，严禁占用基本农田挖塘栽树及其他毁坏种植条件的行为。《意见》要求，工商资本租赁农地必须通过农村产权交易市场规范进行，工商资本租赁农地要和农户签订规范的流转合同，坚持"先付租金、后用地"，明确土地流转用途、风险保障、土地复垦、能否抵押担保和再流转、违约责任等内容。

（资料来源：南京日报，2016 年 8 月 8 日）

（三）监管规范管理

一是坚持最严格的耕地保护制度。租地企业（组织或个人）要严格按照合同约定在租赁农地上直接从事农业生产经营，未经承包农户同意，不得转租。租地企业（组织或个人）应合理使用化肥、农药等投入品，防止出现掠夺性经营，确保耕地质量等级不下降。

二是强化工商资本租赁农地的用途管制。严禁耕地"非农化"，对租赁农地经营、项目实施、风险防范等情况相关部门要定期开展监督检查，利用网络等现代科技手段实施动态监测。

三是严格对工商资本租赁农地违规行为的监管。对撂荒耕地的，可以停放粮食直接补贴、良种补贴、农资综合补贴；对失信租赁农地企业要通过企业信用信息公示系统向社会公示，并启动联合惩戒机制；对擅自改变农业用途、严重破坏或污染租赁农地等违法违规行为，责令限期整改，并依法追究相关责任。

工商资本是农业领域的"大老虎"，警惕"非粮化""非农化"

据农业部最新数据显示，截至 2016 年 6 月底，在全国中流入工商企业的耕地面积为 4 600 万亩，比 2015 年年底增加了 7.7%。目前包括工商资本在内的这些新型经营主体已经达到了 270 万家。

记者在枣庄、济宁、菏泽等地调查时发现，工商资本进入农业领域后，有大部分从事的不是粮食生产，而是效益较高的经济作物。对此，山东省农业专家顾问团农经分团副团长刘同理认为，这是一个必然现象，因为土地租金较高，现在粮食生产成本越来越高，但价格越来越低，所以说工商资本到了农村，要从事一些高效的作物、高效的产业。对此，要警惕工商资本进入农业后"非粮化""非农化"的风险，这样不利于农业长期健康发展，也可能威胁粮食安全。

山东省农业厅产业化办公室副主任赵海军介绍，为了规范工商资本"务农"，山东省陆续出台了《关于引导和规范工商资本进入农业的意见》等十余个指导性文件，做出一系列规定：如建立健全资格审查、项目审核、风险保障金制度等，为工商资本戴上"紧箍咒"。如工商资本一次性流转原则上不超过一万亩，五千亩以上的，要报省里备案，三千亩以上的，要报市里备案，一千亩以上的要报县备案。

刘同理认为，工商资本下乡，政府要规范引导，因为这是个老虎，要放在笼子里，不能伤人，不能与民争利，不能破坏农村的经济秩序。

此外，工商资本投资农业是一个渐进的过程，与当地的资源禀赋、经济发展水平、城镇化发展程度和农业结构等密切相关，没有统一的发展模式，更不能搞"大跃进"式的发展。

国务院发展研究中心农村经济研究部部长叶兴庆表示，工商资本进入农业，首先要关心的是这个度怎么把握。什么样才叫适度，就是要跟农民就业和收入结构非农化的程度相适应，跟农业机械化水平要相适应，跟农业社会化服务的水平相适应。如果超出发展阶段，盲目去追求扩大经营规模，就会带来农民的就业问题，就会带来农业生产效率下降的问题。

（资料来源：齐鲁网，2016年12月28日）

动动脑

1. 请你谈谈工商资本是怎样与农村其他要素结合的。
2. 请你谈谈国内工商资本投资农业的主要方向。

链接案例

资本强势下乡弥补"三农"历史欠账，企业和基层干部成土地流转"接盘手"

作为我国"三农"政策重心之一，农村土地流转在广东如火如荼。土地流转的强劲东风把城市工商资本刮进农业领域，带动了资金、技术、人才的聚集，激发了广东农业全链条变革，农业利润、农民收入有了明显增长。

在农村土地流转过程中，"村干主导、资本下乡、农民进城"特点显著，相当部分流转土地的"接盘手"，是城市工商企业主和县镇村三级干部，或者是他们与本地种养大户的联合体。在此期间，应警惕下乡资本对农民小散户产生的挤出效应。

资本下乡弥补农村历史欠账

据广东省农业厅统计，目前，广东省农村土地呈现"三分天下"状况：1/3已实现流转，规模达800万亩；1/3客观环境条件不适合连片种养，难以流转；还有1/3尚可流转。伴随着资本及知识强势下乡，"三农"历史欠账得到极大弥补，农业基础设施水平和现代化率迅速提高。

广东的土地流转并不是"一户农民承包几户的地"那样的简单加减法。流转连片的土地，承租经营者采用企业化、工厂化经营方式，投入巨大的启动资金，平整成片，改水改土，从机耕、灌溉等硬件设施，到种苗和养殖、管理技术，全面改造升级，经营品种以经济作物和禽畜养殖为主，资金投入强度动辄以百万元、千万元计，并非一般"农村种养大户"可以企及，而往往依赖于城市工商资本下乡。资本所有者有的是外来企业家，有的是外出经商的本地乡亲。

流转经营3 000余亩的湛江市下辖廉江市良垌镇中塘村村支书兼村主任全王新说："土地整理连片、机耕设施、水肥一体化灌溉，都是刚性投资，是投资农业的起步阶段。"土地流转合同一签订，田间第一个景象就是大量农机进场。

资本强势下乡，"三农"历史欠账得到极大弥补，农业基础设施水平和现代化率迅速提高。2010—2015年，广东农业科技贡献率、主要农作物耕种收综合机械化水平分别提高了10.7个百分点和9.5个百分点。全省水稻耕种综合机械化水平已达到67%。新科技在农业领域得到广泛的实践和应用。

伴随资本下乡的是知识强势下乡。拥有大学学历，到过美国、以色列等地考察农业技术，也是广东下乡投资者的"流行标配"。他们给农村带去种养生态化、管理精细化、产品高档化的理论和实践。

珠海绿手指份额农园创始人邹子龙拥有中国人民大学和北京大学学位，合伙承租经营300亩土地种植应季有机蔬菜。他说，在珠海经营仅仅一年半时间，有票据的大宗投资已超过1 000万元，其中技术和设备投资占大头。"很多设备都是高技术产品。喷灌系统是进口的，用手机APP控制，一个淋喷头就要270多元。"

农业产业链实现全流程变革

在传统小农模式下，农民散户在原材料购进、田间管理服务、农产品销售等各环节都处于弱势，没有议价权。下乡资本以其本身优势促进了整个链条的变革，实施企业化经营的"农业企业主"具备了议价权，对农业生产资料和农业技术服务的需求发生了根本性变化。

曾经当过多年农村记者的毛志勇近两年转行合伙租地做农业。他说，有一次在南昌参加养殖行业会议，看到高档酒店"客房全满、客人稀少"的怪现象。原来，饲料企业抢着出钱为养猪老板包房，结果，不少猪老板一个人名下被开了三四间房。毛志勇说："你种10亩地，农资公司是你的爷，只有他抬价的份，没有你还价的地儿。你种1 000亩地，你就是爷。"

广东省农业厅经管处处长黄孟欣说，资本在整个链条上都有定价优势，包括育种、生产、经营到包装运输。

土地流转的地租收入，加上外出打工或为土地承租者打工的劳务工资，农民收入比自耕时代有了明显增长。湛江市城家外村900多亩地流转出租。村支书符华福说:"村里12年前就开始搞流转。去年,第一轮流转合同期满,又签了10年,租金每亩850元。年纪大的留守村民给承租人打工,工钱也有100块至180块一天。如果农民自己种地,一年都搞不到5 000块。"

许多下乡资本采用全产业链经营业态,农资和农产品加工销售环节使地方政府有了新的税源。下乡资本有较强意愿跟当地政府和村民搞好关系,当地方公益事业需要捐款捐物时,也有了出手阔绰的金主。扶贫攻坚战中,基层政府一条捷径是让贫困户把扶贫专项资金转投入当地农业企业,获得"投资分红",快速达到脱贫标准。如以贫困户名义买猪苗、鸡苗或者苗木,"托养"在承租土地的养猪场、养鸡场、果园、茶园,场主按时给贫困户"分红"。因此,资本下乡成为基层干部眼中的经营者、农民、地方政府"三赢"之举。

工商资本和基层干部成"接盘手"

在广东各地采访了数十个下乡资本项目,这些新型农业经营主体投资"起步价"是百万元,千万元级也属寻常。不管种养的是传统品种还是新兴品种,都从劳动密集型转变为资金和技术密集型。省内某县农业局长直言不讳:"有实力的资本家、大老板种地,至少一两千万元身家。土生土长的农民想种也种不了。"

选取廉江市两个土地流转"经验村"作为观察点:青平镇那毛角村是水库移民村,除去偏远、边角地,800多亩可机械化耕种的耕地基本流转完毕,还有800多亩林地。良垌镇中塘村是占地10平方公里的大村,村支书兼村主任全王新带领的祥瑞专业合作社是示范社,流转经营本村及周边县区土地3 000多亩。

大规模土地流转之后,那毛角村和中塘村农业生产经营者集中体现为两个层次:身家百万、千万元的经营者和日薪100多元的季节性短工。二者之间是少量管理员(长工),月薪三四千元。也有一些管理员少量投资参股,或者被经营者赠送少量股份作为激励机制。

以祥瑞合作社为例。合作社有的股东经营农资、有的从事劳务招聘。董事会决定种植品种、负责技术指导和销售。合作社聘几个有种植经验的老农民作为"高管",主持田间管理,主要负责派工、监工。田间耕作靠临时雇佣季节性短工,按日计酬。

土地流转第一手合同的年限一般为15年左右,也有按国家合同法规定的最高年限20年顶格签署,接近一代农业劳动力周期。农户签署15~20年的土地流转合同之后,一代人将与土地脱离关系,成了影子模糊的"外出打工"者。

土地经营权从农户手中流转出来后,即使经营者弃耕退租,也不会退还给农户。有的是承租人自行寻找顶替者,有的是村委会另行招租。那毛角村有530亩土地流转期限原本是15年,但第一手承租人经营4年之后,突然弃租走人,村委会重新招商。换手期间拖欠农户地租4万多元,一直挂在村委会账上。

那毛角村流转土地的接盘手主要有：原籍本村、在广州做了20多年兽药生意的余永欣承包了500多亩种木瓜和红橙；外乡人李太军承包了530亩搞种养；做茶叶生意的老板劳福茂承包了300多亩种茶；前村支书和现任妇女主任梁玉凤（两人是亲戚）合股承包了150多亩搞种养；村书记林荣振本人承包了130多亩种红橙和药材。

中塘村2 000多亩土地流转到祥瑞合作社名下，合作社投资模式是按项目招股，如400亩辣椒的股本是140万元，每股1元。股东有本村村民，也有外来资本。项目完成之后，按股分红、解散，重新设立项目重新招股。全王新本人除了经营祥瑞合作社之外，刚刚又与外来资本合股流转了2 000亩，开发农家乐旅游。

一些县、镇干部也参与其中。湛江市某镇的一个副镇长流转了100亩种红橙。记者进入廉江市农业局办公室时，前来"办事"的农业局退休干部李土文恰巧坐在里面，李土文流转了200亩土地经营农家乐。

农村流转土地被称为"资本拼抢的最后的稀缺资源"。流转出来的土地经营权成为一种生产资料在市面上流通，一些流转土地经历多次的转手买卖，出现了以"经营"农地经营权谋利的"农业经纪人"。流转土地每次转手，依旧须从村委会过一道手续。当经营者因亏损、资金链断裂而弃耕退租、流转项目烂尾时，拖欠的地租就在村委会"挂账"。

做这个生意的全王新把自己称作"农业经纪人"。他说，社会游资对农业投资项目如饥似渴，但收地、整理、种养、销售过程又长又复杂，风险太大，一般投资者会感觉无从下手。他通过合作社从周边地区流转了1 000多亩土地，完善基础设施后加价转包出去。转包的租期长短不一，转包的配套服务灵活多样。祥瑞合作社可以有偿提供技术支持和种植方案，也可以连高管一起出租。转包者甚至可以把种植、管理、销售全过程反委托给合作社，自己只作财务投资者。全王新说，广州一个何姓老板转包了200亩辣椒，租期5年。全王新每亩每年赚取地租差价200元。

农民散户挤出效应值得警惕

记者调研发现，下乡资本往往对农民小散户产生强烈的挤出效应。专家认为，逐步提高农业生产率，减少农业人口，是农业现代化题中之意；但过猛过快的挤出给"三农"带来影响和风险，需要评估。

大型种养户，要么自己兼营种苗、化肥、农药、饲料等农资，要么以量取胜压价购进，小散户在种养成本方面处于绝对劣势。在农产品价格行情高峰期尚能保本微利勉强支撑，一遇到价格低潮期，小散户就失去生存空间。

但也有热心公益的大资本让农民小散户搭单分惠，在采购农资和销售产品时，以相同的价格一并为这些小散户包办了。田间管理方面，小散户可以看大资本干什么、怎么干，依葫芦画瓢儿，收成也相当不错。

随着产业集中度提高，种养非本地区主流品种的农户散户也面临被挤出的生存危机。遂溪县和廉江市相邻，原本都是传统甘蔗产区。但廉江政府主力发展红橙，而遂溪主打甘蔗。几年之后，廉江剩余的蔗农陷入窘境：机耕队、收购等各种配套服务机构都蜂拥到规模效益更好的遂溪县，对于廉江蔗农的需求，要么不能在最佳农时提供服务，要么提价，很多廉江蔗农无奈退出。

记者原计划逐家采访农户，但见村里关门闭户，好不容易逮着的留守者，对家里劳动力的去向语焉不详，只是含糊地说"去广州做工""在深圳做电器""在镇上打工"。湛江市要求乡镇干部"包村"，"包村干部"每年对自己分工的每一户村民走访一次，并建立家庭状况台账。但最完备的台账上也只是登记到"外出务工"，没有更详细的去向。

（资料来源：经济参考报，2017 年 6 月 13 日）

复习思考题

1. 请简述土地资源的概念和特性，以及何谓农业土地资源。

2. 请简述农村土地流转的概念和本质。

3. 请简述农村土地流转的传统模式和创新模式分别有哪些。

4. 请简述工商资本租赁农地的概念和原因。

5. 请简述工商资本租赁农地的主要模式。

6. 请论述当前应如何加强对工商资本租赁农地的管理。

第六章　资本形成：农业投资和农村金融创新

学习目标

1. 了解资本的内涵、分类及其对农村发展的贡献；

2. 了解农业投资的概念、特征，掌握政府农业投资领域，掌握和理解农业 PPP 以及农业众筹；

3. 理解我国农村金融的发展与变迁，掌握和理解我国农村普惠金融。

第一节 资本形成与农村发展

刘永好的大资本农业

"只要站在风口，猪也能飞起来。"小米创始人雷军的这句互联网名言用在新希望集团董事长刘永好身上具有一种莫名的契合感。巧的是，2016年6月，刘永好与雷军共同发起设立新网银行的消息传出。这一次，两人共同站上了民营银行的风口。

3个月之后，新希望集团旗下化工企业宝硕股份（600155，股吧）（600155.SH）重组获批，华创证券实现"曲线上市"。加速布局金融业，新希望的成长空间再上一层楼。

同样是在2016年，新希望地产以"黑马"的姿态进入人们的视野，180亿元的销售额使其首次晋级房地产年度百强榜。行业"黄金十年"过后，新希望地产正加快布局的步伐。

船大就难掉头？作为一家年营收超过700亿元、净利润超过80亿元、拥有7万多名员工的综合性企业，新希望正在改变这一传统认知。

2月底，在集团总部——北京望京SOHO，刘永好接受了《英才》记者专访。

"从农业、食品、房地产、化工四轮驱动，转向年轻化、国际化、互联网化和产业金融一体化的四化驱动战略。"

65岁的刘永好为35岁的新希望所描绘出来的路线异常清晰，刘永好也用"长身体"到"长智慧"来形容这样的变化。

变化才是唯一不变的真理。35年的时间，新希望所处的商业环境已经发生了质的改变：互联网对传统产业的冲击与日俱增，BAT牢牢占据着主要流量入口；华为、格力、海尔等传统制造企业已经开始用"中国标准"影响世界；诸如复星、联想等企业也正在重构自身的商业体系。对于新希望而言，这是商业大势的改变。

经历了多年的发展，大农业在经历技术驱动、资本驱动后，正在向消费驱动的格局转变，行业的竞争格局也由规模向效益、由产品向服务等方向转变。谁能够适应这样的市场变化，谁就可能在激烈的市场竞争中占得一席之地。

深耕农牧业上游多年，新希望早已意识到"规模论英雄"的时代正渐行渐远。行业换档升级的窗口期，为提升企业的综合竞争力，获得更高的品牌溢价，新希望也开始主动求变，逐渐向下游延伸产业链。

2014—2015 年，集团农业板块——新希望六和（000876.SZ）的营收规模虽然出现一定程度的下降，但净利润增速却逐渐提高，这正是公司提前布局谋变的成效。

从"一袋饲料"到"一块猪肉"，由规模增长到效益增长，在传统农业板块迎来消费升级和供给侧结构性改革的背景下，新希望六和也激发出新的增长动能。

（资料来源：和讯网，2017 年 4 月 10 日）

🌱 **案例思考**

资本对农业发展有何重要意义？农业产业化资本如何形成？

一、资本的内涵

（一）资本的含义

现代西方经济学家萨缪尔森在《经济学》中指出："资本是三大生产要素之一，其他两要素是土地和劳动。资本通常被称为基本生产要素，资本（或资本品）是一种被生产出来的要素，一种本身就是由经济过程产出的耐用投入品。"

格林沃尔德主编的《现代经济学词典》对资本的解释是：资本是用于生产其他商品，包括厂房和机器在内的所有商品的名称。从企业的角度看，资本是一家公司的总财富或总资产，不仅包括资本货物（有形资产），同时也包括商标、商誉和专利权等无形资产。作为会计学术语，它代表从投资者那里得到的全部货币，加上留归企业的全部利润。

我国《经济百科全书》对资本的阐述是：狭义的资本由房屋、建筑物、工厂、机器设备以及库存等构成。广义的资本还包括住房、运输设施和设备，也包括人力和非买物，如用于研究和开发的经费所产生的知识、通过教育培训而取得的熟练技术、增加工人保健费而提高的生产能力，以及因采取诸如整修山林、改良土壤、开发矿产，对周围的水和空气进行保养和改善而进行投资等措施而提高的土地和自然资源的价值等。

（二）资本的特点

1. 增值性

资本在运动中能够产生大于自身的价值，实现利润的最大化，这是资本的本质属性。

2. 流动性

资本之所以能够增值，能带来剩余价值，关键是它处在无休止的运动中，不断地从流通领域进入到生产领域，再由生产领域进入到流通领域。资本这种不间断的运动是资本取得价值的增值的必要前提和条件，一旦停止运动，资本就不能增值。

3. 风险性

由于外部环境变化莫测，使资本增值具有不确定性。

二、资本的分类

（一）按照组成形态分类

按照资本的组成形态，资本包括实物资本、金融资本和人力资本。

1. 实物资本

所谓实物资本是指包括农业产品存货、生产工具机械、运输工具、房屋等资本。这类资本是农村地区资本的绝大部分，也是农业能够重复再生产的物质前提条件。在农村地区，农业作为主要的经济支柱，是农民生存和农业发展的第一要素，在商品市场和资本市场流动不畅的条件下，实物资本是最重要的资本存在形式，其他形式的资本也是最终转化为实物资本进入生产领域，促进农村经济的发展。

2. 金融资本

金融资本在金融学中包括的是从货币到股票、债券等信用资本，而在农村地区，金融资本仅仅是指能够进入农村地区并形成固定资产投资的银行资本、风险投资等相关的货币和信用资本。

3. 人力资本

人力资本在农村地区是指在该区域内进行劳动的人。包括农民、工人、企业家等。鉴于农村地区自给自足的经济特点和农业的特殊性，人力资本主要以农民为主要群体，该群体的数量质量结构长期以来延续了缓慢变化的格局，处于一种较为稳定的状态，即农民们的数量变化缓慢、文化水平变化缓慢。并且随着农村人口的增加，相对于土地这样一种固定资产，在目前的生产力水平下人口增加所产生的边际产出已经非常微小，甚至已经对平均产出产生了降低的作用。

（二）按照对某行业内外来源途径分类

按照资本对某行业或某区域内外的来源途径不同，资本包括内源性资本和外源性资本。

1. 内源性资本

来源于行业或者说区域系统内部的资本即内源性资本。农村地区的内源性投资即来源于农村地区区域内部的资产，主要指农民利用自身的资产进行的投资。在农村地区，地广人稀，农民基本的经济活动基本都局限于从事传统的农牧渔业，原始资本中最大的占比是天然存在的土地、森林、湖泊；其次是劳动力资源。在自给自足的经济环境中，农民对外的经济交流极少，也极少形成经济意义上的投资性借贷关系。所以农牧民的生产投资过程中的资金来源基本来自于家庭收入。

2. 外源性资本

来源于其他行业或者说区域系统的资本即外源性资本。外源性的资本是一个相对的概念，是相对于农民的自有资本而言，即来自于农村地区区域外部的投资。其主要表现形式包括金融资本和实物资本。农村地区农业外源性资本的来源主要有：农村集体投资、政府政策性投资、农民融资与企业投资。其中，农村集体投资的目的主要用于村级集体的公共事务用途；政府政策性投资的目的主要是用于农田水利设施、公路、电力设施等战略性的公共品投资；农民融资由于农民个体的投资规模较小，融资能力较弱，融资风险较大，形成的投资效率不高，影响不大；企业投资具有数额巨大、技术先进、投资效率高等特点，能最大程度降低单位农业产值的生产成本和利用农村的土地资本和劳动力资本，是农村农业发展规模化、集约化、工业化的前进方向，能对农业生产起到巨大的示范和推动作用。

（三）按照对经济产出的作用分类

按照对经济产出的作用也就是资本用途的不同，资本包括生产性资本和非生产性资本。

1. 生产性资本

生产性资本是指农村固定资产中直接作用于农业生产的资本或产品的存货。比如农具（如脱粒机、收割机、插秧机、犁、役畜），生产原料（如农药、种子、化肥）等。经过长期的积累，农民家庭手中的生产工具越来越多、越来越先进，这些先进的生产工具使农民的单位人力资本或土地等固定资本的收益率大大提高，对农村地区的农业生产的发展起到了重要作用，产生了比以前大得多的效益，使农民的资本积累速度和数量不断加快。

2. 非生产性资本

非生产性资产主要是指间接作用于农业生产的固定资产。比如房屋，对于农民来说，生存还处在生活的主要位置，对于大部分家庭，他的大部分的多年积累的目的都是用于拥有一栋能遮风挡雨的房屋。为了房屋，可能在用完所有积蓄以后还要向亲朋好友借贷，然后处在一段很长的还债时间。因为这样的缘故，非生产性资本在农民的固定资产中的比率非常高。这种资本形成不能直接转化为产品和收益，是农村地区经济发展困境的重要原因。随着农业生产技术的提高和农业资本产出的增加，非生产性资本积累所占的比例越来越小。

三、资本对农村发展的贡献

（一）资本形成是农村发展的前提

依据发展经济学的增长理论，农业和农村要得到新的发展，首先必须保证促进经济增长的各种要素资源量的增长，同时还要保证要素资源的高效率配置。既包括自然资源、资本（物质资本与人力资本）等直接要素，也包括制度、技术等间接要素。根据我国的现实条件，农业经济发展与增长的前提，首先要以持续性的资本投入为基础，通过物质资本与人力资本的良性连接，促进相关要素的效率提高，达到经济增长的目的。发展中国家要改变其落后的现状，促进本国经济增长，根本出路在于解决资本的短缺，提高资本要素的配置效率。同时发展中国家农业长期的滞后性增长，使得农业发展自身资本形成的条件十分脆弱，因此要增强资本形成的价值意识。充分认识资本的获取与资本的增值，是关系到农村经济能否可持续性发展的关键性问题。

（二）良好的资本形成机制是提高农业竞争力的根本保证

雄厚的资本及良好的资本形成机制，是形成农业产业竞争力的根本保证。农业经济发展与增长的现实选择，应该是从农业产业化发展入手，创建与大规模资本形成相适应的新型的经营和组织模式，变革现存的家庭经济经营方式，通过调整农业产业结构，培育产业核心优势，形成经济增长极，在经济增长的基点上提高资本形成的能力。这是加快农业经济资本形成的最佳切入点。这就要求必须在农业生产的土地使用制度、组织制度、管理制度、经营制度等方面进行超前性创新。只有如此，农业的产业化、市场化、规模化经营发展才有可能，农业经济增长的资本形成空间才可扩大。

（三）拓展资本形成渠道是促进农村经济可持续发展的关键

在当前新的发展阶段下，农业和农村发展既是一个逐步渐进的阶段发展过程，又是一个快速变革的转化过程。在新的经济增长的前提下，农业经济增长要获得充足的资本，农业依靠自身资本的积累显然难以满足发展的需要，拓展资本形成渠道，引进外部资金是促进农村可持续发展的关键，也是加快资本进入、改善资本条件的重要途径。因此，要创造条件鼓励和吸引外来、内生资本进入农业和农村发展领域。同时，积极发挥经济调控作用，杜绝资金的分散性使用，确保资金的规模化效益，保证资金使用的目标确定性，使"工业反哺农业、城市支持农村"得到有效落实。

🔑 动动脑

1. 资本的特点有哪些具体表现？
2. 资本对农村发展起到哪些作用？

第二节 农业投资的形成与发展

🌱 案例导入

权威报告：2017 年农业投资继续火爆，农村创业财源无量

中国国家统计局发布 2017 年第一季度中国农业经济景气指数报告。该报告表示种植结构优化调整，全国农业生产总体稳定。

中国农业经济景气指数报告数据分析指出，我国深入推进农业供给侧结构性改革，积极调整农业结构，从市场需求出发，鼓励增加优质绿色农产品供给；进一步促进一二三产业融合，大力发展观光农业、休闲农业，拓展产业链价值链；完善强农惠农政策，加快打造现代农业；推动农业现代化与新型城镇化互促共进，培育农业发展新动能。一系列政策的落实，有助于推动农业的平稳增长。

其中，农作物种植结构优化调整。据全国 11 万农户种植意向调查显示，2017 年全国稻谷意向种植面积减少 0.3%，小麦减少 0.8%，玉米减少 4.0%，大豆增长 8.1%，棉花减少 0.7%。目前，全国冬小麦长势良好，一、二类苗播种面积比重达到 84.8%。

尽管，农业投资增速的回落与农业投资多年持续快速增长，基数不断抬升有关，不过，与同期全社会固定资产投资平均增速相比，高 11.4 个百分点，表明农业投资的增长依然较快。

同时，一季度政府财政对农业支出增长加快。一季度，财政农林水支出为 2 920 亿元，同比增长 10.5%，增速比去年全年加快 4.6 个百分点。财政对农业的支持力度有所加大。

未来，农业投资和国家财政支持将会持续增加。尤其是农业潜力股，比如：家庭农场、休闲农业、农村电商等新业态将会成为资本与补贴青睐。

（**资料来源**：五谷新闻，2017 年 5 月 11 日 ）

❖ 案例思考

农业投资的结构是怎样的？我国当前农业投资的主要问题有哪些？

一、投资与农业投资的内涵

（一）投资的概念与分类

1.投资的概念

在我国，改革开放以前的投资概念主要是指"基本建设投资"。如《辞海》（1980）中关于投资的解释是："在社会主义制度下一般指基本建设投资"。改革开放后，随着我国经济体制改革的不断深化和国民经济的不断发展，投资概念的内涵和外延不断变化，其包括的内容从基本建设投资逐步扩大到固定资产投资（包含基本建设投资和技术改造投资）和流动资产投资，从直接投资扩大到间接投资。即从计划经济模式下的"投资"概念向市场经济下的"投资"概念转变。因此，可把投资的概念定义为：投资是经济主体（国家、集体、企业、个人等）以预期效益（经济效益、社会效益、生态效益）为目的的资金投入行为及其运动过程。

2.投资的分类

①按照投资主体划分，分为政府投资、社会投资、企业投资、个体投资和外商投资等。

②按照产业划分，分为第一产业投资、第二产业投资和第三产业投资等。

③按照投入方式划分，分为直接投资和间接投资。

④按照隶属关系划分，分为中央投资和地方投资。

⑤按照投资领域划分，分为生产性投资和非生产性投资。

⑥按照经营目标划分，分为经营性投资和非经营性投资。

⑦按照资金周转方式划分，分为固定资产投资和流动资产投资。

（二）农业投资的概念与来源

1. 农业投资的概念

农业投资是国家、集体、个人等各类投资主体直接用于发展农业和为农业生产的农业固定资产的投资，是以货币形式表现的农业基本建设工作量。

2. 农业投资的主要来源

农业投资的主要来源为国家预算内财政性资金、各种信贷资金、项目单位用于基本建设的自有资金（如农村集体用于基本建设的内部积累、农户用于扩大再生产的积累、农业企业用于基本建设的自有资金等），以及利用外资等。

二、政府农业投资的特征

我国政府农业投资主要用于农业基础设施建设项目，属于非经营性领域，是一种公共投资，受益对象很广，社会效益要大于直接的经济效益，具有很强的外部性。其特征表现为：

（一）全局性

中央政府农业投资主要考虑统筹全国不同地区的要求，统筹不同发展层次的要求，对于跨区域、跨流域、跨部门以及需要全国统筹平衡、重大布局的重点建设项目予以支持。

（二）公益性

政府投资要着力于一定自然垄断、建设周期长、投资大而收益较低、需要扶持的项目，主要方式是中央财政预算内投资。与其他行业相比，中央政府农业投资承担着提高农业生产能力、增加农民收入、改善农村生产生活条件、保护农业资源、改善生态环境、支撑以农业产品为原料的相关产业发展等多方面而不可替代的作用，具有显著的基础性和公益性的特征。

（三）新增性

政府投资能够在特定的农业领域形成一定的新增生产能力，即固定资产。这是中央固定资产投资不同于财政资金的一个重要特征。财政部门更多强调"资金"和"支出"，而发展改革和建设部门则更强调"投资"和"项目"。

（四）多样性

由于农业投资项目数量多、建设内容宽泛，农业投资管理方式呈现多样化。农业投资项目涉及面广，包括种植业、畜牧业、兽医、渔业、农垦、农业机械、乡镇企业、农民生活、农业生态环境、耕地质量、科技创新及推广、病虫害和动物疫病防控、农产品质量检验检测、生物质能源开发、市场信息等，投资项目的多样性决定了项目管理方式各有不同，很难有固定模式。

（五）导向性

指政府农业投资具有导向和吸纳作用。由于政府农业投资来源的有限性，主要在特定领域发挥作用，将对社会资本等其他主体投资农业起到很强的导向性作用。

三、政府农业投资领域

（一）按行业划分的投资领域

1. 农业投资

将保障国家粮食安全作为重中之重，全面实施全国新增千亿斤粮食生产能力规划，重点支持田间工程和农技服务体系建设。加强新疆、黄淮海、长江流域棉花生产基地建设，稳定棉花种植面积。落实油料生产扶持政策，着力加强长江流域油菜籽、东北及内蒙古大豆生产基地建设。继续加强优势产区糖料生产基地建设。推进畜牧业规模生产，支持生猪、奶牛规模养殖场和畜禽良种繁育体系建设。支持实施种养业良种工程，积极发展旱作农业和保护性耕作，进一步加强重大动物疫病防控体系和农产品质量安全检验检测体系建设。继续支持粮食、食用油、棉花、食糖等大宗农产品仓储物流设施以及农产品批发市场、农产品冷链物流设施建设。

2. 林业生态投资

支持天然林资源保护、退耕还林等重点生态保护和建设工程，启动青海三江源自然保护区生态保护和建设、青海湖流域生态环境保护与综合治理、岩溶地区石漠化综合治理等区域性重点工程，推进我国生态保护和建设形成"面上整体推进，点上重点突破"的基本格局。同时，森林面积和森林蓄积实现"双增长"。

3. 水利投资

把农田水利作为农村基础设施建设的重点任务，根据国家经济社会发展需要和国家的产业政策、投资政策需要，突出加强薄弱环节建设。实施大型灌区、重点中型灌区和大型灌排泵站配套改造，完善农田灌排体系，大力发展节水灌溉。在加强大江大河大湖治理的同时，以防洪薄弱地区和山洪地质灾害易发地区为重点，加大中小河流治理、病险水库除险加固和山洪地质灾害防治力度。积极推进一批骨干水源工程和跨流域、跨区域调水工程建设，加快推进西南等工程性缺水地区的重点水源工程建设，提高供水保障能力。继续实施水土保持重点工程，加大坡耕地水土流失治理力度。加强生态脆弱河湖和地区水生态修复，加快污染严重河湖水环境综合治理。

4. 气象投资

重点支持气象卫星应用系统等重点工程和气象现代化建设项目，建设气象雷达网，改善基层台站的试验条件，提高气象防灾减灾能力。

（二）按性质划分的投资领域

1. 竞争性投资项目

是指投资收益比较高、市场调节比较灵敏、具有市场竞争力的项目，这类项目由市场机制发挥作用更为有效，是商业性金融机构、民间资金和资本市场的主要投资方向。政府在农业领域的竞争性投资项目主要包括：海南冬季瓜菜生产基地、生猪标准化规模养殖场（小区）、奶牛标准化规模养殖场（小区）、肉牛、肉羊标准化规模养殖场（小区）等生产型设施，以及农产品批发市场、粮食现代物流、粮油仓储设施、农产品冷链物流等流通性设施。这类项目由市场机制发挥作用将更为有效。

2. 基础性投资项目

主要包括建设周期长、投资大而收益低、需要政府扶持的基础设施和一部分基础工业项目，以及直接增强国力的符合经济规模的支柱产业项目，这类项目在一定时期内大部分属于政策性投融资范围，主要由政府集中必要的财力进行建设，并广泛吸引商业性金融机构、民间和资本市场资金的投入。政府在农业领域的基础性投资项目主要包括：新增千亿斤粮食生产能力规划田间工程建设、新疆优质棉生产基地、旱作农业示范基地、西部退耕还林地区基本口粮田、现代农业示范区标准农田建设大型灌区续建配套与节水改造、大型灌排泵站更新改造、水土保持工程、中小河流治理、大中型病险水库水闸除险加固等农田水利设施建设，这部分投资主要用于改善农业生产的基础设施条件；同时还包括农村饮水安全、农村电力建设、农村公路建设、农村沼气建设、农村危房改造等条件，这部分投资主要用于改善农民的生活设施条件。

3. 公益性投资项目

主要包括科教文卫事业、政权机关以及国防设施等事业的建设项目。由于这些项目存在着明显的市场失灵，故企业和个人一般不愿投资，主要依靠政府公共资金的投入。政府在农业领域的公益性投资项目主要包括：种植业种子工程、畜禽良种工程、水产良种工程、植保工程、动物防疫体系建设、农产品质量安全检验检测体系、渔港工程、基层农技推广服务体系，以及天然林保护、草原保护、湿地保护与恢复工程、自然保护区建设、石漠化综合治理工程等专项，是政府农业投资安排的重点领域。

（三）按功能划分的投资领域

1. 农业生产性基础设施

重点安排农业综合生产能力建设、农田水利设施建设、农产品流通设施建设三个方面。其中农业综合生产能力建设涵盖了粮、棉、蔬菜、生猪、奶牛、肉牛肉羊等主要农产品基础设施建设。农田水利建设一般占到这部分投资的 60% 以上，重点建设中小河流治理、大型灌区配套与节水改造、水土保持工程、大中型病险水库水闸除险加固等内容。农产品流通设施建设主要包括农产品批发市场、粮食现代物流、粮油仓储设施、农产品冷链物流等设施建设。

2. 农业公共服务体系

涵盖了良种、植物保护、动物防疫、农产品质量安全检测、农技推广服务等内容，尤其良种工程的内容涵盖了种植业、畜牧业、渔业等农业生产的主要方面。

3. 农村生活基础设施

包括农村水、电、路、气、房、扶贫等农村小型公益基础设施建设，重点用于改善基层农民群众的生产生活设施条件，即民生工程建设。

4. 林业和生态环境

重点用于天然林资源保护、重点防护林体系建设等工程，退耕还林（退牧还草）以及岩溶地区石漠化综合治理、京津风沙源治理等工程。

四、农业领域政府与社会资本合作

（一）概念与类型

1. 概念

政府与社会资本合作（Public Private Partnership，PPP），指政府和社会资本展开合作，双方以特许权协议为基础，将部分政府责任以特许经营权方式转移给社会主体（企业），政府与社会主体建立起"利益共享、风险共担、全程合作"的共同体关系，政府的财政负担减轻，社会主体的投资风险减小，最终使合作各方达到比预期单独行动更为有利的结果。

当前，我国农业发展正处于由传统农业向现代农业转型升级的阶段，继续通过大规模依靠政府投资来反哺农业和支持农村是不现实的，应当吸引更多的资金投入农业建设。应用 PPP 模式成为国家支持现代化农业和农村发展的重要手段之一。

2. 类型

从现有实践来看，依照发起人的不同，农业 PPP 主要包括三类。

（1）财政发起模式

顾名思义，财政发起模式一般是由省级政府层面通过财政出资成立引导基金，吸引金融机构出资共同成立产业基金母基金。辖内各地区申报的项目既要通过省政府的审核，也要通过金融机构的审核。受益权则设定地方政府作为劣后，承担项目的主要风险，以保障金融机构的本金和收益。由于PPP项目收益相对有限，政府为吸引金融机构一般会给予隐性的担保。

这一模式的优点在于项目本身能够充分体现政府扶持农业的政策方向，发挥政策优势，并且政府信用背书能够为项目增信。

缺点则在于政府的风险兜底行为可能带来金融机构的道德风险，在审查或运作项目过程中更专注项目的收益或引导作用，而忽略风险的规避和防范。

（2）金融机构发起模式

金融机构发起模式中的融资结构由金融机构主导，一般是金融机构联合地方大型国企发起成立有限合伙基金，由金融机构担当优先级的有限合伙人，国企担当劣后级有限合伙人，金融机构指定的股权投资管理人作为一般合伙人。现阶段，在这一模式中，金融机构合作的大部分国企其实为政府融资平台企业，因而项目往往能争取到财政的贴息保障。

这一模式的优点在于运作方式更为市场化，较少受到不恰当的行政干扰。

缺点在于基金虽然由金融机构发起，但金融机构对项目（特别是专业性较强的项目）的了解比较有限，可能存在因信息不对称而带来的风险。

（3）实业资本发起模式

实业资本发起模式是指以在某些领域或产业有专长、有资质和有建设能力的企业为发起人，在与地方政府达成项目框架协议的前提下，通过联合银行、基金等金融机构成立有限合伙基金，金融机构担当优先级有限合伙人，实业资本作为劣后级有限合伙人（这一模式也可以引入财政资金或融资平台资金作为劣后级有限合伙）。产业投资基金以股权投资方式投资项目企业。

这一模式的优点在于实业资本凭借自身行业优势可以直接接触、发掘优质企业项目，对项目的了解程度要高于前面两种模式。

缺点则在于目前该模式运作的大部分项目依然需要政府增信或财政补贴，以增强项目吸引力和投资人信心。

具体到农业领域，这一模式较好解决了农业产业资金规模小、专业性强、抗风险能力弱、收益率低的问题。实业企业通过成立产业投资基金，可以以自有资金撬动四倍以上杠杆。通过自己发掘企业项目，可以深入了解项目的潜力和市场前景；通过政府增信和财政贴息等措施，可以有效抵御项目风险；通过杠杆作用获取的资金收益，除去付给优先级有限合伙人（金融机构）的管理费、通道费和托管费等，仍然可以在营业收入一定的情况下提高净资产收益率。

（二）基本原则

2017年5月，财政部联合农业部发布了《关于深入推进农业领域政府和社会资本合作的实施意见》（以下简称《实施意见》），就深入推进农业领域 PPP 进行了部署，明确其基本原则如下。

1. 政府引导，规范运作

坚持农业供给侧结构性改革方向，深化对 PPP 模式的理解认识，加快观念转变，厘清政府与市场的边界，加大对农业农村公共服务领域推广运用 PPP 模式的政策扶持力度，强化绩效评价和项目监管，严格执行财政 PPP 工作制度规范体系，确保顺利实施、规范运作，防止变相举借政府债务，防范财政金融风险。

2. 明确权责，合作共赢

注重发挥市场在资源配置中的决定性作用，鼓励各类市场主体通过公开竞争性方式参与农业 PPP 项目合作，破除社会资本进入农业公共服务领域的隐性壁垒，营造规范有序的市场环境。在平等协商基础上订立合同，平衡政府、社会资本、农民、农村集体经济组织、农民合作组织等各方利益，明确各参与主体的责任、权利关系和风险分担机制，推动实现改善公共服务供给，拓展企业发展空间，增加人民福祉的共赢局面。

3. 因地制宜，试点先行

各地根据国家"三农"工作统一部署，结合地区实际和工作重点，分阶段、分类型、分步骤推进农业领域 PPP 工作。鼓励选择重点领域、重点项目先行试点探索，及时总结经验，完善相关政策，形成可复制、可推广的合作模式。

（三）重点领域

《实施意见》提出，应重点引导和鼓励社会资本参与以下领域农业公共产品和服务供给。

1. 农业绿色发展

支持畜禽粪污资源化利用、农作物秸秆综合利用、废旧农膜回收、病死畜禽无害化处理，支持规模化大型沼气工程。

2. 高标准农田建设

支持集中连片、旱涝保收、稳产高产、生态友好的高标准农田建设，支持开展土地平整、土壤改良与培肥、灌溉与排水、田间道路、农田防护与生态环境保持、农田输配电等工程建设，支持耕地治理修复。

3. 现代农业产业园

支持以规模化种养基地为基础，通过"生产＋加工＋科技"，聚集现代生产要素、创新体制机制的现代农业产业园。

4. 田园综合体

支持有条件的乡村建设以农民合作社为主要载体、让农民充分参与和受益，集循环农业、创意农业、农事体验于一体的田园综合体。

5. 农产品物流与交易平台

支持农产品交易中心（市场）、生产资料交易平台、仓储基地建设，支持区域农产品公用品牌创建。

6. "互联网+"农业

支持信息进村入户工程、智慧农业工程、农村电子商务平台、智能物流设施等建设运营。

表6-1　农业领域政府和社会资本合作第一批试点项目

序号	项目名称	序号	项目名称
1	河北省定州市规模化生物天然气项目	11	湖北省农业废弃物资源化利用及病死畜禽无害化处理项目
2	河北省海兴现代农业产业园项目	12	湖南省攸县病死动物无害化处理中心项目
3	江苏省洪泽湖生态环境提升工程——美丽蒋坝项目	13	湖南省岳阳县病死畜禽无害化处理体系建设项目
4	安徽省淮北金西域生态休闲农业项目	14	四川省蒲江县30万亩健康土壤培育应用示范项目
5	福建省东山县大澳渔港及产业融合示范区项目	15	四川省广安区农业废弃物资源化利用项目
6	福建省惠安县崇武渔港及产业融合示范区项目	16	云南省陆良高原特色现代农业示范园项目
7	江西省智慧农业建设项目	17	云南省开远高效现代农业园建设项目
8	山东省莱阳市病死畜禽无害化处理项目	18	陕西省山阳县漫川关镇生物天然气供气工程项目
9	湖北省信息进村入户工程建设项目	19	甘肃省庆阳市千万只肉羊产业化及良种肉羊制种基地建设项目
10	湖北省武穴市畜禽粪污全域收集、生态处理、肥料化利用项目	20	新疆维吾尔自治区塔城沙湾县马兰鑫科国家科技园区暨沙湾大盘鸡一、二、三产业融合发展产业园项目

资料来源：国家发改委、农业部《关于印发农业领域政府和社会资本合作第一批试点项目的通知》，2017年7月28日

（四）项目实施

《实施意见》对于农业PPP项目的具体实施规范如下。

1. 严格筛选项目

各级财政部门、农业部门要加强合作，依托全国PPP综合信息平台推进农业PPP项目库建设，明确入库标准，优先选择有经营性现金流、适宜市场化运作的农业公共设施

及公共服务项目，做好项目储备，明确年度及中长期项目开发计划，确保农业 PPP 有序推进。

2. 合理分担风险

各地农业部门、财政部门要指导项目实施机构按照风险分担、利益共享的原则，充分识别、合理分配 PPP 项目风险。为保障政府知情权，政府可以参股项目公司，但应保障项目公司的经营独立性和风险隔离功能，不得干预企业日常经营决策，不得兜底项目建设运营风险。

3. 保障合理回报

各地农业部门、财政部门要指导项目实施机构根据项目特点构建合理的项目回报机制，依据项目合同约定将财政支出责任纳入年度预算和中期财政规划，按项目绩效考核结果向社会资本支付对价，保障社会资本获得稳定合理收益。鼓励农民专业合作社等新型农业经营主体参与 PPP 项目，并通过订单带动、利润返还、股份合作等模式进一步完善与农户的利益联结机制，建立长期稳定的合作关系，让更多农民分享农业 PPP 发展红利。

4. 确保公平竞争

各地农业部门、财政部门要指导项目实施机构依法通过公开、公平、竞争性方式，择优选择具备项目所需经营能力和履约能力的社会资本开展合作，保障各类市场主体平等参与农业 PPP 项目合作，消除本地保护主义和各类隐形门槛。鼓励金融机构早期介入项目前期准备，提高项目融资可获得性。

5. 严格债务管理

各地财政部门、农业部门要认真组织开展项目物有所值评价和财政承受能力论证，加强本辖区内 PPP 项目财政支出责任统计和超限预警，严格政府债务管理，严禁通过政府回购安排、承诺固定回报等方式进行变相举债，严禁项目公司债务向政府转移。

6. 强化信息公开

各地财政部门、农业部门要认真落实《政府和社会资本合作（PPP）综合信息平台信息公开管理暂行办法》（财金〔2017〕1号）有关要求，做好 PPP 项目全生命周期信息公开工作，及时、完整、准确地录入农业 PPP 项目信息，及时披露识别论证、政府采购及预算安排等关键信息，增强社会资本和金融机构信心，保障公众知情权，接受社会监督。

7. 严格绩效监管

各地财政部门、农业部门要构建农业 PPP 项目的绩效考核监管体系和监督问责机制，跟踪掌握项目实施和资金使用情况，推动形成项目监管与资金安排相衔接的激励制约机制。

> 从当前情况看，我国农业领域应用 PPP 正处在探索阶段，投资的规模和范围都十分有限。有专家认为，财政方面应转变政府对农业投入方式，积极探索通过投资

补助、资本金注入等方式支持农业领域应用 PPP 项目，强化政府投资的撬动和引导作用。"一方面，通过财政资金支持，可以促进具有可行性的 PPP 项目落地；另一方面，加大对农业项目的补贴，使农业 PPP 项目具有可观的回报，又将增强 PPP 项目的吸引力。"

据财政部 PPP 综合信息平台数据显示，截至 2017 年 4 月末，全国入库 PPP 项目12 700 个，总投资 15.3 万亿元，其中，农业项目 125 个，单个项目投资额超过 1 亿元的有 97 个。

近年来，现代农业发展的多项"利好"，引得社会资本不仅关注而且加速"进军"农业领域，投资规模逐年增长。有专家表示，应针对农业领域制定相关的 PPP 项目实施方案，还应对农业 PPP 投资的政策需求、鼓励投资的领域、工作安排等做出具体说明，让社会资本了解投资农业的具体流程。同时，明确社会资本的利益保障机制、投资回报实现途径，以资本收益为吸引力，调动社会资本投资农业项目的热情。此外，需要对参与 PPP 项目的社会资本方进行严格的审查，设立高门槛，将真正有实力的社会资本方吸收进来，才能做好农业 PPP 项目的建设及运营。

推进农业 PPP 也要遵循农业农村经济的发展规律。专家建议，可以首先选择一些条件成熟、基础较好且有过探索实践的地区，作为社会资本投资农业试验区（示范区），探索总结经验后再推广，有序推进。

农业部农村经济研究中心研究员龙文军建议，由于农业项目周期长、投资回收慢，引进中长期资本需要有充分保障以满足 PPP 项目的资金回收和偿付需求。为更好地调动银行贷款的积极性，建议加快设立 PPP 农业项目担保基金，对因地方政府失信行为而给银行造成不良贷款带来的投资损失，可由基金给予相应的补偿。

农业部产业政策与法规司有关负责人分析，成功的 PPP 项目应具备三个特征：一是准公益性。农业领域一些项目的成本和效益有外部性，其社会效益高于直接经济效益。需要政府部门与社会资本以特许权协议为基础实行全程合作。二是有持续的收入。农业项目一般有比较稳定的效益，但不会有暴利，收益需要通过 10 年、20年甚至更长时间获得。三是资金投入量大，需要政府投入一部分，社会资本融资一部分，共同注资开展经营。

（资料来源：中国财经报，2017 年 2 月 14 日）

五、农业网络投资模式——农业众筹

（一）农业众筹的概念

众筹（crowd funding）起源于美国，即大众筹资，指以互联网为载体向大众筹集资金用来支持某个特定项目或创业组织。

农业众筹（agriculture crowd funding）是指将众筹的运营模式在农业生产和流通领域中加以运用，利用互联网金融众筹平台实现融资的一种新型融资方式。

（二）农业众筹的组成部分和流程

1.农业众筹的组成

农业众筹是通过出资者与发起人对项目的共同认知达成合作。如图6-1所示，一个完整的农业众筹融资包括三个重要的组成部分：项目发起方、投资方和农业众筹平台。目前在我国，通常以农产品生产方作为项目发起方，为消费者提供平台用以预订某种农产品，实现项目资金筹措，而后生产方根据订单需求进行种植，按约将成熟农产品配送至消费者。

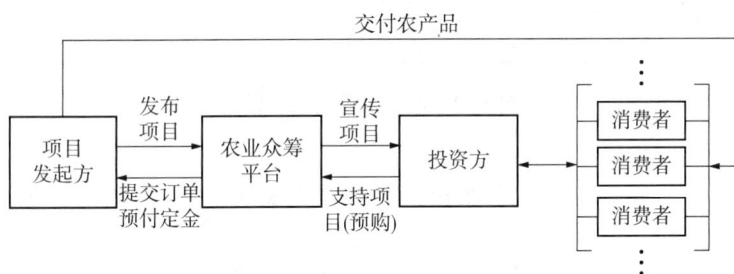

图6-1　农业众筹的组成结构图

（1）项目发起方

项目发起者是指具有创意、项目而缺乏资金支持的人，抑或为加强新产品与网络市场用户的互动和体验的项目团体，再或者是为了吸引企业，他们在农业众筹中往往扮演项目的责任人。若想在农业众筹平台上成为众筹发起者，首先必须具有可行的项目或者创意，同时满足平台审核的要求（如国籍、教育学历、年龄和银行账户等）；其次，发起的项目应完全自主。项目发起者通过与平台签订代理合同，明确双方的权利和义务。

（2）投资方

投资方通常是一个庞大的互联网用户群体，只要存在他们感兴趣的项目，他们可以立即通过在线支付成为该项目的"天使投资人"，投资方在项目成功后得到的不是资本报酬，而可能是一种产品，如一斤五常大米、一份土特产等。为保障农业众筹的食品安全，种植者常常会采取一些措施，让种植过程透明化。股东既是投资人，亦是消费者，这种方式可使消费者参与产品的生产、营销，甚至创新过程，成为"产消者"。参与感是农业众筹模式带给消费者的附加价值，有利于解决生产安全问题。

（3）农业众筹平台

平台为发起者和出资者搭建了一个沟通的平台，充当了农业众筹的中介，其既是发起者的指导者、监督者，也是出资者的利益捍卫者，农业众筹是一种新兴的融资模式，平台承担了重要的责任，是复杂系统的控制者。作为中介，平台首先要具备成功管理项目的能力，当项目发起者发出申请，要能够审核出其中是否存在欺诈、项目是否可行；其次要有一个强大的网络技术团队，当项目通过审核，发起者提出在平台上进行融资，平台应能够实时监控；最后，当项目不能执行，众筹平台有监督项目发起人返还出资者资金的义务，应当具备自身的法律素养，维护出资人的合法权益。

2.农业众筹的流程

如图 6-2 所示，农业众筹的一般流程如下：

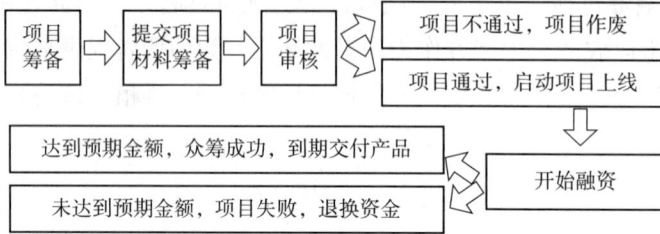

图 6-2　农业众筹的流程图解

农业众筹平台"大家种"

"大家种"是我国首家农业众筹网站，平台连接家庭和农场，农产品直销用户，消除了传统的批发商等中间流通环节，为农场提高了生产收益。同时由于是从田地直达餐桌，环节简单透明，既能控制价格，又能保证农产品的新鲜安全可溯源。还可以组织家庭周末回归自然，体验乡村，农场亲子教育等活动。"大家种"平台是一种农产品众筹模式。

"大家种"是农业众筹网站，通过农业项目的众筹方式连接家庭和农场。汇集多个用户一起集合资金来完成一个农场的项目。"大家种"网站目前仅支持农副产品相关项目菜地、粮食、果园、茶叶类、土鸡、土猪等家禽养殖、鱼虾蟹等水产品、酒庄项目的众筹。

自"大家种"2014 年从成立以来，单项农业众筹项目支持人数累计达到 2 万，农业众筹项目筹款金额累计 38 万元，总计筹款金额 92.134 81 万元，共发起 52 个众筹项目，项目内容包括菜地、粮食、果园、茶叶类、土鸡、土猪等家禽养殖、鱼虾蟹等水产品、酒庄，其中成功完成众筹的项目达到了 20 个，成功率为 38.46%。

"大家种"运营模式与措施如下。

首先是资金保障。用户在"大家种"网站上支付的众筹款项不会直接转到农场的账户里，而是先暂存在大家种网站的账户里，"大家种"网站对农场起到一个监督管控的作用，对用户的资金进行安全托管。等到农产品成熟，用户确认收到农产品后，"大家种"网站才会将相应数量的资金支付给农场。如果农场出现质量等问题，"大家种"网站会将用户的资金如数退回。

　　第二是质量保障。"大家种"网站对于在其平台上发布众筹项目的农场都会经过严格的筛选审核，只有满足大家种网站质量要求的项目才能通过审核在平台上发起众筹。"大家种"网站要求农场必须采用传统的方式进行耕种生产，不使用人工激素、农药化肥等，以追求质量而非追求产量作为第一标准。

　　第三是生产透明。"大家种"网站上的农场，会在网站项目动态页面中，让农场主或是项目发起方发布农产品在种植或生产过程中一些重要节点的照片、视频等，有的还有 24 小时实时监控的摄像头，提高生产过程的透明性，从而提升消费者的信任。

　　第四是组织现场考察。F2F（Farm to Family）组织是"大家种"网站号召成立，由网站的用户自发组建运营的一个消费者组织，它的建立是为了更好地保障众筹用户的权益与利益，从用户的角度公正地监督和考察农户，监督农产品生产过程的安全质量，又可以为大家种网站筛选推荐农场。

　　第五是现场活动。"大家种"网站会定期组织用户去农场进行参观或者是种植生产体验，一方面是让消费者回归自然，体验乡土气息；另一方面也是让用户亲临农场，实地考察。提升消费者的信任度。

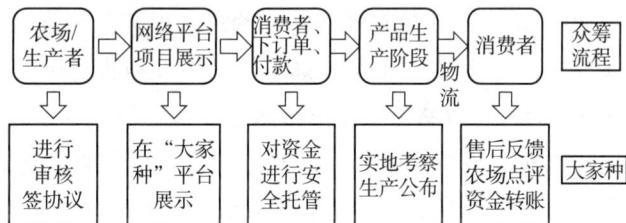

（资料来源：荣娅. 我国农业融资新模式研究，"大家种"官网）

（三）农业众筹的类型

1. 消费型农业众筹

　　消费型农业众筹是指利用众筹协议约定的农产品作为回报，与传统的投资者的回报是投资所获得的资本回报相区别，消费型农业众筹获得的回报是投资时的项目产品。总体而言，农业众筹的创业者，往往只是具有某一创意和实现创意的技能，既缺乏资金支持又需要考虑市场，消费型农业众筹同时解决了创业者需要考虑的这两个问题，只要完成了农业众筹项目并按承诺兑现投资者收益，就实现了创业初期的两大难题。这一模式缩短了资金与需求者、产品与消费者的距离。"淘宝众筹"的农业项目就是典型的采用消费型农业众筹。

2. 捐赠型农业众筹

　　捐赠型农业众筹融资的投资者投资项目的出发点是参与社会公益事业。近年来，社会公益事业发展较快，通过捐赠型农业众筹，投资者可以直接将资金捐赠给需要资金自力更生的贫困农村。该类项目成本较低，实现了帮助农村建设的目的，具有很大的社会意义。

3. 债券型农业众筹

债券型农业众筹具有规范的合同，相对于传统的民间亲属借贷更有稳定性，债券型农业众筹还本付息，增加了筹资成功率，同时也是对传统民间亲属借贷的改进和规范。

4. 股权型农业众筹

股权型农业众筹是指，发起人在平台发起涉农项目，承诺以项目股权作为回报，来获取筹资人投资支持的众筹模式。一般而言，该类型的投资者的回报包括投资土地使用权或者农业企业股权。目前，股权型农业众筹发展速度相对较慢，但随着相关法律制度的不断完善，它将逐步成为农业众筹中的重要类型。

> 2015年3月，国务院办公厅下发《关于发展众创空间推进大众创新创业的指导意见》，指出：开展互联网股权众筹融资试点，增强众筹对大众创新创业的服务能力。2015年5月《中华人民共和国证券法》修订草案中，限缩了公开发行的范围——"证券持有人数超过二百人后，十二个月内向特定对象发行证券不超过三十五人的，不视为公开发行"，同时规定"通过证券经营机构或者国务院证券监督管理机构认可的其他机构以互联网等众筹方式公开发行证券，发行人和投资者符合国务院证券监督管理机构规定的条件的，可以豁免注册或者核准"。草案第16条还规定向合格投资者公开发行证券，可以豁免注册或者核准。这意味着通过互联网等方式的众筹只要符合证监会的相关条件便不需要注册或核准。这为涉农股权众筹开辟了道路。
>
> （资料来源：根据相关资料整理。）

（四）推进农业众筹发展的措施

农业众筹虽在国外已发展较成熟，但2014年才开始在中国逐步成型，起步时间较晚，目前面临着诸如市场风险、金融风险、信用风险等，产生一系列诸如市场认可度和平台信任度低、运营成本高等一系列问题。为推进这一新型融资方式在农业领域的较好发展，应积极采取以下几方面措施：

1. 加强信息披露，建立健全信任机制

应在建立项目发起方（农产品生产者）与投资方兼消费者之间稳固经济利益联盟的基础上，加强信息披露，建立健全双方的信任机制。就众筹平台而言，要做好资料审核，确保信息安全性与真实性。同时加强线下信息核实工作，通过严格核查，加强对项目可行性论证和筛选，动态监管项目资金运营情况，及时公开信息，防范可能风险。就发起方而言，要完善众筹项目客户服务机制。加强线下与客户的互动沟通，可采用定期参观等活动，增加彼此的信任感，维系双方良好合作。此外，还可构建由投资方、众筹平台、

专业检验检测机构、消费者协会等共同参与的项目信用评价体系，完善项目信用评价，提高对项目发起方的诚信约束。

2. 完善监管机制，构建风险监控体系

首先应完善政府监管机制。要尽快出台和完善相关法律法规，规范发起方、投资方、众筹平台等的众筹行为，细化准入标准、保护机制、信用评价等，规范众筹行为。其次应建立健全科学的风险控制系统，从项目源、风险保证金、对项目人的评估以及事后追溯制度等方面入手，完善资金托管模式，严格把控资金流向，防范金融风险。同时应完善农业保险制度，降低农业生产过程损失，保证投资者利益。

3. 优化众筹模式，降低运营成本

项目发起方可开展农场联营、合作社运营等方式，促进生产、技术、流通等资源的有效整合，加强与农业高校和科研机构的合作，运用产学研结合的优势，引进现代化农业先进技术，采用现代化管理和科学生产方式，并建立与农业众筹平台相配套的农业物流体系，从整体上降低运营成本，加强灾害防抗能力，提高生产效率。

动动脑

1. 农业 PPP 主要用在哪些领域？如何实施？
2. 农业众筹是什么意思？请找找身边的农业众筹模式。

第三节 我国农村金融改革与创新

案例导入

国务院发展研究中心李伟：推动农村金融机构改革创新

当前，我国农村正处于经济转型和全面建成小康社会的关键阶段。2016年"两会"期间，习近平总书记在参加湖南代表团审议时强调，新形势下农业的主要矛盾已经由总量不足转变为结构性矛盾，推进农业供给侧结构性改革，是当前和今后一个时期我国农业政策改革和完善的主要方向。2016年的中央一号文件也明确提出要"推进农业供给侧结构性改革"。在农业供给侧结构性改革的背景下，我国农村金融市场基础和环境正在发生深刻的变化，对农村金融服务提出了新要求和新任务。

一是推进农村普惠金融服务，促进建成全面小康社会。2016年3月全国人大通过的《国民经济和社会发展第十三个五年规划纲要》，进一步明确了2020年全面建成小康社会的目标任务。推进农村普惠金融服务是加快实现农业现代化和农村建成全面小康的重要途径，需要农村金融机构针对中低收入农户的现实需求，积极创新产品和服务方式，加强基础工作，在有效控制信用风险的前提下加大金融服务的支持力度。

二是支持农业生产方式转型，促进农业现代化。截至 2015 年年底，全国已有 4.7 亿亩耕地完成确权登记颁证工作，有 4.4 亿亩土地实现了流转；全国种植面积 50 亩以上的专业大户已有 300 多万家，200 亩以上的家庭农场有 87 万家，注册登记的农民专业合作社达到 148 万家，各类产业化农业龙头企业达到 12 万家。随着这些新型农业经营主体的发展，农村信贷需求无论是面上还是点上，也无论是总量规模还是个体规模上都发生了重大变化，传统的信贷产品及其风控模式已很难适应，需要加快业务模式创新。

三是服务城镇化和农村产业融合发展，促进城乡一体化建设。随着我国城镇化的推进，农民向市民的转型加快，需要金融机构为之提供经营、消费方面的服务和支持。同时，在农业现代化过程中，农村一、二、三产业融合发展，农村产业链延长和价值链提升，也需要农村金融机构加大支持力度。

四是提供综合服务，促进农民增收。农村金融机构与农民共同发展是其业务可持续发展的根本途径。农民增收的关键在于提升技术水平，降低农业风险，提高市场议价能力。这就需要农村金融机构通过拓展服务领域、跨行业合作等方式，在技术咨询、市场开拓、品牌塑造、加工销售多个环节为"三农"提供综合金融服务。

面对农村金融服务的新形势和新任务，我们要进一步完善相关政策框架的顶层设计，推动农村金融机构深化改革，创新支农机制，建设高效、稳健、富有活力的农村金融服务体系。过去十多年我国农村金融机构在模式创新、服务体系、风险控制方面取得很大成效，但在服务机制、服务理念和服务方式等方面尚不适应当前的新要求和新任务。面对农业供给侧结构性改革的新形势和新的服务需求，特别是在大中型银行拓展农村的力度不断加大、农村金融机构面临利差缩小和客户流失压力的情况下，农村金融机构必须加快改革创新，不断提升竞争力和服务能力，为"三农"提供更好的金融服务。

（资料来源：中国经济时报，2016 年 10 月 30 日）

案例思考

农村金融发展经历了哪些阶段？不同阶段有何特点？

一、农村金融的内涵

（一）农村金融的概念

从交易性角度出发，农村金融是各经济主体交易行为，即各经济主体利用信用工具，有偿使用资金的经济系统及运动形式。从功能角度出发，农村金融是农村经济发展的金融动力，其内部包含复杂多样的金融产品和服务。因此农村金融应包含营利性金融及非营利性金融。营利性金融包括农村商业性金融，即农村正式商业性金融机构、其他金融机构经营农村业务部分及农村非正式金融。非营利性金融机构包括农村政策性金融、合作性金融及其他不以盈利为目的的金融形式。

（二）农村金融的形式

从法律意义上对传统与现代的农村金融进行区分，可将其分为农村正式金融与非正式金融。农村正式金融是指受到国家信用体系、监管机构及金融法规约束的金融机构，包括营利性与非营利性金融机构。农村非正式金融，又称民间金融，即在金融监管当局及金融法规约束之外的金融交易，如各种联合会、私人钱庄等。

二、我国农村正式金融发展

（一）我国农村正式金融发展与变迁

我国农村金融发展与变迁同我国经济体制的不断深化发展息息相关，主要经历了以下发展阶段。

1. 改革开放之前中国农村正式金融的变迁（1949—1978年）

新中国成立后，百业待兴。经济体制的高度集中与计划性，必然带来高度集中的金融体制。新中国成立初期中国人民银行是全国唯一的银行，也是唯一的金融机构，农业金融业务由国家统一进行信贷决策。随着生产力的解放，极大提高了农民的生产积极性，扩大再生产成为农户普遍需求，进而带动了对农村金融的需求。1951年人民银行提出加强农村金融工作和积极发展信用合作任务，将银行金融机构下设至乡镇，在集镇上建立营业所，同时帮助农村发展信用互助合作组织，建立信用互助合作社。1955年3月，我国建立农业银行，设立了省、地、县等各级分支机构，在全面办理农村存贷款等方面发挥了重要作用。我国初步形成以国家银行为领导、以农村信用社为基础的农村金融体系，对促进农业生产、金融支农方面起到了重要作用。

2. 经济体制转型时期中国农村正式金融的发展（1979—1993年）

1978党的十一届三中全会后通过了《中共中央关于加快农业发展若干问题的决定》，1979年2月曾被撤销的农业银行正式恢复，直属国务院，在省、自治区设立分行，地区设立中心支行，县设立支行，将中国人民银行管理的涉农金融移至农业银行，并由其统筹管理农村信用合作社，形成以农业银行为主体的、相对独立的金融体系。1984年我国农村经济体制改革进一步深化，乡镇企业迅猛发展，国家提出以提高资金效益为目标，将"农业银行企业化"，把农业银行改革为真正的经济实体，同时由其统一管理农信社。1987年1月，农行提出将信用社办为由农户和合作经济组织自愿入股的信用合作机构，使其成为集体所有制的合作金融组织，主要为社员服务，自主经营、自负盈亏、自担风险。此阶段，农业银行企业化速度加快，以货币经营、利润最大化为经营目标加速发展。农信社管理体制也有了初步改革，业务得到一定的发展，对农业生产、农村经济增长起到了一定的积极作用。

3. 社会主义市场经济体制下中国农村正式金融的发展（1994—2000年）

1993年我国确立中国特色社会主义经济体制改革方向，国务院通过相关决议提出我国应在农村有计划有步骤建立体现政策性、商业性和合作性相结合的农村金融体系。1994 年初，国务院批准组建农业发展银行（简称农发行），专门从事农业政策性金融业务。农发行以国家信用为基础，筹集农业信贷资金，代理财政性支农资金的拨付。1996 年，我国确立合作性、商业性及政策性分工协作的农村金融体系。1997 年根据《关于农村金融体制改革的决定》，农业银行基本完成了与农信社的脱钩，农信社恢复独立法人地位。1997 年央行颁布《农村信用合作社管理规定》，规定了其合作机制、股权设置、组织机构、运作范围等事项。而后四年间，央行不仅批准试点农村信用社联社，而且试点实施浮动利率等利率市场化改革。农村信用社在此期间迅速发展，对我国农村经济发展的金融支持起到重要作用。截至 2004 年一季度末，全国农民贷款规模约有 85.6% 来自农信社渠道，近七成的乡镇企业贷款来源于农信社。同时，中国农业银行完成迅速向真正国有商业银行转变，其政策性业务也被分离至农发行。但与此同时，农村商业性金融由于利润最大化驱使向城市转移。

4. 新形势下中国农村正式金融的发展（2000 年至今）

新形势下，我国进行了邮政储蓄、小额信贷试点、村镇银行等农村金融改革，为农村经济注入新的动力。2006 年末，中国邮政储蓄银行正式成立。邮政储蓄银行在广大农村地区拥有众多营业网点，有效地弥补因商业银行战略转移而形成的网点空缺，服务于"三农"，支持社会主义新农村建设。同年 12 月，银监会为鼓励、支持各银行类金融机构设立适合新农村建设的村镇性银行，放宽我国农村银行业准入标准，极大促进了村镇银行的发展。根据监管部门披露的数据显示，2009 年起多数村镇银行已经实现盈利，合计盈利 4 074 万元。村镇银行有力解决了农村地区金融网点覆盖率低、供给不足的问题。

（二）中国农村正式金融发展主要作用

经过多年的发展，我国农村已经建立的农村政策性、商业性、合作性金融架构，在我国农村经济发展过程中起到重要作用。

1. 保证了我国农村地区国家基本政策的顺利实施

对农村地区国家基本政策贯彻执行较为突出的是中国农业发展银行，其收购资金封闭管理的金融政策保证了国家对农产品收购管理政策实施，保护了农民的利益，将货币资金和商品资金的使用严格控制在粮棉油收购、储备、调销等购销活动中，努力做到收购资金贷款投放与对应的商品价值相等。进而较好地发挥了代替政府履行支农职责，促进了我国粮食流通体制改革的顺利进行，保护了农民的根本利益，起到了对"三农"的保护和支持作用。

2. 支持了农村经济建设和发展

以农业银行为例，长期以来，该金融机构一直是农业信贷投放的主要渠道，信贷领域广，贷款利率低，对农村区域政策和结构调整有着重要影响。其惠农政策，有效支持了农村地区脱贫工作的顺利进行。如农业银行研发的"金穗惠农卡"，利用该卡可以实现多种惠农政策。同时农业银行实行资金有偿、微利经营原则加大涉农贷款投放力度，涉农金融发展势头良好。农业银行按照"安全性、流动性、效益性"三性协调的原则选择信用农户，支持农副产品基地建设，支持龙头企业建设，加大对农村乡镇企业的支持力度，为农业和农村发展提供必要的支持。

3. 推进农村地区贷款利率市场化改革

以农村信用合作社为例，21世纪初，中国人民银行在农村地区首次实行利率市场化改革试点，其试点机构选择了根植于农村的农村信用合作社。以央行公布的贷款基准利率为标准，农村信用合作社的信贷利率可以适当上浮，但以基本利率两倍为限。其利率改革为我国农村利率市场化的推行起到了先行作用，有利于农村金融信贷定价机制市场化、合理化及可持续化。另一方面，随着农业银行等国有商业银行从农村地区全面撤退，农村信用合作社已逐步成为农村金融市场的主力军，有效弥补了国有商业银行在农村的空白。

三、中国农村非正式金融发展

（一）中国农村非正式金融发展历程

1. 农村非正式金融形成时期（1978—1992年）

改革开放以后，新型农村生产关系使农民作为生产经营者和剩余劳动成果的拥有者，调动了农民的生产积极性，由于扩大农业再生产、购买农业基本生产资料，农民的融资需求迅速增长。同时市场经济改革使农村地区个体、私营以及乡镇企业等多种经济主体扩大了农村金融需求。由于农村金融资源相对稀缺，农村正式金融难以满足日益增长的金融需求，使得合会、民间借贷、企业内部集资等民间金融形式得以逐步形成和发展。1984年我国《关于1984年农村工作的通知》中指出"允许农民和集体的资金自由或有组织地流动，不受地域限制"，允许农村民间借贷的存在与发展。在此宏观背景下，农村地区，特别是沿海地区的农村非正式金融发展较快。1985年6月，江苏大丰县万盈乡在全国率先成立了农村合作基金会。到1996年农村合作基金会的存款规模已达到农村信用合作社的11%。同时国家允许多种民间信用方式存在，包括存、贷款，股票，基金，信托等多种融资方式，这一时期农村非正式金融非常活跃。

2. 农村非正式金融整顿时期（1993—2003年）

1996年，国务院虽然充分肯定了农村合作基金会在满足农村金融需求的作用，但针对合作基金会吸收居民存款、违法经营、隐性风险巨大的现实，提出整顿合作基金会。1998年8月，国家颁布法令对全国各种形式的"会"，如基金会、互助会、储金会，包括资金、股金服务部，各类投资公司进行整顿。亚洲金融危机爆发后，为防范金融风险，国家全面取缔农村合作基金会，要求符合一定基本条件的基金会并入农信社，对资不抵债的基金会，实行清盘、关闭。这一时期的农村非正式金融规模剧减，一些各类形式的

"会"及各类投资公司转为暗处经营。

3. 农村非正式金融复苏时期（2004年至今）

2004年，中央一号文件鼓励利用社会资金及外资兴办服务于农村的金融机构。2006年12月，银监会选择四川、青海等试点地区，鼓励社会资本及外资在农村地区建立村镇银行、社区银行及专营贷款的信贷机构。

（二）中国农村非正式金融的主要作用

1. 有效弥补农村正式金融的缺口

对于农村经济主体而言，正式渠道的金融资源相对稀缺，由于金融体制的限制，农村经济主体较难从正式金融部门获得信贷支持，因而选择非正式金融渠道融资，有效弥补了农村正式金融的缺口。

2. 扩宽农村融资渠道

农村中一些企业和农村存在发展、扩大再生产的需求，但由于其自身条件难以满足农村正式金融的信贷条件，很难在农村正式金融中获得金融支持。但是这些企业是我国农村经济中较为活跃的力量，是农村经济发展的动力，对于发展农村经济建设具有重要的意义。而农村中非正式金融经营灵活，担保、抵押手续较少，甚至大部分是无担保和抵押等信贷条件，扩宽了农村中小企业和农户的融资渠道，同时调动社会剩余资金进入生产流通领域，带动民间投资的发展，解决农村经济发展的瓶颈问题，客观上支持了农村的经济建设。

3. 促进竞争性农村金融体系的形成

计划经济体制下，农村仅有的正式金融机构起到吸收农村存款支持城市工业化建设的基本作用，农村金融体系缺乏竞争机制。改革开放以后，民间金融的逐渐兴起，打破国有银行的垄断地位，农村的金融机构不再仅为国有独资与集体经济的形式，有了个人借贷、互助性质的合会等形式。并以其灵活的经营方式，促进了正式金融的利率改革及服务方式的转变，有效促进多元竞争的农村金融体系的形成。

四、我国农村普惠金融发展

（一）农村普惠金融内涵

1. 普惠金融的含义

普惠金融这个概念是联合国率先在宣传2005小额信贷年时广泛运用的词汇。其基本含义是：能有效、全方位地为社会所有阶层和群体提供服务的金融体系。

普惠金融包括以下几点内涵。

①普惠金融应该是区别于传统金融的一种理念，强调机会的平等。传统的金融体系并没有为所有人尤其是弱势群体提供有效的金融服务，而普惠金融旨在为社会所有阶层

群体，尤其是弱势群体提供所需要的金融服务。

②普惠金融应考虑到服务成本，强调成本的可负担性，即无论是对普惠金融服务的供给者还是需求者来说成本都是可负担的。

③普惠金融服务应该具有可持续性，即普惠金融在成本收益上要存在可持续发展的机制。从普惠金融发展的方向来看，这种可持续性应是商业可持续性。

2. 农村普惠金融的含义

农村普惠金融，即能为农村广大居民提供低成本、高效率、现代化的金融服务的体系和方式，尤其为农村贫困农户和小微经济体提供一种与其他客户平等享受现代金融服务的机会和权利。农村普惠金融是一个完整的体系，包括一切为农村经济服务的普惠金融制度、普惠金融机构、普惠金融工具及普惠金融活动的总称。

农村普惠金融服务除了金融服务机构所提供的有形服务网点、服务产品、服务方式之外，还包括启动农村居民金融理念、丰富农村居民金融知识、拓宽农村居民金融理财渠道、开辟财产保险途径等。农村普惠金融体系的运行不仅要能够满足农村经济主体的正常金融需求，促进农村经济的持续发展和农民收入的稳定增长，还需要能够实现对如贫困农户和融资困难的农村小微企业等农村弱势群体提供有效的金融服务的功能。

> 2013 年 11 月召开的中国共产党十八届三中全会通过了《中共中央关于全面深化改革若干重大问题的决定》，《决定》提出要"完善金融市场体系"，其中强调要"发展普惠金融"。推进普惠金融发展，构建普惠金融体系成了下一步改革举措中的重要一环。农村金融仍是整个金融体系中最为薄弱的环节，发展农村普惠金融应是下一步我国金融体系改革的重点所在。2015 年 10 月召开的中国共产党的十八届五中全会提出要"全面建成小康社会"，特别强调要"坚持共享发展""实施脱贫攻坚工程"。发展农村普惠金融是实现农民尤其是农村贫困人口共享改革开放成果，实施金融扶贫的重要途径，是全面建成小康社会的必然要求。
>
> （资料来源：根据相关资料整理。）

（二）我国农村普惠金融改革

我国的农村普惠金融体系是由正规金融组织和非正规金融组织所构成的。正规金融机构构成了农村普惠金融发展的主体力量，而非正规金融机构是农村普惠金融发展重要的补充力量。

1. 农村普惠金融下正式金融改革

由于经济体制转轨、农村金融机构的历史功能等多种原因，我国农村正式金融在发展过程中存在着一些问题，制约着支农功能的发挥。如农村地区金融机构网点不足，农村正式金融存在普遍抑制；国有政策性银行业务过于单一，信贷资产质量较低等。今后要从以下几方面加强农村普惠金融下正式金融改革。

（1）商业性金融改革

首先，商业性金融机构要有普惠理念的创新。其次，商业性金融机构要有模式和产品的创新。针对农村金融市场的多样化需求，商业性金融机构需要根据市场需求进行金融产品和服务方式的创新，提高涉农金融服务质量和服务效率。再次，商业性金融机构要有技术的创新。要充分利用互联网金融，降低信息不对称和交易成本，实现了金融交易个性化、低成本、广覆盖、高效率的目标，使在传统金融环境下无法盈利的普惠金融业务得以盈利，实现商业的可持续发展。

（2）合作性金融改革

首先，尊重农村信用社产权制度改革的选择权。应当通过完善"法人"治理机制，合理设置股权结构等措施提高治理效率。同时还必须坚持服务"三农"的方向，参照商业性金融机构的引导和激励措施，实现农村信用社商业化经营目标与履行普惠金融实践的有机统一。其次，发展新型农村合作金融组织。目前我国农村的新型农村合作金融组织主要包括两类，一是农民资金互助社，二是农民专业合作社下设的合作金融机构。应在管理民主、运行规范、带动力强的农民合作社和供销合作社基础上，培育发展农村合作金融，不断丰富农村地区金融机构类型。坚持社员制、封闭性原则，在不对外吸储放贷、不支付固定回报的前提下，推动社区性农村资金互助组织发展。

（3）政策性金融改革

目前，中国农业发展银行是我国唯一的一家农业政策性银行。作为我国农村政策性金融体系的核心，农发行功能应该更加全面，支农业务范围应该更大，以推动农村地区全面发展。首先，农发行的功能布局应进行重构。其业务重点应从粮食流通领域转向农业生产领域，将其信贷业务范围更多地转向农业生产和农业基础设施贷款等方面，以及农业科技发展、水利建设，农业基础设施保护等旨在提高农业经济可持续发展能力的项目。其次，农发行应加强和其他农村金融机构的合作，通过合作对这些金融机构开展涉农业务进行引导，以放大政策性金融的功能影响。

（4）新型农村金融机构创建

2006年中国银监会发布《关于调整放宽农村地区银行业金融机构准入政策，更好支持社会主义新农村建设的若干意见》，提出要在农村增设村镇银行、贷款公司和农村资金互助社三类金融机构，以扩大农村金融服务供给。据中国人民银行统计，2015年末，全国村镇银行、农村资金互助社、贷款公司、小额贷款公司总数达11 893家，较上年末增长17.7%。新型农村金融机构的发展壮大，有助于增强农村金融市场的竞争，提高农村金融市场效率，满足农村普惠金强服务的有效需求，促进农村普惠金融的发展。

2. 农村普惠金融下非正式金融改革

目前，农村非正式金融存在借贷利率难以有效控制、易滋生借贷纠纷、金融风险难以管控等问题，对其改革应从以下几方面入手。

（1）制定和完善相关法律法规

目前，我国关于非正规金融的法律尚处于缺位状态，非正规金融游离于政府监管和法律法规约束之外成为其面临问题和风险的首要原因。因此，应尽快制定和完善相关的法律法规，将非正规金融阳光化、合法化、规范化。这将有利于为农村非正规金融发展提供必备的法律环境，加强对非正规金融的监管，防范金融风险。

（2）建立和完善内部治理结构和风险内控结构

金融主管部门应放松民间资本参与金融化构改革和发起新型金融机构的限制，引导民间资本流向正规金融活动。另外，根据非正规金融的组织、规模、财务状况和资质的不同，制定相应的标准，制定转型或者升级的方式对非正规金融机构进行改革，将其转变成为正规金融机构。这将有利于建立非正规金融组织缺乏的内部治理结构和风险内控结构，同时增强农村金融市场的竞争性。

（3）强化对农村非正规金融活动的监管

活动于农村地区的非正规金融具有隐蔽性和分散性的特征，现有的监管制度和体系难以对其进行有效监管。因此，应创新非正规金融的管理办法，建立非正规金融备案管理制度，建立健全非正规金融监测体系。同时，应适当调整现有的监管主体及体系，可以逐步建立银监会、地方各级政府分级监管的制度，并按照非正规金融组织形式的不同，规模和风险水平的差异等情况，确定不同的监管标准。

🔑 动动脑

1. 我国农场正式金融和非正式金融各自经历了怎样的变迁？其变迁的原因是什么？
2. 农村普惠金融是什么意思？请谈谈你了解的农村普惠金融改革。

🍃 链接案例

广西壮族自治区田东普惠型农村金融改革

一、田东县概况

田东县位于广西壮族自治区西部，属广西百色市管辖县，地处右江河谷腹部，全县总面积 2 816 平方公里，辖 9 镇 1 乡 167 个行政村（街道、社区），人口 43 万人。田东是一个以壮族为主体的多民族聚居县，是邓小平等老一辈无产阶级革命家领导和发动百色起义的策源地，田东也被称作为"中国芒果之乡"。

在 2009 年之前，田东县是以农业为主的农业县，经济落后，人民生活水平不高，属于贫困地区。全县一共有 167 个行政村中有 95 个是贫困村，贫困村占比高达 58%。县域经济落后，农村金融自然也落后，主要表现在以下几个方面。

（一）全县信贷规模小，金融供给严重不足

全县总存款余额在 2007 年年底时仅为 27 亿元，占广西全区的总存款余额的 0.47%；总贷款余额为 20 亿元，占广西总贷款余额的 0.46%。这表明田东信贷规模在广西处于很低的水平。造成县域金融这样的状况，当然主要是田东经济和农村经济发展都比较缓慢，农民对信贷需求有限，而商业银行因为信贷规模小无利可图，纷纷退出县域经济，减少了县域支行对县域信贷审批的额度。田东农信社、邮储行基本上是实行"只存不贷"的业务模式，更造成农村信贷供给量无法增长。

（二）田东县金融基础设施极度落后

2007 年，田东县域内金融机构为数不多，银行网点为 5 个，信用社网点只有 1 个，商业性保险公司为 9 个。而且这些金融机构在地理上的分布极其不均衡，这些为数不多的金融机构大部分处于田东县域城关镇，住在离城关镇偏远的农村地区的农户想要办理一些关于农业耕种等金融业务，非常不便。另外，金融服务相配套设施缺乏，如硬件方面，ATM 取款机、POS 转账机、电话转账设备、电子银行等在田东县基本不存在；软件方面，金融服务从业人员缺乏，老百姓缺乏金融意识，县域缺乏金融氛围。

（三）农民信贷手续烦琐，农村金融风险控制能力差

由于农民缺乏抵押物，加上农民的信用体系未建立，金融机构在对农民进行授信时，为了规避风险、降低不良资产，设计出一套十分烦琐的信贷审批程序，造成融资成本大大提高。"过死过硬"的信贷考核体系对双方来说都加大了其信贷成本，甚至造成了金融机构不愿贷、农民不愿借的状况。同时，由于缺乏完善的竞争性农村金融体系，县域内金融机构发展故步自封，使得自身的风险控制能力较低，不良资产减不下去，效益上不来。

田东县的金融问题使得金融机构的贷款资金因风险大和收益低而不愿回笼农村地区，因此信贷供给不足，农村地区的农民因成本原因规避信贷，因而金融需求不足。"需求不足"和"供给不足"相互影响，恶性循环，共同造成了田东农村金融长期处于低迷状态，止步不前。

二、田东普惠型农村金融改革实践模式

农村金融改革的最根本的目的在于促进农村生产力的发展，发展农村经济，解决"三农"问题。农村金融服务的普及能够实现经济增长和缓解贫困的双赢。金融改革最核心的问题就是建立一个有效率的农村金融市场，而有效率的金融市场必须建立在金融机构功能充分发挥的基础上。因此，仅对现有金融体制进行修修补补是无济于事的，应该以全局的眼光，以建立高效、充分发挥其金融功能的农村金融体系为目标，从整体上深

化农村金融改革。田东农村金融改革摒弃"机构观"为指导，以"金融功能观"为理论基础，构建普惠型农村金融为目标，经过6年多的发展，一个"低成本、广覆盖、风险可控、适度竞争"的普惠型农村金融体系已经基本建成。

（一）政府主导：普惠型农村金融体系构建的关键

农村金融市场固有特征会导致市场自我约束因素的存在，其中脆弱性约束、运营约束、能力约束、政治和管制约束都制约着农村金融服务的普及。在完全市场条件下，由于农村金融高风险、低收益的特点，商业性金融机构不愿意向农村提供金融服务，存在供需矛盾。在市场失灵的情况下，政府通过制度建设，构建有利于农村金融市场金融环境，激励金融机构充分发挥自身的优势，有利于增加农村金融供给，政府成为普惠型农村金融体系构建的关键。

1. 完善农村金融组织体系

普惠型农村金融的目标是为农村各个阶层群体提供有效的金融服务，消除金融歧视。完善的农村金融组织体系是保持农村金融机构适度竞争，激发其"支农"动力，提高金融普惠程度的基础。田东农村金融改革小组通过产权改革、机构建设等，提高田东县金融机构服务"三农"的力度，同时鼓励金融机构开发新的产品和改善服务，充分发挥各类金融机构职能，更好地满足农户和农村中小企业的金融需求。广西金融投资集团田东综合金融服务中心、广西国海证券田东营业部、北部湾田东村镇银行、烁城小额贷款公司等企业的成立或者入驻进一步完善了田东农村金融组织体系。

田东农村金融组织体系包括监督机构——人民银行田东中心支行，广西银监分局田东办事处，商业性金融机构商业性银行、保险公司、担保公司等，政策性金融机构——农发行，合作性金融机构——资金互助社，其他——广西金融投资集团综合金融服务中心等。各个金融机构依据自身特点结合田东县农村金融需求的实际情况开展业务，为农户和中小企业带来了实实在在的实惠。多种性质金融机构分工协作，对农村金融资源进行有效配置，形成一个发展农业、提高农户收入、发展农村经济的整体协调的金融组织体系。农村产权交易中心能够为农户和农村中小企业和农户的资产找到一个交易的场所，提高农村资产的流动性；政策性金融来源于政府，是国家政策层面意向和方向的体现，更多是一种扶贫性质的金融；合作性金融基于自愿合作互助原则，主要用来满足社员金融需求，以社员利益最大化为经营的最高目标；商业性金融源于市场，其经营的主要目标是商业性利润最大化，是构建普惠型农村金融服务的中坚力量，广西金融集团发挥综合金融服务的功能，起拾遗补阙的作用。目前，田东金融组织体系能够基本满足了各个阶层群体的金融需求。

2. 完善农村金融支付体系

现代化支付系统作为现代经济金融运行枢纽工程，它能否畅通无阻，直接影响商品社会经济活动的效率和效益。普惠型农村金融需要在储蓄、信贷、汇兑、理财等金融业务在农村得到普及，实现金融服务的公平性。但是，与城市相比，农村金融服务基础设施落后，支付清算网络在农村覆盖率低，支付结算费用高，制约了农户和中小企业金融支付结算服务的可获得性。通过加大农村金融支付网络建设的投入，田东县基本解决了农村支付难的问题。2010 年，田东县在全国第一个实现每个行政村，村村通转账支付电话，并且实现大小额支付系统覆盖所有乡镇。因为在农村金融支付体系建设上突出表现，中国人民银行确定田东县为"全国农村支付服务环境建设联系点"。截至 2014 年年末，全县安装 ATM 机 93 台，POS 机 1 310 台，转账电话 885 台。在此基础上，田东农商行在全县布设桂盛通支付端 333 套，设立助农取现点 238 个，已经实现"银行卡助农取款服务点"向屯级及新型移民社区延伸，支付结算的普惠程度有了很大提升。

3. 完善农村信用体系

2011 年 10 月，田东县因农村金融信用体系建设成效显著而获评广西第一个"信用县"。2012 年，为了解决金融机构与企业之间的信息不对称问题，田东县出台了《田东县企业信用信息体系建设工作方案》。截至 2014 年年末，各金融机构累计向农户发放超 20 亿元小额信用贷款。信用体系的建设，支农效果明显。

4. 推进农村担保体系建设

为了完善田东农村融资担保体系，田东县人民政府出资创办田东县助农担保有限公司，该公司在一定程度上解决了农村中小企业和农户因季节性资金需求造成的资金流转不畅通的问题。国有企业广西金融投资集团田东综合服务中心累计为中小企业提供担保融资 2.98 亿元，其中从县外引入资金超过 2 亿元。广西金融投资集团旗下广西中小企业融资担保公司不断创新和拓宽担保融资渠道，在开展林权、土地流转经营权等抵押反担保的基础上，探索用户的预期经济效益作为抵押反担保。同时，百色市银信投资担保公司进入田东开展业务，一定程度缓解了田东农村的融资担保需求。通过信用体系和担保体系的建设，降低了金融机构贷款的成本，分散了贷款机构的风险，提高了田东农村信贷的覆盖率。

5. 推进农村政策性保险体系

农业的弱质性、农户保险意识缺乏等因素制约田东农业保险的开展。田东农村金融改革小组采取政策性农业保险模式，通过财政补贴等，激励田东农户购买保险和各保险公司积极开展农业保险业务。保险公司根据田东具体实践情况开展了甘蔗种植保险、竹子种植保险、芒果种植保险、能繁母猪保险、农村住房保险和农村独生子女爱心保险、村干部意外伤害综合保险等险种。

田东县发展政策性农业保险的措施主要有几点：①健全网络，优化服务。田东在各乡镇建立"农村保险服务站"，在各行政村设立"保险服务点"，成为广西首个实现涉农保险全覆盖的县。②因地制宜，创新品种。自金融改革以来，田东先后开展了香蕉、甘蔗、芒果、竹子等特色农业种植保险险种。2014 年年底，田东县涉农保险合计覆盖率达到 62.28%；新型农村合作医疗保险参保率达 96.46%，广大农户的保险意识得到极大提高。③信贷、保险、担保联动。田东创新开展农户"贷款＋保险＋担保"支农模式，农村人身保险、特色农产品保险和助农贷款担保产品的组合销售，一方面提高了农村保险市场覆盖率，另一方面有效降低了银行信贷风险。

6. 建立农村信贷风险补偿与奖励机制

农村金融业务具有外部性，是一种准公共产品，其完全商业化必然导致市场的萎缩。市场失灵导致的金融排斥问题是可以通过得当的经济政策解决的，政府可以通过制定相关法律政策和监管机制，改善金融基础设施和外部环境，如信息披露质量、消费者保护、信用环境等来改善农村金融服务。建立农村信贷风险补偿与信贷支农奖励机制能够有效激励金融机构的增加支农力度。田东县先后出台了《涉农贷款奖励暂行办法》《加快推进农村金融改革试点工作方案》《农户小额贷款风险补偿暂行办法》，对金融机构涉农贷款业务、涉农保险业务予以奖励和补贴。为了降低金融机构经营成本，田东县为涉农金融机构争取优惠税收政策。例如，农村金融服务机构按3％的税率征收营业税。田东县政府通过税收、奖励和补贴等手段，增加了金融机构在涉农业务上的风险补偿。

7. 建立"农金村办"新思维与新模式

农村信贷经营成本始终是制约金融机构深入农村开展业务因素。设立固定的实体金融分支机构，意味着高额的固定资产投资和人工成本。在地域辽阔、人口稀疏、经济落后的村镇或者设立的分支机构通常不能够实现盈利，市场化的金融企业，会选择退出这些区域。田东农村金融改革小组大胆创新，设立农村金融服务办公室，开创"农金村办"服务模式，一方面降低了金融机构信贷业务的经营成本，另一方面也便于农户信贷资金的获得，真正实现信贷等金融服务向屯级的普及。"农金村办"即借助村两委的力量发展农村金融。"三农金融服务室"设在村两委办公场所，成员由村里具有一定经济地位和声望的人组成。"三农金融服务室"的工作人员负责将银行的金融服务与农户需求对接，在这里实际上担当了银行的委托代理人。以村为单位的农户小额贷款停牌机制将整个村的信用捆绑在一起，最大限度地减少了金融机构贷款的损失。田东"农金村办"模式充分利用了现有农村的资源，使得银行可以在低成本下将金融服务供给农村农户。

（二）金融机构：普惠型农村金融体系构建的主力军

政府仅作为政策的制定者，最后所有的农村金融服务都需要金融机构来加以落实。金融机构作为普惠型农村金融体系的主力军，它的实际举措决定着农村金融服务的质量和普惠程度。目前，田东农村商业性金融机构主要包括中国农业银行、邮政储蓄银行、农村商业银行、村镇银行等9家银行业金融机构，以及各种农业保险公司9家，小额贷款公司等非银行金融机构3家。在"机构观"引导下，机构的增减并没有在实质上改变农村金融服务供给不足、供需矛盾突出的现象。只有发挥好各种类型金融机构的职能，才能从根本上解决农村金融的供需矛盾，推动普惠型农村金融的可持续发展。

1. 农村信用社先行先试

田东县农村信用社先后改制为田东农村合作银行、田东农村商业银行。田东农村商业银行分支机构基本遍布田东的所有乡镇，是田东所有金融机构中网点分布最广的金融机构。经过股份制改革，田东农村商业银行广泛吸纳社会资金，股权结构逐渐多元化，投资股比重逐渐提高，形成了良好的公司治理股权结构。同时，田东农村商业银行的流动资金贷款授信权限提高到1 200万元。银行治理能力的改善，授信权限的提高，田东农村商业银行的支农能力得到提升，使其能够更好满足农村各个阶层群体的金融需求。

田东农村商业银行开发了"农贷易"金融产品。"农贷易"金融产品是2009年田东农村商业银行首创推出的一项创新性信贷业务，手续便捷、速度快、耗时短是该产品的亮点。该产品受惠对象是从事农业活动的经营者，主要依托"农金村办"金融服务模式平台，通过深入村屯采集农户信息，对农户信用评级并授权贷款额度，被评定为信用户的农户就可直接到田东农村商业银行获得贷款额度内信贷资金，有效破解了农民贷款难的问题。

2. 传统金融机构强力创新

为了积极配合政府推进金融改革的工作，传统的金融机构基于自身的特点出台相应的政策，增加支农金融服务。中国农业银行提高田东县支行贷款审批权限，畅通信贷审批通道，并指定一名副行长负责联系田东支行上报项目。农行总行也明确对田东上报的项目在必要时给予特别审批。农总行为田东支行配备"三农"专用车，广西区分行为田东支行配置"三农"专项费用，增加了用工指标。邮政储蓄银行广西区分行支持田东县支行对符合贷款条件的妇女在贷款利率上给予优惠，该政策从2009年7月份推出后，截至2010年6月末，累计发放"妇女创业"贷款62笔，金额360万元。中国农业发展银行开展的主要工作有：①贷款资金计划首先保证田东的需求；②贷款项目的申报实行"三级联动"的调查方式，减少调查环节，以提高办贷款效率；③对田东申报的项目贷款利率不上浮。传统商业性金融机构的举措进一步方便田东农村农户和中小企业信贷资金的获得性。

3. 新型金融机构互补优势

2009年，北部湾田东村镇银行成立，以"服务三农和支持县域经济发展"为立足点，进一步增强了田东的支农服务力度。北部湾田东村镇银行相比其他商业银行具有本地化特征，它更加熟悉田东农村的基本情况，利用信息上的相对优势，它实现贷款审批的高效率。田东北部湾村镇银行的发展，在一定程度上满足了广大农户的季节性农业生产资金需求和中小企业的流动性资金需求，为整个农业产业链的持续健康发展提供了保障。广西北部湾银行向田东北部湾村镇银行免费提供ATM、POS等机具，代理发行广西北部湾银行发行桂花卡，开通网上银行业务，个人存款业务与广西北部湾银行实现通存通兑，扩展农村支付结算的渠道，给田东百姓带来了便利。

2009年，田东鸿翔农村资金互助社、思林竹海农村资金互助社分别成立。田东鸿翔农村资金互助社主要为本社社员提供资金结算和授信等金融服务，能够有效缓解社员农业生产和规模扩张资金的不足，促进农业的产业化和集约化。思林竹海农村资金互助社建立在思林镇竹子产业农民生产合作社基础上，由竹子产业农民合作社和龙头企业金荣纸业有限公司共同出资设立。农村资金互助社将农业龙头企业、农民生产合作社和农户三者紧密地结合在一起，实现了龙头企业和农户双赢的局面。首先，农业产业合作社将原本分散的家庭种植、养殖集合在一起，有利于农户之间分享技术、经验，这种集约化的经营方式能够产生规模效应，降低成本。其次，资金互助合作社通过与龙头企业的合作，使得农户的种植在病虫防治、气象灾害预防、品种选择等方面能够得到农业龙头企业专业化指导，且农产品的销售渠道和价格都有了保障，有效地降低农户的生产经营风险。同时，龙头企业也有了稳定可靠的原材料来源。最后，龙头企业为农户提供担保，农村资金互助合作社和农民生产合作社的联合，在一定程度上有助于解决困扰田东农村信贷业务缺乏抵押物和信息不对称的问题，方便金融机构为农户提供农业生产资金贷款。

（三）农户和中小企业配合：普惠型农村金融体系构建的基础

农村经济和农村金融二者具有相辅相成的关系，一方的繁荣将促进另外一方的发展，一方萧条也必将造成另外一方的危机。农村繁荣、农业发展和农民收入的提高是促进普惠型农村金融持续发展的目的，也是重要保障。金融改革之前，革命老区田东作为农业为主的国家级贫困县，农村经济落后，农村金融市场逐渐萎缩，农户和中小企业有效的金融需求得不到满足。田东普惠型农村改革以来，农村金融供给有了显著提高。金融机构鼓励有条件、有能力的农户和中小企业申请贷款，这大大激发了农户和中小企业创业和扩大自身生产规模的热情。农户和中小企业紧紧抓住金融改革的机遇，加快农业结构调整，大力发展农村经济。

农户发展优质粮、畜牧、水果、蔬菜等主导产业，同时积极形成农业新型经营主体。中小企业进驻产业化园区，形成产业集聚。广西新亚东农业开发有限公司、壮乡福地农业开发公司等农业龙头企业，采取"公司＋专业合作社＋基地＋农户"的发展模式，全力打造农产品冷链物流园区，推进农业产业化发展。"公司＋专业合作社＋基地＋农户"的发展模式改变了以往农户单打独斗的局面。农户可以获得龙头企业专业的种植和养殖指导，大大地提高种植、养殖的效率。龙头企业为农户提供涉农贷款担保，有效地解决农户生产性资金的不足。通过龙头企业辐射带动，农户积极发展农村合作经济组织，创建了蔬菜、香米、芒果、香蕉等农民专业合作社，建立了以精品小番茄为主的特色种植基地、南菜北运生产基地、优质芒果生产基地、香蕉标准化生产基地、糖料生产基地。农户建立生猪标准化规模饲养场，2010年带动全县生猪饲养量达49万头，人均猪肉占有量55.48公斤。农户建立养鸡农民专业合作社，引进养殖龙头企业，注册商品品牌。2011年，全县林下养鸡出栏肉鸡421.3万羽，成为促进畜牧业生产发展新的亮点。农户和中小企业配合，发展新型农业经营主体，推进农业产业化和规模化，田东的农村经济有了很大的发展，这就为田东普惠型农村金融的进一步发展奠定了基础。

复习思考题

1. 什么是资本？资本具有哪些特点？

2. 请简述资本对农村发展的贡献。

3. 什么是农业投资？政府农业投资具备哪些特征？

4. 请简述政府农业投资的领域。

5. 什么是农业 PPP？其基本原则和重点领域有哪些？

6. 请简述如何实施农业 PPP 项目。

7. 什么是农业众筹？请简述农业众筹的组成部分和流程。

8. 请简述新时期下，如何进一步推进农业众筹的发展。

9. 什么是农村金融？什么是农村正式金融和农村非正式金融？

10. 什么是农村普惠金融？新时期下应如何推进我国农村普惠金融改革。

第七章 技术进步：农业科技创新与农业技术推广

学习目标

1. 掌握农业技术进步的内涵，了解我国农业技术进步的发展历程及其对农村发展的贡献；

2. 掌握农业科技创新的内涵、特点和要素，理解新时期下农业科技创新的发展目标和重点任务；

3. 掌握农业技术推广的内涵，了解我国农业技术推广发展历程，理解新时期下如何实现农业技术推广的改革。

第一节　技术进步及其对农村发展的贡献

案例导入

2020年农业科技进步贡献率力争达到60%

十二届全国人大常委会第二十五次会议在北京人民大会堂举行第二次全体会议。受国务院委托，农业部部长韩长赋向会议作关于农林科技创新工作情况的报告。韩长赋表示，到"十二五"时期末，我国已建立起中央和地方层级架构完整，涵盖科研、教学、推广的农林科技体系，机构数量、人员规模、产业和学科覆盖面均为全球之最。"十三五"要坚持不懈加大农林科技改革创新力度，力争到2020年，农业科技进步贡献率达到60%，林业科技进步贡献率达到55%。

韩长赋说，总体上，我国农林科技整体研发水平在发展中国家居领先地位，与发达国家的差距逐步缩小。2015年，农业科技进步贡献率为56%，林业科技进步贡献率为48%，主要农作物良种基本实现全覆盖，主要造林树种良种使用率为61%，主要农作物耕种收综合机械化率为63.8%，森林覆盖率为21.66%。我国农林业发展已经进入到更加依靠科技进步的新阶段。

韩长赋表示，我国近年来大力推进农林科技创新，取得了显著成效。以现代农林业发展为导向，系统谋划农林科技创新工作；以重大科技项目为载体，强化农林科技自主创新；以科技创新联盟和产业技术体系为抓手，促进科技与产业结合；以种业权益改革和良种联合攻关为突破口，推动种业科技体制机制创新；以农技推广体系改革与建设为重点，加快农林科技成果转化与应用。

韩长赋指出，虽然农林科技创新取得很大成绩，但从实施创新驱动发展战略、推进农林业现代化发展的全局来看，从推进农林供给侧结构性改革、促进绿色发展、提高质量效益和竞争力的新任务来看，还存在着明显差距。农林科技供给与加快推进现代农林业发展的需求不相适应，农林科技管理机制与激发活力、提高效率的要求不相适应，农林科技人才队伍建设与应对国际科技竞争的挑战不相适应。

韩长赋表示，下一步将重点抓好以下几项工作：突出问题导向，推进农林科技体制机制改革；立足现代农业发展和生态建设需求，增强农林科技供给能力；聚焦市场需求，加快科技成果转化与推广应用；强化智力支撑，推进现代农林人才队伍建设；加大支持力度，提高农林科技工作保障水平。通过不断努力，到2020年，农业科技进步贡献率达到 60%，林业科技进步贡献率达到 55%，主要造林树种良种使用率达到 75%，主要农作物耕种收综合机械化率达到 70%，森林覆盖率达到 23.04%。

（资料来源：农民日报，2016 年 12 月 24 日 ）

案例思考

什么是农业技术进步？农业技术进步和农业科技贡献率有何关系？

一、农业技术进步的内涵

（一）农业技术进步的概念

1. 技术进步

技术进步是指一定量的投入能生产更多的产出，或者一定量的产出只需要更少的投入。技术进步可以大幅提高生产率，提高产品的市场竞争力，充分利用有限的自然资源，降低生产消耗与生产成本，减少劳动者的劳动强度，提高劳动者素质，最终促进经济持续快速增长。因此，技术进步是促进经济增长的关键性因素。

2. 农业技术进步

农业技术进步是指在发展农业生产中，不断地用生产效率更高的先进科学技术代替生产效率低下的落后技术，以促进农业生产力的发展。狭义的农业技术进步主要是指农业生产技术的进步，包括机械技术、物理技术、化学技术、生物信息技术等农业有关的硬技术的进步。广义的农业技术进步，包括农业生产技术（自然科学技术）的进步和农业经济管理（社会科学技术）的进步，其中后者主要是农业发展有关的决策、管理方面的软技术的进步。

（二）农业技术进步的内容

1. 农业生产条件方面的技术进步

农业生产条件方面的技术进步是指农业中固定资本的增加，是农业集约化最重要的标志。包括：农业生产工具的进步（即农业机械化），农业能源的进步（石油、电力、新能源开发），农业基础设施的进步（农业水利设施、农田基本建设以及农业辅助设施等）。

2. 农业生产技术方面的技术进步

这主要包括：良种选育技术进步（高产、优质、抗逆性强的新品种、转基因作物等）、农作物耕作栽培技术的进步、土壤改良技术的进步、化肥和平衡施肥技术的进步、动植物病虫害防治和动植物生长激素技术的进步、畜禽饲养、水产养殖技术的进步等。

3. 农业生产管理方面的技术进步

农业管理技术随着农业市场化、专业化、社会化的发展而不断完善。主要包括：预测技术、资源配置技术、现代信息技术应用等。

（三）农业技术进步的类型

根据形成方式，农业技术进步主要包括以下三种类型。

1. 劳动节约型技术

以提高劳动效率的技术为主，节约大量的活劳动消耗。机械技术是劳动节约型技术的主体。这类技术比较适用于劳动力资源严重不足、劳动力文化素质较高、资本有保障的国家和地区，通过先进适用农业技术装备来提高劳动效率，从而节约大量的劳动消耗。

2. 资源节约型技术

主要是能使活劳动以外的其他经济资源，特别是土地资源的生产效率明显提高的技术，以提高单位资源的生产能力。精耕细作、使用良种、施用有机肥料和现代生物化学技术是资源节约型技术的主体。这类技术适用于劳动力充裕、投资能力强的国家和地区，提高单位资源的生产能力，解决资源不足的矛盾。也可以为更多的劳动力在有限的资源条件下提供就业机会，减轻就业的社会压力。

3. 中性技术

使资源节约型技术和劳动节约型技术密切结合，取长补短，综合运用的农业技术。综合劳动节约型技术和资源节约型技术的优点，使劳动生产率和资源生产率同时提高。然而，这类技术应用需要较好的社会经济条件，尤其是较多的投资和劳动者较高的素质。

二、我国农业技术进步的发展

从新中国成立以来到现在，我国农业经历了"吃饭农业"到"商品农业"到向"现代农业"转变的过程。其中，我国农业技术进步发展阶段简单概括如下。

（一）起步阶段（1949—1978 年）

1949—1978 年中国的农业，基本上可以称之为"吃饭农业"。这一时期，农业生产资源的配置，是以满足人们自下而上的基本生存需要为主要目的。在发展的过程中，政府出台了一些提高农业生产效率和促进农业技术进步的一些政策，但总体上说，农业生产效率和农业技术进步等问题没有引起人们足够的重视。

（二）缓慢阶段（1979—20 世纪 90 年代初）

在实行家庭联产承包责任制的初期阶段，由于农户土地经营规模较小，而劳动力成本低于机械成本，因此使用机械技术相对不经济，农民自发选择劳动集约经济形式，从而对劳动替代技术的农业机械技术需求不足。这一时期，有些地区还曾一度出现了农机具闲置的现象，机械技术进展缓慢。

（三）增速阶段（20 世纪 90 年代初—20 世纪 90 年代末）

进入 20 世纪 90 年代，机械技术发展速度显著高于前一时期，尤其是在那些发达地区的农村，随着农村非农产业的迅速发展并成为农民增收的主要来源。由于劳动力机会成本增大，其成本高于机械成本，因此，选择农业机械化等节约劳动的技术变得相对经济，机械技术得到较快发展。全国农用大中型拖拉机动力数由 1978 年的 1 756.2 万千瓦上升到 1999 年的 2 772.8 万千瓦，二十一年间增速达到 57.8%。

（四）提升阶段（21 世纪初至今）

进入 21 世纪来，我国农业技术进步正在经历着一场新的农业科技革命。这场新农业科技革命的特征和发展趋势是：一是生物体遗传改良技术提升到新的水平，细胞和胚胎工程育种技术日趋成熟并得到应用；二是生物技术的突破拓宽了农业生产领域，"白色农业"和"蓝色农业"开始出现；三是农产品综合利用和精深加工的程度越来越高，提高了农业经济效益；四是信息农业和物联网技术的发展促进了智慧农业的快速发展。

表 7-1　发展中国家农业科技发展的阶段划分及其相应时期的技术与制度创新特征

阶段	技术创新类型	技术特征	制度创新
绿色革命前时期（20 世纪 60 年代前）	传统品种（高秆） 粗放经营 开荒扩种	土地、劳力使用 资金节约	土地制度改革
绿色革命时期（20 世纪 60—70 年代）	现代品种（矮秆） 化肥技术 灌溉技术 农药技术	土地节约 资金替代土地	科技投资制度改革（增加农业科技投入机制） 增加农业资金投入政策 农用化学工业发展与国内保护政策 投入品价格补贴政策 技术推广系统的建立 科技系统的加强和人才培养
后绿色革命时期（1）（20 世纪 80 年代）	早熟品种 化肥技术 耕作制度创新 机械化技术（节约时间型与资金替代劳动型） 农药技术	土地集约 资金替代土地 资金替代劳力	科技体制改革 科技投资主体的多元化 知识产权制度的建立 技术市场开始形成 品种资源保护
后绿色革命时期（2）（20 世纪 90 年代以来）	生物技术的兴起 常规育种技术的完善 植保技术 优质技术 机械化技术 田间管理技术 精准农业技术 资源的高效利用 农业持续发展	土地高度集约 资源的持续利用 资金替代劳力 知识密集型技术的产生	科技投资方向的改革 技术市场的发展 研究方法系统的改变 知识产权制度的完善

资料来源：张晓山.中国农村改革与发展概论.中国社会科学出版社，2010

三、农业技术进步对农村发展的贡献

（一）农业技术进步有利于促进农业生产者水平提升

农业技术的改进和提升将有利于农业生产者对产量目标、质量目标和利润目标的追求。先进的农业生产技术不仅能够提高农户的农产品供给能力，还能提高农业集约边际，最终提高农业产出水平；不仅能提高农产品质量，还能提升其附加价值；不仅能够使边际收益和边际成本的均衡点不断推移，提高利润水平，还能提高农业比较效益。

（二）农业技术进步有利于促进农业产业结构优化

随着人们生活水平的提高，对农产品的品质要求也必然越来越高，不仅对农产品的色、香、味、形有了更高的要求，而且对农产品的无公害、无污染的要求也越来越高。这就要求农业生产者结合当地的农业资源优势和区域优势，不断调整农业种植结构、品种品质结构，向多样化、优质化、高效化的农业结构转化，集中发展优势特色农业，优化农业区域布局，发展"高质、高效、高产"农业。农业技术进步通过推动新农业技术的推广应用，和新的优质农产品的培育开发、品种改良，以及加速农产品的更新换代，积极促进农业产业结构优化。

（三）农业技术进步有利于促进新型城镇化发展

改革开放以来，我国经济不断发展，经济总量已跃居世界第二，但是仍面临贫富差距过大，城乡分布不均的瓶颈。新型城镇化是以城乡统筹、城乡一体、产城互动、节约集约、生态宜居、和谐发展为基本特征的城镇化，其要求是实现城乡发展一体化。农业技术进步是农业生产力水平提高的关键，通过农业技术进步能有效促进农业增长、缩小城乡差距、满足新型城镇化统筹城乡发挥的内在要求，有效促进新型城镇化的发展。

（四）农业技术进步有利于促进农业现代化发展

农业科学是探索自然规律和经济规律的综合性科学，是实现农业现代化的重要保障。农业现代化，要求用现代生产手段装备农业，用现代科学方法管理农业，用现代科学文化知识全面武装农民，其实质就是用现代科学技术、先进生产资料和科学管理方法改造传统农业。因此，农业科学技术进步将有利于农业现代化的发展。

🔑 动动脑

1. 请举例说明农业技术进步的类型。
2. 农业技术进步对农村发展起到哪些作用？

第二节　农业科技创新

🌿 案例导入

强化科技创新　深耕农业供给侧改革
——农业部副部长张桃林接受人民网"强国访谈"专访

主持人

"十三五"农业农村经济发展实现了良好开局，请介绍一下"十三五"期间农业科技发展的总体思路，2017年在推动农业科技创新方面有什么具体举措。

张桃林

农业发展的根本出路在科技进步。我国农业农村经济发展已经到了必须更加依靠科技实现创新驱动、内生增长的历史新阶段。近年来，我们坚持把服务产业作为推动农业科技工作的根本要求、把改革创新作为发展农业科技事业的动力源泉、把政策支持作为农业科技事业发展的重要保障、把多方协作作为支撑农业科技工作发展的有力举措，推进农业科技创新迈上新台阶、农技推广服务取得新成效、新型职业农民培育开创新局面、农业资源环境保护工作取得新突破。2016年，我国农业科技进步贡献率达到56.65%，主要农作物耕种收综合机械化水平达到63%，主要农作物良种覆盖率超过96%，畜禽水产品种良种化、国产化比重逐年提升。我国农业科技整体研发水平与发达国家的差距逐步缩小。

2017年，农业部印发了《"十三五"农业科技发展规划》，明确提出"十三五"期间农业科技发展的总体思路是：深入实施创新驱动发展战略和藏粮于地、藏粮于技战略，以推进农业供给侧结构性改革为主线，以保障国家粮食安全、重要农产品有效供给和增加农民收入为主要任务，以提升质量效益和竞争力为中心，以节本增效、优质安全、绿色发展为重点，不断提升农业科技自主创新能力、协同创新水平和转化应用速度，为现代农业发展提供强有力的科技支撑。

"十三五"时期，农业科技重点要做好"调整、优化、攻关、改革"四方面工作，具体来说就是调整科技创新方向、优化科技资源布局、推进重大科研攻关、深化科技体制改革。

2017年，我们将重点做好三个方面工作。

一是优化科技资源布局。做优做强现代农业产业技术体系。围绕节本增效、生态环境和质量安全等重点领域，在废弃物综合利用、农业机械化、加工、动物疫病防控等领域新增岗位，补齐农业发展技术短板。加强农业部重点实验室建设。强化农业资源环境、农产品加工、农产品质量安全等科研领域，建设重点学科实验室体系。扎实做好农业基础性长期性科技工作。布局建设国家农业科学试验站和农业科学数据中心，建设全国一体化的农业基础性长期性科技工作网络。

二是推进重大科研攻关。面向国际前沿，组织和支持核心科技力量在遗传改良、基因编辑等重大理论和方法上持续发力、重点突破，抢占科技创新制高点；面向农业重大需求，集中优势力量在重大动植物品种、农业智能装备等关键领域开展联合攻关，为农业供给侧结构性改革提供科技支撑；面向区域发展重大问题，整合各方面科技力量围绕东北黑土地保护、重金属污染治理等问题开展协同创新，为区域性重大问题解决提供综合性技术方案。

三是深化科技体制改革。强化农业科技创新联盟建设。坚持科技创新与制度创新双轮驱动，把农业科技创新联盟打造成多学科集成、上中下游协同、产学研企结合的新型农业科技组织模式和创新平台。构建现代农业产业科技创新中心。在全国布局建设一批区域性现代农业产业技术中心，围绕农业供给侧结构性改革和现代农业发展短板和关键共性技术瓶颈，以科技创新为引擎，创新体制机制，集聚资源、产业、金融、人才等要素，开展全产业链、全过程、全要素，以及一、二、三产业融合发展的创新活动，建立健全适应产业高效、产品安全、资源节约、环境友好农业发展要求的现代产业与科技一体化创新体系，打造农业转型升级的新动能。深化基层农技推广体系改革。深化和完善国家推广机构主导、科研教学单位和社会化服务组织等多元力量广泛参与的"一主多元"推广体系，推动基层农技推广体系向"强能力、调机制、提效能"转变，探索农技人员在为新型经营主体提供增值服务中合理取酬的新机制、公益性机构和经营性机构协同发展的新途径。启动农业科技分类评价试点。探索形成以产业需求关联度、技术研发创新度和对产业发展贡献度为导向，区分不同类型科研活动、不同科技岗位，以及不同科研院所特点的农业科研机构和科技人员分类评价制度体系，为不断激发科技机构和人员内生动力，提升自主创新能力与水平，促进成果加速转化应用提供有力保证。

（资料来源：农业部网站，2017年3月17日）

案例思考

什么是农业科技创新？我国农业科技创新的现状如何？

一、农业科技创新的内涵

（一）农业科技创新的概念

农业科技创新是指为了满足现代农业需求，不同科研主体将农业生产的资金、人员等投入转化为生产实践中的新知识以及新技术的过程。包括科学创新和农业技术创新两个方面，囊括了现代农业科技成果的研究、发明、创造以及农业科技成果的转化、推广、应用在内的全过程。

（二）农业科技创新的过程

按照农业科技创新活动发生的先后顺序，大体可将其分为创新储备、科研开发、技术实现、技术推广应用四个过程。

1. 创新储备

任何一项科学研究和技术创新都是时代发展的产物，受时代制约，也源于时代而发展。创新储备就是在进行农业科技创新活动中，现有的技术、资金、人才等方面所具有客观条件和平台，其中也包括市场和社会对创新的需求，这是进行创新活动的基础。

2. 科研开发

科研开发是科技创新的第二阶段，在已有储备基础之上，研究者根据市场需求进行构思，经过反复论证探讨，将其付诸科研开发实践。研发中，重点包括技术设计、技术开发和技术适应。其中技术适应是指新技术在农田进行实验，检验产品在自然条件下的适应情况。

3. 技术实现

技术实现是在产品初步形成后，经过具体实验和论证，提供了新产品原型，将科研开发的成果结合农业生产需要，转变为现实生产力，生产出新的农业产品的过程，这是创新中质的飞跃。技术实现需要三个条件，一是农民接受并根据其能力能够应用实践，二是能够融入市场，三是要与国家政策结合。

4. 技术推广应用

技术推广应用阶段是将科技创新的成果大规模应用于农业生产实践，也是科技成果转化成生产力的标志。技术推广后又将促进新一轮农业科技创新的发展。

二、农业科技创新的特点

（一）复杂性

指农业科技创新对象具有复杂性。农业科技创新的对象主要是有生命的动植物，而不同作物所需的生态环境不同，要求在创新过程中要充分考虑适应新的问题，为农业技术创新增加了难度。比如，一个水稻品种的推广总是在一定的生态区域范围内，如果要扩大其推广范围，提高其生态适宜能力，十分困难。尽管随着生物技术的不断提高，可以改变作物的部分生物性特征，以培养适应更新更强的新品种，但是并不能违反自然规律任意而为，只能在特定的条件下做一些尝试。

（二）长期性

指农业科技创新周期较长。由于农业科技创新研究对象都有其特定的生命周期，其生长规律不易改变。因此进行科技创新不仅需要工业技术创新的构思、设计、试验以及生产等工程，而且还要受自然条件和动植物生长规律的制约，使得农业科技创新周期较长。根据农业部相关统计，我国获得技术进步奖的成果研究时间一般为 6~13 年。另据统计，一个粮食作物品种的研发到审定一般需要 5~8 年，而果树等经济作物品种研究周期一般在 10 年以上，有些甚至几十年。

（三）系统性

农业科技创新是一个完整的系统体系，是一个由研究机构、高等（农业）院校、企业、中介服务机构、推广组织、农户等不同主体构成的大系统。仅一项创新成果的应用，就涉及成果的筛选、产业化过程以及被农民的认可和接受等诸多环节。因此，科技创新的成效不能仅取决于创新要素的某一方面，而是历史、自然、经济、科技、社会、环境等诸要素共同作用的结果。因而（某一项）农业科技创新并不是单一行为，要将其融入整个社会体系，这样才能转化为现实生产力。

（四）风险性

农业科技创新风险较大。除了和其他行业创新一样承担着一般风险外，农业科技创新由于自身特点，其时滞风险、技术风险、自然风险等还较为突出。一方面，由于农业科技创新周期长，创新过程中很难把握市场竞争对手情况，面临一个创新成果刚刚面市就可能被替代的风险；另一方面，农业科技的创新不仅要理论、方法正确，还要考虑地域、自然环境、技术使用等多种因素，导致成功率低于其他领域。据统计，美国高技术企业的成功率仅有 15%~20%，我国由于整个农业的产业链条不完善，其成功率更为低下。此外，由于农业受自然灾害影响极大，造成农业科技创新成果的预期收益不确定性较大。

（五）公共性

受农业生产和技术特殊性的影响，除了诸如部分农药、农机、生物技术、农产品加工技术具有一定排他性与竞争性可申请专利外，大部分农业科技创新成果具有非竞争性和非排他性特征，容易出现"免费搭车"现象，如农业基础设施建设、农业生态环境保护、农业减灾防灾工程以及部分农业科技创新成果等。另外，多数农业科技创新成果研发投产的过程周期较长，实验范围广，造成科技保密性差，很容易被无偿使用或模仿。一项农业科技创新成果可被多个非研究者（机构）同时采用，但无需支付任何成本，因此需要政府在此方面给予资金等方面的大力支持。

三、农业科技创新的要素

1. 农业科技创新主体
（1）大学和农业科研机构
大学和农业科研机构是农业科技创新的主体，一方面，只有农业科研机构和大学能够提供大量的属于"公共产品"的科学知识，成为农业科技创新所需的技术知识的基础。农业科研机构是开发新的具有较强公用性质的知识技术资源，为企业技术创新提供知识供给，其科研活动多属于基础性、前沿性、战略型的、涉及国计民生的高风险、高投入的工作，经费主要靠政府投入，政府行为起主导作用。另一方面，农业科研机构和大学不仅是知识源，重要的是通过教育和培训，为社会提供了大量农业创新人才，同时，从知识的流动角度看，教育和培训能通过人才这个载体，使知识和技术向社会的扩散速度提高，扩散范围加大。从这个意义上讲，农业教育和培训也属于知识源。

（2）农业企业

由于我国农业科技产业还处于刚刚起步的阶段，产业化程度低，在经营方式、产品开发、市场开发等方面存在许多不适应，我国农业企业的创新主体地位不明显，特别是短期内难以承担主体的功能。但从理论和实际来看，我国农业企业应该成为农业科技创新的重要主体。首先，创新是一项与市场密切相关的活动，企业会在市场机制的激励下去从事创新。其次，根据新古典学派的创新理论，创新是指生产要素的重新组织或组合，这种组合只有在企业家的领导和指挥下通过市场来实现。再次，技术创新需要很多与产业有关的特定知识，纯粹的农业科研机构难以提供这些知识，只有企业才有这个能力。

（3）农业推广与服务机构

农业推广与服务机构以专业知识和技能为基础，与各类主体和要素市场紧密联系，为科技创新活动提供重要的支撑服务，在有效降低创业风险、在加速科技成果转化和产业化进程中发挥不可替代的关键作用，同时促进知识、技术、信息、人才和资本的快速流动，从而提高创新的效率。如通过提供培训、指导及咨询服务，农业推广与服务机构将科技成果推广并普及于农业生产的各个环节，将科技成果转化为现实生产力，并以此促进农业的发展。同时，农业推广与服务机构在农业科技信息咨询，国家农业科技政策的制定，国家农业科技信息库的创建与完善，农业科技推广，企业与投资机构等的联系中发挥着极为重要的作用。

（4）农户

农户是农业生产和消费的主体，在农业科技创新中扮演了双重角色。一方面，农户作为消费者，使用了农业企业和农业科研单位提供的农业科技产品（成果），促进了农业科技创新。另一方面，农民是农业科技特别是农业生产技能和农业生产工艺的实际使用者，扮演着农业科技应用与扩散的角色，因此也是农业科技创新的主体。

（5）政府

政府是农业科技创新重要的引导主体。政府通过制定相应的农业政策，提供一定的财政支持，为农业科技创新营造良好的政策环境，并引导农业科技创新研究的发展方向。

2. 农业科技创新投入要素

农业科技创新投入要素主要是指在农业科技创新过程中所投入的各种社会资源，包括广义与狭义两个层面。

（1）广义的投入要素

广义上的农业科技创新投入要素包括人员、资金、物资、信息等。

其一，人员投入要素是指直接从事农业科技创新活动以及间接为其提供服务的科研人员，并且科技人员是农业科技创新中最具能动性的主导因素。

其二，资金投入要素主要是指农业科技基础研究、应用研究中的研发经费，也包括农业科技创新成果传播的资金支撑。

其三，物资投入要素主要指为农业科技创新提供支撑的实验平台、设备仪器等各种有形物质资源的综合，它也是农业科技创新开展的必要条件和硬件基础。

其四，信息投入要素主要指农业科技创新主体在其创新过程中对内、对外收集、整理获取的各类知识、情报等资源。

（2）狭义的投入要素

狭义的投入要素主要是指人员与资金两项投入，两者是农业科技创新过程中最基本的投入要素。

其一，人员投入要素主要是指农业科技创新过程中农业技术人员、农业研发人员、农业科技活动人员、农业科学家及工程师等；按照其执行部门可将其划分为研究机构 R&D 人员、企业 R&D 人员、高校 R&D 人员和其他组织 R&D 人员四类。

其二，资金投入要素按照其经费来源分为政府 R&D 经费支出与非政府机构 R&D 经费支出（企业 R&D 经费支出、个人 R&D 经费支出），部分经费来源亦涉及国外 R&D 经费支出和其他 R&D 经费支出等。按照活动类型可分为基础研究 R&D 经费、应用研究 R&D 经费以及试验发展 R&D 经费三类。

3. 农业科技创新产出要素

农业科技创新产出主要包括农业科技创新过程中创造出的各种有形的物质产出及各种无形的知识与服务产出。它可以作为鉴定农业科技创新成功与否的直接观测指标，对农业科技创新成果评估至关重要。与此同时，农业科技创新产出具有双重属性，既可以直接用于消费，又可以作为投入要素用于下一步的生产应用。沿用国家主体性科技计划的统计口径，农业科技创新的产出可直接表现为：①专利申请与授权情况，论文与科技著作发表情况，课题及项目完成情况；②在创新过程中取得的新产品、新材料、新工艺和新装置等；③间接产生的农业科技人才培养与引进交流、成果转让、新增产值、净利润额、实缴税金、出口额以及国家科技奖励等。

需要特别指出的是，农业科技创新产出的专利成果是农业科技创新成果的重要组成部分之一，结合当前知识经济发展的大背景，加之我国跨国农业企业的不断发展，农业生产国际间的竞争不断加剧。基于此，运用农业知识创新，尤其是知识产权等武器保护农业科技创新中的知识创新成果显得尤为重要。

四、农业科技创新的发展目标

2017 年 6 月，为全面贯彻落实《国家中长期科学和技术发展规划纲要（2006—2020年）》《中华人民共和国国民经济和社会发展第十三个五年规划纲要》和《"十三五"国家科技创新规划》等，我国科技部和农业部会同多部门共同编制了《"十三五"农业农村科技创新专项规划》（以下简称《专项规划》），明确了新时期农业科技创新的发展目标。具体如下：

（一）总体目标

到 2020 年，全面完成《国家中长期科学和技术发展规划纲要（2006—2020 年）》农业农村科技发展目标任务，农业科技进步贡献率达到 60% 以上，农业科技创新整体实力进入世界前列，有力支撑全面建成小康社会和进入创新型国家行列目标实现。

（二）具体目标

1. 农业科技创新能力和水平显著提升

农业科技创新能力总体上达到发展中国家领先水平，原始创新在国际上占有一席之地，颠覆性技术取得重大突破，在农业重大基础理论、前沿核心技术等方面取得一批达到世界先进水平的成果，迈入并行、领跑为主的新阶段。研究与试验发展经费投入强度持续稳定增加。

2. 农业综合效益和产业竞争力显著提升

培育一批具有国际竞争力的农业高新技术企业，建设一批国家农业高新技术产业示范区，形成一批带动性强、特色鲜明的农业高新技术产业集群，若干重点农业产业进入全球价值链中高端。

3. 创新平台基地和人才队伍建设水平显著提升

建设一批国家现代农业产业科技创新中心等创新平台基地。培养一批农业科技领军人才和创新团队，适应农业科研特点的人才评价、流动、激励机制更加完善。

4. 农业科技创新体系效能显著提升

建成创新主体协同互动和创新要素顺畅流动，高效配置的国家农业科技创新体系。企业创新主体作用更加突出，产学研协同创新效能更加提升，创新治理体系更加科学。

5. 农业农村创新创业生态更加优化

创新创业政策法规不断完善，服务更加高效便捷，对象更加广泛，双创活力不断增强。建立一批更具特色、更接地气的农业农村创新创业基地，一二三产业深度融合，农民收入持续增加。

表 7-2　"十三五"农业农村科技创新规划指标与目标值

	指　标	2015 年指标值	2020 年目标值
农业现代化水平	农业科技进步贡献率（%）*	56	60
	主要农作物耕种收综合机械化水平（%）*	63	70
	农业物联网等信息技术应用比例（%）*	10.2	17
	农业高新技术企业（个）	6 800	>10 000
	农业劳动生产率（万元/人）*	3	4.7
农业自主创新能力	国家农业高新技术产业示范区（个）	2	30
	国家现代农业产业科技创新中心（个）	—	30
	农口产业技术创新战略联盟（个）	36	80
	国际农业科技创新共同体（个）	—	10
区域农业科技创新能力	创新型县市（个）	—	100
	国家农业科技园区（个）	246	300
	星创天地（个）	—	3 000
	科技特派员（人）	70 万	80 万
	农田灌溉用水有效利用系数*	0.53	0.55
	主要农作物农药利用率（%）*	36.6	40
农业可持续发展能力	主要农作物化肥利用率（%）*	35.2	40
	主要农作物秸秆综合利用率（%）	80	85
	养殖废弃物综合利用率（%）*	60	75

附注：带"*"的指标来源于《全国农业现代化规划（2016—2020 年）》

资料来源：《"十三五"农业农村科技创新专项规划》

五、农业科技创新的重点任务

对新时期农业科技创新的重点任务，《专项规划》提出如下。

（一）健全农业科技创新体系

适应农业科技公共性、基础性、社会性的特点，加快构建符合农业科技发展规律，结构完整、创新高效、功能完善、运行顺畅的国家现代农业科技创新体系，形成创新驱动发展的实践载体、制度安排和环境保障。

1. 培育符合现代农业发展要求的创新主体

进一步明确农业科技创新活动中企业、科研院所、高校、社会组织等各类创新主体的功能定位。培育创新型农业企业，更好发挥企业作为技术创新决策、研发投入、科研组织和成果转化的主体作用。培育和建设世界一流的农业大学和科研院所，充分发挥高等学校和科研院所作为基础知识创新和科技创新人才培养的主体作用。充分发挥各类社会组织在科技普及、推广服务、教育等方面作用，促进科技与经济紧密结合。

2. 布局跨区域全链条协同的创新基地

围绕国家粮食安全、食品安全、可持续发展等重大发展问题，新建和优化建设一批国际一流的科技创新平台、基地，夯实农业科技自主创新的物质技术基础。重点围绕区域优势产业和制约区域农业发展的重大科技问题，建设农业科技区域协同创新联盟和创新中心，推动优势区域打造具有重大引领作用的创新高地，实现农业科技区域协同发展。

3. 构建加速科技成果转化应用的服务体系

健全"一主多元"农业技术推广体系，改革完善公益性农技推广体系，建立科学规范的运行管理和利益联结机制，推动农科教有效对接。壮大社会化创新创业服务主体，形成农业科技成果转化的强大合力。拓展服务领域，丰富服务内容，创新服务方式，提高科技成果服务供给水平。

4. 完善适应农业科技创新规律的保障制度

深化农业科技管理体制改革，推动政府职能从研发管理向创新服务转变，有效发挥制度优势在科技创新组织管理中的引导作用。建立农业研发投入稳定增长的长效机制，逐步提高农业研发投入占农业增加值的比重。发挥好财政科技投入的引导激励作用和市场配置各类创新要素的导向作用，优化创新资源配置，引导社会资源投入创新，形成财政资金、金融资本、社会资本多方投入的新格局。建立完善符合农业科技创新规律的任务部署、监测评价、知识产权管理、成果转化以及人才支持等政策体系。

5. 营造农业科技良好的创新生态

建立鼓励创新、宽容失败的容错纠错机制。加强科研诚信建设，引导广大科技工作者恪守学术道德，坚守社会责任。培育开放公平的市场环境，营造崇尚创新的文化环境。以政策法规、基础知识、技术优势、科学解答热点问题为重点，充分利用多种途径，分层次开展形式多样的宣传培训和科学普及活动。完善科技成果使用、处置、收益管理制度，发挥市场在资源配置中的决定性作用，让各类创新要素充分活跃，形成推动科技创新的强大合力。

（二）构筑农业科技创新先发优势

围绕粮食安全、食品安全、生态安全，贯彻"藏粮于地、藏粮于技"战略，深入实施转基因生物新品种培育重大专项和加快部署种业自主创新重大工程，继续在农业生物组学、生物育种等战略必争领域保持先发优势；加快突破新一代系统设计育种、合成生物学等农业重大科学与前沿技术问题，抢占世界科学发展制高点；加快构建主要农产品有效供给、农业绿色发展、生物制造、智慧农业、现代林业、现代海洋农业与美丽乡村科技支撑体系，形成信息化主导、生物技术引领、智能化生产、可持续发展的现代农业技术体系。

1. 加快实施和部署农业科技重大专项和重大工程

（1）深入实施转基因生物新品种培育重大专项

实施以经济作物和原料作物为主的产业化战略，以粮食作物为主的技术储备战略，以核心技术为主的抢占科技制高点战略，强化转基因生物研发成果的金字塔形储备；突破基因组编辑、基因定点整合等生物育种新技术，完善主要农业生物高效、安全、规模化多基因聚合转化、品种培育和安全性评价技术体系，创制一批转基因动植物育种新材料、新品系；建立健全转基因育种技术体系和生物安全性评价体系，使我国农业转基因生物研究整体水平跃居世界前列，为保障国家粮食安全提供品种和技术储备，确保转基因产品安全。

转基因重大专项

1. 强化基因克隆、转基因操作技术研发。获取一批具有重要应用价值和自主知识产权的功能基因，在水稻、小麦等主粮作物中，重点支持基于非胚乳特异性表达、基因编辑等新技术的性状改良研究。

2. 培育重大转基因新品种。加强作物抗虫、抗病、抗旱、抗寒转基因技术研究，培育一批抗病虫、抗逆、优质、高产、高效的重大转基因新品种。

3. 强化生物安全评价技术研究。强化基于基因组测序与计算生物学的分子特征分析、鉴别技术研究，重点支持核酸、蛋白精准测量技术研究，研制一批转基因检测标准物质，初步建立基于组学的安全评价技术新体系。

（2）加快部署种业自主创新重大工程

以主要农作物、经济作物、农业动物、林木花草、微生物等面临国际种业竞争压力的主要动植物种业为重点，聚焦种业产业链协同创新发展的瓶颈问题，发挥企业技术创新主体作用，重点在种质资源收集保存和评价、种子质量安全评价、育种技术创新、品种（系）创制、高效繁制（育）和质量检测等关键核心技术方面取得突破，推进规模化育种技术集成应用，培育具有自主知识产权的重大新品种，发展绿色种业，构建以市场为主导、以企业为主体、以科技为支撑的产学研一体化种业创新体制，培育具有全球影响力的种业企业，从源头上保障国家食物安全。

种业自主创新重大工程

1. 主要农作物育种。以水稻、小麦、玉米、大豆、棉花等主要农作物种业科技创新和产业化为重点，突破基因挖掘、品种设计和良种繁育核心技术，创造有重大应用前景的新种质，培育和应用一批具有自主知识产权的突破性重大新品种。

2. 主要经济作物育种。以蔬菜、油料作物、食用菌、糖料作物、茶叶、薯类作物、饲料作物等为重点，开展种质资源收集、评价、利用，重要基因挖掘，分子设计与转基因育种，分子标记辅助选择育种等关键技术研究，创制一批优质、高产、高效新品种。

3. 主要畜禽水产育种。以猪、牛、羊、鸡、水禽等主要畜禽，鱼、虾、蟹、贝、藻、参等主要水产动（植）物为重点，重点突破基因挖掘、品种设计和良种繁育核心技术，加大对国外引进生物物种资源筛查与甄别检验技术研究，培育一批高性能动物品种。

4. 主要林果花草育种。开展林果花草种质资源收集、评价、利用，深化细胞工程育种、基因工程育种、分子标记辅助育种、航天育种等前沿科学研究，创新育种方法，突破育种关键技术，培育一批优良新品种。

2. 加快突破农业重大科学与前沿技术问题

面向国家农业重大需求、世界科学前沿和未来科技发展趋势，针对事关国计民生和产业核心竞争力的重大战略任务，选择对提升持续创新能力带动作用强，研究基础和人才储备较好的战略性，前瞻性重大科学和前沿技术问题，强化以原始创新和系统布局为特点的大科学研究组织模式，部署基础研究重点方向，实现重大科学突破，抢占世界科学发展制高点。

农业重大科学与前沿技术

1. 作物光合作用、结瘤固氮、作物与微生物互作机制
2. 畜禽主要生产性状、耐药性性状形成的生物学机制
3. 农业生产系统建构与平衡机理
4. 新一代系统设计育种技术
5. 合成生物学技术
6. 动物干细胞技术
7. 生物 4D 打印技术
8. 植物高光效利用技术
9. 农业大数据整合技术

10. 农业纳米技术

11. 农业人工智能技术

3. 加快构建现代农业科技支撑体系

（1）主要农产品有效供给科技支撑

围绕保障粮食安全，持续增强农产品有效供给能力的重大科技需求，重点开展主要粮食丰产增效，耕地质量提升，粮食安全储运，畜禽水产安全高效养殖与重大疫病防控，主要经济作物优质高产，草牧业可持续发展等科技创新，充分发挥科技在保障农产品有效供给方面的支撑作用。

主要农产品有效供给

1. 粮食丰产增效。重点在东北、黄淮海和长江中下游13个粮食主产省，开展水稻、小麦、玉米高产高效和稳产增收、生产全程机械化、防灾减损和安全储运等研究，构建产业链完整的粮食丰产增效技术体系，建设好国家粮仓。

2. 耕地质量提升与中低产田综合改良。加强盐碱地水盐运移机理与调控、耐盐碱农作物品种筛选与替代种植、水分调控等应用基础研究及开展耕地质量与生产力提升、耕地地力保育、中低产田综合改良、高标准农田建设与土地综合整治增粮增效关键技术研发，开发新型高效盐碱地改良剂、生物有机肥等新产品和新材料；开发盐碱地治理新装备，选择典型盐碱地及低产田区域建立示范基地，促进研发成果示范应用。

3. 粮食绿色生态收储。研究建立粮食"全程不落地"收储运模式和技术体系；突破粮食现代储备、节粮减损与品质控制关键技术；开发粮食储藏粮情监测预警云平台，建立粮食交易（含进境粮）、运输过程在途数量、质量快速检测、全程监控和粮食产地、品种、质量全程追溯的粮食物流公共信息平台；研究散粮集装单元化装具及运输模式；开展现代粮仓绿色生态储粮科技示范。

4. 主要经济作物优质高产。围绕蔬菜、果树、食用菌、糖料、油料、薯类、茶叶、小杂粮等主要经济作物和特色作物产业链建设，重点开展资源高效利用生理生态机制、抗逆栽培和丰产技术、配套设施与智能机械设备等关键技术研究，促进产业提质增效。

5. 农林重大病虫害防控。开展主要农作物和林业重大病虫害监测预警技术、暴发成灾规律及防控关键技术研究；开展农林重大入侵物种的检测监测和防控技术研究；加强农药替代品种与技术研究，发现一批新先导和新靶标，创新一批安全高效绿色农药和植物健康激活剂。

6. 畜禽安全高效养殖。以安全、环保、高效为目标，围绕主要畜禽疫病检测与防控，主要畜禽安全健康养殖工艺与环境控制，畜禽养殖设施设备和自动化，智能化控制，养殖废弃物无害化处理与资源化利用全产业链提质增效等方面开展技术研发，为我国养殖业转型升级提供理论与技术支撑；开展口岸外来动物疫病痕量检测，高通量筛查与溯源技术研究。

7. 饲料和草牧业可持续发展。构建草牧业创新链，重点突破饲料和非粮型饲料资源挖掘高效利用，营养需求与精准饲养，加工工艺，绿色饲料添加剂等技术瓶颈；开展人工草地建植，规模化牧草丰产，多元化草产品加工，草畜一体化，草原生态保护，牧区生态生产生活保障等关键技术研究。

8. 淡水渔业健康发展。开展淡水种质资源保护及可持续开发利用，淡水生物种业，主导及特色品种生态高效养殖技术装备模式与智能化管理，病害免疫防控体系构建，营养饲料，淡水养殖产品增值与加工利用等关键技术，推动现代淡水渔业健康发展。

（2）农业绿色发展科技支撑

围绕绿色、生态、高效、优质、安全的科技需求，重点突破农业节水、循环农业、面源污染治理、肥药减施增效、农林防灾减灾以及农产品绿色物流等关键技术研究，加快形成资源利用高效，生态系统稳定，产地环境良好，产品质量安全的农业发展新格局。

农业绿色发展

1. 节水农业。重点开展作物水分生理与作物生长发育调控机理，作物生命需水过程控制与生理调控技术，水肥一体化智能灌溉技术与装备，高效农艺节水技术，高效节水灌溉与输配水技术与装备产品，现代灌区及农业水管理等研究，建立旱作农田、灌溉农业作物高效用水的现代化农业生产体系。

2. 循环农业。重点开展农业与畜牧业结合过程中循环农业系统物质能量循环调控与节能减排机理，风险污染物阻控机制等基础理论研究，研发农田复合生物循环、农牧循环、农菌循环、农牧沼循环以及农业企业（园区）循环等循环农业模式，构建循环农业产业链。

3. 农业面源和重金属污染农田综合防治与修复。重点开展农田、林地、水体有害污染物的动态监测、评价、综合治理与修复等关键技术与产品研发。

4. 化学肥料和农药减施增效。重点开展化肥农药高效利用机理与投入基准，肥料农药技术创新与装备研发，化肥农药减施技术集成研究，构建化肥农药减施与高效利用的理论、方法和技术体系。

5. 农林防灾减灾。重点开展极端天气气候事件和气象、海洋灾害对我国农林业生产的影响机理与过程，农林生态系统生物固碳、土壤及生物质储碳潜力的评估与挖掘，农业耕作管理、施肥及灌溉等对温室气体排放控制、病虫害、森林火灾、生物入侵成灾规律与防控机制、灾害监测、预测与防控技术等研究。

6.农产品绿色物流。重点研究大宗和特色农产品物流模式、技术、环境等因素对质量的影响规律，建立农产品物流过程质量控制技术与标准；重点开展不同农产品产地商品化处理、物流过程损耗与质量控制、信息化监控、防霉防蛀防腐、包装等核心技术与配套装备等研究、示范、推广、应用，支撑农产品生产和物流健康发展。

（3）农业生物制造科技支撑

围绕农业生物学重大理论和技术需求，瞄准国际竞争前沿，创新农业生物学研究新技术、新方法，加快生物农药、生物肥料、生物饲料、基因工程疫苗、植物生长调节剂、生物能源、生物基材料等农业生物制品研发并实现产业化。

农业生物制造

1.新一代农业生物技术。研发重要农业性状生物合成、基因组编辑、基因表达网络调控、精准标记、靶向筛选、生物信息学、系统生物学、结构生物学等新技术，发展高效细胞工程、代谢工程、发酵工程、酶工程等技术，促进生物技术与育种和新产品开发相结合。

2.农业生物制品。创制新型生物农药、生物兽药、新型安全高效除草剂、生物肥料、生物调节剂，研究关键生产工艺、设备，实现产业化；研究开发重大疫病基因工程疫苗、免疫佐剂，实现工业化生产。

3.生物质能源。创制高产、优质、抗逆非粮生物质原料新品种，建立规模化高效生产技术体系；研发农林生物质资源技术装备，开发生物天然气、燃料乙醇、燃料丁醇、生物柴油等重大产品，开展产业化示范。

4.生物基材料。研究生物基塑料、新型农用膜材料、生物树脂材料等生物基高分子材料的先进制造技术，研发平台化合物生物转化关键技术和装备，开发高效微生物工程菌和生物催化剂，开展产业化示范。

5.生物质炭化。阐明生物质炭化机制，创新秸秆等生物质炭化关键技术和配套装备，形成覆盖生物炭全产业链的系统化技术体系，研制新产品、形成产业标准和规程，开展产业化示范。

（4）智慧农业科技支撑

围绕集约、高效、安全、持续的现代农业发展需求，重点开展智能农机装备与高效设施、农业智能生产和农业智慧经营等技术和产品研发，实现传统精耕细作、现代信息技术与物质装备技术深度融合，构建新型农业生产经营体系，转变农业发展方式。

智慧农业

1. 智能农机装备。重点突破作业对象信息感知、决策智控、智能导航、试验检测等应用基础技术，开发大型与专用拖拉机、田间作业及收获等主导产品智能技术与产品，创制农产品产地处理等专用装备；鼓励农业科技创新基地与农机装备优势企业建立对接平台，开展先进农机装备和农业生产示范。

2. 智能高效设施。突破设施光热动力学机制、环境与生物互作响应机理等基础理论，特种膜等功能材料、作业全程机械化、水肥管理一体化等关键技术瓶颈，创制温室节能蓄能、光伏利用、智慧空中农场、农业生物专用光照产品等高新技术和装备，实现设施农业科技与产业跨越式发展。

3. 农业智能生产。重点突破动植物生命信息获取与解析、表型特征识别与可视化表达、大数据分析与智能决策等应用基础理论与方法；研制"星—机—地"信息协同技术与系统，建立主要投入品精准实施技术体系和以信息化技术为先导、先进农艺与智能装备为支撑的智能农业生产体系，并开展集成应用示范。

4. 农业智慧经营。集成农业物联网、农业大数据、农业云服务等新一代信息技术，研究构建农业主要产业动态数据库和大数据平台，开发面向农产品产销对接、农机及植保服务、农副产品质量追溯等业务的经营管理信息系统，培育"互联网＋"现代农业的新模式、新业态。

（5）现代林业科技支撑

围绕支撑生态建设、林业全产业链增值增效的科技需求，重点开展生态修复与保护、林业资源培育与利用、森林质量精准提升、木本粮油提质增效等技术研究，加快建立绿色生态的全产业链现代林业技术体系，为保障国家生态安全、粮油安全、木材安全提供支撑。

现代林业

1. 人工用材林资源培育与利用。以主要速生用材树种、珍贵用材树种、工业原料树种和竹子等为对象，按照资源培育、林产品加工利用全产业链设计，开展资源产量和质量形成机理研究，突破一批资源培育及高效加工利用共性关键技术，在典型区域开展全产业链技术集成与示范。

2. 林业特色资源高效培育与利用。以林特产资源、林下动植物、观赏植物（花卉）、沙生植物等为对象，加强资源高效培育、活性物质提取、新产品精深加工利用等关键技术研究以及全产业链技术集成示范；加强农林复合经营技术研究。

3. 木本粮油提质增效。以主要木本粮油树种为对象，研究其产量和品质形成机理及其调控机制，开展绿色丰产栽培、储运保鲜、高值化综合利用和产品质量安全控制等技术的集成创新与示范。

4. 森林质量精准提升。开展森林生长发育规律及经营的调控作用机理等基础研究，研发立地质量精准评价、森林结构优化和可持续经营、森林质量监测评价、森林生态系统功能提升等关键技术，加强主要森林类型和主要树种的全周期经营技术集成与示范，形成中国特色的森林质量提升理论与技术体系。

5. 林业生态建设。紧密结合天然林保护、退耕还林、京津冀风沙源治理、森林城市、国家公园等林业生态工程，攻克森林、湿地、荒漠生态系统保护与修复、生物多样性保育以及生态系统服务功能监测评估等关键技术，加强技术集成示范。

（6）现代海洋农业科技支撑

围绕海洋农业面临的科技创新与产业发展的需求，重点突破良种创制、智能装备、健康养殖、资源养护与牧场构建、友好捕捞、绿色加工等理论和共性关键技术，着力打造一批新品种、新装备、新技术和新模式，实施成果转移转化和产业化，形成生态优先、陆海统筹、三产融合、链条完整的产业集群，为现代海洋农业产业发展提供强有力的科技支撑。

现代海洋农业

1. 海水养殖新品种选育。重点进行重要海水养殖生物组学与遗传学基础研究，研发高效的全基因组选择育种、细胞工程育种与性控育种，以及基因编辑育种等技术，实施海水现代种业标准化工程等，创制高产、优质、抗病、抗逆的海水养殖新品种。

2. 设施养殖与新生产模式。开展重要海水养殖动物行为学特征等基础研究，研发自动化和信息化的工厂化养殖系统装备、设施与技术，研发专业化、多功能的养殖工船等作业平台，构建海陆接力养殖与工程化开发新模式，研发海湾、岛礁等典型海域海洋牧场建设关键工程化设施，突破牧场生态安全和环境保障技术。

3. 海水养殖动物营养与健康调控。研究海水养殖动物饲料养分高效利用的营养代谢与精准调控机制，开发高营养效价的鲜活饵料和新型饲料蛋白源，开发环境友好和无抗型高效配合饲料；研究养殖动物疫病发生分子基础与免疫应答机制，研制安全高效疫苗、抗病生物制品和安全高效药物，开发免疫防治和生态防控技术体系。

4. 近海资源养护与牧场建设。重点研究近海增养殖生态环境效应和承载力评估，研发多元化的重要渔业水域环境优化调控与修复技术，研究人工渔礁生境构建、海洋牧场构建等技术，建立近海渔业资源养护与持续利用技术体系。

5. 友好型捕捞与新资源开发。突破渔情卫星遥感监测等关键技术，开发多功能渔情分析、捕捞生产综合服务管理系统，研发高效作业船型与"船—机—桨—网"优化配置技术，研发生态友好型捕捞装备与渔法，发展海洋渔业远洋捕捞技术。

6. 海产品绿色加工与高值利用。研究海洋水产品全资源利用功能物质及生物作用机制，开发加工废弃物综合利用技术，研发生态保活运输和冷链运输过程中的品质保持、监控和追溯等新型节能装备和技术，建立关键危害物质风险预警和全生产过程的质量安全防控技术体系。

7. 海洋生态环境评价与修复。创新渔业资源和环境监测与评价技术，研究全球气候变化对海洋渔业资源影响的评估与监测技术，强化海洋生态灾害预警与防治技术，突破近海生态修复技术、区域海洋综合管理技术和基于生态系统的海洋渔业资源可持续管理技术。

（7）宜居村镇科技支撑

围绕宜居村镇的住宅建设和环境综合治理等方面的科技需求，重点开展村镇规划与评价、宜居村镇住宅建设、村镇环境治理与新能源利用、传统村落与传统建筑保护利用等技术研究，建设一批地域特色鲜明、技术针对性强的示范工程，构建适合我国不同区域、不同类型的新农村建设模式，充分发挥科技在保障宜居村镇建设方面的支撑作用。

宜居村镇建设

1. 宜居村镇规划与评价。针对村镇聚落空间演变机理的基础理论及村镇发展的科学规律，重点开展村镇体系评价与重构、县（市）域村镇规划布局、村镇发展的层级规划和技术标准、农村土地利用智能调查监测等技术研究，形成新时期宜居村镇规划体系与理论，构建村镇规划信息系统与平台。

2. 宜居村镇住宅建设。围绕村镇宜居住宅设计和建造的科技需求，重点开展村镇既有住宅与新建住宅功能提升、村镇住宅结构体系与装配式住宅建造、村镇生态建筑材料与部品、住宅物理性能优化等技术研究，建立宜居村镇建设技术评价指标体系，构建基于大数据的村镇建设绿色技术集成信息平台。

3. 宜居村镇环境治理与新能源利用。重点开展村镇生态环境修复、生态景观构建、村镇饮水安全、村镇生产生活污水深度处理与利用、河道修复与整治、村镇固体废物无害处理与资源化利用、村镇社区多能源整合系统构建、村镇基础设施功能提升等技术研发。

4. 传统村落与传统建筑保护利用。重点开展传统村落价值研究、传统村落保护发展规划、传统村落建筑建造技术传承、传统建筑解析与传承等技术研究，加强传统村落动态监测，开发建设传统村落数字博物馆，构建历史文化名镇名村保护数据库和评价指标体系。

5. 宜居村镇示范区建设。结合我国各区域生产经济条件、地域生态特色、民俗文化特征等，对土地集约化、住宅标准化与产业化、节能住宅与基础设施建造、村镇社区环境整治与质量提升、传统村落保护与传承等关键技术进行集成，在我国东北、华北、华东、华中、华南、西南以及西北等地区开展一批典型特色示范区建设，构建适合我国不同区域、不同类型的新农村建设模式，以科技创新支撑我国社会主义新农村的建设和发展。

（三）夯实农业科技创新物质基础

1. 优化布局农业科技创新平台基地

着眼于提高自主创新能力，加强统筹部署、优化布局国家农业科技创新基地与平台，新建一批产业技术创新战略联盟，加快推进国家现代农业产业科技创新中心和区域农业科技创新中心建设；支持农业优势企业建立高水平研发机构，强化企业技术创新主体地位。

2. 培育壮大农业科技创新人才队伍

深入实施人才优先发展战略，努力培养造就规模宏大、素质优良、结构合理的农业科技创新人才队伍。在农业优势领域突出培养一批世界一流科学家、科技领军人物，重视培养一批优秀青年科学家，增强科技创新人才后备力量；重点培养一批交叉学科创新团队，促进重大成果产出；支持培养农业科技企业创新领军人才，提升企业发展能力和竞争力。以"三区"人才支持计划科技人员专项计划为抓手，发挥科技特派员作用，加强对贫困地区返乡农民工、大学生村干部、乡土人才、科技示范户的培训，培养一批懂技术、会经营、善管理的脱贫致富带头人和新型职业农民。鼓励高等学校、科研院所和省市科技管理部门向贫困地区选派优秀干部和科技人才挂职扶贫，择优接收贫困地区优秀年轻干部到国家部委学习锻炼。

3. 加强农业科技基础性工作

深入开展重点农业科技资源调查，组织开展区域性、全国性科学考察与调查，加强农林动植物及微生物种质资源收集、保存与保护，数据分析与评价、外来生物入侵检测监测与风险控制等，构建农业科技基础数据库、标本库、资源库，建立科技资源信息公开制度，完善科学数据汇交和共享机制。加强农业气候资源开发利用服务平台建设，开展新一轮农业气候规划研究，为农业结构调整、提质增效提供科学依据和气象服务保障。建立统一的国家农业科技管理信息系统，实行农业科技计划全流程痕迹管理。全面实行国家农业科技报告制度，完善信用管理制度，推进国家农业科技创新调查制度建设，建立技术预测长效机制，进一步完善科技统计制度，建立完善农业科技创新统计、监测、分析、评估、报告系统和制度体系。

农业科技创新平台基地

1. 国家农业科技创新基地与平台。着眼于提高自主创新能力，加强统筹部署、优化布局，新建一批产业技术创新战略联盟，进一步优化和夯实现有平台基地建设；着眼于提升企业创新主体地位，支持农业高新技术企业建立高水平研发机构。

2. 现代农业产业科技创新中心。重点推进生物育种、农机装备、肉类加工、竹资源利用等重点领域先行先试，构建"政府引导、市场运作、协同开放、投资多元、成果共享"的政产学研用创新综合体，促进科技经济深度融合，支撑和引领产业升级。

3. 区域农业创新中心（实验站）。围绕关系国计民生的优势主产区大宗农产品，选择优势单位，建设国家大宗农产品产业创新中心，并在不同优势地区，依托优势地区省级专门研究机构，设立综合实验站，形成研究网络和研究合力，系统解决制约大宗农产品产业发展的理论与关键技术问题，确保农业产业安全；围绕事关国家重大区域战略、人类生产生活健康以及制约可持续发展的区域发展问题，建立部省、省级互动的区域农业发展创新中心。

4. 农业科技资源开放共享与服务平台。充分发挥国家重大科研基础设施、大型科学装置和科研设施、野外科学观测试验台站、南繁科研育种基地等重要公共科技资源优势，推动面向科技界开放共享；整合和完善科技资源共享服务平台，形成涵盖科研仪器、科研设施、科学数据、科技文献、实验材料等的科技资源共享服务平台体系；建立健全共享服务平台运行绩效考核、后补助和管理监督机制。

（四）壮大农业高新技术产业

围绕农业生物技术、农业信息、农业新材料、智能农机装备、现代食品制造、农业环境保护等重点领域，按照先行先试、分类指导的原则，系统布局并建设一批农业高新技术产业示范区，孵化培育一批农业高新技术企业，促进农业高新技术产业快速发展壮大。

农业高新技术产业

1. 实施农业高新技术企业培育工程。面向生物种业、农机装备、农业物联网、食品制造等现代农业产业，研究出台孵化、培育农业高新技术企业的扶持政策，鼓励产学研合作申报承担国家相关科技计划，力争到2020年培育10 000家左右农业高新技术企业。

2. 提升国家农业科技园区建设水平。以提高农业园区发展质量和产出效益为核心，编制实施《"十三五"国家农业科技园区发展规划》，发挥国家农业科技园区示范带动作用，建设 30 个国家农业高新技术产业示范区，300 个国家农业科技园区，3 000 个省级农业科技园区。

（五）提升农业科技国际合作水平

落实国家"一带一路"和农业"走出去"倡议，充分利用两个市场、两种资源，增强我国在农业重要领域的自主创新能力，提高国际竞争力。强化多双边国际重大科学研究计划合作，与"一带一路"沿线国家共建创新共同体，推进国际农业科技人才的培养交流和协同创新。支持企业在国外探索建立科技特派员创业示范园区、研发机构、试验示范基地，开展共同研发、技术培训和科研成果示范。

农业科技国际合作

1. 打造"一带一路"创新共同体。面向"一带一路"沿线国家，建立中国—中亚、中国—阿拉伯国家、中国—东盟农业创新共同体，多国参与，推动建设国际一流水平的研究机构，开展现代农业技术研究与示范推广。

2. 加强双边和多边国际科技合作。在全球范围内选择与我国有良好合作基础和合作潜力的农业科技强国、农业大国和具有区域代表性的发展中国家开展农业科技国际合作；继续做好中美农业旗舰、中加、中以等多双边科技合作项目；鼓励国内外科研机构、大学、企业共建联合实验室、联合研究中心、国际技术转移中心等平台，推动海外农业科技创新示范工作；支持企业在海外设立研发中心、参与国际标准制定，推动装备、技术、标准、服务走出去。

（六）增强县域科技创新服务能力

坚持新发展理念，面向基层，重心下移，统筹中央和地方科技资源支持基层科技创新，进一步加强对基层科技工作系统的设计与指导。加强基层科技管理队伍建设，加大对县域科技工作的指导和服务。落实国家创新调查制度，开展全国县（市）科技创新能力监测和评价。

1. 深入推行科技特派员制度

加快星创天地、高等学校新农村发展研究院等建设，培育发展新型农业经营和服务主体，健全农业社会化科技服务体系，鼓励创办领办科技型企业和专业合作社、专业技术协会，加大先进适用技术的推广应用力度。

2. 建设一批创新型县（市）

部省市县四级联动，重点布局建设一批创新型县（市），发挥科技创新在供给侧结构性改革中的基础、关键和引领作用，强化科技与经济社会发展的有效对接，走出一条依靠创新驱动县域经济社会协调发展的新路径。

基层科技创新服务能力

1. 新型农业社会化科技服务体系。深入推行科技特派员制度，促进农业科技成果转移转化和示范推广；建设星创天地，为科技特派员、大学生、返乡农民工、职业农民等农村创新创业营造低成本、便利化、信息化环境；发挥高等学校新农村发展研究院农业科技推广和引领支撑作用。

2. 创新型县（市）。选择100个产业优势明显、创新基础扎实、示范带动能力强的县（市），加强优势科研单位与县（市）科技合作平台建设，加快发展县（市）科技成果转化与创新服务平台，以培育壮大农村特色新兴产业为抓手，推进一、二、三产业融合发展，拓展农业产业增值空间，为县域经济社会协调发展提供新动能。

（七）强化科技扶贫精准脱贫

促进科技成果向贫困地区转移转化。组织高等学校、科研院所、企业等开展技术攻关，解决贫困地区特色产业发展和生态建设中的关键技术问题。围绕全产业链技术需求，加大贫困地区新品种、新技术、新成果的开发、引进、集成、试验、示范力度，鼓励贫困县建设科技成果转化示范基地，围绕支柱产业转化推广5万项以上先进适用技术成果。加快培育创新创业主体。实施边远贫困地区、边疆民族地区和革命老区人才支持计划科技人员专项计划，引导和支持科技人员与贫困户结成利益共同体，创办、领办、协办企业和农民专业合作社，带动贫困人口脱贫。加强贫困地区创新平台载体建设。支持贫困地区建设一批"星创天地"、科技园区等科技创新载体，充分发挥各类园区在扶贫开发中的技术集成、要素聚集、应用示范、辐射带动作用，通过"科技园区＋贫困村＋贫困户"的方式带动贫困人口脱贫。推动高等学校新农村发展研究院在贫困地区建设一批农村科技服务基地。

科技扶贫

1. 培育贫困地区创业主体。加强行业扶贫，实施科技扶贫行动，带动人才、技术、管理、信息以及资本等现代生产要素向贫困地区逆向流动；指导支持贫困地区、革命老区建设一批"星创天地"、科技园区，引进和孵化一批科技型企业；鼓励支持国家重点实验室、工程技术（研究）中心与贫困地区对接；发挥高等学校新农村发展研究院作用，为贫困地区产业发展提供智力支持和技术支撑。

2. 壮大贫困地区特色支柱产业。征集、凝练、发布一批贫困地区、革命老区急需适用的"技术成果包""农村科技口袋书";鼓励支持国家高新技术企业到贫困地区投资兴业;鼓励贫困地区、革命老区建立完善技术中介机构,发展技术市场;发挥科技成果转化引导基金的带动作用,推动贫困地区、革命老区特色支柱产业发展。

3. 加强贫困地区科技人才队伍建设。推进实施边远贫困地区、边疆民族地区和革命老区人才支持计划科技人员专项计划,开展创业式扶贫服务;加大对乡土人才和创业队伍培养力度,建设贫困地区、革命老区自身科技服务队伍;鼓励和支持高等学校、科研院所发挥人才、成果、基地等方面的优势,为贫困地区培养懂技术、会经营、善管理的致富带头人。

4. 创新科技扶贫模式。开展定点扶贫,部省市县四级联动,向定点扶贫县选派科技扶贫团,建立"一县一团"组团式扶贫模式;支持定点扶贫县产业园区发展,坚持问题导向,实施"一县一策";支持定点扶贫县科技管理部门加强干部队伍建设,加强定点扶贫县县域科技创新体系建设;将定点扶贫工作与党建工作密切结合起来,千方筹措帮扶资源,为定点扶贫县贫困群众办好事,办实事;开展片区扶贫,加强与秦巴山片区各有关省(市)和相关部委的联系沟通,完善片区联系协调机制,发挥好片区跨省重大基础设施项目协调推进机制和片区扶贫攻坚跨省协调机制作用,加强对片区脱贫攻坚的统筹,实施好片区区域发展与脱贫攻坚规划;推动秦巴山片区形成"科技扶贫示范区"。

5. 组织开展"百千万"科技扶贫工程。在贫困地区建设"一百个"科技园区、星创天地等平台载体,动员组织高校、院所、园区与贫困地区建立"一千个"科技精准帮扶结对,基本实现"十万个"贫困村科技特派员全覆盖。

🔑 **动动脑**

1. 农业、科技创新与农业技术推广的关系是什么?
2. 新时期下如何实现农业科技创新?

第三节　农业技术推广发展与改革

🌱 **案例导入**

全国农技推广社会化服务体系建设示范推广工作在鲁启动

1月16日,全国农业技术推广服务中心与山东丰信农业服务连锁有限公司在山东济南联合启动"2017全国农技推广社会化服务体系建设示范推广工作"。

全国农技推广中心科技与体系处处长田有国说,近年来,国家高度重视农技推广体系改革与建设工作，农技推广法的修订和"一衔接两覆盖"政策的实施，极大地改善了国家农技推广机构的工作条件、全面提升了农技推广的能力和水平。与此同时，仍然存在基层农技人员推广服务内生动力不强，激励机制不足和农技推广"最后一公里"难以落地等问题。丰信农业着力"互联网＋种植服务"，打造"天上有网，地下有人"的农技推广服务模式，在实践中能有效提升服务效能，适应各类种植业经营主体对种植技术日趋多样化、轻简化和个性化的需求，提高了农业技术普及率和到位率，真正解决了"田间地头"种植技术推广服务的问题。丰信农业为构建"一主多元"的农技推广服务体系做了很多探索性工作，积累了很好的经验，全国农技中心将持续跟踪丰信农业农技推广服务模式发展状况，对丰信模式技术服务效果进行评估，不断增强国家农技推广机构对多元推广主体的支持服务和指导引领力度，在不断总结完善的基础上，在更大的范围和适应区域开展示范推广工作。

丰信农业总经理董金锋表示，丰信农业专注于种植技术研究和服务，历经13年探索研究，8年实践总结推广，构建了"天上有网，地下有人"的"互联网＋种植服务"模式，大胆探索实践农户、服务农户的种植社会化服务新型模式，打通了农技推广服务"最后一百米"，实现了农技与农民的无缝对接，提升了农民对农技推广的"零距离"服务体验。目前公司已在十省50个县建立县级种植服务中心，组建了近700人的种植技术社会化服务队伍。未来，公司将借助与全国农业技术推广服务中心的合作，探索建立集农技推广、种植服务、信用评价、保险金融于一体的综合性农业服务组织，为农技推广服务事业发展做出更多贡献。

（资料来源：新华网，2017年1月17日）

案例思考

什么是农业技术推广？它有哪些基本模式？

一、农业技术推广的内涵

农业技术推广是农业科技创新中的重要环节，它直接影响农业科技成果转化为现实生产力。

（一）狭义的农业技术推广

狭义的农业技术推广以技术宣传和技术指导为主，其内容主要包括物化技术和一般操作技术。技术供给者通过技术信息传递、技术培训、实地指导和技术示范，来帮助农民了解、掌握和熟练使用技术，以提高劳动生产率，实现农民收入的增加。在此过程中，农业技术推广首要解决的问题是提高农民的技术接受能力。

（二）广义的农业技术推广

广义的农业技术推广是农业生产发展到一定阶段的产物，这样的农业生产发展阶段具有如下几个特征：农产品产量相对丰富，市场需求成为农业生产和农村发展主导因素，提高生活质量成为农民生活的主要目标。广义的农业技术推广包括三个方面：一是农业技术转移与扩散（包括相关知识与信息的传播和传递），主要是物化的农业技术和一般操作技术的转移与扩散；二是通过多种方式和途径教育、培养农民，通过提高农民的综合素质来提高农民的技术接受能力；三是改善农村生产条件，为技术的推广扩散创造有利条件。

二、农业技术推广模式

根据不同主体的农业技术推广组织在一个国家的农业技术推广体系中所处的地位和发挥的作用不同，可以把农业技术推广分为如下不同的类型，即行政主导模式、教育主导模式、项目主导模式、企业主导模式和自助主导模式等五种。

（一）行政主导模式

行政主导模式是指行政型农业技术推广组织在国家的农业技术推广体系中处于主导地位。行政型农业技术推广组织的主体是政府，政府设置的农业技术推广机构发挥主导作用，其组织目标涉及国家政治、经济和社会利益。在许多国家特别是发展中国家，推广服务机构是国家行政机构的组成部分，因而农业技术推广组织是政府机构，其组织结构体系一般与政府的工作体系相仿，常依行政区域划分而产生上下级行政组织。政府负担推广工作的经费并负责推广机构的人事安排，因而农业技术推广的决策方式是集权式的，组织内部信息的传递是自上而下进行的方式，中、下层农业技术推广机构和农民较少参与技术推广决策。农业技术推广人员兼具行政和教育工作双重角色。

行政型农业技术推广的行动计划是政府的农业、农村政策的一个具体的体现形式，因此，推广机构活动也主要是以贯彻政府的政策为主，如种植什么、种植多少等。因而其技术特征是以知识性技术和操作技术为主。多数行政型的农业技术推广组织的政策具有改变农民经营决策的功能，以实现农业综合发展的目标，因此农业技术推广的成果主要来自于政府的决策部门。同时，为了保证政府计划目标的顺利实现，农业技术推广机构的职能还包括对操作技术的推广。一般地说，越是上层推广机构，则越偏重于知识性技术的推广，越是下层的推广机构，则越偏重于操作性技术的推广。其原因是，上层组织机构偏重于政策与计划的制订与传递，而下层组织机构则偏重于负责政策与计划的管理与实施。

（二）教育主导模式

教育主导模式是指教育型农业技术推广组织在国家的农业技术推广体系中发挥着主

导作用。而教育型农业技术推广组织是以农业大学设置的农业技术推广机构为主体，其服务的对象主要是农村居民，也可扩展到城镇居民，工作的目标是教育性的。这类农业技术推广机构的推广目标是对农村居民进行成人教育工作，同时将政府设立的大学的农业技术研究成果与信息传播给农村社会，供大众学习和采纳。由于是以教育功能为主要目标，所以这类推广组织传播的技术特征是以知识性技术为主，而政府办的农业大学又是其推广组织所传播知识性技术的主要发源地。教育型农业技术推广组织通常是隶属于农业教育机构。这样农业教育、科研和推广等功能就很自然地结合在同一个主体身上，农业推广人员既是农业教育人员又可能是农业科研人员。

相对而言，教育型农业技术推广组织规模一般比行政型技术推广组织小，属于中等规模。农业技术推广经费规模部分地受到农业教育的经费预算的影响。教育型农业技术推广组织的主要职能就是提高农村居民的素质和生活福利水平，以及促进全社会发展。其推广工作的主要内容是针对生产上需要解决的问题，确定教育计划，培养所需要的人才，解决人才培养上的盲目性。其目标是促进农村成人教育发展，因此其组织绩效主要是用教育成果来度量。

美国所建立的农业技术推广体制是典型教育主导模式，虽然它是由联邦政府农业部推广局、州立大学农学院、县推广站三个方面组成的合作推广体系，而州立大学农学院在其中却发挥着主导作用，如美国各县推广机构隶属大学推广机构管理。美国主要是通过国家立法来确保这一体制下的不同主体的协调发展。如美国通过"赠地学院法""农业试验法""合作推广法"等确立了由州立大学农学院统一管理本州的农业教育、科研、推广工作的主导地位，把推广工作同科研、教育置于同等重要的地位，实行统一领导，使"三农"有机地结合起来。教育型推广组织的规模取决于大学本身的规模和各州的行政范围。在美国，各级政府都必须承担农业推广教育工作的责任，因而农业推广的经费，也就由各级政府共同分摊。一般联邦提供的经费大约占40%，州约占40%，县约占20%。但在各州之间，三方面提供的资金比重有所不同。

从管理决策方面，教育型农业推广组织吸纳农村群众代表和基层人员充分参与规划和管理工作，决策通过上下共同协商方式进行，是分权式的决策方式，组织内部的信息传递方式采取的是双向沟通模式。在组织分化方面，此类组织是根据计划与项目活动的类别来分化工作单位，例如在美国是依农事、四 H 项目（Head、Heart、Hands、Health）、家政、社区和自然资源发展等计划活动来分化组织单位的。因此，在组织体系中每一工作单位和每一个工作人员的地位不确定，并随着计划和项目的不同而发生变化。

目前，美国该体系中拥有 16 000 个专职推广员，全国 3 150 个县中，每个县都有一名到数名推广员，此外，还有约 300 万名在合作推广人员训练和指导下志愿服务人员，帮助实施推广计划。这个联邦政府—州—地方三级合作推广体系，由于上下沟通，体系健全，形成网络，具有群众性、广泛性和综合性。

[**资料来源**：佘学军.美国农业科技推广经验与中国的创新.世界农业，2012（3）]

（三）项目主导模式

项目主导模式是指项目型农业技术推广组织在一个国家的农业技术推广体系中发挥着主导作用。项目型农业技术推广组织是人们在农业技术推广组织结构方面的创新，其目的是要克服常规推广组织形式的不足，以提高推广机构效率。项目型农业技术推广组织的工作对象是推广项目地区的目标团体，也可涉及其他相关群体。其工作目标随着项目性质而定，主要是社会、经济及生态方面的成果，其技术特征以操作技术为主，并常常配以物化技术。

此模式的组织规模相对较小。在确定农业推广目标时，项目组织与目标团体之间通常会进行较广泛的接触，制定的目标与国家计划保持协调。基层农技推广人员和目标团体参与决策比较普遍。管理上强调参与和效率，决策形式为分散式决策，表现为上下共同决策，权利集中程度低。此类组织的每一个工作单位的地位不确定，工作人员之间则根据技术专长加以区别。项目组织对推广人员的素质要求较高，所需资金主要来自于外部的捐赠，推广人员收入高，工作条件有保障，但提升的机会少。项目型农业推广组织的公共职责范围是改善项目区目标团体的经济与社会条件，其成果的度量偏重于社会经济效益。在项目的执行过程中及实施结束之后都要进行严格的监测与评估。

在20世纪40年代至50年代，墨西哥农业部和美国的"洛克菲勒基金会"共同制订和实施的小麦品种改良计划，通过研究和推广小麦优良品种，促进了墨西哥小麦种植的"绿色革命"。在这个过程中建立起来的技术推广组织呈现出项目型推广组织的基本特征。

我国农业部实施"丰收计划"，从研究部门、教育部门、推广部门抽调的专门人员组建的推广组织亦属项目型农业技术推广组织，相应的运行管理制度为项目性农业技术推广体制。"丰收计划"是以提高经济效益为中心，把国内外现有科研成果和先进技术综合应用到大面积、大范围生产中去，以达到稳产、高产、低消耗、高效益的目的。它的实施项目范围包括种植业、畜牧业、水产业和农机等各业的先进实用科研成果和先进技术的推广。凡是可以使农牧渔业生产增加产值，改进品质，提高劳动效益，减少消耗，降低成本，减轻劳动强度，提高资源利用和有利于环境保护，以及提高经济效益、社会效益、生态效益并能在大范围应用的科研成果和先进技术，均可列入"丰收计划"。

[**资料来源**：邓闯.农业技术推广新模式探讨.中国农业信息，2014（1）]

（四）企业主导模式

企业主导模式是指企业型推广组织在一个国家的农业技术推广工作中发挥着主要作用。企业型农业技术推广组织是以企业机构设置的农业技术推广机构，大都以公司的形态出现，其工作的目标是有效生产和出售较高价值的商品，以增加企业机构的经济利益。适合企业主导模式的商品一般为特定产品，如茶叶、烟草、糖、咖啡等，由于这些产品常常受特定的生态因子的限制，只能在特定的生态区域内生产，因此服务对象是特定生态区及其邻近区域内的大多数农民。

此模式的推广规模一般随着企业的生产和经营的规模扩大而扩大，规模大小相对不定。此类推广组织的推广内容由企业组织决定，常限于单项经济商品的生产技术。此类农业技术推广的技术特征是以操作技术为主，配套物化技术和相应的资金。在此模式中，农业技术推广工作具有传播、教育和服务等多功能，因而是综合性的服务工作，农业推广人员的任用与推广经费的预算常随企业的经营状况的变化而调整。需要注意的是，此类推广组织的服务对象是其产品原材料的生产者，而其成效的度量是以增进企业经营绩效的指标来估计的，所以应尽量避免为实现企业组织的目标而损害农民的实际利益。成功的企业推广组织，应该通过利益分享形式增加农民收入，通过不断地进行技术发展和增加投资，来鼓励农民参加，以此来保证这些生产体系的不断发展。

> 荷兰的威仕特兰花卉拍卖行成立的技术服务机构聘请专门技术人员，其推广功能就是向农民宣传不同类型的顾客的偏好与选择花卉的特点，指导他们种植适销对路的花卉品种，以促进拍卖行花卉销售的进一步上升。
>
> 我国台湾省的糖业推广组织也是企业型推广组织的例子。该推广组织由直属公司的农务室负责，聘请技术人员，开展推广工作。蔗农根据合同接受推广组织提供优良甘蔗新品种和技术服务，蔗农也可根据合同获得产品销售和价格的保障。
>
> 近年来我国内地兴起的"龙头企业＋农户"的农业产业化组织形式中的农业技术推广组织也属于企业主导模式。
>
> [**资料来源**：李庆堂．国外农业技术推广模式经验借鉴及启示．现代农业科技，2014（19）]

（五）自助主导模式

自助主导模式是指自助型的农业技术推广组织在国家的农业技术推广体系中处于主要地位。自助型农业技术推广组织以农民所形成的农业合作团体最具代表性和制度规模。在此模式中，农业合作组织需要依靠其业务发展和其成员的生产和生活需要来决定推广内容，推广内容一般偏重社会经济方面，推广目标是提高合作团体成员的生活福利。其行动计划表现为组织辅导和资源传递，前者的技术特征是以操作性技术为主，后者的技术特征是以物化技术为主。

自助型农业推广组织通常是农业合作团体的部分单位，因此，其组织规模随着农业合作团体的规模而定。从目前各国的农民合作团体看来，大多数规模较小。为满足组织成员的要求，此类组织大都采用由下而上的方式来制订农业推广计划。农业推广人员不仅要促使农民和农家人口的知识、技能和行为的改变，而且还要促进农业推广工作有益于取得整体农业合作组织的经营成果。需要指出的是，这类组织的农业技术推广工作资源是自我支持和自我管理。部分农业合作组织可能接受政府或其他社会组织的经费补助，但保持农业技术推广工作活动的主要资源仍然是农业合作组织的自有经费，如会费和有偿服务收入。

三、我国农业技术推广发展历程

（一）创建及曲折发展阶段（1949—1977年）

党和政府一直十分重视农业技术推广工作，新中国成立后制定了一系列法规和政策，采取各种措施，推动了农业技术推广事业的迅速发展。到20世纪50年代末我国中央、省、县、乡的四级农业技术推广体系逐步建立起来。这一阶段的农业技术推广以行政为主导，以良种繁育和传统技术推广为主要内容，各个职能部门的工作范围有专门的界定，农业高校的教学科研活动得以恢复，基层农业技术推广机构逐步初具规模。到1957年全国共建农业技术推广站13 669个，农业技术推广人员9.5万人，除边远山区外，基本上做到了一区一站，每站5~7人。1974年"四级农科网"的建设得到国家重视，即县办农科所、公社办农科站、大队办农科队、小队办试验组，国家开始每年拨款资助并通过宣传、示范的方式在全国进行推广，各地的"四级农科网"体制逐步建立起来。但该体制过分强调科研试验和农民群众的作用，以科研试验代替技术推广，忽略专业推广队伍建设，带有明显的局限性，后来随着人民公社体制解体而自然解体。这一阶段，由于当时农业科研力量薄弱和农业生产条件的限制，农业技术难以满足当时农业生产的需要，基层农业技术推广站的作用受到了很大限制。

（二）恢复发展阶段（1978—1991年）

1. 重建以县农技推广为中心的基层推广组织

20世纪80年代基层农业技术推广工作进行了一系列改革，恢复和健全各级农业技术推广机构，建立县农业技术推广中心，重建基层农技推广体系。1979年农业部在29个省开始试点县级农业技术推广中心，并把原来种植业方面的各种专业技术推广站进行合并，从而在管理上加强了基层推广工作。1982年中共中央转发了《全国农村工作会议纪要》，要求恢复和健全各级农业技术推广机构，逐步把技术推广、植保、土肥等技术机构结合起来，实行统一领导。当年7月农业部成立了全国农业技术推广总站，并在全国范围内建立县农业技术推广中心，全面启动了重建基层农技推广体系的工作。建立县农业技术推广中心是我国农技推广体系建设的一大发展。县农业技术推广中心把原来分散推广机构结合成统一业务实体，发挥各专业学科的综合效应，能有效地满足农户多种技术服务需求。同时精简了机构，提高了工作效率，加强了教育与科研机构的沟通与合作。

2．"五级一员一户"农技推广体系的建立

1984 年农牧渔业部颁发了《农业技术承包责任制试行条例》，农技推广机构的建设得到了进一步延伸，在乡级建立农技推广站，在村级建立"农技、水利、农机、植保、供种"五统一的综合服务队。到 80 年代末基本建立了"五级一员一户"农技推广体系，即在中央、省、市、县、乡层层设立推广机构，村设农民技术员和科技示范户，建立起从中央到地方的各级农业技术推广体系。据统计，到 1989 年年底，全国农业技术推广机构超过 22 万个，在编推广人员 92 万多人，县级农业技术推广中心 1 442 个，占全国县总数的 68.7%。

（三）改革创新阶段（1992 年至今）

20 世纪 90 年代后期，随着经济体制改革逐步深入，探索适合社会主义市场经济发展要求和中国国情的农业技术推广体系成为关注的焦点。这一阶段改革的核心是如何将农业技术推广的公益性与营利性分开，如何提高农业技术推广的效果和效率，如何建立以政府农业技术推广机构为主导的多元化推广体系。

1．机构调整改革

20 世纪 90 年代初期各地乡镇开始探索乡镇农技站建设改革，改革以改善基层农业技术推广机构工作条件、保障基层推广经费、提高基层农技人员工作积极性为重点。1993 年《中华人民共和国农业技术推广法》的实施，使我国农业科技推广事业走上有法可依的管理轨道。初步形成了以农业部门为主导的公益性农技推广服务体系。1995 年全国农业技术推广服务中心的组建是我国农技推广体系建设的一大发展。至此，我国形成了全国农技推广中心、省、市、县级农技推广中心、乡镇农技推广站的五级农业科技推广组织。这一阶段农技推广工作改革是我国农业科技推广体制的有益探索和尝试。

2．多元化推广组织体系的创建

随着我国农村经济社会的发展，国内资源环境的约束、国外市场的激烈竞争以及"三农"的问题等都对我国农业技术推广体系提出了更高要求。这一时期，各地在农业技术推广运行机制、推广模式、推广方式等方面进行探索，逐步建立多元化推广组织体系。经过多年的改革与发展，农业技术推广体系由政府独家承担的一元化局面打破，农业技术推广的市场供给主体呈现出多样化的发展态势，机制也越来越灵活。"专家大院""科技 110"等新型的农技服务形式在许多地方得到推广，科技人员"重心下移"，为农民提供便捷的技术服务，深受农民的欢迎。一大批涉农公司（特别是大型农业产业化龙头企业）、农民专业合作组织和专业协会及其他民间科技组织越来越多地加入到农业科技推广的领域中，农业技术推广服务开始走向社会化。

四、我国农业技术推广体系改革

2017年，中央财政通过农业生产发展资金继续对基层农技推广体系改革与建设给予支持。根据中央1号文件、《政府工作报告》和全国农业工作会议等的部署和要求，提出以支撑农业供给侧结构性改革为中心任务，以提高农业技术推广服务供给质量效率为主攻方向，以新型农业经营主体为重点服务对象，以深化改革为动力，创新农业技术推广体制机制、精心打造示范服务平台，大力推广绿色高效适用技术，加快培育精干高效队伍，切实发挥科技对农业增效、农民增收和农产品竞争力增强的支撑推动作用。当前我国对基层农业技术推广体系改革与建设重点任务如下。

（一）推进基层农技推广体系改革创新

促进基层农业技术推广机构有效履职，发挥在公益性农技推广服务中的主导地位，加强对市场化主体的引导、服务和必要的监管。通过购买服务等方式，支持引导市场化主体参与农技推广服务。支持浙江、安徽、江西等省开展基层农技推广体系改革创新试点，探索农技人员通过提供技术增值服务获取合理报酬的新机制，加强绩效考评的新举措，强化队伍能力建设的新模式。

（二）建设运行高效的示范服务载体

围绕优势农产品和特色产业发展需求，建设长期稳定的农业科技试验示范基地，示范展示农业重大品种、关键技术和种养模式等。规范基地运行管理，统一竖立"全国农技推广试验示范基地"标牌，加强考核验收。遴选能力较强、乐于助人的新型农业经营主体带头人、种养大户等作为农业科技示范主体，通过精准指导服务、组织交流观摩等措施，提高其自我发展能力和辐射带动能力。应用现代信息技术，开发便捷高效的农技推广服务信息化平台，实现任务安排网络化、推广服务信息化、工作考核电子化。

（三）加强绿色高效技术推广服务

围绕粮经饲统筹、农牧渔结合、种养加一体、一二三产业融合和农业面源污染治理等重点工作，根据农业部发布的年度农业主推技术、地方农业主导产业发展要求和农业生产经营者的技术需求，遴选确定一批符合绿色增产、资源节约、生态环保、质量安全要求的年度农业主推技术，形成当地技术操作规范，落实到试验示范基地、农技人员和示范主体，促进先进适用技术快速进村、入户、到田。及时发布苗情、墒情、病虫害发生等农业公共信息，制定防灾减灾和灾后恢复生产技术方案并组织实施。

（四）加强高素质农技推广队伍建设

充分发挥农业科技人员、大学院所、企业、各类园区的作用。通过科技特派员制度，推动千千万万科技人员深入基层，服务"三农"；通过政府购买服务等支持方式，从新毕业大学生、乡土专家、种养大户、新型农业经营主体技术骨干、一线农业科研人员中遴选一批特聘农技员，从事公益性农技推广服务；通过建立分级分类培训机制，采取异地研修、集中办班、现场实训、网络培训等方式，加强基层农技人员知识技能培训；通过建设大学新农村发展研究院，把涉农高校科技成果及时辐射到基层；通过"企业＋科技人员＋基地＋农户"等新模式，激活市场、激活要素、激活主体，做给农民看、领着农民干、带着农民赚，推动农民依靠科技致富。

农民田间学校在我国蓬勃发展

农民田间学校的起源

农民田间学校是一种由国际组织推动的符合农民学习行为的有效的推广培训方式。它是以农民为中心，以田间为课堂，采用非正式成人教育的许多方法，以启发式、参与式教学在作物整个生长季节进行农民培训活动，通过组织农民参与分析、研究和解决农业生产中的实际问题，从而提高其自信心和决策能力的新型农技推广方式。据联合国粮农组织 (Food and Agriculture Organization，FAO) 统计显示，在总结亚洲其他国家的实践经验的基础上，1993 年中国开办了第一个农民田间学校 (Farmer Field School，FFS)，到 2017 年这种引自国外的农业技术推广培训模式在中国已有 24 年历史。

农民田间学校的培训方法

农民田间学校的培训方法主要包括小组讨论、讲课、田间课堂、实地考察和游戏等。

(1) 小组讨论：以小组为学习单位 (可选出小组长) 展开讨论，并将讨论结果用记号笔写在大白纸上，每个小组选一个成员上台讲解，最后辅导员点评。

(2) 讲课：这是传统培训最常采用的方式，但农民田间学校是提问式和参与式讲课。研究表明，这种培训方式符合成人记忆特点。

(3) 田间课堂：农技人员把课堂设在田间，教会农民识别病虫、天敌，并根据虫情、病情进行植保决策。这种田间活动方式既能使问题变得直观，又能使农民在熟悉的环境中放松自如，认识生态系统，有效掌握和提高实际操作技能。

(4) 实地考察：组织学员到邻村、邻县，甚至其他省份观摩。这种培训方式一定程度上开阔了学员眼界，但需要一定的经费开支，故在经济发达地区的农民田间学校较常见。

(5) 游戏：食物链、拔河比赛、协作运气球等，这些活动使农民在趣味中学到了很多哲理。

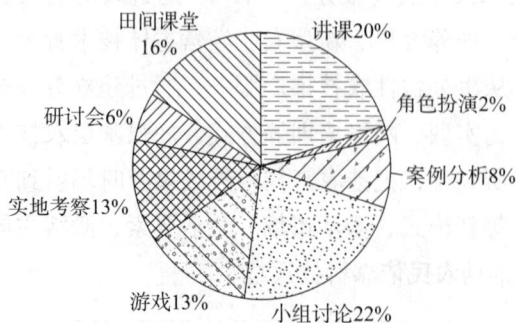

图7-1　农民学校培训方法构成图

农民田间学校的发展

目前，农民田间学校已经遍布我国大部分省市，得到蓬勃发展。以北京市为例，该市2005年启动农民田间学校建设项目，围绕郊区有机草莓、有机西瓜、食用菌、无公害西洋参、蔬菜等优势产业，根据农民产业发展需求开展农民田间学校建设，受到农民欢迎。据不完全统计，目前，结合优势产业布局，北京市共开办各类农民田间学校1000余所，培训农民2万余人，并建立了一批示范学校，带动全市农民田间学校整体水平的提升。据调查，通过农民田间学校培训的种植业户，产量提高8%~25%，户增收0.3万~0.8万元。同时该项目还得到了联合国粮农组织、加拿大驻中国项目办、全球环境基金、亚太地区30多个国家农业部的官员和专家的高度评价，均认为其相关水平达到国际领先水平。在新时期，北京市将进一步努力将农民田间学校建设成为农村科技成果转化站、提升农民素质的培训站、现代科技与市场对接的信息站以及乡风文明的辐射站。

（**资料来源**：根据相关资料整理。）

（五）建立农科教产学研一体化农技推广联盟

围绕地方农业主导产业需求，广泛集聚农业科技资源，构建基层农技推广机构、科研教学单位、市场化服务组织、农业乡土人才等广泛参与、分工协作、充满活力的农科教产学研一体化农技推广联盟，实现农业技术成果组装集成、试验示范和推广应用的无缝链接，提升农技服务效能，促进产业提质增效。

动动脑

1. 农业技术推广的模式主要有哪些？分别适应哪些不同的环境？
2. 当前我国农业技术推广体系改革的重点是什么？请举例说明。

湖南省长沙县示范区农业技术推广体系建设

湖南省长沙县现有土地面积1 752平方公里，其中耕地面积85.26万亩。2010年以来，该县以国家级现代农业示范区（整县建制）建设为契机，以省会长沙为目标市场，大力调整产业结构，积极推进产业升级和业态创新，有效推进了现代农业发展，全县现有水稻面积102万亩、茶叶基地9.27万亩、蔬菜（食用菌）面积10.9万亩、时鲜瓜果面积10.3万亩；现有规模以上农业企业254家，其中国家级龙头企业1家，省级龙头企业15家；现有专业合作社1 300多家，家庭农场200余户，各类专业大户3 300多户，流转土地42.6万亩，其中耕地流转29.9万亩；现有无公害认证基地44万亩，绿色产品认证基地37 773.81亩，有机产品基地8 386亩。

一、农技推广机构构成

全县农技推广归县农业局管理，业务站、室涉及县农业综合技术推广服务中心、蔬菜站、粮油站、土肥站、农科所等。2012年4月，长沙县委、县政府印发了《长沙县全面推进乡镇机构改革实施意见》（长县办发〔2012〕22号），乡镇原农技站、动物防疫站统一合并为农业综合服务中心，与农产品质量监管服务站合署办公，经费列入财政预算，机构职责为农业技术推广、畜牧水产防疫、农业机械推广、农产品质量监管等。5月，长沙县编委发布文件，根据各乡镇不同情况，确定各镇农业综合服务中心人员编制。现代农业示范区范围内12个乡镇均设立了农业综合服务中心，按照编制定员93人。至2014年，机构改革全部完成，人员基本到位，新机构进入正常运转。

二、农技推广人员结构

县一级设置农技推广指导员共32人，其中高级职称15人，中级职称10人，初级职称7人。根据2014年4月统计数据，现代农业示范区12个镇农业综合服务中心，有基层农技推广人员50人，其中本科学历12人、大专学历7人、中专学历25人、高中及以下6人，分别占总人数的38%、50%和12%。30岁以下的6人，31~40岁的3人，41~50岁的25人，51~60岁的16人，分别占总人数的12%、6%、50%和32%。

三、基础设施建设

长沙县基层农技服务体系建设项目于2012年正式启动，现已基本完成。一是站房建设情况。示范区12个乡镇站房建设站全部达到项目建设规范要求标准，各站功能用房齐全，布局合理，设有工作人员办公用房、专业化验检测室、电子信息教育培训室、农业技术服务推广大厅和其他辅助室等。悬挂了单位牌，"中国农技推广"标志牌和各功能房牌，实行了制度上墙。二是12个乡镇仪器设备配置站，全部按建设要求配置到位，并已登记造册，投入正常使用。

四、公司平台建设

通过政府注资注地，成立农业投资开发有限公司，归口县现代农业示范区管委会管理，由公司负责对县域内农村可经营性资产进行资源整合和开发经营。进行公司化运作开发建设和管理湖南现代农业成果展示园、长沙农产品精深加工园等大型项目，让公司成为全县统筹城乡发展的融资服务者、投资运营者和市场资源配置者。2014年公司与星陌文化传播有限公司共同出资成立了长沙瑞鸿达文化传媒有限公司，统一整合北部乡镇农村资源，深度挖掘北部乡村文化内涵，全面提升现代农业的旅游、文化等产业附加值，有效加快了全县现代农业发展的步伐。

五、相关政策支持

重视政策作用，为政策营造良好投资环境，引导工商资本下乡、鼓励新型农业经营主体发展。2014年，县委1号文件、16号文件出台了《关于加快现代农业发展促进城乡一体化建设若干意见》《关于加快推进现代农业示范区建设的意见》以及《关于实施党建强村富民工程的意见（试行）》和《党建强村富民工程实施细则（试行）》等政策性文件，进一步整合了全县涉农领域工作职能，由管委会统一制定全县农业现代化与城乡一体化发展规划，统一出台相关政策，统一项目招商和项目准入审批，统一推进农业基础设施项目建设，统一整合项目和切块资金调度，统一考核、协调、督查推进，有力促进县内新一轮农业农村经济发展。

六、现代农业新主体培育

通过现代农庄、农业龙头企业和农业合作组织这H类现代农业经营主体的合作联动，共同推进农业产业化发展。

1.现代农庄

现代农庄指的是通过有效组合资源，实现经营集约化、农业产业化、生产专业化、运作市场化于一体的集生态、观光、体验、休闲功能于一体的现代农业产业园，其发展主体产业为现代农业，建设目标是实现环境友好型和资源节约型，主要手段靠土地流转。至2014年12月，长沙县共有72家现代农庄获准立项并不断建设发展，累计已完成投资约34亿元。现代农庄各类投资主体多元化，农庄在第一产业涉及率100%，第二产业涉及率约10%，第三产业涉及率约40%，涉足了全县所有的农业优势产业和相应的产业延伸。现代农庄发展成效显著。一是成为推进农村土地规模流转的引领和示范，目前全县现代农庄有1个流转耕地面积超过5 000亩的项目，2个超过3 000亩的项目，14

个 1 000 亩以上的项目，其他项目土地流转规模集中在 500 亩左右。二是引领全县休闲农业发展，基本形成了休闲农业与乡村旅游业发展的联合集群，全县已建成休闲农业企业、休闲旅游景点和乡村农家乐 1 100 多家，成规模的休闲农业和旅游景点约 60 处。截至 2014 年，全县休闲农业实现接待游客 500 多万人次，实现收入约 12 亿元，同比实现增长 22%，全县休闲农业直接解决人员就业 9 000 余人，间接解决人员就业达 1.8 万余人。三是成为现代农业科技成果的推广平台，在现代农庄的产业化经营过程中，通过科技成果转化和自身的技术创新，实现产业升级提质，赢得了市场竞争优势。如致远现代农庄的有机菌包培育产业，其成产的有机菌通过了国内首家食用菌零污染检测，产品畅销港澳市场；柳吉科技园的观赏鱼产业、迷迭香现代农庄的种植产业等，都是通过科研—生产的一体化，依靠自主创新赢得了发展优势。

2. 农业龙头企业

企业全县共有规模以上农业企业 67 家，包括 1 家国家级认定的农业龙头企业、15 家省级认定的农业龙头企业，还有其他农产品加工企业近 200 家。共开发了 100 多万亩农业标准化基地、54 万亩"三品"认证基地，由于这些农业企业的自主研发或科技带动，有 100 多项农业科技成果成功在长沙县转化应用，共吸引近 1 000 名高端技术和管理人才投身现代农业。

3. 农业合作社

培育各类农民种养专业合作社、农机合作社和土地合作社组织 1 100 多个、专业大户 3 300 多户，带动农户 12.8 万户。其中农村土地合作社是一种农民用自家土地采取联营形式的新型农民合作社，租金支付采用"实物计价、货币支付"方式，政府根据土地流转的面积总大小为标准审批农村集体建设用地，政府通过补贴开展农村生态公益林补偿保护工作。

（资料来源：长沙三农官网，2016 年 5 月）

🌿 **复习思考题**

1. 什么是农业技术进步？其内容和类型有哪些？
2. 农业技术进步对农村发展有哪些贡献？
3. 什么是农业科技创新？其过程包括哪些环节？
4. 农业科技创新的特点是什么？其要素有哪些？
5. 新时期下农业科技创新的发展目标和重点任务是什么？
6. 什么是农业技术推广？农业技术推广和农业科技创新的关系是什么？
7. 农业技术推广的模式有哪些？
8. 新时期下如何推进我国农业技术推广体系改革？

第八章 资源、环境、生态：可持续发展与生态文明建设

学习目标

1. 掌握资源、生态、环境的内涵，理解三者的联系与区别；
2. 理解资源环境对农村发展的贡献，了解我国农村资源环境现状及管理；
3. 理解可持续发展的内涵和原则，了解农村可持续发展的内涵和途径，掌握农业可持续发展的内涵、目标和重点任务；
4. 理解生态文明的内涵和特征，掌握生态文明建设的主要内容。

第一节　资源、环境、生态及其对农村发展的贡献

案例导入

建言献策农村环境整治　告别"脏乱差"尴尬局面

"当前一些农村垃圾成堆，污水横流，蚊蝇乱飞的现象应引起高度重视。"近日，全国人大代表黄月芳在列席十二届全国人大常委会第二十七次会议分组审议时呼吁。对这一问题，同样列席此次会议的全国人大代表刘丽有同样的感触。刘丽代表来自基层，她说，在她的老家和她去过的一些刚刚开发的偏远县乡，生活垃圾"脏乱差"的现状是普遍存在的，一到炎热的夏天，气味很臭，而且基本上都来自生活垃圾。

建设生态环保的农村，近年来成为媒体报道的热点。农村生态环境，到底是一种什么样的情况？2017年2月，环境保护部、财政部联合印发的《全国农村环境综合整治"十三五"规划》显示，我国仍有40%的建制村没有垃圾收集处理设施，78%的建制村未建设污水处理设施，40%的畜禽养殖废弃物未得到资源化利用或无害化处理。农村环境"脏乱差"问题依然突出，必须采取有力措施加快补齐农村环境污染治理短板。

尽快改善农村环境，中央在发力。4月24日，在向十二届全国人大常委会第二十七次会议作环境报告时，环保部部长陈吉宁透露，中央财政安排资金60亿元，推动农村环境综合整治。

落到实处，在审议该报告时，多位与会人员围绕农村环境整治建言献策。整治环境是一个投入很大的系统工程，必须解决好钱的问题。全国人大常委会委员车光铁表示，从基层实际情况来看，特别是在地方财政相对困难的地区，项目配套资金和后续运行管理投入仍面临很大的压力，"难建设更难运行"的现象不同程度存在。

对此，车光铁委员建议应在继续加大农村环境综合整治资金投入的基础上，进一步健全完善农村环保管护长效机制，切实通过拓展社会资本投入渠道和模式创新等方式，有效改变单纯依靠财政拨款"过日子"的现状，从根本上解决农村环保设施管理不善，经费保障不到位，运行不好等实际问题。

近年来，规模化养殖在为农民增收的同时，也伴生了破坏农村生态问题。保护生态和农民改善生活如何协调共进？刘丽代表注意到，陈吉宁部长在报告中多处提到农村环保的有关问题，养殖污染治理也提出来了。全国人大常委会委员唐世礼认为，农村规模养殖业的发展，现代生活垃圾的增多，大量农膜、农药、化肥的使用，对农村的环境和

耕地质量的影响很大，希望国家进一步加大对民族地区和贫困地区的支持力度。"农村的生态和环境保护重点要加强对民族地区、贫困地区的支持，推动农村污水治理、垃圾处理、耕地保护工作落到实处，完善生态补偿机制，提高补偿标准。"唐世礼说。全国人大常委会委员龙超云建议，国家制定城镇排水管网改造和农村环境整治专项规划，加大中央财政投入，支持各地在农村环境整治方面、在小城镇建设方面迈出新步伐。

越来越多的农村垃圾产生了新问题。陈吉宁部长在报告中提到，持续推进农村生活垃圾治理专项行动，完成四川、上海、江苏、山东4省市农村生活垃圾治理验收。在全国推广金华市农村垃圾分类处理等经验，选择100个县开展示范。刘丽代表表示，这个办法非常好。她建议在开展示范工作的同时，对极差的县乡也要抓典型，抓两头带中间，将更具有警示意义。

黄月芳代表建议，完善农村环保建设投入机制，增加农村环境连片整治经费，重点加大饮用水、厕所、垃圾、污水处理等方面基础设施投入，同时，引入市场化竞争机制，提高资金使用效率。可以建立农民参与环保和人居环境建设的管理制度，由农民决定村庄环境治理的内容和办法，充分调动农民的积极性，持久做好农村环境保护工作。

（资料来源：中国环保在线，2017年5月9日）

案例思考

请从国家、企业和个人角度谈一谈如何改善农业生态环境？

一、相关概念内涵

（一）资源

1. 资源的概念

资源包含的范围很广，本章所谈资源特指自然资源。即指处于自然状态或没有被加工过状态的，能被人类开发利用，具有一定经济价值的自然要素和自然条件的总和，可用于满足人们的生产需要与生活需要。相对于人类需求，自然资源储备总量具有稀缺性。

2. 资源的分类

（1）按照物理特征分类

按照自然资源的物理特征可将其分为矿产资源、气候资源、水利资源、土地资源、生物资源等。

①矿产资源。是指露出地表或埋藏于地壳中的、各种有用矿物或元素的含量达到工业利用价值的可被开发利用的各种矿物的综合。它是由一种物质在特别的自然环境下在自然力的长期作用下转化而成的，总的储量是有限的。由于这种物质转换的条件今天已不再具备，天然形成的矿产资源随着人类的开采使用，其储量不断减少，最终将全部耗竭，属于不可再生资源。矿产资源可分为金属和非金属两大类。

②生物资源。它泛指地球上一切可以利用的动物、植物、微生物、低等生物以及由其所形成的各种生态环境和生态系统的综合。生物资源属可再生资源，但受动植物自然生命发育生长过程的影响，而且它们之间有着特殊的关联和平衡关系。一旦这种自然的平衡关系遭到严重破坏，再恢复这种平衡关系将是非常困难的，有时会因此而使一些生物资源也成为不可再生资源。

③土地资源。是指在人类经济活动中已被开发和尚未开发的各种土地类型数量和质量的总和。它是人类赖以生存和发展的最基本资源，是一切社会经济活动的载体，其数量和质量都是有限的。土地资源大致可以分为农业用地、工业交通用地、城乡建筑用地和其他类型的土地，如荒山、荒坡、沼泽、滩涂、沙漠等。

④水资源。是指具有现实和潜在利用价值的、在一定经济技术条件下可供人类开发利用的天然水存量的总和。包括海洋、江河、湖泊、水库、土壤水等液态水，和冰川、积雪等固态水。其中，最具有实用价值的是陆地上每年可以更新的降水、江河径流和地下储存的淡水资源。不少发展中国家都严重紧缺水资源，成为影响其经济发展的重要障碍因素。

⑤能源资源。是指能转化或产生机械能、热能、电能、化学能等各种能量和动力的能量来源总和。包括宇宙能、太阳能、引力能、地球能、分子能、原子能、粒子能等。它是经济发展的基本动力。由于经济技术落后，不少发展中国家的能源生产和消费目前仍是以利用太阳能为主，因此，发展中国家今后应把节能和提高能源利用效率放在首位。

（2）按照再生能力分类

按照自然资源的再生能力可将其分为可再生资源 (renewable resources) 和不可再生资源 (non-renewable resources)。

①可再生资源。指在正常的情况下，可通过自然过程再生的资源，包括恒定性的环境资源和可循环再生的环境资源。前者包括太阳能、风能、地热能、原子能、潮汐能等，后者包括生物资源、气候资源、水资源和水能资源等。这些资源可通过大自然和人类的劳动不断循环地得到开发利用，能连续或往复地供应人类的需要。但如果此类资源被开发利用的速度超过再生速度或再生能力，他们也可能耗竭或转化为不可再生资源。

②不可再生资源。如化石燃料、金属矿、非金属矿及石油、地下水等，它们是经过千百万年才形成的物质，从人类的视角来看其数量供给是固定的。他们不能在人类的自身再生产及人类的经济再生产的周期尺度上由自然过程再生，或由于他们再生的速度远远慢于被开采利用的速度，其最终可利用的数量必然存在一定极限。因此，对于不可再生资源，应根据节约和尽可能综合循环利用的原则，杜绝浪费和破坏，同时积极寻找替代资源，以保证资源的永续利用。

（二）环境

1. 环境的概念

环境是指人类所处的，赖以生存和发展的整个外部世界，主要是由岩石圈、大气圈、水圈和生物圈组成，各种构成要素之间相互作用，相互影响，可直接或间接影响人类生存和发展。按环境的基本性质的不同，分为自然环境和社会环境。自然环境可分为大气环境、水环境、土壤环境、生物环境、地质环境等。社会环境分为聚落环境、生产环境、交通环境、文化环境等。本章所指的环境特指自然环境。

2. 环境的特性

自然环境的特性主要体现为以下几个方面。

（1）有机整体性

是环境最基本的特征，是指环境系统各要素的普遍联系和相互作用，任何一种要素的变化都会引起其他要素变化。有机整体性主要表现为物质形态的循环和能量的流动。

（2）系统的相对稳定性

是指在环境变化中，系统内的各种组成要素和比例结构基本保持稳定。由于系统内部机制在起作用，即内部各要素之间相互影响、相互制约，使环境具有自我调节和控制能力，能有效地调节环境系统内的各种要素，保持系统相对稳定。但人类对环境的干预超出了环境系统的调节和控制能力，就会产生环境问题。

（3）环境容量的有限性

环境容量是指一定时期内，环境资源所能允许的人口规模和经济规模大小，也就是环境所能允许的人类需求的最大限度。这主要是由于环境的自我调节和控制能力有限，因此人类的活动必须保持在环境的承载力范围之内。

（4）不可逆性

是指环境的变化不能恢复到初始状态的特性。环境系统通过物质、能量和信息流动力来保持稳定的。环境的不可逆性具体体现为：能量流动中，部分能量在流动中成倍耗散，变成无效能；环境要素的变化超过环境系统的承载力范围，环境系统的平衡被打破。

（三）生态

所谓"生态"，泛指"自然生态系统"，指一定空间范围内，生物群落与其所处的环境所形成的相互作用的统一体。任何一个自然生态系统都由生物群落和非生物环境两大部分组成。其中，生物群落处于核心地位，它代表自然生态系统的生产能力、物质和能量流动强度以及外貌景观等。非生物环境既是生命活动的空间条件，也是生物群落与自然环境相互作用的结果，他们形成一个有机的统一整体。自然生态系统包括：地球表面的陆生生态系统、水生生态系统和地球表面以上的大气系统。

（四）资源、环境和生态的联系与区别

1.联系

（1）都是自然对于人类功能关系的体现

也就是说，三者都统一于自然这个整体，都是从人类福利的角度来定义的，都是能为人类提高福利水平发挥作用的自然要素，因而都属于人与自然的功能关系的范畴。离开了人与自然的功能关系，就没有资源、环境、生态可言。

（2）相互依存、相互渗透、相互影响、相互制约

三者可谓"一荣俱荣、一损俱损"。这是因为，资源、环境、生态的区分从本质上说是功能的区分，而不是对特定的自然物质实体的区分，不是把自然存在的要素硬性地区分为资源、环境、生态。即资源、环境、生态作为自然对于人类功能的体现是自然界所兼有的，也是同一自然介质所兼有的。以森林为例，我们不能认为这片森林具有为人类提供木材和其他林副产品等资源功能，那片森林具有净化空气、美化环境、容纳废弃物、减低噪声和提供生存游憩空间等环境功能，还有一片森林具有涵养水源、防风固沙、保持水土、保护野生动植物、维护生物多样性等生态功能，而应认为同一片森林同时兼有资源功能、环境功能、生态功能。一旦人们为了获取木材和其他林副产品而大规模砍伐森林，则不但其资源功能遭受破坏，其环境功能和生态功能也必将遭受相应的破坏。从这个意义上我们也可以说，破坏资源就是破坏环境、破坏生态，保护资源就是保护环境、保护生态。

（3）可以在一定条件下相互转化

这里说的转化，主要指资源、环境、生态在人与自然的功能关系中的地位的转变。就是说，它们在人与自然功能关系中的地位会随着人类社会不同的时空条件而发生变化。还以森林为例，新中国成立之初，国家处于大规模经济恢复和建设时期，社会对木材的需求凸显，森林的资源功能被摆在第一位，木材生产成为当时林业建设压倒一切的任务。而几十年后的今天，基于对历史经验的深刻反思，人们又意识到"生态需求已经成为社会对森林的第一需求"，国家也相应做出了"林业建设由以木材生产为主向以生态建设为主转变"的战略调整，森林的生态功能也取代资源功能而成为首要功能。

2.区别

资源、环境和生态强调和体现的自然对于人类的功能不同。其中，资源强调的是实体功能，体现为自然对于人类实体的直接有用性；环境强调的是客体的"受纳功能"和"服务功能"，体现为接受并容纳生产和消费所排放的无用副产品和为包括人类在内的所有生物生存繁衍提供栖息地等直接与间接有用性；生态强调的是主体（包括人在内的生物）状态及主体与客体（自然环境）的相互关系和协同进化功能，体现为人与自然之间相互影响、相互适应、相互选择、相互制约的"有机联系"和"协同进化"。

表 8-1　资源、环境与生态的联系和区别

	联系	功能区别	功能举例
资源	1. 都是自然对于人类功能关系的体现 2. 相互依存、相互渗透、相互影响、相互制约 3. 可以在一定条件下相互转化	实体功能：体现为自然对于人类实体的直接有用性	森林的资源功能：为人类提供木材和其他林副产品
环境		客体的"受纳功能"和"服务功能"：体现为接受并容纳生产和消费所排放的无用副产品和为包括人类在内的所有生物生存繁衍提供栖息地等直接与间接有用性	森林的环境功能：净化空气、美化环境、容纳废弃物、减低噪声和提供生存游憩空间
生态		相互关系和协同进化功能：主体（包括人在内的生物）状态及主体与客体（自然环境）的相互关系和协同进化功能，体现为人与自然之间相互影响、相互适应、相互选择、相互制约的"有机联系"和"协同进化"	森林的生态功能：涵养水源、防风固沙、保持水土、保护野生动植物、维护生物多样性

二、资源环境对农村发展的贡献

（一）资源环境对农村发展的生命支持作用

农村的资源环境提供给农村生产生活的人类赖以生存的生物的、化学的和物理的系统。这个系统包括大气、河流、土壤肥力、森林和动植物多样性等。这些环境提供的服务为农村所消费，其中大部分对人类以及动植物生命的维持是不可缺少的，这些服务的减少将使人类以及动植物生命受到直接的威胁，例如，臭氧层的巨大破坏对人类以及动植物来说可能具有灾难性的后果。

（二）资源环境对农村发展的自然资源供给作用

资源环境为农村生产活动提供自然资源，如土地、矿产、河流、海洋、森林等。这些自然资源包括可再生资源和不可再生资源，前者如耕地、森林、渔场等，后者如矿产。可再生资源是能够以可持续方式利用的，但如果过度使用和管理不当就有可能导致这种资源的完全丧失，例如，森林的毁灭就会导致荒漠化，使可耕地永久地丧失。因此，自然资源既为农村生产活动提供服务，同时，农村生产的适当行为也能促进可再生资源存量的增加。当然，对不可再生资源的使用将会永久性地减少其存量。因此在农村生产活动中应合理、节约地使用这些资源，延缓它们的耗竭。

（三）资源环境对农村发展废弃物的吸收作用

农村生产生活活动产生的废弃物被资源环境所吸收，这是资源环境为农村发展做出的又一重要贡献。自然界具有自动、安全地处理部分废弃物的功能，但这也不是无限的。一旦超过了自然环境的吸收能力，由生产和生活产生的废弃物就会形成污染。此外，有些废弃物根本不能被自然界吸收和处理的。例如，放射性物质和重金属废料。对于这些

废弃物必须作特殊的处理。因此，在自然环境吸收废弃物的基础上，应较好处理其超出其吸收和处理能力的废弃物。

（四）资源环境对农村发展无形服务的提供作用

资源环境也给农村生产生活提供舒适感。风景如画的自然风光会给人以美的享受，给人类带来快乐和满足。这个作用对人类的生存不是必不可少的，并随着经济发展和生活水平的提高，无论生活在城市或者农村的人们越来越需要环境提供这些服务，乡村旅游业的蓬勃发展正是人类这种需要的表现。

三、我国农村资源环境污染与生态退化

十八大提出，"资源约束趋紧、环境污染严重、生态系统退化"成为我国经济社会发展面临的严峻形势。总体而言，我国农村地区在资源、环境与生态方面面临以下四大挑战。

（一）农业面源污染

农业面源污染是指在农业生产活动中，氮和磷等营养物质、农药以及其他有机或无机污染物质，通过地表径流、农田排水和地下渗漏形成的环境污染，主要包括化肥污染、农药污染、畜禽养殖污染。

农业面源污染的形成既有技术层面的原因，也有农业和农村经济政策、农业生产活动和经济外部性等方面的原因。在技术层面，由于农业生产技术水平低下、灌溉方式和时间不合理、耕作制度不合理以及农药化肥等致污性投入的过量及施用方法不合理等，都会产生农业面源污染。农业经济政策主要是指通过影响土地投入要素和土地利用结构政策对农业面源污染产生影响。例如，农业和农村产业结构调整政策主要对农业结构变化趋势产生影响，它会影响农业的专业化和区域分工，一方面能提高农业生产效率，但也可能对环境和生态产生不利影响，如单一种植结构会加大农药使用量、单一养殖会加大畜禽粪便的有机污染、不合理的多样化产业结构调整也会造成水土流失等。目前在全世界范围内，农业面源污染已经成为水体污染的主要原因。如在中国，由于农业面源污染，湖泊达到富营养化水体的已占63.6%。农业面源污染控制日益成为影响区域和国家农业及社会经济可持续发展的重大问题。

（二）农村工业污染

工业污染是工业企业在现代的生产工艺水平下，伴随着生产产生的副产品，是由于人为原因，向地理环境释放物质和能量，影响人类和其他生物的正常生存与发展，或造成某些地理要素的使用价值下降等现象。农村工业污染在现代工业生产条件下是不可避免的，并通过废水、废气和固体废弃物的排放对生态环境产生影响。例如，工业废气中

含有二氧化硫、挥发性有机物、悬浮颗粒物、细微颗粒物质、一氧化碳、氮氧化物、臭氧和铅可能造成材料和建筑物的腐蚀、森林面积减少、农作物减产和质量下降等方面的危害，同时也可能对人体健康构成威胁。工业废水中主要有生物性污染物和化学性污染物两种。高浓度污染的工业废水排入河流可能致使水体失去自净能力，水质恶化严重，对周围的地下水及农田造成污染。污染物通过饮用水而使人群致病或发生急性或慢性中毒，也可通过水生食物链、污水灌溉等过程危害人体。固体废弃物排放后会侵占耕地、林地、草地等关键生态资源。同时固体废弃物中的有害物质会经过雨水的冲刷浸入到地下，污染土壤及地下水。

（三）农村生活污染

农村生活污染主要包括两方面，一是农村生活垃圾，主要是在日常生活及为日常生活提供服务的活动中产生的固体废物；其对环境的影响主要表现为对水体的污染，大量生产生活垃圾四处随意堆放，在雨水的冲刷下使大量的渗滤液排入水体，或被直接冲入河道，形成面源污染。二是农村生活污水，农村生活污水一般来源于三方面：①厨房污水。厨房污水多以洗碗水、刷锅水、淘米、洗菜水组成，除淘米洗菜水中含有米糠菜屑等有机物外，其他污水含有大量的动植物脂肪和钠、醋酸、氯、碘等多种元素。另外，生活污水中也含有大量油类成分，增大了对环境的污染。②生活洗涤污水。农村居民的生活洗涤用品有洗洁精、洗衣粉、肥皂、洗发水、沐浴露、洗面奶等多种化学洗涤用品。③冲厕水。这是存在于发达地区进行改水改厕后造成的水污染问题。冲厕水中含有大量的氮、磷、钾等富营养有机物质，会导致水体富营养化，减弱水体的自净能力，对水质造成极大的破坏。这两方面的生活污染都会对农村的环境和生态造成严重污染，影响农田土质并进而影响农作物质量。

（四）农村生态资源退化

这主要表现在土地退化，林地和草地等关键资源的数量减少，相应的生态功能退化。

1. 土地退化

土地退化是指在不利的自然因素和人类对土地不合理利用的影响下土地质量与生产力下降的过程。我国土地生态恶化最严重的两大类型是水土流失和土地沙化。其中水土流失是指在水力和风力的作用下，地表物质发生剥离、迁移和沉积的过程。我国是世界上水土流失最严重的国家之一，目前，我国水土流失面积已经从新中国成立初期的约 153 万 km^2 增长到 356 万 km^2，每年约以 1 万 km^2 的速度扩展。严重的水土流失使得耕地数量减少，耕地质量下降，生态恶化。此外土地沙化是指干旱、半干旱和亚湿润干旱区的土地退化，它会造成生产力下降，甚至完全丧失。造成土地沙化既有自然因素，也有人为因素，但现阶段以人为因素为主，包括过度放牧、乱砍滥伐、樵采过度和水资源利用不当等。截至 2015 年，我国沙化土地面积已经达 174.3 万 km^2，占国土总面积的 18.2%。另外，我国近 1/3 的国土面积受到风沙威胁，每年因此造成的经济损失达 540 亿元。

2. 林地生态功能退化

林木是森林的主体，林地又是林木的载体，二者进行着物质和能量的交换，相互作用、相互依存构成一个不可或缺的统一综合体，即林地生态系统。它是陆地生态系统的主体，不仅能为社会经济发展和人们的生产生活提供多种产品，而且具有调节气候、涵养水源、保持水土、防止风沙、美化环境和维护生态平衡等多种生态作用，是不可或缺的自然资源。当前我国林地的生态功能退化较严重。从林地流失情况来看，全国有 1 010.68 万公顷的林地因被征占等原因改变为非林地，其中有林地转变非林地面积达 369.69 万公顷，形势严峻。此外，从采伐现状来看，林木过量采伐相当严重，东北、内蒙古等重点国有林区年均消耗量已达该区合理采伐量的 3.24 倍。

3. 草地退化

草地退化是指由一切自然和非自然的因素扰动所引起的草地质量降低、土壤质地和结构变差，经济产出和生态服务功能降低，使草地生态系统恢复功能减弱或失去恢复功能等现象。草地退化的原因主要包括两方面：自然因素和人为因素。从草地资源近几十年的变化来看，人为因素是主要原因。我国草地面积居世界第二，但长期以来人们对草地资源的利用一直处于掠夺式的利用经营状态，违背自然规律乱垦滥开，目前我国造成退化、沙化、碱化草地占我国草地总面积的 34.3%。草地退化和植被破坏使草地质量不断下降，载畜能力大幅度降低。严重的草地退化以及严重的草地生态问题，已经危及农民和农村的生存条件，成为发展国民经济、保护和改善人民生存条件的极大障碍。

四、农村自然资源和环境管理

（一）农村自然资源管理制度

除法律、法规外，我国对农村自然资源管理制定了一系列制度，包括基本农田保护制度、耕地占补平衡制度、森林采伐限额制度和林地许可证制度、森林生态效益补偿制度、草地保护制度等。

1. 基本农田保护制度

我国自 1989 年开始划定基本农田保护区。1990 年，以划定基本农田保护区为主要形式，在全国范围内全面展开基本农田保护工作，并建立基本农田保护区制度。1994 年国务院颁布《基本农田保护条例》，明确基本农田概念、分等定级方法等内容，把基本农田保护工作进一步纳入法制化管理的轨道。基本农田保护制度的基本内容包括：保护制度、规划制度、区制度、审批制度、平衡制度、农田制度、责任制度、检查制度。

2. 森林采伐限额制度和使用林地许可证制度

为保护森林资源，我国早在 20 世纪 80 年代就颁布了《制定森林年采伐限额暂行规定》，确立了森林采伐限额制度。制定年森林采伐限额的基本依据是用材林的消耗量低于年生长量的原则。具体依据是森林经营方案所确定的合理年采伐量。其制定程序为：全年所有的森林和林木，以国有林业企事业单位、农场、厂矿为单位，集体所有的森林和林木以县为单位，提出本单位年采伐限额的建议指标，逐级上报，由省、自治区、直辖市林业主管部门汇总平衡，经同级人民政府审核后，报国务院批准，并抄送国家林业局。年采伐限额一经批准下达，便成为编制年度木材生产计划和申请采伐的依据。超过限额采伐的采伐，或者滥发许可证，都属违法行为。全国森林采伐限额从 1986 年开始执行，每五年修订一次。

对于林地的管理主要是通过使用林地许可证制度来完成。使用林地许可证制度适用范围包括：国家建设占用国有林地和征用集体林地；国有林业企事业单位内部使用林地；从事为林业生产服务的建房、筑路、挖砂、取土、开矿以及各种经营用地；依法出租、转让林地用于非林业生产等。使用林地许可证由县级以上林业行政主管部门按审批权限审批发放。30 亩以下的由县级林业主管部门审批发放。2 000 亩以下的由省级林业主管部门审批发放。林地经营单位依据林地许可证办理林地拨交使用手续，否则有权拒绝任何单位和个人进入林地开发利用或从事基本建设活动。

3. 森林生态效益补偿制度

建立森林生态效益补偿基金是《中华人民共和国森林法》明确规定建立的一项制度。1989 年我国提出建立森林生态效益补偿基金制度。2001 年 11 月，我国召开森林生态效益补助试点启动工作会，由中央财政预算安排 10 亿元建立森林生态效益补助资金，并在 11 个省（区）开展试点，对重点公益林保护和管理平均按每年每亩 5 元的标准进行补助，补助面积为 2 亿亩。这次会议标志着森林生态效益补偿制度开始建立，并标志着贯彻执行《森林法》和《森林法实施条例》迈出了具有实质性的一步。在 3 年试点取得成功的基础上，2004 年我国正式建立中央森林生态效益补偿基金。当年中央财政预算达到 20 亿元，补偿面积为 4 亿亩，由 11 省（区）扩大到全国。

2006 年至今，中央财政不断加大资金投入力度，增加补偿面积、扩大补偿基金规模。同时，中央森林生态效益补偿基金的实施，带动和推进全国各省（区、市）地方森林生态效益补偿基金的建立，加速公益林业投资体制与国家公共财政体制的有机衔接。以贵州省为例，森林生态效益补偿包括中央财政森林生态效益补偿基金和地方公益林森林生态效益补偿基金。其中，中央财政森林生态效益补偿基金对集体和个人所有的国家级公益林补偿标准为每年每亩 15 元，其中 0.25 元用于公共管护支出。地方公益林森林生态效益补偿基金补偿标准为每年每亩 8 元，按省、市（州）、县（市、区）4:3:3 比例分级安排资金，全额兑现给林权所有者或经营管理者。由此可见，建立森林生态效益补偿制度不仅是森林分类经营的核心，也是无偿使用森林生态效益转向有偿使用森林生态效益转变的关键。其实质是对生态产品给予定价，目的在于把生态效益的外部性内部化。

（二）我国农村环境管理政策

1. 农村工业污染管理

我国农村环境保护始于乡镇工业污染防治。1983 年，国家城乡建设环境保护部在广东省顺德县主持召开全国第一次研究乡镇企业环境污染问题的会议，它是中国环境保护工作拓展到农村的标志。我国对农村工业污染管理的主要行动包括：①把乡镇企业的排污量纳入区域污染排放总量目标。②取缔或关闭 15 类小企业。③禁止乡镇企业新建依法必须取缔或关闭的生产项目。④公布乡镇企业污染控制的重点行业和地区。⑤发展乡镇工业小区。⑥乡镇企业建设项目必须在环境影响报告书审批合格后方能开始建设。⑦依法建立乡镇企业排污申报登记和环境统计制度。⑧为乡镇企业提高污染防治能力提供扶持和创造技术条件。⑨完善乡镇企业环境管理的各项制度。

工业污染悄悄向农村转移?

报载，最近广东省和清远市两级环境执法人员联合检查时发现，坐落在清远市某乡镇的两家电镀实业有限公司均存在超标排放重金属及其他有毒废水，涉嫌私设暗管、不正常使用污染防治设施等多个问题，涉嫌环境污染犯罪。依据环保法，当地环保部门已责令两家公司停产，查封了相关设施、设备，立案行政处罚并移送公安机关追究刑事责任。

点评：随着城市环境保护意识的逐步增强，部分高能耗、高污染的工业生产项目逐步向农村转移。由于土地与劳动力相对廉价，环保管理工作相对薄弱，一些生产规模小、污染大、面临淘汰的工业生产项目趁机而入。据调查，对农村造成污染较大的工业项目主要以五金电镀、小冶炼、小化工等为主，这些企业产生的有害气体和工业污水，很多没有采取有效的治理措施，直接排放，对周边的土壤和水质环境造成严重污染。

当前，一方面，国家的许多环保政策是针对全区域性的，城市和农村一样适用。但农村执行难度相对较大，主要是监管不到位。有的基层领导甚至为了经济发展不惜牺牲农村环保，对环保不达标项目进行暗中保护，对农村污染起了推波助澜的作用，这种状况要坚决予以纠正。另一方面，要加强项目引进的前置许可审核，加强规划和论证，对涉农项目要多征求当地镇、村基层干部和农民的意见，要进行听政并通过环境评价报告，从源头上堵住污染项目流向农村。

（资料来源：南方日报 2015 年 4 月 21 日）

2.农业污染管理

（1）畜禽养殖业污染防治

近年来，我国畜禽养殖业发展迅速，已经成为农村经济最具活力的增长点。但由于缺乏必要的引导和规划，畜禽养殖业布局不合理、种养脱节，部分地区养殖总量超过环境容量等问题突出。加之畜禽养殖污染防治设施普遍配套不到位，大量畜禽粪便、污水等废弃物得不到有效处理并进入循环利用环节，导致环境污染严重。据 2015 年发布的《全国环境统计公报》显示，我国规模化畜禽养殖场共有 138 730 家，规模化畜禽养殖小区 9 420 家，排放化学需氧量 312.1 万吨，氨氮 31.3 万吨，总氮 140.9 万吨，总磷 23.5 万吨。其中化学需氧量和氨氮的排放量分别占农业源的 27.7% 和 40.2%，占总排放量的13.3% 和 12.8%。与工业污染排放相比，畜禽养殖业污染物的化学需氧量与工业污染相当，而氨氮的排放量超过了工业排放 27.7%。加之对环境影响较大的大中型养殖场 80%分布在人口集中、水系发达的大城市周围和东部沿海地区，集约化畜禽养殖对环境和生态造成了严重影响。

2013 年 11 月我国发布《畜禽规模养殖污染防治条例》。该条例包括总则、预防、综合利用与治理、激励措施、法律责任和附则六部分。例如在统筹畜禽养殖生产布局与环境保护、强化污染源头管控方面，规定应合理安排畜禽养殖生产布局、强化污染源头管控。并明确，制定畜牧业发展规划，要统筹考虑环境承载能力和污染防治要求，合理布局畜禽养殖生产，科学确定畜禽养殖的品种、规模、总量；制定畜禽养殖污染防治规划，要与畜牧业发展规划相衔接，确定污染防治目标、任务。同时，条例还要求地方政府通过划定禁养区、对污染严重的养殖密集区域进行综合整治等措施，对不合理的畜禽养殖生产布局进行调整，并对整治中遭受损失的养殖者依法予以补偿。在提高畜禽养殖污染防治的针对性和可行性方面，条例明确省级政府应根据畜牧业发展状况和畜禽养殖污染防治要求确定养殖场、养殖小区的具体规模标准。要求畜禽养殖场、养殖小区建设污染防治设施，畜禽养殖场和养殖小区之外的其他养殖户，采取措施减少畜禽养殖废弃物的产生量和排放量，并及时收集、贮存和清运畜禽养殖废弃物。要求对污染严重的畜禽养殖密集区域，由市、县政府进行综合整治等。

（2）农业面源污染防治

我国农业面源污染防治始于 1998 年，包括防治秸秆焚烧污染、化肥和农药污染以及土壤污染等。之后，我国相继出台了《秸秆禁烧和综合利用管理办法》（1999 年）《关于加强农村环境管理防治农药化肥等污染问题的通知》（2001 年）《加强农村生态环境保护工作的若干意见》（2003 年）《国务院关于落实科学发展观加强环境保护的决定》（2005 年）等，从多方面防治农业面源污染。

2015 年我国农业部发布了《农业部关于打好农业面源污染防治攻坚战的实施意见》。该意见明确了我国对农业面源污染治理的总体思路是：要坚持转变发展方式、推进科技进步、创新体制机制的发展思路。要把转变农业发展方式作为防治农业面源污染的根本出路，促进农业发展由主要依靠资源消耗向资源节约型、环境友好型转变，走产出高效、产品安全、资源节约、环境友好的现代农业发展道路。要把推进科技进步作为防治农业面源污染的主要依靠，积极推进农业科技计划、项目和经费管理改革，提升农业科技自主创新能力，坚定不移地用现代物质条件装备农业，用现代科学技术改造农业，全面推进农业机械化，加快农业信息化步伐，加强新型职业农民培养，努力提高土地产出率、资源利用率和劳动生产率。要把创新体制机制作为防治农业面源污染的强大动力，培育新型农业经营主体，发展多种形式适度规模经营，构建覆盖全程、综合配套、便捷高效的新型农业社会化服务体系，逐步推进政府购买服务和第三方治理，探索建立农业面源污染防治的生态补偿机制。

农业面源污染防治攻坚战的重点任务

1. 大力发展节水农业。确立水资源开发利用控制红线、用水效率控制红线和水功能区限制纳污红线。严格控制入河湖排污总量，加强灌溉水质监测与管理，确保农业灌溉用水达到农田灌溉水质标准，严禁未经处理的工业和城市污水直接灌溉农田。实施"华北节水压采、西北节水增效、东北节水增粮、南方节水减排"战略，加快农业高效节水体系建设。加强节水灌溉工程建设和节水改造，推广保护性耕作、农艺节水保墒、水肥一体化、喷灌、滴灌等技术，改进耕作方式，在水资源问题严重地区，适当调整种植结构，选育耐旱新品种。推进农业水价改革、精准补贴和节水奖励试点工作，增强农民节水意识。

2. 实施化肥零增长行动。扩大测土配方施肥在设施农业及蔬菜、果树、茶叶等园艺作物上的应用，基本实现主要农作物测土配方施肥全覆盖；创新服务方式，推进农企对接，积极探索公益性服务与经营性服务结合、政府购买服务的有效模式。推进新型肥料产品研发与推广，集成推广种肥同播、化肥深施等高效施肥技术，不断提高肥料利用率。积极探索有机养分资源利用有效模式，鼓励开展秸秆还田、种植绿肥、增施有机肥，合理调整施肥结构，引导农民积造施用农家肥。结合高标准农田建设，大力开展耕地质量保护与提升行动，着力提升耕地内在质量。

3. 实施农药零增长行动。建设自动化、智能化田间监测网点，构建病虫监测预警体系。加快绿色防控技术推广，因地制宜集成推广适合不同作物的技术模式；选择"三品一标"农产品生产基地，建设一批示范区，带动大面积推广应用绿色防控措施。提升植保装备水平，发展一批反应快速、服务高效的病虫害专业化防治服务组织；大力推进专业化统防统治与绿色防控融合，有效提升病虫害防治组织化程度和科学化水平。扩大低毒生物农药补贴项目实施范围，加速生物农药、高效低毒低残留农药推广应用，逐步淘汰高毒农药。

4. 推进养殖污染防治。各地要统筹考虑环境承载能力及畜禽养殖污染防治要求，按照农牧结合、种养平衡的原则，科学规划布局畜禽养殖。推行标准化规模养殖，配套建设粪便污水贮存、处理、利用设施，改进设施养殖工艺，完善技术装备条件，鼓励和支持散养密集区实行畜禽粪污分户收集、集中处理。在种养密度较高的地区和新农村集中区因地制宜建设规模化沼气工程，同时支持多种模式发展规模化生物天然气工程。因地制宜推广畜禽粪污综合利用技术模式，规范和引导畜禽养殖场做好养殖废弃物资源化利用。加强水产健康养殖示范场建设，推广工厂化循环水养殖、池塘生态循环水养殖及大水面网箱养殖底排污等水产养殖技术。

5. 着力解决农田残膜污染。加快地膜标准修订，严格规定地膜厚度和拉伸强度，严禁生产和使用厚度小于0.01mm地膜，从源头保证农田残膜可回收。加大旱作农业技术补助资金支持，对加厚地膜使用、回收加工利用给予补贴。开展农田残膜回收区域性示范，扶持地膜回收网点和废旧地膜加工能力建设，逐步健全回收加工网络，创新地膜回收与再利用机制。加快生态友好型可降解地膜及地膜残留捡拾与加工机械的研发，建立健全可降解地膜评估评价体系。在重点地区实施全区域地膜回收加工行动，率先实现东北黑土地大田生产地膜零增长。

6. 深入开展秸秆资源化利用。进一步加大示范和政策引导力度，大力开展秸秆还田和秸秆肥料化、饲料化、基料化、原料化和能源化利用。建立健全政府推动、秸秆利用企业和收储组织为轴心、经纪人参与、市场化运作的秸秆收储运体系，降低收储运输成本，加快推进秸秆综合利用的规模化、产业化发展。完善激励政策，研究出台秸秆初加工用电享受农用电价格、收储用地纳入农用地管理、扩大税收优惠范围、信贷扶持等政策措施。选择京津冀等大气污染重点区域，启动秸秆综合利用示范县建设，率先实现秸秆全量化利用，从根本上解决秸秆露天焚烧问题。

7. 实施耕地重金属污染治理。加快推进全国农产品产地土壤重金属污染普查，启动重点地区土壤重金属污染加密调查和农作物与土壤的协同监测，切实摸清农产品产地重金属污染底数，实施农产品产地分级管理。加强耕地重金属污染治理修复，在轻度污染区，通过灌溉水源净化、推广低镉积累品种、加强水肥管理、改变农艺措施等，实现水稻安全生产；在中、重度污染区，开展农艺措施修复治理，同时通过品种替代、粮油作物调整和改种非食用经济作物等方式，因地制宜调整种植结构，少数污染特别严重区域，划定为禁止种植食用农产品区。实施好湖南省耕地重金属污染治理修复和种植结构调整试点工作。

（**资料来源**：《农业部关于打好农业面源污染防治攻坚战的实施意见》，2015年4月）

3. 农村生活环境管理

农村生活环境保护包括农村饮用水安全、环境卫生整治、农村生活垃圾和生活污水处理、村容村貌建设等多项内容。

2010年2月我国发布《农村生活污染防治技术政策》，对于农村生活污水污染防治、农村生活垃圾处理处置、农村生活空气污染防治、新技术开发与示范推广等。如在农村生活垃圾处理处置方面明确措施如下：①鼓励生活垃圾分类收集，设置垃圾分类收集容器。对金属、玻璃、塑料等垃圾进行回收利用；危险废物应单独收集处理处置。禁止农村垃圾随意丢弃、堆放、焚烧。②城镇周边和环境敏感区的农村，在分类收集、减量化的基础上可通过"户分类、村收集、镇转运、县市处理"的城乡一体化模式处理处置生活垃圾。③对无法纳入城镇垃圾处理系统的农村生活垃圾，应选择经济、适用、安全的处理处置技术，在分类收集基础上，采用无机垃圾填埋处理、有机垃圾堆肥处理等技术。④砖瓦、渣土、清扫灰等无机垃圾，可作为农村废弃坑塘填埋、道路垫土等材料使用。⑤有机垃圾宜与秸秆、稻草等农业废物混合进行静态堆肥处理，或与粪便、污水处理产生的污泥及沼渣等混合堆肥；亦可混入粪便，进入户用、联户沼气池厌氧发酵。

农村生活污水污染防治方面的措施

1. 农村雨水宜利用边沟和自然沟渠等进行收集和排放，通过坑塘、洼地等地表水体或自然入渗进入当地水循环系统。鼓励将处理后的雨水回用于农田灌溉等。

2. 对于人口密集、经济发达、并且建有污水排放基础设施的农村，宜采取合流制或截流式合流制；对于人口相对分散、干旱半干旱地区、经济欠发达的农村，可采用边沟和自然沟渠输送，也可采用合流制。

3. 在没有建设集中污水处理设施的农村，不宜推广使用水冲厕所，避免造成污水直接集中排放，在上述地区鼓励推广非水冲式卫生厕所。

4. 对于分散居住的农户，鼓励采用低能耗小型分散式污水处理；在土地资源相对丰富、气候条件适宜的农村，鼓励采用集中自然处理；人口密集、污水排放相对集中的村落，宜采用集中处理。

5. 对于以户为单元就地排放的生活污水，宜根据不同情况采用庭院式小型湿地、沼气净化池和小型净化槽等处理技术和设施。

6. 鼓励采用粪便与生活杂排水分离的新型生态排水处理系统。宜采用沼气池处理粪便，采用氧化塘、湿地、快速渗滤及一体化装置等技术处理生活杂排水。

7. 对于经济发达、人口密集并建有完善排水体制的村落，应建设集中式污水处理设施，宜采用活性污泥法、生物膜法和人工湿地等二级生物处理技术。

8. 对于处理后的污水，宜利用洼地、农田等进一步净化、储存和利用，不得直接排入环境敏感区域内的水体。

9. 鼓励采用沼气池厕所、堆肥式、粪尿分集式等生态卫生厕所。在水冲厕所后，鼓励采用沼气净化池和户用沼气池等方式处理粪便污水，产生的沼气应加以利用。

10. 污水处理设施产生的污泥、沼液及沼渣等可作为农肥施用，在当地环境容量范围内，鼓励以就地消纳为主，实现资源化利用，禁止随意丢弃堆放，避免二次污染。

11. 小规模畜禽散养户应实现人畜分离。鼓励采用沼气池处理人畜粪便，并实施"一池三改"，推广"四位一体"等农业生态模式。

（**资料来源**：《农村生活污染防治技术政策》，2012 年 2 月）

🔑 动动脑

1. 请分别举例说明什么是资源、环境和生态。

2. 如何进行农村自然资源和环境的管理？

第二节　农业可持续发展及展望

🌱 案例导入

大力推广机械化保护性耕作新技术　促进现代农业可持续发展

2002 年郑州市开始机械化保护性耕作技术研究和对比示范试验，2007 年开始大面积推广应用，截至 2016 年年底机械化保护性耕作技术实施面积达到 104 万亩，各类免耕播种机累计推广 2 869 台、深松机累计推广 872 台；经郑州市农机部门 15 年不间断监测对比：实施机械化保护性耕作技术可减少作业费用、节约化肥、增产粮食等每年亩增收节支平均 145 元，目前此技术推广使我市年增收节支约 1.5 亿元。

机械化保护性耕作是相对于传统翻耕的一种新型耕作技术，其实质就是改善土壤结构，减少水蚀、风蚀和养分流失，保护土壤，减少土壤耕作层水分蒸发，有效提高宝贵水资源的利用率；减少劳动力投入，简化作业工序、减少机械进地次数，降低能源的消耗，提高劳动生产率，达到农业高效、低耗、可持续发展的目的。

机械化保护性耕作是对农田实行免耕、少耕，尽可能减少对土壤耕作（减少到种子能够出苗即可），并用作物秸秆覆盖地表，减少土壤风蚀、水蚀，提高土壤肥力和抗旱能力的一项先进农业耕作技术。其主要包括四项技术内容。

1. 改革铧式犁翻耕土壤的传统耕作方式，实行免耕或少耕。

2. 将作物秸秆、残茬覆盖地表，在培肥地力的同时，用秸秆盖土、根茬固土，保护土壤，减少风蚀、水蚀和水分无效蒸发，提高天然降水利用率。

3. 采用免（少）耕播种技术，在有残茬覆盖的地表实现开沟、播种、施肥、施药、覆土镇压复式作业，简化工序，减少机械进地次数，降低农机作业成本。

4. 改机械翻耕控制杂草为喷洒除草剂或机械表土作业控制杂草。

机械化保护性耕作技术是以保持水土为核心，通过免耕、少耕、作物秸秆地表覆盖等技术手段，减少土壤耕作次数，降低土壤风蚀、水蚀，提高土壤蓄水保墒能力，节约成本，增加作物产量，增加效益。因此，机械化保护性耕作技术的基本原理可归纳为"三少两高"，即少动土、少裸露、少污染、高保蓄和高效益。

（资料来源：郑州日报，2017 年 8 月 17 日）

案例思考

如何实现现代农业的可持续发展？

一、可持续发展

环境问题使人们越来越清楚地意识到，资源的破坏与枯竭难以确保未来经济的不断增长，环境的恶化又阻碍着经济的增长和社会福利的提高，现有的经济发展方式正在侵蚀着人类生存和经济发展最终所依赖的资源环境基础。人们开始担心目前的经济发展能否持续下去，于是人类开始寻求一种长期发展、持续到未来的模式。

（一）可持续发展的内涵

1. 可持续发展的定义

对于可持续发展的内涵，从不同角度有不同定义。

（1）从自然属性的角度

可持续发展定义为生态持续性，旨在说明自然资源及其开发利用过程中的生态平衡，以满足社会经济发展所带来的对生态资源不断增长的需求。

（2）从社会属性的角度

可持续发展是指"在不超出维持生态系统承载能力的情况下，改善人类的生活品质"，并特别强调社会公平的作用。发展的内涵包括提高人类健康水平、改善人类生活质量和获得必需资源的途径，要求创建一个保障人们平等、自由、人权的环境。

（3）从经济属性的角度

可持续发展不仅注重经济增长的数量，更要注重经济增长的质量，实现经济发展与生态环境要素的协调统一，而不是以牺牲生态环境为代价。

（4）从科技属性的角度

从技术选择的角度扩展可持续发展的含义，认为可持续发展是转向更清洁、更有效的技术——尽可能地接近"零排放"或"密闭式"工艺方法——尽可能地减少能源和其他自然资源的消耗。

（5）从国际发展的角度

1989 年 5 月第 15 届联合国环境署理事会通过的《关于可持续的发展的声明》指出，可持续发展是指满足当前需要而又不削弱子孙后代满足需要的能力的发展，而且绝不包括侵犯国家主权的含义。其核心思想是，健康的经济增长应建立在生态可持续能力、社会公正和人民积极参与自身发展决策的基础上。可持续发展所追求的目标是，既要使人类的各种需要得到满足，个人得到充分发展，同时又要保护资源和生态环境，不对后代人的生存和发展构成威胁。可持续发展的判断依据是：发展、协调、持续。因此，世界各国实施的可持续发展战略，贯彻两条核心主线：一是人与自然的关系，即人与自然协调发展；二是人与人之间的关系，即利益集团与利益集团之间的关系，不能为满足一方的利益而丧失另一方的利益。

2.可持续发展的特征

可持续发展具有经济可持续性、社会可持续性和生态可持续性，三者之间相互联系，不可分割。

（1）经济可持续性

可持续发展鼓励经济增长。经济增长是一个国家实力和社会财富的体现，可持续发展不仅重视增长数量，更追求改善质量、提高效益、节约能源、减少废物，实施清洁生产和文明消费。

（2）社会可持续性

人类可持续发展要以改善和提高生活质量为目的，与社会进步相适应。可持续发展要把消除贫困作为优先的问题来考虑。

（3）生态可持续性

可持续发展要以保护自然为基础，与资源和环境的承载能力相协调。发展的同时必须保护好自然资源和环境，包括控制污染、改善环境质量、保护生命支持系统，保护生物多样性，保持地球生态的完整性，保证以可持续的方式使用可再生资源，使发展保持在地球承载能力之内。

（二）可持续发展的基本原则

1.公平性原则

公平是指平等的选择机会。可持续发展的公平性原则，包括三层意思。

（1）本代人的公平

即同一代人之间的横向公平性，要给世界以公平的分配和公平的发展权，要把消除贫困作为可持续发展进程特别优先的问题来考虑。

（2）代际间的公平

即世代人之间的纵向公平，要求认识到人类赖以生存的自然资源是有限的，当代人不能因为自己的发展与需求而损害人类世世代代满足需求的条件——自然资源与环境，要给世世代代以公平利用自然资源的权力。

（3）公平地分配有限资源

目前资源分配在发达国家和发展中国家之间存在严重的不均衡，发展中国家的经济发展面临着严重的资源约束。

2. 可持续性原则

其核心是人类经济和社会发展不能超越资源与环境的承载能力。资源的永续利用和生态系统可持续性的保持是人类可持续发展的首要条件。可持续发展要求人们根据可持续性的条件调整自己的生活方式，在生态可能的范围内确定自己的消耗标准。

3. 共同性原则

可持续发展作为全球发展的总目标，所体现的公平性和可持续性原则应该是共同遵从的。要实现这一目标，必须采取全球共同的联合行动，每个人在考虑和安排自己的行动时，都能考虑到这一行动对其他人及生态环境的影响，并能真诚地按"共同性"原则行动。很多环境问题的处理方法和手段必须得到全球关注，必须有世界发展的大时空观，从国际大环境、大系统的角度、突破区域和自身利益的局限，真正做到共同努力、全球关注、局部行动。

4. 发展性原则

强调发展的必要性，认为发展是可持续发展的核心，必须通过发展来提高当代人的福利水平。同时，在追求发展时必须具有长远观点，既要考虑当前发展的需要，又要考虑未来发展的需要。

5. 协调性原则

人类社会与自然环境的协调、人类社会各系统之间的协调、人口数量和增长率与不断变化的生态系统生产潜力的协调、国家或地区社会经济各领域的协调、国际范围内的协调等是可持续发展的关键。可持续发展是移动动态过程，在这个过程中，资源的开发、投资方向、技术开发的选择和体制的改革，以及国际间的合作都应是相互协调的。

二、农村可持续发展

（一）农村可持续发展的内涵

1991年联合国粮农组织的"登博斯宣言"中，首次把农业与农村联系在一起，虽未给出明确的定义，但揭示了农村可持续发展的基本内容，即合理利用、维护资源、保护环境，实现农村体制改革和技术革新，生产足够的食物和纤维来满足人类对农产品的需要。由此看来，农村可持续发展，要以农村空间系统的整理利用有序化、农村经济职能与公益职能达到最优化、农村社会生态系统协调进化为目标。

《中国21世纪议程》中提出了我国农业和农村可持续发展的目标：保持农业生产率稳定增长，提高食物生产和保障食物安全；发展农村经济，增加农民收入，改变农村贫困落后状况；保护和改善农业生态环境，合理、永续利用自然资源，特别是生物资源和可再生资源，以满足逐年增长的国民经济发展和人民生活需要。总体而言，农村可持续发展包括以下几方面：

1. 人口的可持续性

旨在解决人口增长与自然资源和环境的矛盾。由于农村要为全国人民生产粮食及提供其他物质生活资料和工业生产原料，因而我国农村可持续发展必然要求全国人口可持续增长。

2. 自然资源利用的可持续性

在资本可替代自然资源的条件下，要可持续地开发利用自然资源，尽量保持自然资源存量不减少，并使其质量得到改善。

3. 农村生产的可持续性

农村要以可持续的方式进行生产，涉及农村产业结构、生产方式、生产技术等。我国农村产业结构应逐步向增加第三产业比重的方向调整，采用可持续发展的生产方式，采用低资源消耗、低污染排放技术，高效地利用资源，进行清洁生产，不造成生态环境退化，也无害于人体健康。

4. 消费的可持续性

在现有资源的可承受范围内，人类的消费不能损害后代人赖以生存和发展的自然资源和环境基础，提倡适度消费、公平消费、科学消费、和谐消费。

5. 社会发展的可持续性

主要是增加农村居民受教育和就业的机会，改善农村居民的医疗保健和交通条件，使收入分配更加公正，为农民提供良好的社会保障，扩大基层民主以及可持续的人口增长。

（二）发展中国家农村可持续发展面临的问题

1. 农业生态环境不断恶化，农业生产根基受到威胁

发展中国家农业生态环境不断恶化，严重威胁农业生产的可持续发展。主要表现为：水土流失问题严重；土地荒漠化、沙化面积继续扩大；大量良田被毁，人均耕地不断减少；农田污染和盐碱化等问题严重影响农业的可持续发展；农业自身污染问题日益突出；自然灾害频繁发生等。

2. 乡镇企业资源消耗，环境问题严重

乡镇企业在推进农村工业化和城市化进程、解决农业剩余劳动力的转移和就业方面发挥重要作用，提高了农民的生活水平。但乡镇企业、特别是乡镇工业资源、环境问题非常突出，资源大量消耗，污染排放快速增加，污染程度不断加剧，污染范围逐步扩大。由于乡镇企业设备落后，技术水平低，废弃物处理能力差，其环境污染问题日益凸显。

3. 农村生活方式制约着农村的可持续发展

发展中国家农村建设缺乏科学合理的规划，农村布局分散，土地浪费严重，基础设施匮乏，居住环境差，农村住房功能落后，严重影响着农民生活质量的提高；农村能源结构对生态环境形成压力；过度消费问题普遍存在，生活垃圾污染严重。所有这些农村生活方式中的不合理的生活习惯都严重制约着农村可持续发展。

（三）发展中国家农村可持续发展的途径

1. 大力开发人力资源，促进人力资本积累

严格控制人口增长，实现适度人口目标；拓展就业空间，增加就业机会，减轻人力资源的闲置和浪费状况；最重要的是增加人力资本投资，提高人力资本投资效益。

2. 建立资源节约型的发展模式

依靠科技进步，减少资源消耗和能源耗费，提高资源的利用效率和单位资源的人口承载力，实现资源的永续利用和经济持续发展。

3. 促进农村经济与环境协调发展

将环境保护纳入经济发展体系中，政府干预和市场作用相结合，使环境与发展相统一。大力推广清洁生产，实施污染控制的全过程管理，并优先发展环保产业。通过国际合作，利用国外资金和技术，推动发展中国家的环境保护事业。并加强全民环境教育，提高环境意识和环境需求。

4. 加强政府监管与调控

完善国民经济核算体系，加强资源核算。加快人口与环境立法，制定和修订有关可持续发展的法律和规章，加强执法。实行有利于环境保护的投资、信贷政策，在财政预算、投资渠道和信贷方面对教育、生态农业和环保产业给予扶持。制定与国情相适应的环境保护标准，促进有利于生态环境保护的技术开发、引进和推广。

三、农业可持续发展

（一）农业可持续发展的内涵

联合国粮农组织（FAO）把农业可持续发展确定为："采取某种使用和维护自然资源的方式，实行技术变革和体制改革，以确保当代人类及其后代对农产品的需求得到满足。这种可持续的农业能永续利用土地、水和动植物的遗传资源，是一种环境永不退化、技术上应用恰当、经济上能维持下去、社会能够接受的农业。"

1994年，国务院发布《中国21世纪议程——21世纪人口、环境与发展白皮书》，进一步揭示了中国农业可持续发展的内涵，包括以下几点。

1. 首先是农业发展

作为发展中国家，只有发展才能满足人们日益增长的农产品需求。这种需求的满足

不仅指数量增加上的满足，更是农产品质量提高上的满足。

2. 关键是保护农业自然资源和生态环境

农业可持续发展要把农业发展、农业资源合理开发利用和资源环境保护结合起来，尽可能减少农业发展对农业资源环境的破坏和污染，置农业发展于农业资源的良性循环之中。

3. 有效控制农村人口，提高人口素质

努力控制农村人口过快的增长，以减轻农业人口对资源和环境的压力。大力发展文化科技教育事业，提高农村人口素质，是农业可持续发展的保证，是形成自觉保护资源环境的前提。

4. 提高农业生产效益，优化农业投入结构

全面发展农林牧渔各业，实现生产经营适度规模化，农业生产结构合理化，农产品品种多样化和品质优良化，实现农业生产的高产、优质、高效和低耗，集约经营，达到农业可持续发展的目的。

5. 农村经济和社会经济全方位持续发展

实现农业可持续发展不单纯追求数量增加，更要实现农民日益富裕、农业社会全面进步，使农村的资源环境、人口、经济和社会相互协调，共同发展。

（二）农业可持续发展的目标

2015 年 5 月，我国颁布了《全国农业可持续发展规划（2015—2030）》，明确农业此阶段，我国农业可持续发展的目标是：

其一，到 2020 年，农业可持续发展取得初步成效，经济、社会、生态效益明显。农业发展方式转变取得积极进展，农业综合生产能力稳步提升，农业结构更加优化，农产品质量安全水平不断提高，农业资源保护水平与利用效率显著提高，农业环境突出问题治理取得阶段性成效，森林、草原、湖泊、湿地等生态系统功能得到有效恢复和增强，生物多样性衰减速度逐步减缓。

其二，到 2030 年，农业可持续发展取得显著成效。供给保障有力、资源利用高效、产地环境良好、生态系统稳定、农民生活富裕、田园风光优美的农业可持续发展新格局基本确立。

（三）农业可持续发展的重点任务

1. 优化发展布局，稳定提升农业产能

（1）优化农业生产布局

按照"谷物基本自给、口粮绝对安全"的要求，坚持因地制宜，宜农则农、宜牧则牧、宜林则林，逐步建立起农业生产力与资源环境承载力相匹配的农业生产新格局。在农业生产与水土资源匹配较好地区，稳定发展有比较优势、区域性特色农业；在资源过

度利用和环境问题突出地区，适度休养，调整结构，治理污染；在生态脆弱区，实施退耕还林还草、退牧还草等措施，加大农业生态建设力度，修复农业生态系统功能。

（2）加强农业生产能力建设

充分发挥科技创新驱动作用，实施科教兴农战略，加强农业科技自主创新、集成创新与推广应用，力争在种业和资源高效利用等技术领域率先突破，大力推广良种良法，到 2020 年农业科技进步贡献率达到 60% 以上，着力提高农业资源利用率和产出水平。大力发展农机装备，推进农机农艺融合，到 2020 年主要农作物耕种收综合机械化水平达到 68% 以上，加快实现粮棉油糖等大田作物生产全程机械化。着力加强农业基础设施建设，提高农业抗御自然灾害的能力。加强粮食仓储和转运设施建设，改善粮食仓储条件。发挥种养大户、家庭农场、农民合作社等新型经营主体的主力军作用，发展多种形式的适度规模经营，加强农业社会化服务，提高规模经营产出水平。

（3）推进生态循环农业发展

优化调整种养业结构，促进种养循环、农牧结合、农林结合。支持粮食主产区发展畜牧业，推进"过腹还田"。积极发展草牧业，支持苜蓿和青贮玉米等饲草料种植，开展粮改饲和种养结合型循环农业试点。因地制宜推广节水、节肥、节药等节约型农业技术，以及"稻鱼共生""猪沼果"、林下经济等生态循环农业模式。到 2020 年国家现代农业示范区和粮食主产县基本实现区域内农业资源循环利用，到 2030 年全国基本实现农业废弃物趋零排放。

2. 保护耕地资源，促进农田永续利用

（1）稳定耕地面积

实行最严格的耕地保护制度，稳定粮食播种面积，严控新增建设占用耕地，确保耕地保有量在 18 亿亩以上，确保基本农田不低于 15.6 亿亩。划定永久基本农田，按照保护优先的原则，将城镇周边、交通沿线、粮棉油生产基地的优质耕地优先划为永久基本农田，实行永久保护。坚持耕地占补平衡数量与质量并重，全面推进建设占用耕地耕作层土壤剥离再利用。

（2）提升耕地质量

采取深耕深松、保护性耕作、秸秆还田、增施有机肥、种植绿肥等土壤改良方式，增加土壤有机质，提升土壤肥力。恢复和培育土壤微生物群落，构建养分健康循环通道，促进农业废弃物和环境有机物分解。加强东北黑土地保护，减缓黑土层流失。开展土地整治、中低产田改造、农田水利设施建设，加大高标准农田建设力度，到 2020 年建成集中连片、旱涝保收的 8 亿亩高标准农田。到 2020 年和 2030 年全国耕地基础地力提升 0.5 个等级和 1 个等级以上，粮食产出率稳步提高。严格控制工矿企业排放和城市垃圾、污水等农业外源性污染。防治耕地重金属污染和有机污染，建立农产品产地土壤分级管理利用制度。

（3）适度退减耕地

依据国务院批准的新一轮退耕还林还草总体方案，实施退耕还林还草，宜乔则乔、宜灌则灌、宜草则草，有条件的地方实行林草结合，增加植被盖度。

3. 节约高效用水，保障农业用水安全

（1）实施水资源红线管理

确立水资源开发利用控制红线，到 2020 年和 2030 年全国农业灌溉用水量分别保持在 3 720 亿立方米和 3 730 亿立方米。确立用水效率控制红线，到 2020 年和 2030 年农田灌溉水有效利用系数分别达到 0.55 和 0.6 以上。推进地表水过度利用和地下水超采区综合治理，适度退减灌溉面积。

（2）推广节水灌溉

分区域规模化推进高效节水灌溉，加快农业高效节水体系建设，到 2020 年和 2030 年，农田有效灌溉率分别达到 55% 和 57%，节水灌溉率分别达到 64% 和 75%。发展节水农业，加大粮食主产区、严重缺水区和生态脆弱地区的节水灌溉工程建设力度，推广渠道防渗、管道输水、喷灌、微灌等节水灌溉技术，完善灌溉用水计量设施，到 2020 年发展高效节水灌溉面积 2.88 亿亩。加强现有大中型灌区骨干工程续建配套节水改造，强化小型农田水利工程建设和大中型灌区田间工程配套，增强农业抗旱能力和综合生产能力。积极推行农艺节水保墒技术，改进耕作方式，调整种植结构，推广抗旱品种。

（3）发展雨养农业

在半干旱、半湿润偏旱区建设农田集雨、集雨窖等设施，推广地膜覆盖技术，开展粮草轮作、带状种植，推进种养结合。优化农作物种植结构，改良耕作制度，扩大优质耐旱高产品种种植面积，严格限制高耗水农作物种植面积，鼓励种植耗水少、附加值高的农作物。在水土流失易发地区，扩大保护性耕作面积。

4. 治理环境污染，改善农业农村环境

（1）防治农田污染

全面加强农业面源污染防控，科学合理使用农业投入品，提高使用效率，减少农业内源性污染。普及和深化测土配方施肥，改进施肥方式，鼓励使用有机肥、生物肥料和绿肥种植，到 2020 年全国测土配方施肥技术推广覆盖率达到 90% 以上，化肥利用率提高到 40%，努力实现化肥施用量零增长。推广高效、低毒、低残留农药、生物农药和先进施药机械，推进病虫害统防统治和绿色防控，到 2020 年全国农作物病虫害统防统治覆盖率达到 40%，努力实现农药施用量零增长；京津冀、长三角、珠三角等区域提前一年完成。建设农田生态沟渠、污水净化塘等设施，净化农田排水及地表径流。综合治理地膜污染，推广加厚地膜，开展废旧地膜机械化捡拾示范推广和回收利用，加快可降解地膜研发，到 2030 年农业主产区农膜和农药包装废弃物实现基本回收利用。开展农产品产地环境监测与风险评估，实施重度污染耕地用途管制，建立健全全国农业环境监

测体系。

（2）综合治理养殖污染

支持规模化畜禽养殖场（小区）开展标准化改造和建设，提高畜禽粪污收集和处理机械化水平，实施雨污分流、粪污资源化利用，控制畜禽养殖污染排放。到 2020 年和 2030 年养殖废弃物综合利用率分别达到 75% 和 90% 以上，规模化养殖场畜禽粪污基本资源化利用，实现生态消纳或达标排放。在饮用水水源保护区、风景名胜区等区域划定禁养区、限养区，全面完善污染治理设施建设。2017 年年底前，依法关闭或搬迁禁养区内的畜禽养殖场（小区）和养殖专业户，京津冀、长三角、珠三角等区域提前一年完成。建设病死畜禽无害化处理设施，严格规范兽药、饲料添加剂生产和使用，健全兽药质量安全监管体系。严格控制近海、江河、湖泊、水库等水域的养殖容量和养殖密度，开展水产养殖池塘标准化改造和生态修复，推广高效安全复合饲料，逐步减少使用冰鲜杂鱼饵料。

（3）改善农村环境

科学编制村庄整治规划，加快农村环境综合整治，保护饮用水水源，加强生活污水、垃圾处理，加快构建农村清洁能源体系。推进规模化畜禽养殖区和居民生活区的科学分离。禁止秸秆露天焚烧，推进秸秆全量化利用，到 2030 年农业主产区农作物秸秆得到全面利用。开展生态村镇、美丽乡村创建，保护和修复自然景观和田园景观，开展农户及院落风貌整治和村庄绿化美化，整乡整村推进农村河道综合治理。注重农耕文化、民俗风情的挖掘展示和传承保护，推进休闲农业持续健康发展。

5. 修复农业生态，提升生态功能

（1）增强林业生态功能

按照"西治、东扩、北休、南提"的思路，加快西部防沙治沙步伐，扩展东部林业发展的空间和内涵，开展北方天然林休养生息，提高南方林业质量和效益，全面提升林业综合生产能力和生态功能，到 2020 年森林覆盖率达到 23% 以上。加强天然林资源保护特别是公益林建设和后备森林资源培育。建立比较完善的平原农田防护林体系，到 2020 年和 2030 年全国农田林网控制率分别达到 90% 和 95% 以上。

（2）保护草原生态

全面落实草原生态保护补助奖励机制，推进退牧还草、京津风沙源治理和草原防灾减灾。坚持基本草原保护制度，开展禁牧休牧、划区轮牧，推进草原改良和人工种草，促进草畜平衡，推动牧区草原畜牧业由传统的游牧向现代畜牧业转变。加快农牧交错带已垦草原治理，恢复草地生态。强化草原自然保护区建设。合理利用南方草地，保护和恢复南方高山草甸生态。到 2020 年和 2030 年全国草原综合植被盖度分别达到 56% 和 60%。

（3）恢复水生生态系统

采取流域内节水、适度引水和调水、利用再生水等措施，增加重要湿地和河湖生态水量，实现河湖生态修复与综合治理。加强水生生物自然保护区和水产种质资源保护区建设，继续实施增殖放流，推进水产养殖生态系统修复，到2020年全国水产健康养殖面积占水产养殖面积的65%，到2030年达到90%。加大海洋渔业生态保护力度，严格控制捕捞强度，继续实施海洋捕捞渔船减船转产，更新淘汰高耗能渔船。加强自然海岸线保护，适度开发利用沿海滩涂，重要渔业海域禁止实施围填海，积极开展以人工渔礁建设为载体的海洋牧场建设。严格实施海洋捕捞准用渔具和过度渔具最小网目尺寸制度。

（4）保护生物多样性

加强畜禽遗传资源和农业野生植物资源保护，加大野生动植物自然保护区建设力度，开展濒危动植物物种专项救护，完善野生动植物资源监测预警体系，遏制生物多样性减退速度。建立农业外来入侵生物监测预警体系、风险性分析和远程诊断系统，建设综合防治和利用示范基地，严格防范外来物种入侵。构建国家边境动植物检验检疫安全屏障，有效防范动植物疫病。

表8-2　我国农业可持续发展区

分区		区域范围
优化发展区	东北区	黑龙江、吉林、辽宁，内蒙古东部
	黄淮海区	北京、天津，河北中南部，河南、山东、安徽、江苏北部
	长江中下游区	江西、浙江、上海、江苏、安徽中南部，湖北、湖南大部
	华南区	福建、广东、海南
适度发展区	西北长城沿线区	新疆、宁夏、甘肃大部，山西，陕西中北部，内蒙古中西部，河北北部
	西南区	广西、贵州、重庆，陕西南部，四川东部，云南大部，湖北、湖南西部
保护发展区	青藏区	西藏、青海，甘肃藏区，四川西部，云南西北部
	海洋渔业区	我国管辖海域

资料来源：《全国农业可持续发展规划（2015—2030）》，2015年5月

🔑 **动动脑**

1. 可持续发展的特征表现在哪些方面？
2. 农业可持续发展的含义是什么？

第三节　农村生态文明建设

🌿 案例导入

农业部：加强监督管理　推进草原生态文明建设

　　记者从农业部获悉，今日，农业部在青海省召开了大美草原守护行动启动会，农业部副部长于康震出席并讲话。他强调，各级农牧部门要按照中央关于生态文明体制改革的决策部署，进一步强化监督管理，切实守护好草原资源，推进草原生态文明建设再上新台阶。

　　于康震指出，我国是草原资源大国，拥有各类草原面积近60亿亩，约占国土面积的40%。草原既是我国最大的陆地生态系统，是生态文明建设的主战场；又是牧区最基础的生产生活资料，是牧民群众脱贫致富奔小康的重要依托。加强草原保护，事关生态文明建设大局，事关牧区经济社会可持续发展。

　　于康震强调，党的十八大将生态文明建设纳入了中国特色社会主义事业五位一体总体布局，规划了建设美丽中国的宏伟蓝图。十八届三中全会决定提出，紧紧围绕建设美丽中国深化生态文明体制改革，加快建立生态文明制度，推动形成人与自然和谐发展的现代化建设新格局。中央全面深化改革领导小组第三十七次会议强调，要"坚持山水林田湖草是一个生命共同体"。将草纳入山水林田湖生命共同体，这是对草原生态地位和作用的充分肯定，对推进草原保护建设具有里程碑式的重要意义。

　　于康震表示，为贯彻落实中央要求，针对当前草原保护面临的重点难点问题，农业部以"加强草原管护，推进生态文明建设"为主题，在全国范围内开展"大美草原守护行动"。通过举行草原执法检查"绿剑行动"、草原征占用专项检查"护卫行动"、草原补奖政策"宣贯行动"、新闻媒体"发现美丽草原行动"，以及最美草原管护员"寻找行动"等一系列活动，强化草原执法监督，遏制草原违法犯罪势头，壮大工作声势，提振队伍士气，扩大宣传影响，向社会释放草原保护的正能量，营造草原保护的良好舆论氛围。

　　于康震要求，各省区务必高度重视，按照农业部的统一要求，结合各地实际情况，细化实化本省区的行动方案。要抢抓机遇、直面挑战，敢于碰硬、破解难题，认真组织开展相关工作，切实把"大美草原守护行动"的各项活动抓紧抓实，抓出成效，努力开创草原生态文明建设新局面。

（资料来源：人民网，2017年8月31日）

🌿 案例思考

　　什么是农村生态文明建设？它包括哪些方面？

一、农村生态文明的概念

（一）生态文明

生态文明是指人类在处理与自然的关系时所达到的文明程度。它是人类在与大自然相处的过程中为实现人与自然之间的和谐发展，为建设良好的生态自然环境，不断改善人与自然之间的关系，从维护人类根本利益的角度出发，做出的改造社会的实践。是人类在处理与自然的关系时充分发挥人的主观能动性，按自然规律、社会规律建立起来的人与自然、人与人之间和谐发展的社会，实现人与自然的共同进化。生态文明的本质是要求人类尊重大自然的规律、顺应自然的发展以及保护自然环境和资源。

（二）农村生态文明

农村生态文明是生态文明社会中的一部分，按照生态文明的内涵，农村生态文明是指改变过去粗放的生产方式，实现社会生产方式、生活方式和人的思维观念向可持续的转变，实现经济社会与资源环境的相互协调和相互促进，最终形成人与自然和谐相处的文明农村。

二、农村生态文明的特征

（一）自然性

农村生态文明强调尊重自然规律和社会规律，保护自然资源和环境，在处理人与自然的关系时充分发挥人的主观能动性，在此基础上，实现我国农村人与自然间的和谐相处，实现农村生态环境与经济社会的协调发展，最终实现农民生产生活方式的可持续化和生态化。

（二）整体性

进行农村生态文明建设，不仅仅是保护农村的自然生态环境，更是改变农村粗放式经济发展模式，推进农村绿色经济发展，营造良好农村环境和氛围，转变农民传统思想的过程，它涵盖了农村经济文化社会的各个方面，是一项综合性整体性的建设。

（三）复杂性

在我国农村的生态文明建设过程中也有着许许多多的困难和问题。我国农村生态文明建设问题不仅是需要着手去解决的眼前利益，也是立足于理论与实践相结合。因此，需要我们统筹兼顾，从整体上把握生态文明的共同点，才能更好地去解决目前我国农村生态文明建设中存在的一些问题。

（四）长期性

我国农村生态文明建设，是发展我国生态文明的一个重要组成部分。这是一个艰难的过程，因为这不仅要结合每个时期发展的特点而制定相应的对策，还要结合其发展过程中伴随的复杂性。总之在这个艰难的过程下，采取与之对应的战略，促使农村生态文明建设脚步逐渐从缓慢走向快速而有效。

（五）持续性

生态文明建设以地球生态系统为中心，以人与自然社会、经济发展的关系为调整对象，以各个系统、部门间协调发展为基础，以经济、科技、文化的发展对生态系统的影响为主要内容，以人类社会可持续发展为根本目标。这就必须坚持可持续发展原则，坚持资源开发与节约并举，坚持经济发展与自然社会相适应，从根本上改变资源供应紧缺、消耗过大、环境恶化生态破坏的状况，寻找一条真正适合我国国情的农村生态文明发展之路。

三、农村生态文明建设的内容

（一）生态农业建设

1. 生态农业的内涵

生态农业简称ECO，是按照生态学原理和经济学原理，运用现代科学技术成果和现代管理手段，以及传统农业的有效经验建立起来的，能获得较高的经济效益、生态效益和社会效益的现代化高效农业。它要求把发展粮食与多种经济作物生产，发展大田种植与林、牧、副、渔业，发展大农业与第二、三产业结合起来，利用传统农业精华和现代科技成果，通过人工设计生态工程、协调发展与环境之间、资源利用与保护之间的矛盾，形成生态上与经济上两个良性循环，经济、生态、社会三大效益的统一。

生态农业着重农业生态系统总体效益的提高和产出结构的优化，突出生态系统各要素的整体性、高效性、协调性、综合性的有机统一，强调经济效益、社会效益和生态效益的统一。也就是说，生态农业是在洁净的土地上，用洁净的生产方式生产洁净的食品，以提高人们的健康水平，协调经济发展与资源利用、环境保护之间的关系，形成经济、资源、生态彼此之间的良性循环。

我国农村生态文明建设的一项最重要的内容就是生态农业建设。生态农业建设是我国农村生态文明建设的物质基础。做好生态农业建设，其他农村生态文明建设的内容才会有物质保障。

2. 生态农业的特点

（1）生态农业的综合性

生态农业是靠农业生态系统支撑的。生态农业整体生物产量高，源于生态农业的结构合理，相互协调。生态农业光合作用产物利用合理，保证了系统内的能流物复，同时安排复种间作提高了绿色植物光合产物的利用率。协调中国生态农业建设应该由户、村的层次向县的层次发展。县是中国行政系统的最基层单位，它具有相对独立的行政和经济的自主权，能较好运用政策等措施，统筹各方面资源，发挥对生态经济系统的调控能力，达到经济规模和危机分担等功能。从规划的角度，县是具有一定规模和特点的自然群体，是宏观与微观的结合，能就农民的需要，设计优化的土地利用形式，也能定出合理的人均耕地面积，有效统筹农村的劳动人口，实现资源的循环利用和能源的再生，以达到调节整个农业产业结构的目的。

（2）生态农业的多样性

生态农业所保持的生态平衡是螺旋形向前发展的最佳动态平衡。生态农业和狭义农业的区别在于：从生产内容上讲，它不局限于种植业，而是农、林、牧、副、渔多种经营，全面发展。从生产地域上讲，它不局限于耕地，而是把全部土地都当作自己的生活场所；又不局限于粮食，而是建立在营养科学的基础上，根据人体营养需要的热能（糖类、脂肪等）、蛋白质、多种维生素和各种矿物质的数量和比例，科学地安排农业生产。

（3）生态农业的高效性

生态农业凭借其循环、再生的综合性，通过对物质的深加工和能量的循环再利用，提高了农民的增值收益，加快了农业生产的效率，同时改变了局部农业产业结构。生态农业的核心是科学技术，通过生态模型的技术方式来实现特定经济作物的增值生产，以生态工程的技术手段来平衡各地区的区域优势，将技术与社会需要、当地实际协调，发挥对生态经济系统的调控能力，达到经济规模和危机分担等功能，形成较高经济效益。

（二）生态村庄建设

生态农业解决的是我国农业以及农村经济的可持续发展问题，而生态村庄建设要解决的是农民的"物质家园"问题。生态村庄建设的主要内容包括：村庄各种功能区的合理规划、村庄的绿化亮化、村庄的生产生活垃圾处理化。

1. 村庄各种功能区的规划

是指对农村的生活功能区、公共休闲功能区、牲畜饲养区、生产生活垃圾集中倾倒区进行科学合理规划。当前生态村庄建设存在的一个最大障碍就是我国大部分村庄没有很好的规划各种功能区，如一些农村地区，生活功能区与牲畜饲养区混杂在一起，从而导致自身的生活环境恶化，严重影响村民的身体健康和村容村貌。在我国农村地区，大部分农村自然村拥有公共休闲区，但建设较落后，不能满足农村现有的物质与精神文化需要。因此，应大力加强农村公共休闲功能区的建设，包括体育锻炼区建设、图书阅览室建设、休闲娱乐区建设等，通过这些功能区的建设，进一步满足农民的精神文化需要。

2. 村庄的绿化亮化

村庄的绿化亮化可以起到美化村庄的作用。首先村庄绿化包括两个部分，即以家为单位的庭院绿化和村庄公共休闲场地的绿化。在农村，当前庭院绿化可以倡导农民种植一些有食用价值的植物，以及可以种植一些欣赏性的植物等。村庄公共休闲场所的绿化，应更多的坚持欣赏性的原则。其次对于村庄亮化来讲，应根据各个村庄自身的情况而定。对于有条件的村庄，可以实行较为全面的亮化工程（主要指公共场所），而对于条件不太好的村庄来讲，应首先做好绿化。

3. 村庄生产生活垃圾处理化

目前，我国绝大部分农村地区的生产生活垃圾都未进行过任何处理，直接把处理的责任推给了大自然。随着现代工业对农村的"入侵"以及农民生活水平的提高，大量的工业产品进入农村，农村由于生产生活而消费的工业产品所导致的无机垃圾越来越多，特别是在一些城市周边的农村地区，其危害越来越突出。要从以下几方面入手，做好村庄生产生活垃圾处理化：一是对农民进行垃圾分类与处理知识培训；二是以自然村为单位，根据自然村的大小建立相应的垃圾集中倾倒收集区；三是以行政村为单位，建立相应的垃圾中转站；四是以乡镇为单位，集中清除处理各个村产生的垃圾；五是政府给予农村垃圾处理费用的相应补助。

> 十八大以来，我国推进农村环境综合治理，着力建设农村饮水安全工程，加强农村改水改厕，加大农村环境基础设施建设，农村环境质量明显改善。2015年，全国建制镇用水普及率83.8%，污水处理率51.0%，生活垃圾无害化处理率45.0%。全国乡用水普及率70.4%，污水处理率11.5%，生活垃圾无害化处理率15.8%。全国农村卫生厕所普及率78.4%，比2012年提高6.7个百分点。
>
> （资料来源：国家统计局官网，2017年7月26日）

（三）农村生态文化建设

农村生态文化建设主要有四个方面的建设内容：农村新时期的敬畏文化建设、农村传统"善"文化建设、农村集体主义文化建设、对农村落后腐朽文化的摒弃。

1. 农村新时期的敬畏文化

这是我国农村传统文化的一个重要部分，也是我国农村传统生态文化的精髓部分。它指的是传统文化中对农业生产以及农民生活有利的一些生物以及某些与农民的生活息息相关的事物的感恩之德与敬畏之情。可以分为农业生产性敬畏文化和农村生活性敬畏文化，前者如对山神、土地神、谷神的敬畏，后者如农民在生活中的某些忌讳文化。农村敬畏文化的产生主要来自于远古的图腾崇拜，以及人们在生产与生活的实践中所认识到某些动植物对人类有益从而产生的一种感恩文化。这种文化的表现形式就是通过禁忌的形式来保护那些对农业生产和农村生活有益的动植物，如燕子、青蛙、猫头鹰等，要做到人与自然的和谐发展，就应当对农村传统的敬畏文化进行挖掘与建设，重塑人们对其他生命与自然的敬畏。

2. 农村传统"善"文化

这是我国传统文化的核心与精髓。"善"文化是我国传统文化的主流，也是传统文化的核心与精髓。我国传统"善"文化，所追求的目标就是"天人合一"，就是人与人，人与自然，人与社会的和谐发展。善待他人、善待生命、善待自然就是传统"善"文化对每个人以及社会的道德要求与责任。当前应当把"善"文化建设作为我国农村生态文明建设的重要内容。只有充分发挥农村传统"善"文化，我国农村生活才会更和谐，农村生态文化建设才会更有实效。

3. 农村集体主义文化建设

这是我同社会主义的核心文化与主导文化。农村集体主义文化的破坏与缺失，所导致的严重后果就是人们对公共事业的漠视，对公共资源的掠夺与破坏，对村里和谐人际关系的冲击，以及农村基层民主的软弱乏力，等等。这将严重影响农村生态文化的建设，阻碍生态文明建设的进程。因此，要建设好农村生态文化，就必须建设好我国农村的集体主义文化。

4. 对农村落后腐朽的文化摒弃

摒弃农村落后腐朽的文化，是农村生态文化建设的一项重要内容。农村落后腐朽的文化有农村落后的生活习俗、封建迷信思想、赌博文化、落后腐朽的丧葬文化等。如农村落后的生活习俗所体现的野蛮性、不科学性，在很大程度上与生态文明建设格格不入，对农民生态意识的形成构成巨大阻碍；农村的封建迷信思想更是生态文明的反面与对立面；农村的赌博文化，在很大程度上是农村建设和发展的不稳定性因素的来源；在很多农村还存在的落后腐朽的丧葬文化，对农村的生态环境造成了严重破坏。因此，要做好农村生态文化建设，就必须要摒弃农村现有的那些落后腐朽的文化。

🔑 动动脑

1. 什么是农业生态文明？它的特点有哪些？
2. 如何推进我国农业生态文明建设？

🍃 链接案例

大兴区留民营生态农村发展案例

一、留民营村的基本情况

1. 发展历程

大兴区留民营村在 20 世纪 70 年代还是一个贫穷落后的小村庄，自 80 年代实施生态农业建设以来，经过 20 多年的发展建设，现已建设成为一个生态农业体系完善、环保工业起步、生态观光旅游兴旺，在居民住宅、村落景观、能源利用、环境改善等方面都很有特色的比较典型的生态村。早在 1987 年，留民营村书记张占林由于其对环境保护的杰出贡献而被联合国环境规划署授予"全球环保 500 佳"的荣誉称号，留民营村的生态农业建设得到国际生态学界的认可，被誉为"中国生态农业第一村"，2003 年被北京市农村工作委员会、北京市旅游局授予"北京市民俗旅游村"。因此，研究留民营村的发展模式，总结生态农村建设取得的成就与经验、问题与不足，对于生态农村模式设计具有借鉴和指导意义。

2. 留民营村概况

留民营生态村位于北京市大兴区长子营镇境内，地处永定河冲积平原，地势平缓，南有凤河，北有凤港河，地下水资源丰富，常年水位埋深 5 米左右。距北京市区 25 公里，村北有柏油马路通往京津塘高速公路，距离北京六环快速路出入口 3.5 公里，交通条件便利。全村占地面积 146 公顷，现有农户 242 户，人口 861 人。村庄绿化覆盖率 50%，人均绿地面积 116 平方米。公共设施完善，家家户户通柏油路，供水、供电、供气（沼气）网络完备，还建有村委办公楼、容纳 1 500 人的会议厅、青老年活动中心、幼儿园、小学、中小学生绿色教育基地、招待所、餐厅、商店、歌舞厅、公园、电信局、农行分理处等公共服务设施。2003 年，全村经济总收入 1.42 亿元，人均收入 9 100 元，税后利润 480 万元，集体固定资产达到 9 200 万元。

二、生态农村建设模式

留民营村是中国最早在村级单位上进行生态农业建设与研究的生态村之一，被誉为"中国生态农业第一村"。如今，留民营村的生态建设已不仅局限于生态农业系统，而是扩展到了有机食品生产、生态观光旅游、环保工业、环保宣传教育等方面。

1. 居民住宅模式

20 世纪 80 年代以前，留民营村的居民住宅都是北方典型的平房模式。80 年代之后，在村里统一规划的基础上，开始旧房翻建，逐渐建起整齐划一的二层平顶楼房，每户院落占地 13.5 米 ×13.5 米。现在 240 户居民中，180 户为楼房，60 户为平房。二层楼房高度统一，具体样式稍有不同，房屋质量较好，但建筑外形单一，没有独特的特色和风格，审美质量不高。在内部功能设计上，一层安排客厅、餐厅、厨房、老人卧室，二层安排子女书房、卧室及客房。由于现在家庭小型化，一般 3~5 口人，人均居住面积 50 平方米，有一定的闲置房间，可以供游客乡村生活体验小住。60 户平房集中在村庄南部，为四合院式，正房瓦顶起脊，前有突出偏厦。内部功能设计同楼房差不多。不管是楼房还是平房，住宅布局都为院落式，正房两侧都有平房作偏房，作为储藏间、杂物间和卫生间。有的院落为两进式，分为外院和内院，外院多堆放杂物，实际用途不大。

居民住宅的生态评价。留民营村绿化覆盖率很高，每条街道、胡同两旁都有植树，为每户住宅营造了一个绿树成荫的小环境，起到了阻挡风沙，降低风速，减少噪声，净化空气，调节庭院小气候的生态作用。在庭院内部，一般也都有小型乔木、花草等植物，鸟雀、虫鱼、猫狗等小动物，构成一个庭院生态系统，进行简单的物质循环与能量流动，同时，为农家小院增添许多乡村气息，在庭院内实现了人与自然的和谐共生。随着村民生活水平的提高，除了房屋内装修之外，部分居民也在房间中装点一些室内花卉，增加室内环境的生态效应；另一个显著的生态内涵是在住宅内普遍使用太阳能热水器和沼气能烧水做饭，提高了能源利用效率，减少了农业污染，提高了环境卫生状况。80年代家家建有户用沼气池，生产沼气，提供能源，沼气站建成后，便实行集中统一供气，户用沼气池失去了原有功能，成为粪便收集池，定期抽送至沼气站，发挥着粪便循环利用中转的作用。

2. 村落景观布局模式

留民营村经过20多年的发展建设，村落面貌发生很大变化，从一个破烂不堪的旧村庄变成了一个生态环境优美、卫生状况良好、村落整体布局合理、景观要素丰富多样的新村庄。从功能分区上，留民营生态村划分为四个功能区：观光农业种植区、环保工业小区、畜牧养殖区、居民生活区。土地利用类型包括耕地（保护菜地、露地菜地、水浇地、旱地）、林地（保护苗圃、露地苗圃）、园地（葡萄园、苹果园）、居民点及工矿（居民点、独立工矿、特殊用地）、交通用地（公路、农村道路）、水域（水体、沟渠）等几个景观类型和要素。整个村落景观通过河流、沟渠、道路、农田防护林、行道树等廊道隔离开来并连为一个乡村景观。

留民营村落景观布局。①道路概况。留民营生态村的主要出入口在村北侧，与高速公路和快速路相接，通往北京市区、大兴区政府所在地和通州区。村内主要道路和田间道路均为柏油路面，有南北向穿越整个村庄的主干道和东西向干道各一条，路面宽度约为7米，田间道路约为4米，基本上形成了以主干道路交叉点为中心的村落景观布局。这一格局的优点是形成了具有一定向心力的等级结构，缺点是随着机动车数量的增加，容易造成中心地带噪声、大气污染，以及拥挤和秩序混乱，从而减少中心地带的生活气息和凝聚力。②绿化概况。留民营生态村地处平原地区，整个村庄地势非常平整。村庄周围有防护林带，树种以毛白杨为主。道路两侧行道树构成村落景观绿化的主体，入村主路以垂柳为主，田间道路以毛白杨为主。村内绿化也以行道树为主体，南北向道路的行道树为国槐，东西向道路的行道树以村落南北向主路为分界线，南部为泡桐，北部为毛白杨。主要街道的行道树下间植小叶黄杨并种有草坪。村内有一小型公园供村民锻炼活动以及新建生态农业公园。此外，附属绿地有供电站和老年活动中心的庭院绿化，以及居民庭院中种植的树木、花坛和草坪，共同构成了一个宜人的村落绿化生态环境。

3. 产业发展模式

（1）从事单一的种植业到多种经营的生态农业

该村在生态农业建设之前，产业结构单一，以第一产业为主，基本没有工业和服务业，而且第一产业以种植业为主，种植的主要作物为小米、玉米、水稻等粮食作物. 全村工农业总产值中，种植业占78%，饲养业占6%，农田每年产出秸秆100万公斤，秸秆还田率仅1%。自1982年起，该村在北京市环科所卞有生等专家的指导下，逐步建设生态农业，进行产业结构调整。为充分利用作物秸秆，发展了饲养业，先后建了加工厂、面粉加工厂、食品加工厂及农机修配厂等，形成种、养、加多种经营的生产结构。留民营的各农户都建了地下沼气池、地面的太阳灶和太阳能热水器，把沼气环节渗入种、养、加的生产结构中，通过综合利用和各层次的循环利用，使全村的各项生产相互依存、相互促进，形成良性循环的有机整体，有效地改变了农田施肥结构，保护了土地资源，产生了良好的效益。随后又发展了标准化蔬菜大棚400亩，果园和苗圃300亩，在畜牧区中，蛋鸡饲养量达到10万只，年出栏商品猪达到5 000头，奶牛饲养量已发展到100头，养鱼水面达到60亩。进入90年代为充分利用现有资源，生产结构开始向立体化发展，先后又办起了烤鸭厂、酸奶厂、饲料厂、面粉厂和食品加工厂，使经济效益进一步增值。此外，通过对太阳能、生物能和农业系统的有机废料的综合利用，建大型高、中温沼气发酵池两座，不但能变废为宝，而且还改良了土壤，增强了农业发展的后劲，使生态环境有了明显的改善，促进了农业的良性循环，实现了农业上的高产、优质、高效和低耗。

留民营村生态农业模式，是在实现生态与经济良性循环的前提下，运用大系统的观点，调整农业产业结构，改变过去以种植业为主的单一生产结构和生态循环关系，建立并优化农林牧复合生态系统，因地制宜地通过食物链和产品加工环节，提高物质循环、能量转化效率以实现增值，逐步形成物质和能量多层次循环利用的结构。

（2）积极发展环保工业

在大力发展生态农业的同时，积极发展环保工业。1990年，在市县领导及有关专家的支持和帮助下，留民营生态村开始大力发展工业。经过几年的发展，现已形成环保工业小区与村办工业共同发展的工业发展格局。村办工业经过优化改造现保留饲料厂、饮料厂、食品加工厂、机修厂等效益较好的企业。环保工业小区，按照高科技、环保无污染的入住标准招商引资，现已形成机械、环保、食品、旅游制品、汽车散热器等五大行业，共有企业八家，从业人员仅600多人。

（3）从生态农业到有机农业

生态农业的实质是应用食物链原理对农业废弃资源化利用的农业组织方式，对生产过程没有标准控制，对其产品没有质量要求。有机食品来自有机农业体系，有着严格的操作规程与认证程序，是生态农业生产体系中产品要求最高的层次，在国际市场中备受青睐，产品附加值高，经济效益与生态效益显著。留民营村看到了生态农业的这种发展趋势，于是在原来建设生态农业的基础上，发展有机蔬菜生产。1999年在中国有机食品发展中心(OFDC)的帮助下，开始有机蔬菜的生产、经营，并通过了OFDC的有机食品认证，建立了留民营生态农场"有机农庄"的品牌。起初发展有机蔬菜面积125亩，其中一季生露地40亩、三季生大棚25亩、四季生日光温室59亩。品种覆盖高中低档，共有68个品种。年产量200多万斤，其中50多万斤北菜南调到广州及香港，或出口到新加坡等国，其余则在京城9家超市销售，其产品供不应求。目前留民营村的有机农业生产示范带动效应显现，在该村启动了北京市最大的有机农业示范区建设项目，该示范区核心区域占地1800亩，辐射周边5万亩农田。

（4）逐步发展生态观光旅游

留民营生态村经过20多年的发展建设，在生态农业、环境保护、新村建设等方面成为全国乃至世界学习的典范，赢得很多赞誉，具有很高知名度。为进一步发挥留民营生态村的这种知名效应，留民营村从近几年开始发展农业观光、采摘、休闲、民俗旅游等项目，现已开发的旅游资源和项目有：生态农业观光区、民俗旅游观光区、无污染旅游制品工业区、北京娃娃农庄、全国蒲公英农村文化园、动物园、生态农业旅游度假村、影剧院、农业公园、农业博物馆等，开展的特色旅游包括生态农业观光旅游、采摘、品尝、吃住在农家二日游，民俗田园采风周末节日游，绿色、有机食品游园讲座，年旅游收入140万元。

（5）从第三产业到科研教育示范综合发展

留民营生态村以其生态农业建设的突出成就，而引起科研工作者的浓厚兴趣，生态学家、环保专家、能源利用部门先后在本村开展多项科研课题，北京环科所下有生研究员主持研究了"留民营生态农业系统的建设与研究"课题，并荣获1998年国家科技进步二等奖。由于在国际生态学界的知名度而建立了国际生态学术研究交流培训中心，接待外国专家来参观考察。为发挥生态教育的作用，成立了北京青少年绿色文明教育基地，开展生态、环保方面的实践教育。留民营村还承担了很多示范项目：沼气太阳能综合利用示范、有机蔬菜种植示范、北京市农业标准化生产示范等项目，2003年3月17日，留民营生态村又启动了北京市可持续发展试验区建设，进行为期5年的项目建设。

总之，留民营生态村的产业发展历程，依次经过了从以种植业为主的单一农业产业结构，到农林牧副渔协调发展的生态农业结构，到有机农业，到最近的环保工业小区发展，直到现在的生态观光旅游及生产科研教育示范综合发展，是一个从农业到环保工业到生态旅游业到多产业综合协调发展的产业发展模式。

4. 新能源利用模式

留民营生态村在建设生态农业之前就有开发利用新能源的基础，随着生态农业的建设完善，能源利用系统也逐步完善，成功开发利用了太阳能和沼气能。

（1）沼气能的利用

1980年，留民营村开始试验小型沼气发酵池，推广节柴灶，成为当时北京的新能源村。80 年代的生态农业建设过程中，推广应用小型户用沼气池，并以沼气为纽带建立了庭院单元的沼气利用复合生态系统。具体模式是在屋前建沼气池，和厕所及猪圈相通。猪圈为两层的小房，上层养鸡或兔，下层养猪。鸡（或兔）粪由上层通过条隔板进入下层猪圈，成为猪饲料的一部分。猪粪和厕所里的粪便流入沼气池，加上部分青草和秸秆产生沼气。90 年代之后，随着家庭养殖的减少，规模养殖场的建立，户用沼气池被大型沼气站所替代。现在沼气站经过二期建设，已建成了两个中高温发酵池，既处理了畜禽养殖场的粪便、家庭粪便，净化了环境；产生的沼气通过沼气管道进入各家各户，供农户全年烧水做饭，解决了生活用能问题；副产品沼液沼渣又可作有机肥用于有机蔬菜生产。

（2）太阳能的利用

留民营村的太阳能利用主要有三种形式，太阳灶、太阳能热水器和太阳能采暖。七八十年代，留民营村曾使用过太阳灶，当时建有采光面积为 2.6 平方米的太阳灶 10 个，采光面积为 2.0 平方米和 1.5 平方米的薄型铸造太阳灶 10 个和 160 个，即每户都有一个太阳灶。太阳能热水器，留民营村的太阳能热水器普及率达到 100%，不管楼房还是平房，每家每户都安装清华大学研制的太阳能热水器，供全年大部分时间使用。太阳能采暖房，全村共有太阳能采暖房 38 间，以冬季使用 4 个月计，扣除 20% 的阴雨雪天，全年可使用 96 天。

5. 废弃物处理模式

留民营生态村优美的生态环境是以其高效运转的环境工程为保障的。该村建设了适合本村的环境工程模式，取得了良好的环境效益。

（1）家庭排泄物的处理

对一个家庭生活系统，有物质能量的输入，就有物质能量的输出。输出部分可分为，生活垃圾、污水、粪便，对这些排泄物的处理不当，不但会影响家庭内的生活条件，而且会影响整个村庄的环境卫生。留民营村的做法是生活垃圾分类后进垃圾回收站，污水经下水道汇集进入沼气站，粪便暂存原来的户用沼气池，由村里定时收集送入沼气站。排泄物处理的一个原则是：能在生态村系统内循环利用的则在系统内解决，不能利用的则排出系统外，以保证系统内的环境卫生。

（2）生活垃圾管理

村里对公共卫生实行统一管理，为处理全村排放的生活垃圾，建立了垃圾回收站，村民不能卖掉的垃圾以及冬季采暖煤灰全部进入垃圾场，集中起来由村里统一处理。由于留民营村外来人口比较多，为方便游客和来宾，在村庄主要街道共建有 8 个高标准公共厕所，全为感应冲水式，粪便暂存化粪池，最终由抽粪车送入沼气站。

复习思考题

1. 什么是资源、环境、生态？三者的区别和联系是什么？

2. 资源环境对农村发展有哪些贡献？

3. 我国农村自然资源和环境的管理包括哪些方面？

4. 什么是可持续发展？其特征和原则有哪些？

5. 什么是农村可持续发展？其实现途径主要有哪些？

6. 什么是农业可持续发展？其目标和重点任务分别是什么？

7. 什么是农村生态文明？其特征有哪些？

8. 农村生态文明建设的内容包括哪些？

第九章　公共产品：农村公共服务体系与农村社会保障

学习目标

1. 掌握公共产品与农村公共产品的内涵，理解农村公共产品的功能与分类，了解我国公共产品供给制度的变迁，理解公共产品对农村发展的贡献；

2. 掌握农村公共服务体系的概念，理解农村公共服务体系的主要内容，了解农村公共服务体系的主要问题，理解完善农村公共服务体系的建议；

3. 掌握农村社会保障体系的概念，理解农村社会保障体系的主要内容，了解农村社会保障体系的发展困境，理解完善农村社会保障体系的建议。

第一节 公共产品及其对农村发展的贡献

案例导入

"义务架桥 270 座" 折射农村公共产品不足

在河南省泌阳县马谷田镇，村庄多被一条条小河割裂开来。几十年间，陈传成和涂相平夫妇已经累计在村子周边架设简易水泥板桥几十余座，上万村民过河不再脱鞋袜。

几十年，两代人，不懈接力修建 270 座简易桥，热忱公益的精神和行为，颇堪褒扬。但也要看到，类似这种农民自发修建简易桥的事情，见诸报道的不少，这在一个侧面折射了农村基本公共产品供给不足的问题。

2006 年农村税费改革以来，政府加大了对农村地区公共产品的供给，不断扩大公共财政对农村的覆盖范围和支持力度，政府在农村地区的公共产品供给中的作用愈加凸显。随之，乡镇政府职能也相应发生转变，即由原来的汲取型转向服务型，为农村提供公共产品便成为乡镇政府的主要职能之一。尽管如此，农村公共产品供给与需求，在不少地区，仍很不相称。

这个状况的造成，客观上固然跟地方财政力量薄弱有关，造成对农村的公共产品投入不足有关。这在欠发达地区，表现更为突出。同时，更跟农村公共产品供给制度也不无关系。目前农村公共产品供给结构，主要是供给农村的公共产品，主要是上级政府考核县、乡政府的那一部分内容，或是便于考核或容易眼见的部分。这种由对上级负责主导的考核制度，使得农民一些真实的公共产品需求意愿往往难以得到反映和实现。

据研究，农村公共产品，大致可分为保障农民进行基本农田活动的农业生产类、为农民提供安全舒适生活环境的生活改善类和增加非农收入的农村发展类三个类型。有调查显示，农村地区对各项公共产品需求的比率都较高，但具体到不同地区、不同乡镇和不同村庄，又不尽相同而有一定差别。

因此，改变农村公共产品供给不足，首先要改变这方面过往对上级负责的单向政绩考核方式，而把农民生产生活的实际需求作为主要考核导向，增加农村公共产品供给。作为地方政府尤其是乡镇政府，应当尊重农民的话语权，基于农民对公共产品实际需求的全面调研，根据政府财力状况，以农民最需要的服务为重点，有针对性地加以解决。而加快推动农村公益力量的发展，发挥民间社会的作用，弥补农村公共产品的供给不足，也是重要的辅助方面。

（**资料来源**：东方网，2016 年 12 月 20 日）

🌿**案例思考**

什么是公共产品？公共产品的特点有哪些？其对农村发展的贡献有哪些？

一、公共产品的内涵

（一）公共产品的概念

公共产品的概念是相对私人产品而提出的，经济学家萨缪尔森对公共产品进行了较为严格的定义。他指出，公共产品是"每一个体对该种产品的消费并不会引起其他个体对该产品消费的相应减少"。

（二）公共产品的特征

1. 非竞争性

指某一个体或集体对产品的使用或者消费在时间上不影响其他个体消费的同时，数量上也不会因为使用而使其他个体的消费数量减少。这用经济学表述就是边际成本为零。

2. 非排他性

指在公共产品的收益范围区分上，由于在技术层面不能做到对没有支付的个体进行有效区分，不能将收益范围和个体进行隔离，体现了公共产品的非排他性。

（三）公共产品的分类

1. 纯公共产品

指同时包含非竞争性和非排他性的产品。如国防、秩序、环保、科技、教育、文化等。

2. 准公共产品

又称混合品，是指仅包含非竞争性和非排他性特征中一个特征的产品。如影院、高速公路，公海的渔业资源等。

二、农村公共产品的内涵

（一）农村公共产品的概念

指在农村地域范围内为满足农业化产、居民生活，具备一般公共产品的基本特点，即非竞争性和非排他性的产品。

（二）农村公共产品的特点

农村公共产品不仅有着公共产品的特性，还有农业本身的特性，因此，农村公共产品肯定也会有一些特殊的性质，具体表现为下列几个方面。

1.收益的有限性

由于农村的居民分布比较分散而公共产品的使用效率比较低，虽然使用的人可能会获得较大的收益，但由于共享公共产品的人比较少，很可能造成成本高、浪费资源等不经济的情况发生。例如，通往乡村的公路就要比城市中的公路利用效率低。

2.多层次性

从供给的范围来看，农村公共产品的供给不仅由具有地域局限性的地方性部门提供，还由具有全国性的中央政府部门来提供。从农民的需求偏好来看，农民的个体需求差异较大，因此不同农民个体的需求偏好也不一样，并且农村公共产品的供给与需求的差异性也比较大。通常来讲，需求的弹性较低，可以长时间处于一个比较稳定的状态，而供给的弹性波动比较大。所以常常会导致农村公共产品的供给与需求不平衡，引起公共产品价格的剧烈波动，使得国民经济无法正常运行，而这必须通过国家的宏观调控来解决这一问题。

3.较强的外部性

与城市所拥有的公共产品相比较，农村所提供的公共产品更具有正面的外部性。例如农村公共道路的修建、电力和通讯等设施的建设，不仅会吸引人们加大对农村相关产品的投资，同时对农村经济的增长也具有明显的推动作用。

4.农民的强依赖性

农业是我国经济发展的基础。其发展既受到自然灾害的影响，也无法避免市场所带来的风险，再加上我国地域分散，因此农村公共基础设施建设尤为重要，其建设水平直接影响农民的生活和生产经营活动。如饮水安全设施建设、农业科技教育与服务的建设、通信网络建设、公共道路建设等作为农村的主要基础设施，与农民的利益是密切相关的。

三、农村公共产品的功能

（一）降低活动成本

农村公共产品的供给可以降低农民在市场交易活动中的成本。比如交通运输方面、信息传递方面、仓库储存方面的成本等，可以提高交易效率。

（二）提高抗风险能力

农村公共产品的供给可以帮助提高抗风险能力，包括自然风险和市场风险抗御能力的提高。例如，小病虫害的防治、天气预报系统等可以帮助农民抗御自然风险，市场信息的提供可减少由于市场价格波动引发的市场风险。

（三）提高生产效率

一个完整有效的农村公共产品供给结构推动着农村经济的可持续发展。如农村的植物保护、病虫害防治等生物专业技术的推广有利于无公害农产品产业的发展；农业技术教育和推广等农村公共产品有助于农民生活水平和生产效率的提高，同时也提高了农业产品的质量和发展前景，进而提高整个社会的劳动生产率。

（四）减轻农民负担

以政府为主体对农村公共产品的提供，可以缓解农民负担。比如饮水安全的建设、道路交通的建设等，这些投入比较大却又和农民生产生活息息相关的公共产品，如果让农民这个低收入群体自己筹资建设，那么农民的生活负担就会加重，生活水平也难得到提高。因此，为了减轻农民的负担，政府应主动承担起这类型公共产品的供给。

四、农村公共产品的分类

（一）按纯粹程度分类

按纯粹程度分类，农村公共产品可分为农村纯公共产品与农村准公共产品。农村纯公共产品指在其消费过程中具备完全的非竞争性和非排他性，从而其应当是由政府免费提供的产品。如农村基层政府管理服务，村居发展规划与信息系统、农业基础科学研究、江河治理与环境保护等。农村准公共产品指介于纯公共产品与私人产品之间，在消费过程中具备不完全非竞争性和不完全非排他性特征的产品。如农村义务教育、公共卫生医疗（图9-1）。

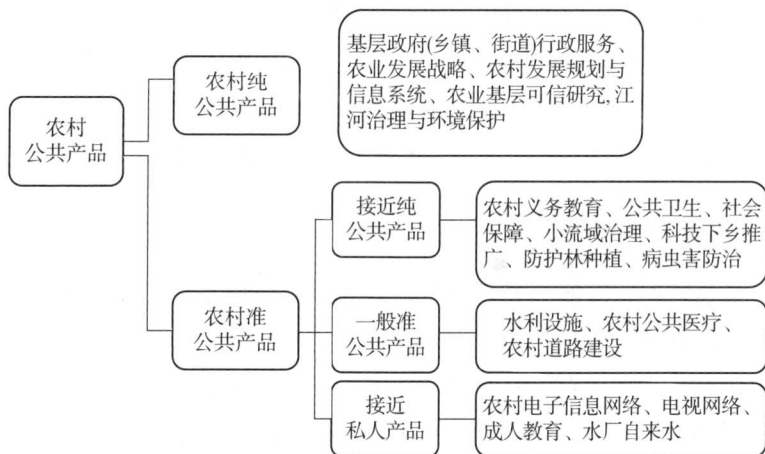

图 9-1　农村公共产品按纯粹程度分类

（二）按使用功能分类

按使用功能分类，农村公共产品可分为四类：一是维持农村基层政权正常运转的公共产品，如基层政府（乡镇、街道）行政服务；二是有助于农村经济发展的公共产品，如农村水利设施、农业科学研究和技术推广、病虫害防治、农村发展规划等；三是有助于农村经济社会可持续性发展的公共产品，如农村环境整治、农村义务教育；四是有助于农民生活的公共产品，如农村社保、公共卫生、农村基本医疗、农村文化娱乐。

（三）按受益范围分类

按照受益范围划分，农村公共产品可以分类为全国性公共产品和地方性公共产品。我国的地方行政区划分为省、市、县、乡镇四级，地方农村公共产品按此亦分为四个层级。

五、公共产品供给制度的变迁

（一）人民公社时期（1958—1978 年）

人民公社时期，农村公共产品的供给主体主要是乡村基层政权即人民公社，生产资料归集体所有，由集体统一组织、安排公共产品的供给和使用。这一时期，由于重工轻农战略以及财政收入有限，我国当时的公共产品供给严重不足。为此，我国采用以劳动力代替资本的方法，由政府行政命令动员并组织劳动力承担土壤改良、水利建设、道路修建等劳动密集型投资项目。通过这些措施，我国扩大了灌溉面积 8018 万亩，全国水灾面积由 1949 年的 1 亿多亩缩小到 1952 年的 1600 多万亩。根据统计资料，从"二五"时期到 1979 年，国家用于农业的基本建设投资占国家全部基建投资的比重从 9.8% 上升至 17.7%，农村公共产品的供给水平在新中国成立后 30 年间得到较大改观。这个时期不存在其他诸如第三部门、私人供给等民间供给主体。在这次的制度变迁过程中，无论是从制度的设计，还是制度的实施上，政府都是制度变迁的绝对主体，农民基本上是被动的，在很多地方甚至是被强迫的，农民没有退社的自由。这个时期制度变迁的模式，属于自上而下，由政府依行政命令强制推进、主导发动的强制性的制度变迁。

（二）家庭联产承包时期（1978—2000 年）

家庭联产承包时期，政府，尤其是乡镇政府及下属村委会是农村公共产品供给的重要组织者。此外，其还负责乡村两级办学、计划生育、优抚、民兵训练、修建道路等五项公共事业的供给。因此，在一些乡镇企业实力强的地区，或者乡镇企业兴盛时期，农村公共产品的供给水平相对较高，而一些地区则因资金紧张、组织劳动力困难等问题，其基层政府及村委会自行放弃了一些领域，导致农田水利设施年久失修，道路桥梁建设滞后。同时，为应对生产生活的迫切需求，在民间具备一定财力的基础上，出现了一些小区域范围内的准公共产品，一些自发的农户私人供给、农户间合作供给、乡镇企业供给、农协会供给，以及"公司 + 农户"供给等多元供给主体模式不断涌现。从制度变迁推荐的角度看，这是自下而上的诱致性变迁；从供求角度来看，这是需求主导的制度变迁，是农民和基层组织对需求的诱导所做出的制度反应。在这一变迁过程中，政府起到了助推的作用。

（三）税费改革后（2000 年至今）

税费改革后，政府，尤其是乡镇政府及村委会仍然是农村公共产品的主要组织者，继续负责五项公共事业的供给，并且负责维持农村社会治安，组织农村基本设施建设，田间水利设施的兴修，以及植树造林绿化建设，等等。此外，中央政府主要负责大江大河的治理、大型水利设施、国防、广播电视、政策与制度的供给、气象信息等各项公共产品的供给。同时在这一阶段，在政府的支持和鼓励下，出现了越来越多的私人供给、资源捐助供给、农村新型合作经济组织供给，等等。此外，乡镇企业经过大规模的改制，开始按照市场规律办事，不再必须承担农村中的社区就业、支付乡村社会福利等各种义务，其对农村公共产品的贡献逐渐减少。

六、农村公共产品对农村发展的贡献

（一）有利于提供基本保障，提升发展水平

截至 2016 年年末我国共有人口 138 271 万人，其中农村人口 58 973 万人，约占 42.65%，由此可见，农村的稳定仍然是我国稳定的重要基础。近年来，一方面随着我国老龄化、城镇化、家庭小型化的发展和思想观念的改变，另一方面，随着农村经济的发展和改革的深入，现代经营的风险越来越大，加之原来的以集体经济为基础的保障体系的解体，因此，传统的家庭保障模式、土地保障模式等受到严重挑战。诸如社会保障体系等农村公共产品实时俱进的提供，将有利于弱化家庭保障和土地保障，促进农村逐步更好发展。

（二）有利于增加农民收入，拉动经济增长

农村公共产品的供给实际上是一种转移支付，它增加了农民和农村的收入。当前拉动我国经济的"三驾马车"是"消费、投资、进出口"，在"消费"这一项中，2016 年全国居民的人均消费支出为 17 111 元，而我国农村人均消费支出仅为 10 130 元，这对拉动我国的宏观经济的方法来讲是一个短板。当前，我国农村的消费不旺，首先是由于农民的收入较低，其消费水平受到限制；其次是由于我国传统的存款观念，农民担心日后的养老问题、医疗问题，或者想要为后代多积累些财富。因此完善、推行农村公共服务体系一方面增加了我国贫困农民的收入，另一方面也解决了农民的养老和医疗等问题。这对调整、稳定农民的消费预期，启动农村市场，拉动经济发展起到重要作用。

（三）有利于统筹城乡发展、促进公平公正

新中国成立以后，农民为国家的经济建设做出了巨大贡献，农村的各项建设为工业发展打下了坚实基础。经过几十年的发展，我国工业经济的发展已经远远超过农业经济的发展水平，农民的收入水平处于劣势地位。这显然不符合我国公平、公正、平等等社

会体系的建立和发展。此外，随着市场经济的发展，市场对人力资源、资金和物资等在全国范围内进行统一配置，必然要求农村剩余劳动力在全国自由流动，完善。推行农村公共产品，将解决农民的后顾之忧，促进农村剩余劳动力向城市转移，从而推动城镇化进程的不断加快，促进我国城乡的协同发展。

🔍 动动脑

1. 举实例解释什么是农村纯公共产品？什么是农村准公共产品？
2. 新中国成立以来到现在，我国农村公共产品的供给主体有哪些？

第二节　农村公共服务体系建设

🌱 案例导入

沭阳县桑墟镇不断完善农村公共服务体系

近年来，沭阳县桑墟镇党委、政府不断加大资金投入，努力完善农村学校、卫生室、农家书屋、文化服务中心等公共服务体系，确保全镇广大群众的幸福指数得以持续提升。

一是不断改善农村办学条件。2016年，该镇投入350万元在舒窑村建设一座高标准的小学，各项标准全部按照县城小学来打造，工程竣工后顺利通过上级教育、安监、消防等部门验收，目前，一期招收学生120多人，有效解决了当地孩子的入学问题。

二是加强村级卫生室标准化建设。该镇结合省示范化卫生室建设这一契机，首先对舒窑村、新顺河村、条河村和元兴村的卫生室按照标准化要求，全力做好支持与督查工作。在建设过程中，该镇要求监理人员严把工程质量关，镇分管领导、镇督查办、卫计中心等每天不间断到施工现场进行巡查，确保施工单位上足人力、机械，加快建设进度，确保在规定期限内高标准完成施工任务。据了解，第一批村级卫生室工程总建设面积680平方米，总投资75万元，预计本月底即可投入使用，此举将增强村级卫生室的综合服务功能。

三是加强农家书屋管理工作。通过明确农家书屋管理人员、做好图书集中编目工作、拓宽图书进入渠道、组织开展各项文娱活动等多种方式，确保农家书屋运行步入规模化轨道，极大地丰富了人民群众的文化生活。

四是加强镇村文化服务中心建设。通过加大资金投入、加强队伍建设、健全考核机制，镇村文化服务中心得到了有序发展。目前，镇综合文化服务中心已装修完毕，刘寨、桑墟、老庄、刘厅、二兴、友谊河等6个村居的文化服务中心已初具规模，全部配备了阅报栏、图书室、电脑室、体育健身设施等，另外，刘寨、桑墟、老庄等村居还建起了农民公园和法制广场，经常举办各类文艺演出，成为当地农民最爱去的地方。

（资料来源：沭阳网，2017年6月1日）

案例思考

资料显示了哪些农村公共服务？你还知道哪些农村公共服务？

一、农村公共服务体系的概念

农村公共服务是指根据国家经济社会发展阶段和总体水平，在充分考虑各种约束条件的状况下，建立在一定社会共识的基础上，为维护社会稳定、基本社会正义和凝聚力，保护农村个人最基本的生存权和发展权所必须提供的公共产品。

二、农村公共服务体系的主要内容

一般认为，农村公共服务包含：农村基础设施、农村公共文化、农村公共教育、农村医疗卫生、农村社会保障、农村科技推广以及农村环境治理。

（一）农村基础设施服务

1. 农村基础设施服务的概念

农村基础设施服务是指为农村社会生产和农民生活提供公共服务的物质工程设施，是用于保证农村地区社会经济活动正常进行的公共服务系统。它是农村地区赖以生存和发展的一般物质条件。

2. 农村基础设施服务体系的组成

（1）农村道路交通设施

农村道路交通包括交通基础设施（如公路、水路等网络）和交通运输设施（如交通站点、交通工具等）。其中，农村公路及公路运输设施是农村交通中最基本、占比最大的构成要素。

（2）农田水利和饮水设施

是指以农业生产生活为中心，为解决我国水资源短缺、降水时空分布不均和水旱灾害频繁问题，兴修的大型灌区节水改造工程、小型水利工程、村镇供水工程、水土保持工程等。

（3）农村能源设施

包括省柴节煤、沼气使用、太阳能、风能等农村清洁能源利用的设施和设备。

（4）农村电力设施

一方面包括农村规划的线路走廊、电缆通道、区域变电所、区域配电所和营业网点的用地上，架线、敷设电缆和建设公用供电设施等，其产权属于国家电网；另一方面包括在进入行政村的变压器降压之后通往该村村委会和村民家中的线路设施，其产权属于村集体。

（5）农村信息化设施

是指支持农业生产和生活的各类信息服务平台和网站，如农村行政审批综合信息平台、粮食信息网、农村气象服务网、农产品生产销售信息网等。

（5）农村科教文卫等设施

是指支持农村文化、科技教育、医疗卫生等公共事业发展的各类设施和设备。

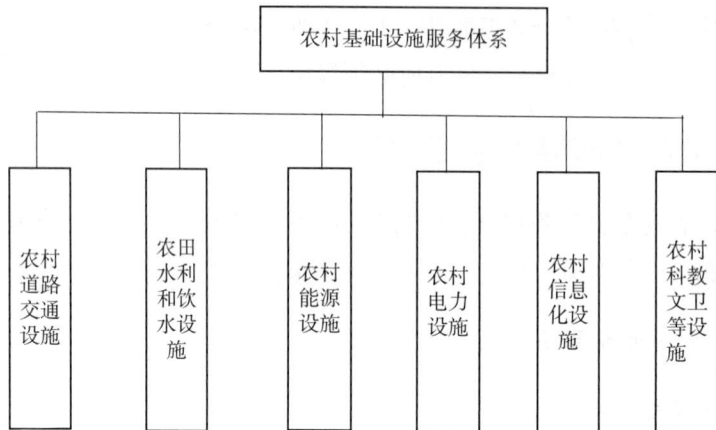

图9-2　农村基础设施服务体系组成

（二）农村公共文化服务

1.农村公共文化服务的概念

农村公共文化服务是由地方政府部门和准公共部门共同生产和提供，其他个人自愿参与，以提高农村文化素质、改善农村面貌为目的，保障和满足广大农村群众基本文化权益的服务行为。

2.农村公共文化服务体系的组成

（1）文化政策

即鼓励和扶持农村公共文化服务发展的相关法律法规、政策措施。

（2）文化设施

包括政府财政预算和社会参与投资建设的农村群众文化设施，如 图书馆、博物馆、文化馆、文娱活动室等、广播电台、电视台、广播电视村村通设施和设备。

（3）人才队伍

即从事农村公共文化服务的专业技术人员和支撑农村公共文化服务体系的管理、辅助人员等。

（4）文化产品

包括为农民群众提供的各类公益性的图书音像制品等。

（5）文化传播服务

不仅包括广播电视、文艺表演外，还包括某些可以信息化的农村公共文化服务的内容，如电子政务系统、数字图书馆、网上艺术馆、远程网络教育等。

（6）文化经费

是为农村公共文化服务体系正常运转，各种文化服务得以顺利开展而提供的资金保障。

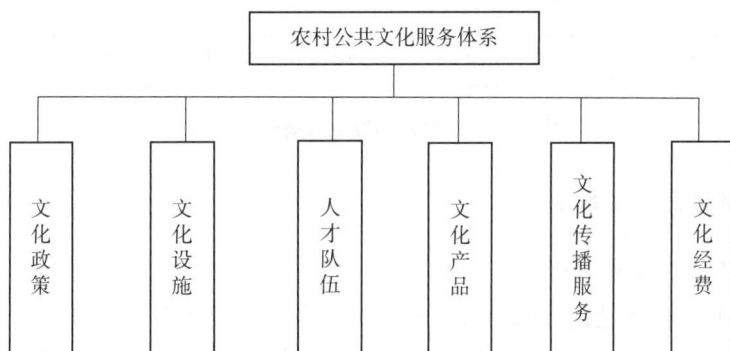

图 9-3　农村公共文化服务体系组成

（三）农村公共教育服务

1. 农村公共教育服务的概念

农村公共教育服务是指政府或公益组织为新农村提供的面向全体公民的各类免费教育或培训服务，它受社会经济发展水平的制约。农村公共教育服务的目标是：实现教育公平、促进社会主义新农村建设、推进我国新型工业化、促进农村剩余劳动力的转移。

2. 农村公共教育服务体系的内容

随着国家经济社会的快速发展，农村教育也发生了深刻变革。《国家中长期教育改革和发展规划纲要 (2010—2020 年)》中已明确指出，"要努力提高农村学前教育普及程度。加强农村基础教育、职业教育和成人教育统筹，促进农科教结合。"总体而言，农村公共教育服务体系包括以下四方面（图 9-4）。

（1）农村学前教育

指的是对农村 0~6 岁但重点在 3~6 岁年龄阶段的幼儿所实施的教育。

（2）农村义务教育

指的是根据法律规定，农村适龄儿童和青少年必须在学校接受的九年国民教育，其实质是国家依照法律规定对适龄儿童和青少年实施的一定年限的强迫教育制度。

（3）农村职业教育和成人教育

是对农村正在谋求就业的待业者进行的他们所不具备的，履行岗位职责所必需的文化知识、专业技术和实际能力的教育和培训，以及对农村中的文盲进行扫盲教育。

（4）农村短期培训

是指由政府相关部门主导，对已经就业但工作技能较低的农民工或尚未就业的农民，在一定时期内进行的一系列相关劳动技能的培训。

```
                    农村公共教育服务体系
   ┌─────────────┬──────────┴──────┬──────────────┐
农村学前教育    农村义务教育   农村职业教育及成人教育   农村短期培训
```

图 9-4　农村公共教育服务体系组成

（四）农村医疗卫生服务

1. 农村医疗卫生服务的概念

农村医疗卫生服务是在政府领导、农村社区参与、县级和乡镇卫生机构指导下，以村卫生室为主体，以乡村医生为骨干，合理使用农村社区资源和适宜技术，以农民的健康为中心、家庭为单位、社区为范围和需求为导向，以农村妇女、儿童、老年人、慢性病人和残疾人等为重点，以解决农村社区主要卫生问题、满足基本卫生服务需求为目的，融预防、医疗、保健、康复、健康教育和计划生育技术服务等为一体的，有效、经济、方便、综合和连续的农村基层卫生服务。它的发展直接关系到广大农民的切身利益。

2. 农村医疗卫生服务体系的内容

（1）农村医疗服务

由以县级医院为龙头、乡镇卫生院和村卫生室为基础的三级医疗服务网络构成。各级医院又以非营利性医疗机构为主体、营利性医疗机构为补充，公立医疗机构为主导、非公立医疗机构共同发展的格局承担农村医疗服务功能。

（2）农村公共卫生服务

旨在保障农民最基本的公共卫生服务，形成疾病预防控制、健康教育、妇幼保健、精神卫生、应急救治、采供血、计划生育和其他专业公共卫生服务网络。

（3）农村医疗保障

指通过新型农村合作医疗和农村医疗救助制度来覆盖农村人口以及低保家庭成员五保户等困难群体。2002 年 10 月，《中共中央、国务院关于进一步加强农村卫生工作的决定》中明确提出，到 2010 年，在全国农村基本建立起适应社会主义市场经济体制要求和农村经济社会发展水平的以大病统筹为主的新型农村合作医疗制度和医疗救助制度。

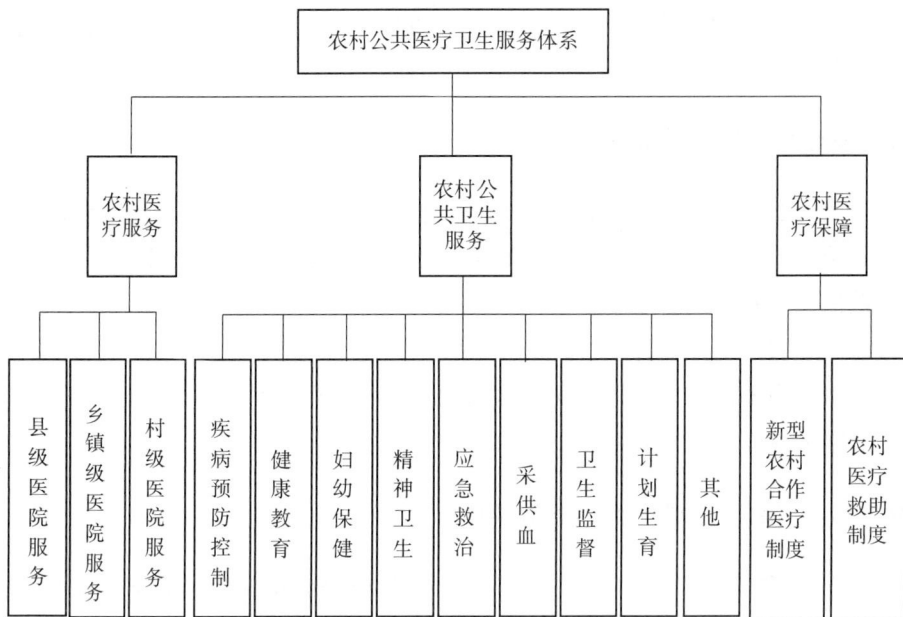

图 9-5　农村公共医疗卫生服务体系组成

农村公共服务体系除了以上内容外，还包括农村社会保障、农村科技推广以及农村环境治理（请见本章第三节以及本书第七章和第八章）。

三、农村公共服务体系建设的主要问题

（一）农村公共服务供求结构失衡

农民对公共服务的需求，往往具有一定层次性，即不同地域、不同经济发展水平、不同人群，对同一种公共服务的需求程度存在差异。比如，收入较高的农民对农村保健、绿化、治安服务等方面的公共服务需求较大；而贫困地区的农民则对就业服务、福利服务和医疗卫生的需求较为强烈。然而，就目前现状来看，公共服务的提供者与消费者之间尚未建立畅通的信息沟通渠道，农民的真实需求尚不能得到有效满足。例如一些地方的乡镇文化站处于瘫痪或半瘫痪状态，一些文化设施用地甚至被工商企业侵占，农民文化活动的开展缺乏适合的场所。农村公共服务供求结构失衡，供给数量相对不足，质量较为低下，功能尚不完善。

（二）农村公共服务供给资金短缺

目前，我国提供给农村的公共服务资金在管理和分配上还存在许多问题。大多省区在资金管理上主管部门、管理层次上存在管理层次过度，管理幅度过宽，管理效率低下的现象。上级部门下拨的支农资金，经过层层的管理环节后，最终能够到达农村并用于农村公共服务建设的相对较少。另外，目前，很多涉农项目都要求有县乡的配套资金支

持，在县乡财政比较困难的情况下，配套资金难以跟上，导致项目建设困难，农村公共服务供给滞后。

（三）农村公共服务供给差距较大

在农村公共服务水平普遍偏低的情况下，城乡内部发展也存在巨大差异，农村公共服务供给状况明显落后于城市，呈现出严重的城乡二元结构。以最低生活保障制度为例，我国城市最低保障制度的建立始于1997年，而农村低保则始于2004年，起步晚于城市。目前在我国一些农村地区，许多公共服务在农村还是空白，有些地方存在农村电网老化、电压不稳，以及交通设施落后，不通公路等状况。城乡在公共卫生、文化、教育、体育、环境保护等诸多方面存在巨大差距。

（四）农村公共服务供给主体职能不清

当前，由于受政府政策和产权界定的影响，政府仍是较为单一的供给主体。同时受决策目标和资金的限制，政府提供公共服务的数量有限、质量不高，难以较好满足农民对公共服务高质量和多样性的需求。并且，由于政府间公共服务供给职能划分不清，致使农村公共服务供给主体错位。一是，部分应由中央政府承担的支出却由地方政府承担，并且这种错位直接导致"缺位"，致使农村公共服务的供给不足和供求失衡。二是，地方政府的经济建设支出挤占农村公共服务建设支出。三是，乡镇级政府将大多的时间和精力投在跑项目、争取资金和应付检查上，在实际公共服务建设上作用甚微。

四、完善农村公共服务体系的建议

（一）以农村和农民基本需求为导向

要以农村和农民基本需求为导向，加强农村公共服务体系的建设，促进供求平衡。例如，在义务教育方面，要按照城乡基本公共服务均等化的要求，进一步提高农村义务教育生均经费标准；扩大学生生活补助覆盖范围和补助标准，实现全覆盖；结合地方实际，实行小学生寄宿生活补助；加大力度支持农村中小学校舍建设、改造和维修，在边远地区应以寄宿制学校逐步替代分散教学点；实施农村义务教育教师住房"安居工程"建设或增加住房货币补贴等。在医疗卫生方面，要支持农村医疗机构建设和设施设备购买；提高村医的补助水平；增加新型农村合作医疗政府统筹投入，提高保障水平；提高"新农合"参保和报销的便捷性。在社会保障方面，按照低水平、广覆盖的原则，要努力将所有的社会成员纳入社会保障体系。实施农民养老保险制度和农转非人员养老保险保障制度，确保因公用征地而失地农民的生活来源；建立农民工求助体系，建立治理欠薪长效机制；建立农村特困户住房帮助制度，改善特困户住房条件；建立农村五保老人集中供养制度，凡是入住敬老院的五保对象，均按城镇居民低保标准进行补贴。在公共文化方面，要加强资源整合和有效利用，规划新建与充分利用现有闲置资源等相结合，强化乡、村公共文化设施建设；通过设立政府支持资金或引导基金，支持发展具有地方民族特色的文化和旅游产业。

荣县以需求为导向，标准化助推农村公共服务建设

荣县以群众需求为导向，以标准体系为基础，以政府机构为后盾，以技术服务机构为支撑，开展了农村公共服务的"三大提升工程"。

1. 人才队伍提升工程。以"三阶段——标准基础培训、标准实施培训、检查改进培训"培训制度、标准化专家工作站为导向，特聘四川省农村经济发展中心等高校机构的专家授课，提升标准化人才队伍素质、执行能力。

2. 示范影响力提升工程。通过"组织机构标准化""制度职责上墙化""标志标牌统一化""服务标准体系化""实施记录规范化""标准作业手册化"的方式，打造精品标准化示范点，提升示范点的引导带动和辐射全县的作用。

3. 标准化氛围提升工程。通过网络媒体、展板、杂志等多种宣传形式，将标准化理念传递到每位村民的心中，提升全县标准化建设的精神风貌。

目前，荣县正积极推进标准的宣传贯彻与实施，以"10余个县级部门、4个试点乡镇、8个试点村、40个非试点村"为辐射面逐渐推开标准化人才建设网络；以"标准化互联网+"为模式，搭建"荣县农村公共服务运行维护标准化信息平台"，充分发挥标准化舆论导向作用。

在蔡家堰村举办2016年"荣县建设'国家农村公共服务运行维护标准化试点'宣传会"后。6月7日，荣县农标办工作人员继续深入基层来到鼎新村开展标准化知识竞赛宣传活动。该活动意旨在扩大加深鼎新村村民对于农村公共服务运行维护标准化试点项目的认知度，巩固标准化在鼎新村的建设成果，使得标准化建设的影响和成效深入人心，在鼎新村村民心中营造出了浓厚的懂标创意识和氛围。

（资料来源：中国质量网，2016年6月14日）

（二）进一步增加农村公共服务投入

按照"十三五"国民经济社会发展总体规划，各级政府要进一步加大对农村公共服务投入。特别是要加快对现有财政体制改革，建立健全财政对农村公共服务投入稳定增长机制，提高基层政府提供公共服务的财政保障能力。首先，要增加公共财政对农村公共服务的投入。坚持"多予少取放活"的方针，建立农村公共财政资金稳定增长机制。其次，要加快推进省直管县财政管理体制改革。2012年后各省（除民族自治地区外）已经全面实行"省直管县"财政体制。这样，既有利于减少财政管理层次，减少中间环节，提高资金利用效率和办事效率，又能避免出现所谓"市吃县""县吃乡"的现象，增强县

级财政的提供基本公共服务的财力。再次，切实解决农村公共服务建设融资难的问题。要抓住财政政策和金融政策的结合点，在扩大涉农贷款的信用规模的基础上，完善涉农贷款税收优惠、定向费用补贴和增量奖励等政策。建立多层次的金融机构服务体系，同时加快发展村镇银行、小额贷款公司、农村资金互助社等适应"三农"需要的各类新型金融组织，为农村公共服务建设和农民的生产、生活提供多层次的金融服务。

那坡县再掀农村基础设施项目建设热潮

进入9月后，随着雨季临近结束，那坡县广大农村地区又掀起新一轮基础设施项目建设热潮。2017年该县计划投资19 818.6万元，突出以村屯道路建设、农村安全饮水项目为重点的农村基础设施项目建设，统筹规划、多措并举，致力提升农村地区尤其是59个贫困村群众的生产生活条件，助推全县脱贫攻坚战。

按照规划，2017年该县计划投入11 245.5万元实施通屯道路项目建设，共计80条243.87公里；投资2012.1万元，实施贫困村屯农村安全饮水项目161个；投入674万元，实施财政"一事一议"奖补项目28个；投入4 700万元，实施农村危房改造2 382户；投入524万元，实施村级公共服务中心建设项目11个；投入663万元，实施32个"美丽广西·生态乡村"路灯亮化工程等。截至8月底，各项目建设扎实有序推进。其中通屯道路项目已完成投资2 250万元，占全年责任目标53.9%；已有1 860户危房户开工建设，其中有350户已经竣工。

明确时间节点，加快推进基础设施项目建设进度。为扭转历年基础设施建设项目前期工作启动慢的被动局面，今年2月，该县出台相关文件，明确项目实施的各项时间节点。要求各项目业主在2017年4月底前要按照程序完成各项前期工作，到5月必须进入正式施工阶段，11月以前完成项目验收、结算审计和资金拨付。为实时掌握项目进度，要求各项目业主每5天汇报一次进度，及时掌握全县项目工作推进情况。

拓宽资金整合和筹措渠道，实现"多个渠道进水，一个龙头放水"。一是加大财政资金整合力度，全面为基础建设项目保驾护航。如为解决村屯道路建设资金问题，除了整合财政涉农资金投入外，该县从边境地区财政转移支付、地方政府债券、县本级配套等渠道等再增加安排资金8 286万元，优先保障贫困村屯道路建设所用资金。二是采用政府购买服务模式，确定服务提供方，并争取国开行贷款进行融资10亿元，对明后两年脱贫攻坚的扶贫基础设施项目提前进行实施。

（资料来源：广西百色政协网，2017年9月7日）

（三）改善农村生产生活环境

遵循"统筹规划、循序渐进；因地制宜、突出重点；尊重民意、民办公助；整合投资、创新机制；加强领导、落实责任"的原则，确保取得实效。一方面，要着力搞好农业基础设施建设。抓好农田水利基础设施建设，增强农业抗灾能力和自我保护能力。把农田水利建设列为固定资产投资的重点，在治理大江大河大湖的同时，加快大中型水利枢纽工程的建设。抓好良田建设、良种研发、良法普及，大力建设高标准农田。加大对农田改造的财政扶持和金融支持，支持农田排灌、土地整治、土壤改良、机耕道路和农田林网建设。另一方面，要着力解决农民最急需的生活设施。突出抓好"水、路、气、电"设施建设。要让广大农民喝上安全卫生的饮用水，有条件的地方尽早实现城乡统筹供水。要让广大农民走上更顺畅的路，建立等级较高的农村公路网络。要让广大农民用上清洁卫生的燃料，加快普及农村沼气，还应在适宜地区积极发展秸秆气化、太阳能、风能等适合农村特点的清洁生活能源。要让广大农民用既经济又有保障的电，解决无电人口的用电问题，加快完善中西部地区农村电网，提高农网改造覆盖面，扩大电网供电人口覆盖率。此外，还要加强农村通信建设，开展村容村貌环境治理，加快农村垃圾处理设施建设，搞好村庄绿化和农田林网建设，治理农村生态环境，努力改善农村人居环境。

大力改善农村人居环境，改善农村公共设施

近年来，永仁县已投资 5 000 余万元，集中改善乡镇集镇和村庄的生活垃圾收运设施(处理厂)、污水、道路、路灯、绿化、公厕。不断提升 7 个乡镇农村公共服务水平，注重建立完善农村治理设施长效运行管理机制。

永仁县突出特色，猛抓建设，在扶贫搬迁、村庄改造的过程中，坚持高品位、高起点，做足山、水、林、田、路和民族文化的功夫，巧妙结合地方自然条件和各民族文化元素，把当地的历史文化、地域文化、民族文化和现代文化进行融合，在共性中追求个性，彰显魅力，打造以生态文化为主题的多元化乡村，体现"一村一韵"。

（**资料来源**：楚雄州环保局，2017 年 9 月 6 日）

（四）建立农村公共服务体系多元化供给机制

一般来说，纯公共产品可以由政府提供，准公共产品则可以通过政府补贴的方式，由政府和私人混合提供。农村准公共产品可以在政府补贴的基础上，按照"谁受益，谁负担"和"量力而行"的原则，由农民按照受益程度的大小进行集资生产，或者先由政府公共提供，然后按照受益大小向使用者收费。因此，农村公共服务体系建设资金需多方筹措，多渠道解决。要充分发挥市场机制的基础性作用，通过用地保障、信贷支持、补助贴息和政府采购等多种形式，积极引导和鼓励企业、公益慈善组织及其他社会力量加大投入，参与农村公共服务设施的建设、运行和管理。地方各级政府要切实履行基本

公共服务职能，强化在社会养老服务体系建设中的支出责任，安排财政预算资金，支持公益性公共服务设施建设。同时，应建立农村公共服务绩效考评机制，强化监督检查。

仝志辉：民间投资在现代农业、社会化服务领域将大有可为

据中国乡村之声《三农中国》报道，在近日召开的国务院常务会议上，确定了进一步激发民间有效投资活力，促进经济持续健康发展的四点措施。其中专门提到，鼓励民营企业参与"中国制造2025"、现代农业、企业技改等重点项目。建立政府与社会资本合作项目合理回报机制，鼓励民间资本采取多种方式参与基础设施和公用事业建设。

中国人民大学农业与农村发展学院教授仝志辉认为，这项政策有助于促进各类农业经营主体的社会化服务的发展。多地吸收本地农民的投资，在民间投资的结构上要加强对本地农民自身投资的挖掘。因为农民为自己的生产服务业投资，需求和供给对接就比较直接，也有利于促进生产服务业投资的利润为农民所分享。

仝志辉还认为，激活民间投资的活力，也能够帮助推进农村基础设施建设的步伐，化解政府主导投资建设中可能产生的一些问题。

仝志辉：在农村基础设施方面需求比较大，据测算，"十三五"农业基础设施需求是3.4万亿，民间投资在这方面可以有所作为。有些特定投资，比如道路建设，维护需要很多资金。能不能发动民间投资，创造一种养护新体制。这能改变过去只建不管或者未来养护资金无法落实的情况。因为道路养护是多样化的，仅靠政府投资反应比较慢，也会有所延误。民间投资在这方面可以有所作为。这需要政府根据不同情况，给予补贴，或者对投资的市场主体给予其他项目的配套支持，推动民间投资在这方面起作用。

（资料来源：辽宁金农网，2017年8月30日）

🔎 动动脑

1. 农村公共服务体系的几个部分之间有何关系？
2. 如何完善农村公共服务体系？

第三节 农村社会保障体系建设

🌿 **案例导入**

"建档"农村贫困人口全部脱贫，多层次社会保障兜底防返贫

近年来，我市在攻坚扶贫方面成绩显著。截至 2016 年年底，全市建档立卡的农村贫困人口 28 535 户、63 887 人全部脱贫，51 个省定贫困村和 79 个市定经济薄弱村脱贫摘帽。全市安排省定贫困村和经济薄弱村产业项目 451 个，带动增加贫困人口收入；将符合条件的农村贫困人口纳入大病医疗救助特药特材救助范围，大额救助不设起付线，通过政府兜底、补充医疗保险、商业保险等形式，减轻因病致贫家庭负担。

精准识别严格标准程序识别扶贫对象

在贫困户识别过程中，贫困村识别做到"一公示一公告"。建档立卡期间，各级扶贫部门采取入户抽查等多项措施，加强数据审核，确保信息采集准确性和有效性。

2015 年 9 月，又根据省里统一部署，开展了建档立卡"回头看"活动，对全市农村贫困人口进行了逐一排查核实，并对有关数据重新进行了完善，为扶真贫、真扶贫和打赢攻坚战打牢基础。我市坚持扶"真贫"，在摸清了贫困村、贫困户经济基础、产业基础、劳动力状况、村级班子、贫困家庭学生、贫困原因、劳动力培训意向、发展方向等八个贫困底子之后，按照"一镇一规、一村一策、一户一案"的要求，组织各区市编制了经济薄弱镇三年扶贫发展规划，制订贫困村、贫困户发展对策和帮扶方案，并明确脱贫的时间表、路线图。按照"一图、一册、一板、一档"要求，组织各区（市）编制区（市）扶贫地图、贫困村公示板、贫困户扶贫手册和扶贫档案，为精准脱贫奠定了基础。截至 2016 年年底，建档立卡的农村贫困人口 28 535 户、63 887 人全部脱贫，51 个省定贫困村和 79 个市定经济薄弱村脱贫摘帽。

防止返贫多层次社会保障进行兜底

针对我市贫困人口因病、老、残、弱致贫占比大的实际，坚持把完善基本公共服务制度、发挥多层次社会保障的兜底作用作为实现精准脱贫、防止返贫的基本途径。市民政局积极推进农村扶贫与低保有效衔接，对完全或部分丧失劳动能力的 16 000 名贫困人口，全部纳入农村低保兜底。市残联全面实施阳光家园项目，共建成各类残疾人托养服务机构 46 家，托养残疾人 8 800 余名；建成定向安置农村贫困残疾人就业扶贫基地 16 处。市人社局、市卫计委等部门推行基本医疗保险、补充医疗保险等多层次医疗保障模式，对农村贫困人口大病保险起付标准减半，医疗费用支付比例提高 5 个百分点。将符合条件的农村贫困人口纳入大病医疗救助特药特材救助范围，大额救助不设起付线，通

过政府兜底、补充医疗保险、商业保险等形式，减轻因病致贫家庭负担。2016 年，2 131 名省定患病贫困人口已落实分类救治措施，救治任务完成率 81%；全市 2 628 名省定患病贫困人口已全部落实"八个一"工程。

另外，市教育局投入资金 1.21 亿元，为全市 55 000 名家庭困难儿童和学生发放奖学金和助学金，实现建档立卡家庭困难学生资助全覆盖。市水利局通过农村规模化供水或单村集中供水方式，为全市 510 个贫困村和经济薄弱村解决了群众吃水难的问题，13.9 万亩农田实现了节水灌溉。市交通运输委为贫困薄弱村硬化街道 3 100 多公里。市城乡建设委改造危房 6 000 套，为 95% 的贫困薄弱村进行路灯亮化，为 93% 的贫困薄弱村建了健身小广场。

（资料来源：青岛晚报，2017 年 2 月 12 日 ）

案例思考
资料中涉及的农村社会保障体系有哪些？除此之外，还包括哪些？

在农村公共服务体系中，农村社会保障体系是基本公共服务均等化建设的重要内容，也是完善公共治理体系的重要环节。《人力资源和社会保障事业发展"十三五"规划纲要》中指出"十三五"时期，我国将实现城镇新增就业 5 000 万人以上；基本养老保险参保率将达到 90%，基本实现法定人员全覆盖，并建立社会保险待遇正常调整机制。

一、农村社会保障体系的概念

农村社会保障体系是指农村居民在年老、疾病或遇自然灾害而无法维持正常生活时，国家和社会通过国民收入再分配，在严格遵循法律规定的前提下，为农村居民提供物质帮助以保障其基本生活的服务总称。

二、农村社会保障体系的主要内容

（一）新型农村社会养老保险制度

1. 新型农村社会养老保险制度的概念

新型农村社会养老保险（简称"新农保"）是指符合条件的农村居民支付一定的劳动所得，到达规定年龄时领取养老保障待遇以保障其年老时的基本生活，其以个人缴费、集体补助和政府补贴三者相结合为主要的筹资模式，是国家社会保险体系的重要组成部分。

2. 新型农村社会养老保险制度的基本内容

（1）基本原则

新农保试点的基本原则是"保基本、广覆盖、有弹性、可持续"。一是从农村实际出发，低水平起步，筹资标准和待遇标准要与经济发展及各方面承受能力相适应；二是个人（家庭）、集体、政府合理分担责任，权利与义务相对应；三是政府主导和农民自愿相结合，引导农民普遍参保；四是中央确定基本原则和主要政策，地方制定具体办法，对参保居民实行属性管理；五是试点先行，逐步推展。

（2）任务目标与参保范围

新农保试点起步于 2009 年，当时的试点覆盖面为全国 10% 的县（市、区、镇），后来逐步扩大，在全国普遍实施，2020 年之前将基本实现对农村适龄居民的全覆盖。参保范围包括：年满 16 周岁（不含在校学生）和未参加城镇职工基本养老保险的农村居民，他们可以在户籍地自愿参加新农保。

2017 年农村养老保险新政策

一、农村养老保险基金的构成

1. 个人缴费：参加城乡居民养老保险的人员应当按规定缴纳养老保险费。缴费标准设为每年 100 元、200 元、300 元、400 元、500 元、600 元、700 元、800 元、900 元、1 000 元、1 500 元、2 000 元、3 000 元 13 个档次。参保人员自主选择缴费档次，多缴多得。

2. 集体补助：有条件的村集体经济组织应当对参保人缴费给予补助，补助标准由村民委员会召开村民会议民主确定。鼓励有条件的社区将集体补助纳入社区公益事业资金筹集范围。鼓励其他社会经济组织、公益慈善组织、个人为参保人缴费提供资助。补助、资助金额不超过目前设定的最高缴费档次标准。

3. 政府补贴：政府对符合待遇领取条件的参保人全额支付城乡居民社会养老保险基础养老金。中央财政按照确定的基础养老金标准给予全额补贴，目前为每人每月 70 元；省、市、县人民政府应当对参保人缴费给予补贴。每人每年最低缴费补贴标准为：缴 100 元补 30 元、缴 200 元补 35 元、缴 300 元补 40 元、缴 400 元补 50 元、缴 500 元及以上的补 60 元。

二、农村养老保险领取计算

月养老金待遇＝基础养老金（55 元）＋个人账户总额 ÷139。

（资料来源：南京财富网，2017 年 1 月 13 日）

（二）新型农村合作医疗制度

1. 新型农村合作医疗制度的概念

新型农村合作医疗（以下简称"新农合"）是指由政府组织、引导、支持，农民自愿参加，采取个人缴费、集体扶持和政府资助等方式筹集资金，以大病统筹为主的农民医疗互助共济制度。2002年中央明确提出各级政府要积极引导农民建立以大病统筹为主的新型农村合作医疗制度，2003年起在新型农村合作医疗制度全国部分县（市）试点，目标是到2010年逐步实现基本覆盖全国农村。

2. 新型农村合作医疗制度的基本内容

（1）基本原则

2003年1月由卫生部、财政部、农业部在《关于建立新型农村合作医疗制度的意见》中明确提出了新型农村合作医疗制度的基本原则，包括"自愿参加，多方筹集；以收定支，保障适度；先行试点，逐步推广"三个方面。其中，"自愿参见，多方筹集"是指农民以家庭为单位自愿参加，按时足额缴纳合作医疗经费，集体给予资金扶持，政府安排一定的资金资助；"以收定支，保障适度"是指新型农村合作医疗制度要坚持以收定支，收支平衡的原则，使农民享有最基本的医疗服务；"试点先行，逐步推广"是指要从试点出发，总结经验，稳步发展，逐步提高新型农村合作医疗制度的社会化程度和抗风险能力。

（2）责任主体及保障对象

新型农村合作医疗制度的责任主体是国家，是为了解决农民因病致贫，因病返贫的问题而采取的措施。其保障对象包括：县辖内农村户籍人口、未参加城镇医疗保险和未以农村家庭参加新农合的乡镇企业职工、外出打工、经商、上学的农村居民以及因小城镇建设占用土地的农转非人员。

黄山市新型农村合作医疗兑付农民补偿金2.7亿元

据黄山政府网消息，2016年上半年，黄山市新农合共补偿109.93万人次，兑付补偿金2.7亿元，其中住院实际补偿比达到57.87%，比去年同期提高1.28个百分点，参合群众受益程度稳步提升。

推进新农合大病保险。根据双向选择的原则，各区县分别与省定3家保险公司签订大病保险承办协议，筹资标准为20~26元，全市筹资额为3 283万元，上半年共对1 598人次大病患者进行了补偿，金额为845.65万元，有效扩大了参合农民的受益面和受益程度。

推进按病种付费工作。先后两次调整按病种付费方案，共对200多个病种进行按病种付费管理，对县域内医疗机构能够解决的疾病，对市级定点医疗机构新农合基金支付比例降低5~10个百分点，引导患者一般疾病在县域内就诊。截至6月底，共执行按病种付费病例数为3.64万例，补偿额4 615万元，补偿比为71.5%，比普通住院补偿比高15个百分点。

推行新农合筹资模式改革。2016年，休宁县、黟县、祁门县推行新农合筹资模式改革，变以往年度包村干部上门收取现金方式为从参合农户协议银行卡代扣方式。

筹资模式改革既方便外出务工人员在务工地缴纳参合资金，又降低政府筹资成本及筹资风险。

（资料来源：人民网，2016 年 8 月 18 日）

（三）最低生活保障制度

1. 最低生活保障制度的概念

农村最低生活保障制度是指政府为家庭人均收入低于最低生活保障标准的农村贫困群众，按最低生活保障标准，提供维持其基本生活的物质帮助的生活救助制度安排。

2. 最低生活保障制度的基本内容

（1）根本目的及原则

建立农村最低生活保障制度的根本目的就是运用国家财力帮助低于最低生活保障线的贫困人口摆脱生活困境，达到最基本的生活水平。此外，建立农村最低生活保障应遵循"从实地出发，因地制宜；救济与发展相结合；公平与效率相结合；依靠基层政权和农民自治组织"等原则。

（2）标准及对象范围

农村最低生活保障标准由县级以上地方人民政府按照能够维持当地农村居民全年基本生活所必需的吃饭、穿衣、用水、用电等费用确定，并报上一级地方人民政府备案后公布执行。该标准随着当地生活必需品价格变化和人民生活水平提高适时进行调整。

农村最低生活保障对象是家庭年人均纯收入低于当地最低生活保障标准的农村居民，主要是因病残、年老体弱、丧失劳动能力以及生存条件恶劣等原因造成生活常年困难的农村居民。

表 9-1　2017 年城乡最低生活保障标准列表

序号	地区	城市低保标准（元/月）	农村低保标准（元/月）	调整时间
1	上海	790	790	2016 年 4 月 1 日
2	北京	710	710	2016 年 7 月 1 日
3	天津	705	540	2016 年 4 月 1 日
4	南京	700	700	2016 年 7 月 1 日
5	杭州	660	660	2016 年 12 月 1 日
6	拉萨	640	2 450 元/年	2016 年
7	广州	600	560~600	2016 年 1 月 1 日
8	武汉	580	320	2016 年 1 月 1 日
9	郑州	520	290	2016 年 7 月 1 日

序号	地区	城市低保标准（元/月）	农村低保标准（元/月）	调整时间
10	哈尔滨	510	3 000 元/年	2016 年 10 月 1 日
11	合肥	510	510	2016 年 1 月 1 日
12	石家庄	500	2 700 元/年	2013 年 12 月
13	呼和浩特	515~565	3 644 元/年	2016 年 1 月 1 日
14	沈阳	505~580	295~355	2016 年 7 月 1 日
15	济南	500~550	300	2016 年 4 月 1 日
16	西安	480~510	255~265	2016 年 10 月
17	昆明	475~530	215~295	2016 年 4 月 1 日
18	太原	453~505	288~505	2016 年 1 月 1 日
19	南昌	450~480	280	2016 年 1 月 1 日
20	长沙	450	450	2016 年 7 月 1 日
21	海口	450	360	2013 年 7 月 1 日
22	贵阳	425~530	200~530	2016 年 1 月 1 日
23	成都	400~500	400~500	2016 年 11 月 1 日
24	兰州	387~515	2 453 元/年	2016 年 5 月 30 日
25	银川	380	2 400 元/年	2016 年
26	乌鲁木齐	380	195	2016 年
27	西宁	373	2 345 元/年	2016 年 1 月 1 日
28	重庆	365~385	215~225	2016 年 10 月 1 日
29	长春	350~435	2 650~2 700 元/年	2016 年 10 月 1 日
30	南宁	250	103	2016 年 1 月 1 日
31	福州	最低工资标准 36%~42%	不低于 2 300 元/年	-

资料来源：大家保保险网，2016 年 9 月

2017 年起四川农村低保标准"并轨"扶贫标准

　　四川省政府办公厅日前转发民政厅等部门《关于做好农村最低生活保障制度与扶贫开发政策有效衔接的实施方案》（以下简称《实施方案》）的通知。从 2017 年起，全省农村最低生活保障标准低限达到按年度动态调整后的国家扶贫标准，实现"两

线合一"，确保现行扶贫标准下农村低保兜底人口全部脱贫。

根据《实施方案》，我省将精准识别扶贫对象和低保对象，对符合条件的农村贫困人口全面实施国家扶贫开发政策和低保制度。坚持应扶尽扶，应保尽保。统筹各类救助、扶贫资源，针对社会经济发展水平和农民收入水平的不同，因人施策，形成脱贫攻坚合力；坚持按标施保，动态管理，按规定程序纳入低保范围的建档立卡贫困户，以户为单位按照家庭人均收入低于当地低保标准的差额发给低保金。

加强标准衔接。加快推进全省农村最低生活保障标准低于国家扶贫标准地区的"两线合一"工作，2017 年全省农村最低生活保障标准低限由原来的 2 880 元 / 年提高到 3 300 元 / 年，达到年度动态调整后的国家扶贫标准。各市（州）农村低保标准不得低于全省农村最低生活保障标准低限。

加强管理衔接。对农村低保对象和建档立卡贫困人口实施动态管理，定期、不定期开展走访调查，及时掌握农村低保家庭和建档立卡贫困家庭人口、收入、财产情况。健全信息公开机制，将农村低保和扶贫开发情况纳入政府信息公开范围，将建档立卡贫困人口和农村低保对象名单在其居住地公示，接受社会和群众监督。

（资料来源：新华网，2017 年 2 月 12 日）

（四）农村社会救助制度

农村社会救助制度包括农村五保供养制度、农村医疗救助制度、农村扶贫开发、农村灾害救助和失地农民社会保障五方面。

1. 农村五保供养制度

农村五保供养制度是指国家向农村中缺乏或丧失劳动能力、无依无靠、没有生活来源的老年、残疾或者未满 16 周岁的村民提供保吃、保穿、保医、保住、保葬（孤儿为保教）（简称"五保"）等援助的一种社会救助制度。

2. 农村医疗救助制度

农村医疗救助制度是指将一部分生活处于低收入甚至贫困状态的农村弱势群体纳入到医疗保障体系中，对其进行专项帮助和医疗扶持的救助制度。农村医疗救助制度的保障对象具体是指没有参加或没有能力参加新型农村合作医疗保险以及参加新农合以后无力承担自己支付部分的农村困难农民。该制度以减免医疗费用为主要形式，是一种低层次的医疗保障制度。

3. 农村扶贫开发

农村扶贫开发是指政府和社会各界力量共同帮助贫困户和贫困地区开发经济、发展生产、脱贫致富的一项长期性的社会工作。1986 年，我国政府大规模开展农村扶贫开发。"十一五"期间农村居民人均收入快速增长，贫困线与收入的比值持续走低。"十二五"期间，现行标准下的贫困人口从 2010 年的 1.66 亿人口减少到 2015 年的 6 000 万人左右；

贫困县农民人均纯收入翻了一番，增幅连续 5 年高于全国农村平均水平；连片特困地区自然村通路、通电、通电话的比例均超过 90%，农户参加新型农村合作医疗的比例接近100%。2015 年 11 月我国发布《关于打赢脱贫攻坚战的决定》，对"十三五"农村反贫困做出安排部署。提出实施精准扶贫和精准脱贫、对贫困县重点考核脱贫成效、加大中央和省级财政扶贫投入等战略。

4. 农村灾害救助

农村灾害救助是指国家和社会对因遭遇各种自然灾害及其他特定灾害事件等袭击而陷入生活困难的农村居民给予一定的事物或服务援助，帮助其度过困难时期的一种社会救助，是社会救助体系中不可缺少的重要组成部分。灾害救助的第一要任是以人为本，以人为中心，拯救生命；其次是灾情稳定后，维持灾民基本生存和预防灾后流行疫病；其三是灾后重建安居，安居复业，最后是恢复社会秩序，进行心理疏导。

5. 失地农民社会保障

失地农民是指在工业化和城镇化进程中，由于征地而失去了在原有集体经济组织中农用地的承包经营权，但仍未被纳入城镇社会保障体系的农民。一般来说，失地农民并非完全意义上的农民，其身份依旧是农民，但由于失去了生产资料，主要的职业选择是从事二、三产业，又由于其无法获得基本的城市保障，造成其属于一类边缘化的群体，他们的主要特征是"无田、无岗、无保"。当前，我国失地农民的社会保障模式主要是养老和医疗两个方面，保障金来源主要来自安置补贴和土地补偿。

（五）农村社会福利制度

农村社会福利制度包括农村教育福利、农村医疗卫生福利、农村弱势群体福利三方面。

1. 农村教育福利

农村教育福利是指为保障国民中所有适龄成员平等享有受教育的权利，国家以无偿或低价方式为农村成员提供教育服务，以提高全体社会综合素质的一种福利制度。由于农村经济发展水平较低，家庭可支配收入较少，教育福利为许多农家弟子敞开了希望的大门，其最明显的特征是公平性和福利性。农村教育福利主要包括九年义务教育、"两免一补"政策、"绿色通道"等奖助体系，以及农民工子女教学福利等。

国家首个教育脱贫五年规划出台：贫困学生、农村教师的福利来了！

"十三五"时期教育脱贫要达到这些目标——《规划》要求：到 2020 年，贫困地区教育总体发展水平显著提升，实现建档立卡等贫困人口教育基本公共服务全覆盖。保障各教育阶段从入学到毕业的全程全部资助，保障贫困家庭孩子都可以上学，不让一个学生因家庭困难而失学。每个人都有机会通过职业教育、高等教育或职业培训实现家庭脱贫，教育服务区域经济社会发展的能力显著增强。

　　　对建档立卡学龄前儿童，确保都有机会接受学前教育；对建档立卡义务教育阶段适龄人口，确保都能接受公平有质量的义务教育；对建档立卡高中阶段适龄人口，确保都能接受高中阶段教育特别是中等职业教育；对建档立卡高等教育阶段适龄人口，提供更多接受高等教育的机会；对建档立卡学龄后人口，提供适应就业创业需求的职业技能培训。

（资料来源：央广网，2016 年 12 月 31 日）

2. 农村医疗卫生福利

　　农村医疗卫生福利是指国家和社会力量对农村医疗卫生事业提供帮助和支持的一种福利制度。农村医疗卫生服务主要包括国家帮助开展广泛的爱国卫生运动，集中力量消灭严重影响广大农民身体健康的各种疾病，做好动植物检疫工作和环境卫生工作；引导社会力量对农村进行公益性质的医疗卫生服务等内容。

3. 农村弱势群体福利

　　农村弱势群体包括：农村老年人、妇女、未成年人以及残疾者。相应的农村弱势群体福利是指国家和社会对农村老年人、妇女、未成年人和残障者在生活、教育、就业等方面给予帮助和支持的一种社会福利制度。其主要包括：为农村缺乏生活资料的老人提供基本的衣食住行等帮助；改善农村妇女经济地位和经济状况、保障进城务工农村妇女的合法权益以及帮助农村妇女参与农村集体事务管理等；为未成年人积极发展托幼事业，办好托儿所、幼儿园，做好农村儿童的疾病防御工作等；发展农村残疾者康复事业、扶贫事业、教育事业、文化体育事业，做好农村残疾者维权工作等内容。

（六）社会优抚与退役安置制度

1. 社会优抚制度

　　社会优抚制度是指对军人及其家属所建立的保障制度，与社会保险、社会救助和社会福利不同，它是特别针对特殊身份的人所设立的，是中国社会保障制度的重要组成部分，一般来讲包括优待和抚恤两个方面。

（1）社会优待制度

　　社会优待是国家、社会、群众对革命烈士家属、因公牺牲军人家属、病故军人家属、革命伤残军人、现役军人及其家属、复员退伍军人、带病回乡复退军人、退伍红军老战士等优抚对象给予帮助和照顾的制度。主要包括对优抚对象发放优待金，以及在治病、交通、住房、就业、入学、入托、补助、救济、贷款、供应、邮政等方面的优待办法和内容。

（2）社会抚恤制度

　　社会抚恤是国家对烈士、因公牺牲和病故军人家属、革命伤残军人及家属所实行的一种物质抚慰保障，是社会优抚制度的一个重要组成部分。社会抚恤包括死亡抚恤和伤残抚恤两大类。其中，死亡抚恤又分为一次性抚恤、定期抚恤和特别抚恤三种，伤残抚恤又分为因战、因公、因病三种。

2. 退役安置制度

退役安置制度是指国家和社会为退出现役的军人提供资金和服务，帮助其重新就业的一项制度。退役安置制度的对象一般包括转业的军官、复员志愿兵和退伍义务兵等。其主要从资金和服务两方面对退役军人提供保障。

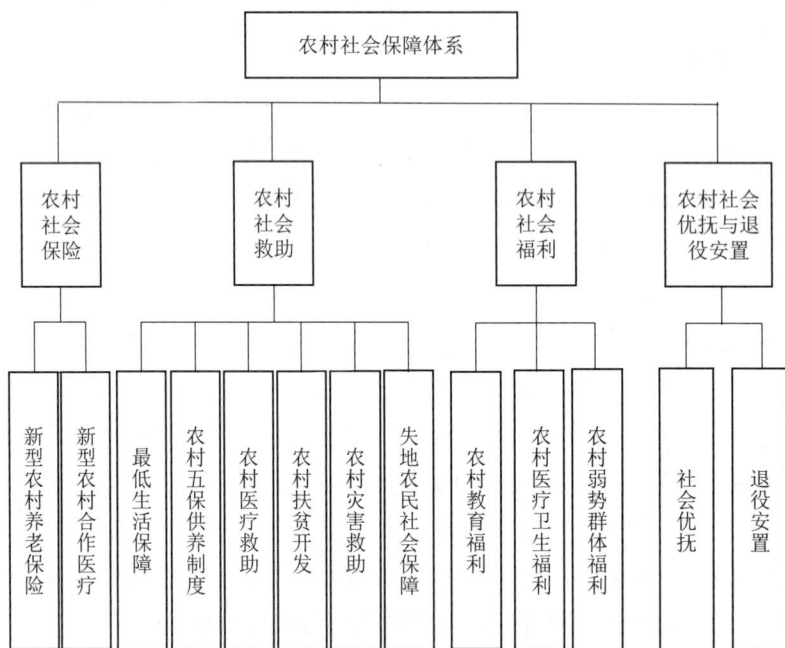

图 9-6　农村社会保障体系结构图

资料来源：董青青 . 农村社会保障：制度解读与操作 . 北京：中国财政经济出版社，2013

三、农村社会保障体系的发展困境

（一）制度发展不均

首先，各个地区的农村社会保障水平不一。从近年来的农村最低生活保障标准来看，东部最高，中部次之，西部最低。从社会保障制度运行来看，农村的社会保障还停留在一个低水平的运作状态，社会化程度较低，并且政策具有随意性、临时性和非连续性的特征。其次，制度内部发展不均。新中国成立初期，经济发展水平相对落后，政府出台了一系列救灾、救济和优抚安置制度，经过不断完善，这些制度已相对规范。然而最低生活保障制度、新农合医疗、医疗救助和新型农村社会养老保险等制度建立相对较晚，制度尚不成熟。

（二）受益范围有待拓宽

从受益群体来看，中国初步形成了面向全体和面向有限范围的农村社会保障制度，但制度的覆盖范围相对不足。由于大部分地区的农村社会保险并非强制参保，农民根据个人意愿参保不利于覆盖面的拓宽。2009年，新农保开始在10%的县（市、区、旗）进行试点，之后逐步扩大覆盖范围，并在全国普遍实施。由于收入水平、保障水平和制度环境等原因，各个地区农民的新农保受益状况不尽相同，但总体上说，受益范围不断扩大。此外，面向有限范围的农村社会保障制度的覆盖范围将一些生活贫困的家庭排除在外，对非农产业的个体经营者和灵活就业者的保障不足，应进一步拓宽覆盖范围。

（三）社会保障运行效率低下

我国社会保障运行效率低下主要体现在以下几个方面。第一，目前很多农民工都在外务工，基本不知晓社会保障，或者只能由村委代缴或不交保险费，这直接导致了社保参与率低下；第二，一些特殊的专项社会保障申请和审批程序相对烦琐，而针对教育和疾病等事件而言，资金需求很急迫，能够得到的社会保障存在较大延迟性；第三，农村的部分领导干部自身对整个社会保障体系了解不深，办事效率低，执法力度薄弱；第四，农民有委屈和困惑不能及时得到解答，不能采取有效的法律手段寻求经济上的援助。

四、完善农村社会保障体系的建议

（一）完善农村社会保障制度及相关财政制度设计

在农村社会保障制度方面：逐步完善现有制度，与城镇社会保障制度接轨。拓展最低生活保障、医疗救助、五保供养的覆盖范围，增加有限范围受益的保障群体，精简合并救助制度。适时建立农村大病医疗统筹保险和计划生育保险，构建包含多层次的农村社会保障制度。优化组织结构，加强监督管理，注重各部门间的协同配合，将农村社会保障事业纳入政绩考核机制。加强政府垂直系统和横向部门之间的监督，并重视社会监督（如新闻媒介监督和群众监督）。引入市场化运营机制等创新农村社会保障基金管理，探索基金保值增值的新机制。

在相关财政政策方面：第一，合理界定政府在农村社会保障中的责任清单，根据中央和地方政府的事权合理划分支出责任。第二，加快农村社会保障财政支出结构性改革，完善转移支付分配体制，结合东部、中部和西部地区的保障需求和政府财力，合理分配农村社会保障各项内容的支出权重。基于新农合更有利于贫困地区农民的边际收益分配效应，政府应实施"精准医保扶贫"，精确瞄准贫困地区的农民。第三，加大农村社会保障的财政资金投入，逐步提高保障标准，建立与物价联动的农村社会保障标准自然增长调整机制。第四，提高农村社会保障财政资金使用效率，加强对社会保障资金的监管，以防资金挪用、滥用。

（二）统筹城乡社会保障制度拓展受益覆盖面

坚持全民覆盖、保障适度、权责清晰、运行高效，稳步提高农村社会保障的层次和水平。以增强公平性、适应流动性、保证可持续性为重点，建立健全更加公平、更可持续的农村社会保障制度。首先，要开展全民参保登记。依据社会保险法等法律法规规定，以社会保险全覆盖和精确管理为目标，通过信息比对、数据采集、入户调查、数据集中管理和动态更新等措施，对各类人员参加社会保险情况进行记录、补充完善，建立全面、完整、准确的社会保险基础数据库，形成每个人唯一的社保标识，并实现动态更新，为全面参保和精确管理提供支持。其次，要做好重点群体参保工作。在农村以在城乡之间流动就业和居住农民为重点，鼓励持续参保；积极引导在城镇稳定就业的农民工参加职工社会保险。应建立统一的城乡居民基本医疗保险制度和经办运行机制，整合基本制度政策，理顺管理体制，提升服务效能。积极探索推进医疗保险省级统筹，健全医疗保险稳定可持续筹资机制，完善医保缴费参保政策，全面实施城乡居民大病保险制度，进一步完善重特大疾病保障机制。

（三）加强地区资源共享利用提高运行效率

首先，增强农村社会保障供求双方的信息对称性。一方面，政府应加强宣传舆论引导，通过报纸、手册、板报、新闻广播等渠道及时传播农村社会保障制度内容。另一方面，在保障对象甄别方面，加大公众参与力度，强化信息披露机制。定期举办听证会，广泛听取民众意见。其次，鼓励第三方组织参与农村社会保障制度。目前国内的社会组织呈碎片化与无助化格局，还不足以承接政府部分公共职能的能力，政府应实行优惠利好政策，积极引导企业、社会组织和慈善团体等参与农村社会救助等工作，发挥行业扶贫和社会扶贫的综合效益。再次，积极推进户籍制度改革，促进城乡间劳动力的流动转移，加强地区间社会保障资源的共享利用，提高资源配置效率。可以通过资源的优化组合，实现农村社会保障服务产生的"规模效应"。在资源既定的前提下，进一步提高供给标准和服务质量。最后，设计新农合绩效考核指标来完善对地方政府和相关官员的激励约束机制，提高贫困地区农村社会保障服务的生产效率。

🔑 动动脑

1. 新农保与老农保的区别有哪些？
2. 如何区分新农合、农村医疗救助制度与农村医疗卫生福利这三者？

🌱 **链接案例**

全面解读《"十三五"推进基本公共服务均等化规划》

国务院近日印发《"十三五"推进基本公共服务均等化规划》。《规划》要求，到2020年，基本公共服务均等化总体实现。城乡区域间基本公共服务大体均衡，贫困地区基本公共服务主要领域指标接近全国平均水平，广大群众享有基本公共服务的可及性显著提高。

《规划》介绍，"十二五"以来，我国已初步构建起覆盖全民的国家基本公共服务制度体系，各级各类基本公共服务设施不断改善，国家基本公共服务项目和标准得到全面落实，保障能力和群众满意度进一步提升。截至2015年，九年义务教育巩固率达到93%，全国就业人员达到77 451万人，基本医保参保率超过95%，人民健康水平总体上达到中高收入国家平均水平，全国累计开工城镇保障性安居工程住房4 013万套，其中改造棚户区住房2 191万套，改造农村危房1 794万户。

《规划》指出，我国基本公共服务还存在规模不足、质量不高、发展不平衡等短板，突出表现在：城乡区域间资源配置不均衡，硬件软件不协调，服务水平差异较大；基层设施不足和利用不够并存，人才短缺严重；一些服务项目存在覆盖盲区，尚未有效惠及全部流动人口和困难群体；体制机制创新滞后，社会力量参与不足。

《规划》提到，"十三五"时期是全面建成小康社会的决胜阶段，我国发展仍处于可以大有作为的重要战略机遇期，完善国家基本公共服务体系、推动基本公共服务均等化水平稳步提升，面临新的机遇和挑战。"十三五"时期我国经济进入新常态，人口形成新结构，社会呈现新特征，消费体现新需求，科技孕育新突破。

表9-2　"十三五"时期基本公共服务领域主要发展指标

指　标	2015 年	2020 年	累　计
基本公共教育			
九年义务教育巩固率（%）	93	95	—
义务教育基本均衡县（市、区）的比例（%）①	44.48	95	—
基本劳动就业创业			
城镇新增就业人数（万人）②	—	—	> 5000
农民工职业技能培训（万人次）	—	—	4000
基本社会保险			
基本养老保险参保率（%）③	82	90	—
基本医疗保险参保率（%）④	—	> 95	—
基本医疗卫生			
孕产妇死亡率（1/10 万）	20.1	18	—

续　表

婴儿死亡率（‰）	8.1	7.5	–
5 岁以下儿童死亡率（‰）	10.7	9.5	–
基本社会服务			
养老床位中护理型床位比例（%）	–	30	
生活不能自理特困人员集中供养率（%）⑤	31.8	50	
基本住房保障			
城镇棚户区住房改造（万套）	–	–	2000
建档立卡贫困户、低保户、农村分散供养特困人员、贫困残疾人家庭等 4 类重点对象农村危房改造（万户）	–		585
基本公共文化体育			
公共图书馆年流通人次（亿）	5.89	8	
文化馆（站）年服务人次（亿）	5.07	8	
广播、电视人口综合覆盖率（%）⑥	＞ 98	＞ 99	
国民综合阅读率（%）⑦	79.6	81.6	
经常参加体育锻炼人数（亿人）⑧	3.64	4.35	–
残疾人基本公共服务			
困难残疾人生活补贴和重度残疾人护理补贴覆盖率（%）⑨	–	＞ 95	–
残疾人基本康复服务覆盖率（%）⑩		80	–

注：

①指通过省级评估、国家认定程序认定的义务教育均衡发展县 (市、区) 占全国所有县 (市、区) 的比例。

②指城镇累计新就业人数减去累计自然减员人数。其中城镇累计新就业人数是指报告期内城镇累计新就业的城镇各类单位、私营企业和个体经济组织、社区公益性岗位就业人员和各种灵活形式就业人员的总和；累计自然减员人数是指报告期内因退休、伤亡等自然原因造成的城镇累计减少的就业人员数。

③指按照国家有关法律和社会保险政策规定，实际参加基本养老保险的人数与法定应参加基本养老保险的人数之比。

④指按照国家有关法律和社会保险政策规定，实际参加基本医疗保险的人数与法定应参加基本医疗保险的人数之比。

⑤指在机构集中供养的生活不能自理特困人员与生活不能自理特困人员总数之比。

⑥指在对象区内能接收到中央、省 (区、市)、市 (地、州)、县 (市、区) 广播、电视传输机构以无线、有线、卫星等方式传输的广播、电视节目信号的人口数占对象区总人口数的比重。

⑦指全国每年有阅读行为 (包括阅读书报刊物和数字出版物、手机媒体等各类读物) 的人数与总人口数的比例。

⑧指每周参加体育锻炼 3 次及以上、每次体育锻炼持续时间 30 分钟及以上、每次体育锻炼的运动强度达到中等及以上的人数。

⑨指困难残疾人享受生活补贴和重度残疾人享受护理补贴的人数达到应享受补贴人数的比例。

⑩指有康复需求的残疾儿童和持证残疾人接受康复评估、手术、药物、功能训练，辅具适配等基本康复服务的比例。

《规划》要求，到 2020 年，基本公共服务体系更加完善，体制机制更加健全，在学有所教、劳有所得、病有所医、老有所养、住有所居等方面持续取得新进展，基本公共服务均等化总体实现。

国家基本公共服务制度框架

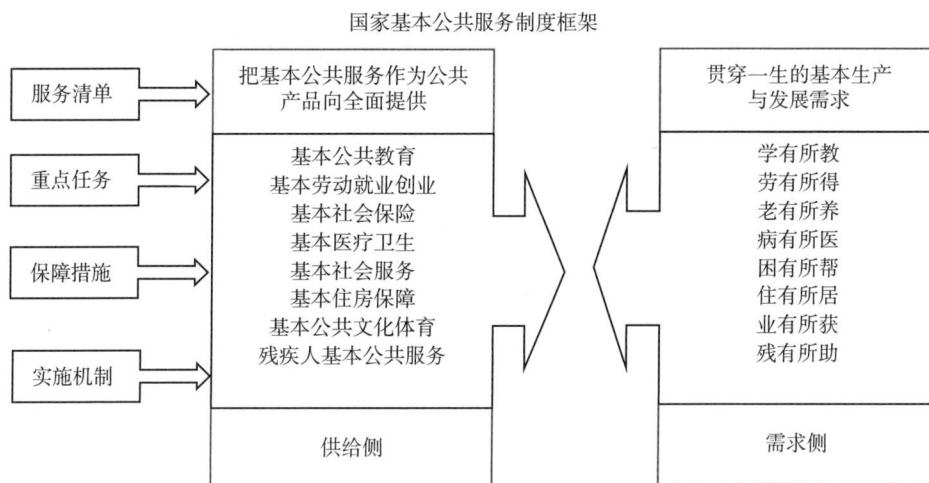

图 9-7 国家基本公共服务制度框架

1. 基本公共教育

国家完善基本公共教育制度，加快义务教育均衡发展，保障所有适龄儿童、青少年平等接受教育，不断提高国民基本文化素质。本领域服务项目共 8 项，具体包括：免费义务教育、农村义务教育学生营养改善、寄宿生生活补助、普惠性学前教育资助、中等职业教育国家助学金、中等职业教育免除学杂费、普通高中国家助学金、免除普通高中建档立卡等家庭经济困难学生学杂费。

2. 基本劳动就业创业

国家实施就业优先战略，大力推动大众创业、万众创新，鼓励以创业带动就业，健全覆盖城乡的公共就业创业服务体系，加强职业培训，维护职工和企业合法权益，构建和谐劳动关系，推动实现比较充分和更高质量的就业。本领域服务项目共 10 项，具体包括：基本公共就业服务、创业服务、就业援助、就业见习服务、大中城市联合招聘服务、职业技能培训和技能鉴定、"12333" 人力资源和社会保障服务热线电话咨询、劳动关系协调、劳动人事争议调解仲裁、劳动保障监察。

3. 基本社会保险

国家构建全覆盖、保基本、多层次、可持续的社会保险制度，实施全民参保计划，保障公民在年老、疾病、工伤、失业、生育等情况下依法从国家和社会获得物质帮助。本领域服务项目共 7 项，具体包括：职工基本养老保险、城乡居民基本养老保险、职工基本医疗保险、生育保险、城乡居民基本医疗保险、失业保险、工伤保险。

4. 基本医疗卫生

国家建立健全覆盖城乡居民的基本医疗卫生制度，推进健康中国建设，坚持计划生育基本国策，以基层为重点，以改革创新为动力，预防为主、中西医并重，提高人民健康水平。本领域服务项目共 20 项，具体包括：居民健康档案、健康教育、预防接种、传染病及突发公共卫生事件报告和处理、儿童健康管理、孕产妇健康管理、老年人健康管理、慢性病患者管理、严重精神障碍患者管理、卫生计生监督协管、结核病患者健康管理、中医药健康管理、艾滋病病毒感染者和病人随访管理、社区艾滋病高危行为人群干预、免费孕前优生健康检查、基本药物制度、计划生育技术指导咨询、农村部分计划生育家庭奖励扶助、计划生育家庭特别扶助、食品药品安全保障。

5. 基本社会服务

国家建立完善基本社会服务制度，为城乡居民提供相应的物质和服务等兜底帮扶，重点保障特定人群和困难群体的基本生存权与平等参与社会发展的权利。本领域服务项目共 13 项，具体包括：最低生活保障、特困人员救助供养、医疗救助、临时救助、受灾人员救助、法律援助、老年人福利补贴、困境儿童保障、农村留守儿童关爱保护、基本殡葬服务、优待抚恤、退役军人安置、重点优抚对象集中供养。

6. 基本住房保障

国家建立健全基本住房保障制度，加大保障性安居工程建设力度，加快解决城镇居民基本住房问题和农村困难群众住房安全问题，更好保障住有所居。本领域服务项目共 3 项，具体包括：公共租赁住房、城镇棚户区住房改造、农村危房改造。

7. 基本公共文化体育

国家构建现代公共文化服务体系和全民健身公共服务体系，促进基本公共文化服务和全民健身基本公共服务标准化、均等化，更好地满足人民群众精神文化需求和体育健身需求，提高全民文化素质和身体素质。本领域服务项目共 10 项，具体包括：公共文化设施免费开放、送地方戏、收听广播、观看电视、观赏电影、读书看报、少数民族文化服务、参观文化遗产、公共体育场馆开放、全民健身服务。

8. 残疾人基本公共服务

国家提供适合残疾人特殊需求的基本公共服务，为残疾人平等参与社会发展创造便利化条件和友好的环境，让残疾人安居乐业、衣食无忧，生活得更加殷实、更加幸福、更有尊严。本领域服务项目共 10 项，具体包括：困难残疾人生活补贴和重度残疾人护理补贴、无业重度残疾人最低生活保障、残疾人基本社会保险个人缴费资助和保险待遇、残疾人基本住房保障、残疾人托养服务、残疾人康复、残疾人教育、残疾人职业培训和就业服务、残疾人文化体育、无障碍环境支持。

复习思考题

1. 请简述公共产品的概念和特征。

2. 请简述公共产品的分类以及农村公共产品的分类。

3. 请简述农村公共产品的功能。

4. 请简述公共产品对农村发展的贡献。

5. 请简述农村公共服务体系的概念。

6. 请论述农村公共服务体系的主要内容。

7. 请论述农村公共服务体系建设的问题和发展建议。

8. 请简述农村社会保障体系的概念。

9. 请论述农村社会保障体系的主要内容。

10. 请论述农村社会保障体系建设的问题和发展建议。

第十章 国内外现代农村发展模式

学习目标

1. 了解我国现代农村发展模式；

2. 了解主要发达国家现代农村发展模式。

第一节　国内现代农村发展模式

一、历史文化主导模式

（一）概念

文化是人类精神活动和实际活动的方式及其物质与精神成果的总和，是指一个国家或民族的历史、地理、风土人情、传统习俗、生活方式、文学艺术、行为规范、思维方式、价值观念等。历史文化主导模式是指通过历史文化的传承与弘扬，发展第三产业，主要是休闲观光旅游业。

（二）特点

中国文化源远流长，历来为世人所称道。五千年的文明，五千年的历史，是一代代中华儿女创造的辉煌，是一代代炎黄子孙铸就的骄傲。人文渊薮，精华荟萃。无数传统的优秀文化在这片大地上生根发芽，开绚丽之花，结精美绝伦之果。随着旅游业的发展，旅游者的经验日渐丰富，价值观念与生活方式日趋改变，旅游者越来越注重精神享受与物质满足的结合，传统的观光旅游已不能满足旅游者的消费需求，文化旅游适应这一需求的变化，具有很大的发展潜力，并逐步发展成为旅游消费市场上的新动向，成为旅游业新的增长点。这种历史文化主导的发展模式主要有以下特点。

1. 以现有的历史人文、景观等为依托

传统文化旅游中，历史文化旅游即以文物、史迹、遗址、古建筑、名人名家等为依托，通过对其文化特质的把握与体验来达到审美享受的旅游活动；民俗文化旅游即以居民日常节日庆典、服饰、居住、饮食、艺术等为基础，通过对异质文化的观察和参与达到审美享受的文化旅游活动；宗教文化旅游即以宗教景观、宗教仪式、宗教经典为凭借，通过对不同信仰的文化特色的体察和把握来达到审美享受的文化旅游活动。

2. 村民自发和政府扶持相结合

这种模式往往需要村民对物质文明进行保护与修缮，还要对精神文明进行传承与弘扬。中华民族历史悠久，文化博大精深，并且在世界几大文明中我们是唯一一个文明没有中断的民族。中华文化之所以能够源远流长，就因为中国人注重保护自己的文化。同时，政府的扶持也是至关重要的。政府在资金、技术等方面的支持使历史文化得以延续下去，为该模式的发展提供条件。

3. 以旅游业为主导产业

随着经济的发展，人民生活水平的提高，使得游客对旅游产品产生了新的需求，历史文化主导的旅游模式以其独特的文化底蕴和文化氛围受到广大游客的青睐。这种发展模式既有文化的精神产品满足人们在精神上的需求，表现了强大的魅力与旺盛的生命力，又使旅游业从观山看水的自然状态走向了在理解世界中深化自我、陶冶自我的思想状态，充分满足了当代社会游客对高层次旅游的需求。目前，这种发展模式被广泛认可，这与客源市场需求的推动是密不可分的。

（三）案例

井冈山下，江西吉安城往西18公里，有一处凝结着1100多年历史的"琥珀"——吉州古村钓源，它尽显庐陵文化风韵，是欧阳修后裔聚居地。两万余护村古樟绿意葱茏，犹如时光之帘，将这里的百余栋明清赣派民居隔离于喧嚣之外。

钓源深幽，引人探秘。呈东西走向，如道家太极图S形中分线的长安岭，是村庄的天然屏障，由此自然形成的少阴位及太阴位，将两个自然村渭溪和庄山涵纳其中。而绵延于太阴处的庄山村，又与北面的对门山、村内的七口七星状池塘"二山夹一水"，布成了传统八卦中象征美好吉祥的"离"卦。

走进钓源，如同穿越了时空隧道，置身明清时代。平坦整洁的石子路上，青石板喇叭巷里，脚步不由地慢下来。青砖灰瓦间，有普通单檐屋面，也有罕见的重檐屋顶；有南方普遍的马头墙，也有建在前后瓦檐上的骑瓦风火墙；有一进两厢、一进四厢、数进数厢式厅房，也有庭院和院墙式居宅。走进宅内，香案、太师椅、梳妆台、雕花大床等随手可触的家具，都透着岁月的沧桑。浮雕、透雕、镂空雕等精美细致，人物服饰、车銮华盖、滩石树木都完整生动。至今，150多户、800余钓源人依然恬静地生活其中。袅袅炊烟，更为古村增添了灵动之气。

他们以欧阳修为荣，将"团箕晒谷，教崽读书"的传统代代传承。村内建有文忠公祠，"文行忠信"牌匾至今高悬。村庄人才辈出，有文臣武将、儒士文人，也有富商巨贾。村人保留的东坡文具大型端砚、镏金图"访贤才于渭滨""求富贵亦寿考"、静静伫立的旗杆石等，都默默诉说着往日的辉煌。

（资料来源：人民日报，2016年3月27日）

（四）案例分析

均源村以庐陵文化为依托，通过对欧阳修后裔聚居地文化的传承与发扬发展旅游文化活动。该区政府通过科学的规划以及有序的部署，制定了都市田园观光区建设综合规划方案。以现代农业示范园核心区建设为中心，加快完善配套设施和观光设施建设，推进百柚园、蔬菜基地、精品苗木基地和蜜柚基地游步道、园区生产主干道"白改黑"等项目建设。同时呼吁村民参与进来，对欧阳修后裔的著作、房屋等物质文明进行保护与修缮，还要对其精神文明进行传承与弘扬，加快均源村旅游业的开发，增强其魅力与生命力，使游客能够在享受均源村山水风景的同时，了解庐陵文化的精神内涵。

二、文化创意产业模式

（一）概念

创意产业是指源于个人和团队的创造力，受知识产权的保护，并往往表现出科学技术性和文化艺术性的产业，创意产业源于文化产业，又超越文化产业，它不仅注重文化的经济性，更注重产业的文化，更多地强调文化产业与第一、第二、第三产业的融合和渗透，通过"越界"促成不同行业、不同领域的重组与合作，是一个全新的产业概念。

（二）特点

该模式的发展具有以下三个特点。

1. 以文化资源为基础

文化资源是人们从事文化生活和生产所必需的前提准备。文化资源从对人们的贡献力量来看，有广义和狭义之分：广义上的文化资源泛指人们从事一切与文化活动有关的生产和生活内容的总称，它以精神状态为主要存在形式；狭义上的文化资源是指对人们能够产生直接和间接经济利益的精神文化内容。文化资源的丰富程度和质量高低直接对当地文化经济的发展产生影响。

2. 对产权保护具有依赖性

从创意产业的定义可以看出，知识产权是创意产业这一概念的内涵之一，这也就决定了知识产权对于创意产业的核心价值。创意产业的发展必须要以完善的知识产权体系作为保障，创意产业以人的创意为核心资源，以知识产权为主要价值。如果不对创意产业的雏形——"创意点"加以保护，那么将对发明人的利益造成损害，很难成为一个产业。而知识产权的法律概念和原则保证了"创意点"的经济价值，是其成为一个产业的基础。

3. 以其他产业为载体实现产业融合

文化创意产业是市场经济条件下繁荣和发展社会主义文化的重要载体，是满足人民群众多样化、多层次、多方面精神文化需求的重要途径，也是推动我国经济结构调整、转变经济发展方式的重要着力点，成为体现国家文化软实力的核心内容之一。它不仅能推进文化创意和设计服务等新型高端服务业的发展，还能促进与实体经济深度融合，是培育国民经济新的增长点，提升国家文化软实力和产业竞争力的重大举措。在文化创意与工业融合的领域，在纵向延伸和横向服务两个维度上激发产业转型和工业升级的活力，推动中国从制造大国向创造大国转变；在文化创意与旅游融合的领域，以文化创意引领对旅游资源、周边产业、集聚客源、节庆活动、衍生产品等的开发，以文化的活力提升旅游项目、旅游产品、旅游节庆等的吸引力和增值率，建设以文化创意为动力的世界旅游强国；在文化创意与城市规划和建筑设计业融合的领域，以文化创意提升人居环境体现以人为本、安全集约、生态环保、传承创新的理念，进一步提高城乡规划、建筑设计、园林设计和装饰设计的文化品位和现代化水平；在文化创意与农业融合的领域，结合中国农业的阶段性发展需求，提高农业和农村开发的创意设计水平，建设集农耕体验、田园观光、教育展示、文化传承于一体的休闲农业园区。

（三）案例

11月，在一个冬雨飘零的日子，跟随"山环水润大美龙岗"全国摄影名家聚焦龙岗采访团，走进向往已久的"中国油画第一村"深圳布吉大芬村。大芬村是一个客家人聚居村落，占地仅0.4平方公里，进入村中，总建筑面积达1.6万平方米的大芬美术馆就映入眼帘，美术馆内正在举办一个美术作品展览，让人们深深感受到这里独特的艺术氛围。在这里，不但可以见到国际上著名油画家的作品，而且可以了解国际油画市场的走势。

据介绍，村内共有大小画廊1 200余家，云集了全国各地的数千名画家和画师，大芬村现在已经成为全国最大的商品油画生产、交易基地和全球重要的油画交易集散地，到2014年大芬油画村已实现全年总产值42亿元人民币。如今的大芬，不仅是油画的大芬，更是艺术大芬，各种艺术形态在合理和谐共存，装裱、配框、画材、物流等配套服务以及艺术衍生品开发等各种业态在大芬油画村的产业链上循环往复、生生不息。

（**资料来源**：国际在线，2016年12月1日）

（四）案例分析

大芬油画村以油画文化产业为基础，调整产业结构促进经济发展，秉承"走出去，引进来"的理念，高喊"世界的大芬"，创造制造出油画产品。大芬油画村的文化产业以人的油画创意为核心资源，以油画知识产权为主要价值。不仅有助于原创推动大芬油画村转型升级，担当起国家级美术产业示范基地的作用，同时也广泛推动了中国油画的深入发展，起到了良好的社会成效。此外，"艺术创享"创意市集在村内展开，市民可随时感触艺术与生活的融合。大芬油画村加快产业转型，运用高科技手段，将艺术、文化相结合，挖掘潜力，并持续推向市场。

三、互联网主导模式

（一）概念

互联网主导是指将互联网技术与农业生产、加工、销售等产业链环节结合，实现农业发展科技化、智能化、信息化的农业发展方式。通过"互联网＋"带动传统农业升级。目前物联网、大数据、电子商务等互联网技术越来越多的应用在农业生产领域，并在一定程度上加速了转变农业生产方式、发展现代农业的步伐。

（二）特点

近几年，互联网技术不断更新并得到更为广泛的应用，成为助推传统产业转型升级、引领产业创新发展的重要引擎。解决现代农业的问题关键在于解决信息不完全的问题，信息不完全的原因在于信息获取的成本较高、传递效率低、传播方向单一。互联网的优越性恰恰在于其在信息传递的低成本性、实时性、互动性。互联网主导的发展模式主要有以下特点。

1.农业社会生产活动以计算机技术理念为基础

互联网最大的特点就是它能够将所有的信息发布在网络上，并使同一信息在同一时间内被更多的需求者共享相关人员将与农业有关的信息发布在网络上后，互联网就会对各类信息进行自动地整合处理。这样一来广大农业信息用户就可以通过互联网快速地查询到自己需求的信息。由此可见，互联网的应用极大地提高了农业资源的整合效率，有利于农业的健康发展。

2.以升级产品销售模式为基本手段

互联网的出现为我国农产品销售提供了新的技术手段，极大地降低了农产品销售的成本，提高了农民的纯收入。通过建立网上农贸市场，建设农产品经营网上连锁店，农民可以通过多渠道宣传并销售自己的产品。目前，农村电子商务发展如火如荼，这是一项富民利民的项目建设能够解决农产品销售过程中信息缺乏、物流困难等问题。对于发展现代农业，加快我国社会主义新农村建设意义重大。

3.以提高农业生产标准化水平为最终目标

由于各地自然条件、生产技术水平的不同，我国农业生产一直没有达到标准化，这也是制约我国农业发展的重要因素之一，而互联网技术的应用恰好解决了这一问题。通过各种无线传感器，互联网技术可以对农业生产现场的光照、温度等信息进行自动记录，并将整合后的信息反馈到互联网核心系统，该核心系统就会根据农作物的生长情况，开启或者关闭农业生产设备。在这个过程中，农业生产都按照严格的标准进行，使得农作物生长速度得到明显提高。

（三）案例

"石磨细磨，无任何添加剂，采取自然发酵，按照传统方式生产出来的辣椒酱绿色、环保、口味纯正，看见石磨磨辣椒酱我不由地就想起了我的奶奶，想起了儿时的味道。"贵阳游客李波游完绥阳县双河洞走进温泉镇双河村胡明强的磨子庄园，亲自体验了一把手推石磨磨辣椒酱，传统的生产方式，生态环保的辣椒产品让他赞不绝口，感慨在此找到了儿时的味道，找到了乡愁。

前些日子，笔者走进温泉镇双河村采访时耳闻目睹了新鲜事，民风淳朴的农家院落人潮涌动，退出农村生产舞台的生产工具石磨重新焕发生机，群众手把手讲解，游客争先体验手推石磨磨辣椒酱，生产出来的辣椒酱一度让体验者连连称赞。石磨庄园负责人胡明强介绍，按照传统古法生产，无任何添加自然发酵，通过电商线上线下交易相结合，单价每瓶 15 元的价格对外销售，他的石磨辣椒酱远销省内外，供不应求。11 月份线上线下销售共计 15 000 余瓶，实现销售收入 20 余万元，群众直接或间接受益 200 余人。

胡明强的磨子庄园位于温泉镇双河村，地处双河洞国家地质公园，温泉镇依托双河洞国家地质公园区位优势积极开展电商下乡，通过政府帮扶引导，鼓励电商创业，绥阳县率先开展电子商务示范创示范点。胡明强长期在外打拼，游走江浙一带，背井离乡多年，做过工地劳活、也办过加工厂、任过销售、当过生产计划管理，创业之心一直未泯。漂泊在外，每回收到家人捎来的家乡特产，里面总有家里自制的"辣椒酱"，每尝到辣椒酱的味道，绝对胜过山珍海味，思乡念家的心情由然而生。和朋友、同事们分享品尝自己家乡的农产食品，个个由衷称赞。经长期观察、思考、市场调查，毅然决定结束打工生涯，回乡开始创业。回家半年，胡明强把石磨辣椒酱作为自己的创业项目，特地走访本县及邻县诸多乡镇，重点咨询、请教年迈长辈近 100 位关于石磨辣椒酱的制作方法。走出一条村民种植、原生态石磨生产和电商销售一体的创业路子。胡明强告诉笔者，石磨辣椒酱的原料辣椒、姜、蒜都是高于市场价 2 毛至 3 毛的价格向双河村当地群众收购，据统计，11 月向双河村村民收购新鲜辣椒 6000 余斤，受惠村民 30 余户。

2016 年以来，绥阳县按照党中央、国务院，省委省政府，市委市政府关于贵州电子商务发展的决策部署，积极部署电商下乡，绥货出山农村发展战略，把电子商务产业作为产业结构调整、弯道取直、后发赶超努力实现中部崛起的战略选择，把"三农"领域作为发展电子商务的主战场、主力军、主渠道促进创业就业，积极建产业园区，搭建电商创业平台，出台优惠政策，开展创业业务培训，为创业者营造良好发展环境。截至目前，全县 15 个镇乡村社内一个个网店如雨后春笋般破土而出，新增电子商务营销企业近 30 家，培育电子商务从业及服务人员 400 余人，网店 100 余个，新建镇、村电商服务站（点）50 余个，全县电商交易额突破 2 亿元，被授予"贵州省电子商务进农村综合示范县"，电商下乡不断激活农村发展新活力，为农村经济社会发展和实施精准脱贫注入了强劲动力。

（资料来源：新华网，2016 年 12 月 7 日）

（四）案例分析

绥阳县通过互联网吸引了大量游客，让当地石磨辣椒酱走入消费者的视野，石磨辣椒酱远销省内外。游客通过进行亲身的体验手推石磨磨辣椒酱，了解辣椒酱的生产加工，生态环保的辣椒产品让游客赞不绝口，得到了游客的喜爱。绥阳县的辣椒酱通过互联网，能够将不合理的供销差价消灭掉，让农户获得更多的生产资料带来的实惠。

四、龙头企业带动模式

（一）概念

龙头企业指的是在某个行业中，对同行业的其他企业具有很深的影响、号召力和一定的示范、引导作用，并对该地区、该行业或者国家做出突出贡献的企业。龙头企业带动模式是指围绕龙头企业，以大量劳动力为基础，通过国家重点扶持，带动农村的发展。

（二）特点

随着农业现代化进程的推进，中央到地方自上而下出台了一系列支持农业发展的政策，各地区相继出现了不少增进农业现代化和农业龙头企业的新思路、理念，这些思路和理念有利于农业龙头企业明确历史责任，促进企业发展和农民增收。龙头企业带动的发展模式主要有以下特点。

1. 以各利益主体的平等关系为前提

由于农户素质普遍较低，无法通过法律手段对自己的利益进行合法保护。农民若想真正提高农产品收益，并且自身权利受到法律的规范保护，就需要努力的学习先进的科学技术和时代观念，提高自身素质，对法律法规加强了解。传统农业需要进行改造，但是必须遵循一定的规律。一方面确立并加强农户在市场的主体地位，另一方面强化农户的法律意识，信息意识和诚信意识。提高企业与农户的合作意愿，全面了解产业经营过程中，例如深加工、销售等环节，农产品如何增值等问题，将二次利润再度分配，调动农户的生产积极性，尊重农户的劳动成果和公司的经营效果。另外，政府应当注重建立更多的信息渠道，完善市场信息机制，帮助农户了解更多有利于农业生产的信息。

2. 以规范的合同关系为保障

工商等机构部门应当对农户进行行政法律知识科普，指导农户与企业签订规范合同，做好合同备案，强化契约管理。公司加强优化配置资源，提高劳动生产率。

通过严格的合同化管理模式，规范企业和农户在执行合同时的各类行为，双方要严格按照合同上的规定执行，规范并约束自己的行为，逐渐使利益机制从分散型向紧密型过渡，避免因为合同中有可能出现的漏洞产生毁约的道德风险行为。同时，努力完善合同的条约条例类型和设计，完善签约程序，加大惩罚违约的力度和措施，充分发挥合同式机制的作用。企业和农户要自觉履行合同，形成自我履约机制，互相监督，互相帮助。对于违约行为的处罚，要能够治标治本。假设企业违约，则要补偿农户大于市场收购价的违约收入，让企业意识到这种行为不会为自身带来更高收益，不会得不偿失地去选择该做法。如果农户违约，则要通过法律手段，要求农户补偿企业的损失。另一方面，企业和农户要努力维护自身的信誉，努力与对方形成良好的合作关系。

3. 农户与企业的利益共同体

在利益创造机制上，农户进入市场需要很高的交易费用，费用增加，成本则会提高，这样农户进入市场的能力受到限制，积极性也大打折扣。我国过去经历了计划经济体制，已然造成了农业生产的各个环节被迫分割开来，无法形成有效率的整体。农业产业化要通过创新和建立与时俱进、适应农业发展的利益机制去将分崩离析的农业生产各环节组织起来，形成产供销一体化经营组织，从而能够有效节约农民进入市场的高交易费用问题。农业产业化一方面可以降低市场交易费用，减少市场组织的管理成本。另一方面还能够降低市场风险给农户造成的损失。企业和农户可以进行市场交换，形成换位思考，这样容易使得双方形成更加稳定的平均价格和平均利润。也就表示，市场上收益与风险相互对称，要求企业与农户形成"利益共享、风险共担"的经济共同体。

（三）案例

山益宝公司项目建成投产后，将采取"龙头企业＋合作社＋种植农户"的连接机制，由山益宝公司对群众的鲜竹笋和天麻实行订单收购，既解决了农户竹笋和天麻销售问题，又保障了龙头企业的原料供应。

2016年年初，彝良县引进了山益宝生物科技有限公司，一期投资1.843 5亿元，工程将于2016年12月底前完工，建成后每年可加工1.2万吨鲜竹笋，营业额可达4.8亿元；拟建的第二期工程计划投资4.3亿元，占地5万平方米，将建标准化厂房3万余平方米，年加工竹笋、天麻2.8万吨左右，营业额将达11.2亿元。在培育该龙头企业方面，彝良县主要做到了"四个结合"：将资源优势与高新科技相结合；国有企业与民营企业相结合；传统销售模式与互联网销售模式相结合；龙头企业与贫困农户扶贫相结合。近年来，彝良县县委、县政府大力扶持发展高原特色农业，全县竹笋基地达40余万亩、投产25万余亩，年产鲜竹笋3万余吨，同时天麻常年种植面积达2.5万余亩、产量达2 000余万斤，但鲜竹笋和天麻加工技术落后，产业链短，附加值低。为将资源优势转化为经济优势，彝良县县委、县政府加大招商力度，引入了山益宝生物科技有限公司，该企业以中科院沈阳国家技术转移中心首席研究员，李长青教授的"8个专利"为支撑，将建成国内第一个引进国际非热加工技术，超高压720MPa、大容量、电磁快装、双涡流向2×200立升的自动生产线，同时建成云南省第一个单体最大容量6 000吨的竹笋、天麻气调保鲜周转库，实现了传统农业与高新科技的有机结合，提升了竹笋和天麻加工科技水平，延伸了产业链；将国有企业与民营企业相结合。为解决山益宝公司在项目建设中遇到的资金瓶颈，同时消除该企业担心原料无保障等具体问题，彝良县鼓励县开投公司利用闲置多年的土地和部分旧厂房入股该公司，既盘活了国有资产又减轻了企业负担，为企业发展注入了活力；将传统销售与互联网销售相结合。山益宝公司将以建成的电子商务中心作为平台，与辽宁双增集团共同打造彝良县农村电子商务产业园，企业生产的超高压保鲜香竹笋等4个产品系列13个品种，将通过电子商务远销日本、韩国等地。同时，还与重庆的中国禾福投资公司、中国煤科院第九所2家央企签订了销售协议，在重庆设立销售总部，将系列产品销往全国。

将龙头企业与贫困农户相结合。彝良县竹产业覆盖12个乡（镇）56个村2.93万农户，天麻产业覆盖9个乡（镇）47个村1.7万农户，其中近60%的农户是贫困户。山益宝公司项目建成投产后，将采取"龙头企业＋合作社＋种植农户"的连接机制，由山益宝公司对群众的鲜竹笋和天麻实行订单收购，既解决了农户竹笋和天麻销售问题，又保障了龙头企业的原料供应。同时，该公司将对竹笋和天麻实现全果利用，天麻将实行无等级收购；鲜竹笋利用率将由原来的20厘米拓展到45厘米，单位产量翻倍、农户收入翻番，可直接间接带动3万人左右的贫困群众增收，为产业扶贫开辟了一条新途径。

（资料来源：中国发展网，2016年12月5日）

（四）案例分析

彝良山益宝生物科技有限公司加强企业与农户的合作，由山益宝公司对农户的鲜竹笋和天麻实行订单收购，帮助农户解决了竹笋和天麻销售问题，同时又为龙头企业的原料供应提供了保障，实现了互利共赢。调动农户的生产积极性，尊重农户的劳动成果和公司的经营效果。此外，公司加强劳动力和原材料等资源的优化配置，提高劳动生产率。通过严格的合同化管理模式，使企业和农户自觉履行合同，形成自我履约机制，互相监督，互相帮助。公司同时建立了适应当下农业发展的农业现代化机制，形成供销产业链，实现农业经济一体化，建立了企业与农户的利益共同体。

五、特色产业模式

（一）概念

特色产业就是要以"特"制胜的产业。是一个国家或一个地区在长期的发展过程中所积淀、成型的一种或几种特有的资源、文化、技术、管理、环境、人才等方面的优势，从而形成的具有国际、本国或本地区特色的具有核心市场竞争力的产业或产业集群。特色产业模式就是以特色产业为中心，通过发展特色产业来带动农村的发展。

（二）特点

我国中央一号文件连续十年强调大力发展农村经济，促进特色产业、优势项目向城镇集合，围绕特色产业、基地建设、优质品牌等方面构建产业化、集约化、标准化的现代农业格局，特色产业以市场需求为导向，立足当地实际，选择重点发展产业，倾斜配置资源，以制造或提供特色产品与特色服务，树立局部优势的产业，增强农村经济实力。特色产业发展模式的发展具有以下特点。

1. 特色产业具有相对性

特色产业具有时间、空间的相对性。特色产业并非先天存在，而是后天形成，而且会随着时间的推移，发生空间转移。特色产业既可以从无到有，也可以从有到无。既可以由特色资源、特色产品、特色产业逐渐成长，也可以在一个地域成长起来，然后逐渐遍布所有地域，从而与众相同，失去其地域特色，变成一般产业。特色产业本身就是一个相对性的概念，相对于大区域而言是特色，而在相对较小的区域就不是特色，比如相对于全国，蒙元文化是内蒙古地区的特色，但是不能说是呼和浩特的特色；也有的相对小区域是特色，而相对大区域就不是特色，如呼伦贝尔的草原观光在内蒙古乃至全国是特色，但相对于全世界范围便不是特色。因此，特色产业的定性要视区域的相对性不同而有所不同。

2. 特色产业具有优势性

特色产业的优势性即指特色产业在区域内的产业地位，是特色产业的经济特征，特色产业应该在区域内的产业中具有显著的比较优势。由于区域特有的资源和独特的生产技术是形成特色产业的基础和条件，特色产品具有不可替代性或显著的品质差异性，能够满足人们的特殊需求，因而特色产业具有竞争排他性和市场独占性，特色越突出，竞争排他性和市场独占性越强，比较优势越大。特色产业能够得以存在和不断发展壮大正是由于特色产业的优势性使然，进而才能发展成为支柱产业，形成地区的特色经济。

3. 融合多种组织模式

随着特色产业的发展，"合作经济组织＋农户"型可能会发展、优化，将企业发展到合作经济组织中。企业和农户进行直接利益联系。同时各级政府通过各种政策、项目对企业进行扶持、培育，通过"项目＋企业"创新模式的运行，"合作经济组织＋农户"模式可能逐渐演变成"合作经济组织＋企业＋项目＋农户"型。合作经济组织能直接代表农民的合法权益，是农村中十分重要的经济力量。政府通过政策、科研项目经费等支持，由企业、合作经济组织等农业特色产业的主体，对特色产业发展关键技术进行创新提高农业集约化水平。从发展的角度看此模式也将具有非常好的发展前景。"合作经济组织＋企业＋项目＋农户"能逐步成为农业特色产业发展的最具适用性的模式。

（三）案例

2016 年以来，平果县充分挖掘和发挥自身优势，紧紧围绕农业增效、农民增收、农村稳定三大目标，通过出台一系列扶持农业发展的优惠政策，不断推进农业产业结构调整；通过经济能人带动，采取"公司＋合作社＋基地＋农户"的开发模式，大力培植火龙果、葡萄、大青枣、桑蚕等产业，特色优势产业得到不断发展壮大。截至 11 月底，全县火龙果种植面积 4.5 万亩，全县 12 个乡镇均有种植，主要分布在果化镇、新安镇、太平镇、旧城镇等乡镇，已投产面积共 3.8 万亩，预计产量 4.18 万吨，产值 25 080 万元。葡萄种植面积 2.3 万亩，投产面积 2.0 万亩，产量 16 488 吨，产值 8 294 万元；桑园面积 8.3 万亩，累计发放蚕种 188 260 张，累计收茧 6 841.25 吨，产值达 3.01 亿元。特色农业不断壮大，经济效益日益突出，初步形成了一村一品、一乡（镇）一业的发展格局。

（**资料来源：**中国农业网，2016 年 12 月 5 日）

（四）案例分析

平果县夏长冬短，光照较强，热量充足，雨量充沛，为水果产业的发展提供了充足的条件，具有相对的优势。平果县为打造特色优势产业，做高端、精品水果，大量引进和培育特优品种，特优品种自花授粉，方便种植，节省了大量的人力物力。采取"公司+合作社+基地+农户""公司+农户""合作经济组织+企业+项目+农户"等多种开发模式，大力培植火龙果、葡萄、大青枣、桑蚕等产业，特色优势产业得到不断发展壮大。

第二节　国外现代农村发展模式及经验

一、美国模式

（一）历史背景

美国地处北美洲，地广人稀，是世界上农业生产居于领先地位的国家之一，以仅约占全国人口1.8%的农业劳动力，养活了总规模约为3亿的全体美国国民。不仅如此，其高度发达的农业生产剩余还向世界各地提供农产品出口，目前，全世界约有1/2的农产品进口来自美国。

尽管如此，美国发达的现代农业的建立却一直都是以各种农场所构成的农场制农地经营模式。包括家庭农场、合伙农场和公司农场（agribusiness）等，其产权本质均为私人所有。其中，家庭农场一直是占主体地位的农地经营模式。

美国土地等自然资源丰裕，工业起步早、发展快。农村建设和发展的背景主要体现在：第一，从英国殖民时代到美国独立战争结束（1776年），美国农民的产生是伴随着移民为获得利润而不断涌向北美大陆进行的。在此期间，农民获得土地、从事农业和经商活动都摆脱不了殖民地的影子；第二，从美国独立以后到非农时期来临之前（1776—1900年），随着南北战争的胜利，美国通过立法的形式相继创造了一套和谐共生的促进农业良性发展的机制，为农业和农村发展在体系、体制、政策准备以及交通等硬件设施建设上创立了良好的发展前提和基础；第三，南北战争结束后，美国实施的一些政策，导致农产品生产过剩及农场主收益不稳定，从而影响到美国农业和农村的发展。

（二）发展过程

从19世纪60年代到20世纪初期，美国实现了农业半机械化，并向机械化前进。这一时期，政府通过颁布的土地法令，使农民获得大量的土地。南北战争同时也增加了对农产品的需求，但战争又使得劳动力不足。单单凭借人力和手工工具的农业产品，已经

352

不能适应社会经济进一步发展的要求。美国工业的发展又为农业的发展创造物质条件。美国政府顺应这种需要采取了一系列行政措施，用畜力代替了人力，大量使用马拉的农业机具，如多铧犁、收割机、脱粒机等。

从 1920 年到 1950 年，美国由农业的半机械化进入到农业机械化。先进的农业科学技术得到了进一步的应用。1920—1930 年期间，先后爆发的两次严重的农业危机极大地破坏了美国农业的生产力，影响了农业现代化的进程。但是，美国政府利用国家垄断资本的力量，采取的限耕补贴、价格支持的政策，扩大农业信贷的措施，继续推广农业科技发展的政策等一系列保护农业和鼓励农业科学研究的重要措施，因此美国农业发展的进程并未受到很大的挫折，并在原有的基础上得到了进一步的提高。

从 1950 年起直到现在，美国实现了现代化，是美国农业发展最快的时期。这个时期美国的畜牧业和种植业等逐渐实现了全面机械化，农业中运用的一整套现代科学技术（包括良种化、化学化、水利化等方面的先进技术）达到了很高水平。美国的农业政策继续实行限耕和价格支持的政策，还极力扩大农产品外销。使美国农业得以在原有的基础上维持和发展。

（三）特点

美国这种一直以家庭农场为主的农地经营模式的建立和稳固经历了复杂的农地制度变迁。且由于其移民国家的特殊背景表现出特殊的发展历程。美国家庭农场的发展历程大致可以分为形成、发展、衰退与稳定 3 个阶段：第一阶段，其农地经营的目标是公平地分配土地，同时尽快恢复农业生产；第二阶段，其经营的目标是更公平地分配土地，同时提高农业生产经营的经济效益；第三阶段，其农业生产经营的目标是在保持农业生产经济效益的同时，平衡人与自然、环境的可持续发展。

目前，美国农业生产经营的目标是在保持农业生产经济效益的同时，平衡人与自然、环境的可持续发展。能够在农业生产发展的不同阶段与时俱进地平衡农业生产过程的"公平"与"效率"两方面的问题，正是美国家庭农场能够成功，并且长期存在的主要原因。这不仅得益于其得天独厚的农业要素资源禀赋，也与其与时俱进的外部制度环境与政策支持密不可分。各种外部制度环境与政策支持条件的不断调整，以增加家庭农场这一制度安排与环境的相容程度，是提升和保持美国家庭农场效率的关键。具体包括以下几方面。

1. 明晰且稳定的农地产权制度

美国农地制度能够与时俱进地依据农业社会生产经营的需要进行调整，以动态地平衡农地资源配置的公平性与效率是家庭农场制度形成和发展的基石。美国的土地产权一直采取的是不太完全的私有产权制度。尽管如此，由于美国政府通过法律和制度规范将农地产权的各行为主体的权利和义务进行了清晰和透明的规定，故而这种不太完全的土地私有产权制度对家庭农场生存和发展的基本制度环境——稳定的农地产权制度的确立影响甚微。而稳定且清晰的农地产权，不仅有利于降低家庭农场经营者及相关利益主体（包括政府、农地出租者等）之间契约的不完备性和不确定性，提高家庭农场经营者对投资等经营活动安排及未来收益预期的稳定性，进而对家庭农场经营者的经营行为的努力程度和投资行为具有强烈的正向激励。还可以降低契约执行过程中由于信息不对称、监督、违约等造成的交易成本，进而提高家庭农场的经营效率。

2. 健全的水利、交通等基础设施体系

为适应农业生产和全国经济、社会和生活等的发展需要，美国政府自独立之日起便开始考虑建立全国的交通网络，但限于财政紧张等原因，一直到1796年，杰弗逊总统开辟了美国政府参与国内运输网建设的先例，将一部分公有土地用于建立公共大道，以连通俄亥俄州同海滨之间的交通网络。1811—1818年，联邦政府开始修建通往弗吉尼亚州的坎伯兰大道，以连接西部地区和东部沿海城市。1817—1825年，纽约州政府独立修建并完成了美国第一条运河——伊利运河，将哈得逊河同美国5大湖连接。这开启了美国在全国范围内修筑各种水利、交通设施的浪潮。1862年，美国通过了《太平洋铁路法》，到1869年，已修建完成了一条贯穿整个美国的大铁路。此后，美国的运河、公路、铁路等各种交通设施日益得到完善，这为美国农产品在更大范围内、更快速的流通提供了必要条件。

3. 完善的农业教育、科研与推广体系

美国农业的成功，与其持续快速的农业科技进步和推广密不可分，由于美国人口较为稀少，劳动力一直相对较为稀缺。故而，发展机械化、信息化和劳动力集约化的现代农业是其农业实现可持续发展的必由之路。因此，美国政府一直都十分重视对农业科技进步的持续投入。1862年的《莫里尔赠地法》奠定了美国政府建立和完善农业教育体系的基石。此后，1887年的《哈奇农业试验法》和1914的《史密斯—利弗合作推广法》又进一步地规定，由联邦政府资助在各州和县建立农业试验站等农业科学研究及推广体系。

此后，又逐渐出台了一系列相关的政策法令，以逐步完善农业教育、科研和推广体系。这为美国农业科技进步提供了源源不断的动力，也是为什么迄今为止，美国一直都是世界上农业科技化、信息化和机械化程度最高的原因之所在。而发达的农业科技是家庭农场节约劳动力投入，降低雇工引起的监督等交易成本，进而提升和保持较高农业生产效率的重要原因。

4. 持续而强有力的农业保护和支持政策

一直以来，美国政府都十分重视对农业的保护和支持。自"罗斯福新政"时期起，为避免农业生产过剩性危机、农业自然灾害等而导致农场主受损，进而稳定农场主的收入，同时保护耕地和环境，美国政府于1933年出台了《农业调整法》，旨在通过政策来调整农产品的供应、种植和通过补贴来鼓励农场主参与休耕计划等。

此后，联邦政府又进一步地出台了农产品计划、销售协议和规程、农产品储备计划、

作物保险和灾害援助计划等一系列农产品价格支持政策，目前，这已成为近60年来美国农业政策的核心。此外，健全的农业生产信贷制度也是美国家庭农场存在和稳定发展的一个重要基础。现代化、机械化农业的发展离不开大量的资金支持，而农业又是一个风险大、投资大且周期长的行业。为降低信贷成本，保证农场主在需要时可以得到贷款，稳定农场主收入及促进农业稳定增长，自1916年《农业信贷法》起，美国政府出台了一系列农业信贷政策，以期能有效地缓解家庭农场主的各种资金压力。正是由于政府和相关产业组织的支持和保护，提高了家庭农场经营者的抗风险能力。

5. 完善的现代农业社会化服务体系

美国人口少，国土面积十分广阔。这也为美国家庭农场能够像公司农场和合伙农场一样扩大经营规模提供了必要条件。但随着家庭农场规模的不断扩大和农业从业人口的下降，农场经营者要照顾农场运营的产前、产中以及产后的所有环节已经逐渐变得越来越力不从心。1929年和1933年爆发的两次较大的"农产品生产过剩的危机"便是这种力不从心的最好证明。故而迫切需要将家庭农场生产运营中的一些指导和服务的环节委托给专门的机构来完成，以便农场经营者可以投入更多的精力维持农业生产的日常运行和管理，以避免因产销不对称而导致的农场经营者收入下降、甚至亏损等各种不良的后果。为此，美国政府开始意识到专业的农业生产社会化服务的重要性，并着手开始基于国家、州政府财政支持而运营的非营利性质的农业生产产前（包括育种、休耕、种植结构和面积等指导）、产中（施肥、病虫害治理、灌溉等）、产后（收割协助、销售等）等一系列的社会化服务体系。第二次世界大战以后，美国已逐渐形成了较为完善的农业生产产前、产中、产后的社会化服务体系。

（四）案例

今日的美国，公共汽车驾驶员的数量甚至比农民人数还要多，美国农业人口占人口总数的比例不到2%，但却养活了3亿美国人，粮食多得吃不了，干脆出口，这就成了全球谷物出口大国。美国农产品生产主要依赖家庭农场，两三个人一年就可以生产出上千吨的小麦或是玉米。科技的进步引发了美国农业生产的革命，也极大地提升了农业生产的效率。

美国居民约翰斯顿的爷爷1913年来到美国，一生都是和土地打交道。而约翰斯顿的父亲继续在爷爷留下的大片土地上耕耘。到了约翰斯顿时代，他自己经营的农场面积达到3 200英亩。同时约翰斯顿还拥有2 400英亩的土地，但为提高生产效率，约翰斯顿将这2 400英亩土地租给其他人用来生产农产品。一年下来，约翰斯顿自己经营的土地收获小麦3 900吨，油菜2 500吨，大麦1 400吨。这样的农产品收获可以生产出1 300万条面包，120万升菜籽油，4万桶啤酒。年产值超过200万美元，而利润也不薄。经营这么大的农场需要多少人呢？一共只有三个人，约翰斯顿领头，雇佣两名农业工人，就一切都搞定了。约翰斯顿和这两名工人一年工作的时间约为9个月，在播种和收获繁忙时期，约翰斯顿会再雇几个人临时来帮忙，但这样的工作时间很短。

（资料来源：360doc，2016 年 1 月 21 日）

（五）案例分析

长期以来，美国农业的经营单位一般是家庭农场，其农场经历了数量上从少到多、再从多到少、规模不断扩大的发展过程。通过规模的不断扩大，生产率的不断提高，以极少的美国农业劳动力维持 3 亿美国人的粮食供给，这不仅得益于先进的农业科技、机械等，还与职业化的农民密不可分。

二、英国模式

（一）历史背景

英国国土面积狭小，耕地面积所占比重在西欧各国最小。但英国通过工业革命迅速发展，成为世界上最早确立资本主义制度的国家，同时也是传统农村消失最早、最早实现城市化和城乡一体化的国家。作为发展最早的国家，英国没有可供借鉴的经验，也无法效仿别国。因此，英国是典型的以内发变迁的方式实现农村现代化的国家。

（二）发展过程

不平等的国际条件是英国农村走向消亡的特殊历史背景。英国从 16 世纪中期就开始组织从事新的地理发现和拓展海外贸易的跨洋的航行，目的在于通过殖民掠夺、对外贸易为本国经济社会发展积累原始资本。新航路开辟之后英国就开始向新大陆和海外殖民地移民，而为了保护本国工业的发展，英国严格禁止熟练工人移民国外，移民对象主要是农村剩余劳动力。此移民过程一直持续到 20 世纪初期，在很大程度上缓解了国内农民流动所带来的压力，有利于协调本国城乡经济发展关系。

英国国内资本主义生产关系首先在农村地区产生并深入发展，主要表现是原始工业化阶段的英国乡村工业的发展。这里乡村工业是指以乡村为阵地，以家庭生产为其主要的生产形式，生产的目的直接面向市场，为市场的需要而生产。乡村工业的发展不仅改变了乡村的经济结构和英国传统农耕社会的经济面貌，而且促进了生产组织形式和生产关系由封建生产关系向资本主义生产关系的转变。此外在乡村工业的推动下还出现了乡村城市化现象，如英国历史上著名的工业城市利兹、伯明翰就是由工业村庄发展而来的。大量新城镇的出现，改变了英国城乡之间的经济比重、人口分布及职业结构的状况。据里格利估计，1520 年英国乡村非农业人口约占乡村总人口的 20%，1600 年约占 24%，1700 年约占 34%，1750 年为 42%，1801 年达 50%。可见英国农村地区的发展从一开始就具备与城市几近平等竞争的生产力和生产关系条件。

圈地运动是加速英国农村劳动力转移和土地集中的助推器。从人口特征角度来讲，农业人口是一个相对静止的群体，农业劳动力无论在地域抑或行业间流动程度，都较之其他非农群体小得多。但开始于15世纪晚期且持续400年之久的圈地运动改变了这种劳动力流动局面。英国圈地运动是同时采取多种形式和类型实现的，从早期的变耕地为牧场、合并小块土地，到后来的协议圈地新形式等，但无论采取何种方式，圈地都导致了土地利用方式的改变，都意味着更多的农村人口不得不向城市迁移，客观上有利于以小农经济为特征的英国传统农村面貌的改变。所以说，圈地运动实质上是一场农业上的深刻变革，为实现农业的集约化经营和社会化生产准备了前提条件，达到了减少农村人口数量的目的，促进了生产力的发展。

工业革命是英国农村发展的决定因素。第一次工业革命后，农业机械的采用、农业技术的推广和更为合理的劳动分工，使英国农业生产率、单位面积产量都有明显提高。与此同时，英国农业的生产组织形式也随之发生巨大变化，大规模资本主义大租佃农场迅速崛起，结合先进农业技术所产生的规模效应极大地推动了农业生产力的提高，导致以家庭为生产单位的小农户趋于消失。发展到19世纪上半叶，在工业革命的深入影响下，英国的资本主义大农场和农业生产有了进一步的发展，英国农业已经实现集约化经营，社会结构发生了很大变化，大约在1850年时英国的传统农村已基本消失，实现了城乡一体化。

（三）特点

英国国土总面积24.41万平方公里，总人口6 410万，是典型的人多地少的国家。但其农业发展自然条件得天独厚；英国农业人口约47.6万，占全社会总劳动力的1.6%。农业总产值约合176.4亿美元，虽然占国内生产总值的比重仅为0.6%，但政府依然高度重视农业农村发展，以欧盟共同农业政策为主导，不断推进农业现代化向更高水平迈进，其主要特征可以概括为以下几点。

1. 布局区域化

根据资源环境禀赋和市场需求，经过多年发展，英国农业已形成了四个典型区域。一是土壤肥沃的东南部农业区，以谷物生产为主；二是降雨充沛的草原区，主要集中在英格兰南部、威尔士东部和苏格兰北部，地势较高、土壤条件较差，以畜牧业为主，兼营林业；三是农牧兼业区，包括英格兰中部、北部和苏格兰南部平原，以谷物和畜牧业并重；四是北爱尔兰地区，以养牛、养猪和种植马铃薯为主，兼营林业。鲜明的区域化布局，充分发挥了各地区比较优势，做到了宜粮则粮、宜牧则牧、宜林则林，提高了农业生产效率和专业化水平。

2. 经营规模化

英国农业生产规模经历了由小到大的历史进程。几百年的"圈地运动"和第一次工业革命，使农业劳动力不断转向工业生产，农场规模不断扩大。目前，英国农场土地规模普遍在几十公顷以上，有的可达几百或上千公顷，在欧盟成员国中农场平均规模最大、大农场比重最高。据介绍，英国现有农场 21.2 万个，其中大于 50 公顷的占 35% 以上；超过 200 公顷的农场虽然只占 4% 左右，但土地面积却占到总面积的 45.2%。农场规模不断扩大，提高了生产效率，降低了生产成本，稳定和提高了农场主的经营效益。

3. 生产机械化

英国农业机械较为发达，技术先进、配套齐全、装备总动力大的特征明显。粮食生产从播种到收获、清选、进仓、出仓等各个环节全部实现机械化；果蔬生产从播种、除草、施肥、喷药、收获、包装等环节也高度机械化；畜牧业从饲料加工、喂养、疫病防治、畜产品加工、粪污处理同样实现了机械化。机械化水平的提高，满足了农场规模不断扩大的需求，促进了科学技术的推广应用。

4. 技术集成化

英国政府高度重视农业技术研发，尤其是精准农业技术的推广应用。这项技术集卫星定位、遥感监测、自动导航、传感识别、智能机械、电子制图等于一体，通过 GPS 应用，确保了耕作、点播、除草、施药、收割的准确性；通过遥感影像提供的土壤和作物营养状况及技术参数，实现了精准操作和变量施肥施药；通过田间交通管理系统（CTF），优化田间农机行走路线和作业幅宽，形成误差不超过 2.5 厘米的"固定道"，最大限度地减少机械对田间土壤结构的破坏，节约能源降低成本，提高作业效率。目前，全英采用精准农业技术的农场达到 17%。精准农业技术可使小麦单产增加 8% 以上，大麦单产增加 25% 以上，平均油耗从每公顷 38 升降到 23 升。

5. 农民职业化

英国农民以农场主和职业经理人为主，他们多数是经过培训且有职业资格证书的职业农民。英国上千公顷的农场一般由 3~5 人经营和管理，一个主要因素是农民职业化提高了劳动力素质，农场职工都是全能型，具有购置生产资料、驾驶机械等多种技能。

（四）案例

65 岁的科林·贝克（ColinBarker）是英国剑桥市郊区的一名农场主。他一个人经营、耕种着 200 英亩（约 1200 多亩）的农场，每年轮换种植小麦、大麦和甜菜。

"这片土地是我父母亲 1957 年租下来的，已经快 60 年了。"科林告诉记者，他 1989 年开始续租，租期 28 年，当时租金每英亩 55 英镑，现在 80 英镑（约合人民币 133 元/亩）。

那么，科林一个人究竟是如何经营这片农场的呢？

200 英亩土地种植主要靠管理

科林告诉记者，英国最大的农场有 4 000 英亩，但即便如此，工作人员也只有 20 余人，因此，他一个人经营 200 英亩的农场并不算新奇。

一个人怎么来种这么多地？科林的回答是"全靠机器""在英国，很少有牛马下地干活的。"科林拥有大型机械 10 台，主要包括拖拉机、耕整机、条播机、联合收割机等，"只要获得专业组织颁发的农机驾驶证书，就可以自己驾驶农机从事犁地、播撒、收割等工作。当然，忙不过来的时候，我也会聘请农工。"如果农场所有工作交给合同工来做，一年下来大概每英亩要花费 150 英镑。

种地当然还需要技术。科林的种植技术最初从父亲那里学到一些，日积月累，他也通过参加农业博览会、采纳剑桥大公司 NIAB 的信息建议等方式获得一些新方法、新技术。NIAB 这个机构与商业公司没有关系，如果有些公司说这种小麦品种好，而另一家公司说另一种小麦好，NIAB 就通过实验，公正地显示实验的结果，最后让农民决定什么是最好的。"这就是我想要的，与政府没有关系，与种子公司没有关系。这个组织由农民资助，农民按照种子成本的 2% 资助。这个机构非常好！"科林说。每年 6 月 NIAB 有个开放日，大家都会去参观，从那里可以获得很多信息，也可以学到很多技术。

"收获的农产品怎么运输和销售呢？"科林告诉记者，他完全不用操心。"收获后，我们联系公司，有很大一部分农产品是由公司派车装载收走。同时，产品由农民合作组织负责销售。"科林说，"我是 Camgrain 公司成员之一，这个公司是农民的合作组织，目前有 500 名农民成员，公司拥有大量的农产品，公司负责农产品的清洗、烘干和销售，总能获得比我们预期要好的价格"。

而对于农药残留问题，科林肯定地说："农作物一般不会有农药残留。我们会非常精确地把控农药的用量，在收获季节之前两个月都不会打药，大部分公司在收购时也都会进行严格的农药残留检验。"

不是所有农场主都能成百万富翁

种植面积这么大、土地租金又不高，靠经营农场能不能成为百万富翁？科林笑称"还不能成为"。他说："关键在天气，每年情况都有变化，有时干旱，有时洪涝，这些对收成都会有影响。"

效益同时还要受农产品市场价格的影响。科林对记者说，2013 年英国小麦的市场价是 160 镑 / 公吨（约 1.6 元 / 千克），大麦是 195 镑 / 公吨，甜菜是 27 镑 / 公吨。而 2014 年的小麦价格则跌到了 110 镑 / 公吨、大麦是 140 镑 / 公吨，只有甜菜涨到了 31 镑 / 公吨，但涨幅也不大。

事实上，在市场价格方面，英国的农民是有发言权的。科林介绍说，以甜菜为例，他们农场种的甜菜会卖给英国甜菜公司，每年价格不同，但政府不干预市场定价。先由公司显示当年的收购价格应该是多少，然后公司和农民代表坐在桌前协商好价格，当年固定下来。

另外，税收也会影响农场主的效益。据了解，农场主主要缴纳的税收是收入税，收入好，利润多，税收就高。"今年的税收估计要超过 1 万英镑。"科林说。

科林说，为了防止意外发生，他将农场所有财产及农产品打包购买了一份保险，其中包括大麦遭受一周暴风雨的意外保险，一年保费是 3 000 英镑。

农闲期间喜欢旅游和音乐

科林未婚，父母已经去世，他一个人住在紧靠农场的一栋两层楼里。科林对记者说，因为没有从事养殖业，农闲时间他便可以出去转转，他到过英格兰、苏格兰、威尔士的一些地方，还去过法国、比利时、德国。

在英国，农场主也能享受国家医疗服务。科林说，医疗有国家健康服务系统（NHS），居民在有生之年支付国家保险（national insurence），国家保险和国家健康服务系统（NHS）挂钩。生病时，联系医生后就可以去医院，不需要花钱。60 岁之前不需要支付药品费用，过了 60 岁则要支付药品费用，医院会告诉患者哪些要付费，哪些不需要。"有的人会买私人保险，可以直接去私人医院，像我这样没有买私人保险的，就等 NHS 的安排。"科林说。

农场主退休后，英国政府也会提供养老金。"我的一个朋友今年 6 月退休，养老金一周 130 镑。我还想再工作两年，如果推迟一年退休，养老金会涨一些。"

科林的房子掩映在树丛中，窗子外面就是农场。"城市虽然很好，但是我更喜欢住在农村。每天看着庄稼长大，让我很满足。"记者看到，科林的客厅里有吉他、钢琴，科林告诉记者，他从 17 岁就开始玩吉他，曾经还和三个朋友组过乐队。

"我不富有，我富有的是我很幸运地生活在我所希望生活的方式下，做我想做的事情。我从不认为大量财富比开心更重要。当你想做什么就立即去做，不要犹豫，不去想我能不能做。"科林说。

（资料来源：中国农业新闻网 – 农民日报 2014 年 12 月 31 日）

（五）案例分析

英国的圈地运动促成了农业的规模化经营，英国最大的农场有四千多亩，其中仅有二十余名管理人员，这种大规模的生产经营大大提高了农业生产效率，适应现代化需求，与现代农业科技完美结合，保证农产品的稳定供给，促进农业的可持续发展。

三、法国模式

（一）历史背景

法国曾是一个以小农经济占主导地位的农业大国，社会动荡不安，到了 19 世纪 50 年代以后，法国完成了工业革命，实现了现代化，成为工业大国，政局逐步稳定。其经济社会的高度发展，为乡村旅游的发展创造了条件。

1. 完善的社会保障体系

法国的社会保障制度位于世界领先水平，遵守公平公正的原则，全民拥有丰厚的养老金、失业保险、医疗保险、工伤保险、残疾保险及家庭津贴，用于社会保障制度的支出占国民收入总支出的 30%。法国发达的经济和高收入为法国乡村休闲旅游发展提供了有力的支撑。

2. 带薪假期为乡村休闲旅游发展创造了条件

早在 1936 年，法国众议院通过法律规定，劳动者只要连续工作满一年就可享受 15 天的带薪休假。到 1982 年修改的《劳动法典》中规定，每年休假天数可达到 30 天，充足的时间保障了法国人外出旅游的基本条件。

3. 农业的产业化加快了乡村休闲旅游发展

第二次世界大战后，法国政府将土地集中，进行大规模的产业化经营。根据各地的自然条件、技术水平，将全国分成了 22 个大农业区，再细分为 470 个小区，全面推进农业生产机械化，实现了农业产业化，彻底摆脱了"小农经济"的困扰。整齐的、大片区的农业景观对游客具有震撼力，加之基础设施的改善，餐饮、住宿、商店等配套服务不断完善，形成旅游产业 6 大要素的集聚，为乡村休闲旅游的开展提供了重要的保障。

4. 政府的支持为乡村休闲旅游提供了保障

法国乡村旅游发展初衷是为了解决农产品过剩、价格过低、农村人口大量涌进城市的迫切问题，政府出台大量优惠政策刺激乡村旅游发展，如由政府投入资金，将马厩和仓库改造为旅馆，供旅客使用；为了提高当地居民办乡村旅游的积极性，规定家庭旅馆建成后达到三稻穗（三星级）标准的，并且 10 年中每年对公众开放 6 个月的，将得到政府的公共补贴，其补贴金额达到修缮资金的 10%~30%。此外，政府还相继成立了乡村旅游常设会议机构、部际小组等部门规划设计乡村旅游的发展，这些政策都有力地支持了法国乡村旅游的发展。

（二）发展过程

第二次世界大战后，法国农村的发展水平很低，农村空心化严重，农村人口老化，密度稀疏的问题越来越明显。19 世纪法国的农村人口有 800 万，到了 1990 年就只有 70 万了。为消除地区发展不平等，解决法国农业问题，法国政府开始实施"领土整治"政策。早在 1955 年该项政策实施之初，南方议员欧贝尔创意性地提出乡村旅游构想，他提出可以在发展农业同时发展旅游业，从国家、地区角度在资金上支持乡村住宿的改建。当时法国政府鉴于法国农村大量的具有传统风格的民居空置、损坏，开始启动了以繁荣农村小镇，克服农村空心化现象的"农村家庭式接待服务微型企业"计划。为了使农村民居适合于"家庭接待服务微型企业"的标准，该议题得到东南方地区政府的支持，并且法国政府提供经费进行基础设施的维护与修缮，他们首先将一些马厩和仓库改造为旅馆，营造便宜旅游住宿设施，让经济不富裕家庭得以参与旅游。法国当时休假制度形成以周末旅游为主体的旅游需求，因而到附近乡村旅游成为主要旅游方式。农民除了种地外，还可以接待旅游者、与人交流，增加收入，这种模式的乡村旅游随之逐渐在世界发达国家和地区流行。法国乡村旅游一直在政府主导下发展，近年来，随着乡村旅游行业协会及其他民间组织的成立，行业自律行为也逐步产生作用，政府的管理职能弱化，而监管职能加强，各级地方政府继续执行直接监督检查的职责。另外，法国政府每年组织一次为期两天的乡村旅游博览会，提供更多的相关信息，以促进其乡村旅游业稳步发展。

（三）特点

法国作为世界第一大旅游目的地国家，一直致力于旅游业的发展，他们不仅依靠优越的自然条件，还以其先进的经营方法和理念等使当地的旅游业别具一格：

1. 法国乡村休闲旅游产品具有原真性和本土性

根据法国农会的划分，法国乡村休闲旅游项目共分为9种，分别为农产品农场、农场客栈、点心农场、骑马农场、狩猎农场、教学农场、探索农场、暂住农场和露营农场，主要提供美食品尝、休闲参观、学习知识、乡村住宿等旅游产品。法国乡村旅游的住宿呈现多样化的模式，主要包括乡村别墅、露营和乡村酒店等，强调与游客的积极沟通，加强游客的体验活动。美食食料原产地在本地及周围农场，保证新鲜，烹饪必须是当地使用的加工方式。

2. 法国乡村休闲旅游具有较强的行业自律特性

法国的行业协会在经济生活中起着重要作用，它们既是代表企业向政府提出各项要求的发言人，也能在某些方面替代政府对经营者进行指导、培训和帮助，提供更多的服务。法国农会是公共职业联合机构，具有半官方、半民间性质。1935年成立农会常设委员会（APCA），代表农民利益干预政府政策，1988年，APCA设立了农业及旅游服务接待处，它研发了"欢迎光临农场"组织网络，有组织、有系统地整合各个区域的发展，根据不同的条件和属性区分了9种农场，并对它们进行了严格条例规定，要求不得贩卖其他地方农产品，否则取消资格，在很大程度上保证了产品质量，它的设立有力地推进了法国乡村旅游向规范化和标准化。

此外，法国很多协会都是民间组织。这些民间协会组织者都由有丰富经历的人来担任，如法国"友人之屋"协会是由退休工人成立，此协会明确规定主人必须是住户，为保证接待质量，房间不允许超过5间，每次最多接待15人，为游客提供真实的信息，接待游客如同自己的朋友一样，人性化的服务受到了游客的欢迎。所以说，他们的成立在一定程度上有效地弥补了官方协会的不足，逐渐形成了乡村旅游的行业自律，对乡村旅游的可持续发展营造了良好氛围。

3. 法国乡村休闲旅游具有独特的经营模式

法国乡村旅游的经营模式简单高效，主要是以家庭农场为载体发展起来的。经营形式包括个人农场、有限责任农场、民事团体、商业集团等，其中个人农场还是占绝大多数；土地的经营方式有租赁经营、土地所有者直接经营和分成制经营，土地大小不等，据统计，法国家庭农场大约有66万个，面积15~150公顷不等，平均经营面积达42公顷；

经营者要求最低具有初中学历，具备农业经营和管理的知识，最好熟悉当地的文化，有些退休的法国老人，他们热衷于讲解本土文化，与游客分享人生经验；农场员工非常少，平均使用劳动力 1.5 个，作物的收割全部交由其他企业来做。

4. 法国乡村休闲旅游具有完善的营销体系

法国乡村休闲旅游具有明确的市场和顾客定位。其目标市场共分为 3 类，第一类是所处省份的周边几个省，而不是全国，车程在 1 小时左右；第二类是国内大城市，如巴黎、尼斯等；第三类是周边国家的大城市，如德国的柏林、英国的伦敦、西班牙的马德里等。法国乡村休闲旅游拥有广泛的销售渠道。一方面他们积极建设自己的网站，游客可通过网络进行咨询和预定，同时，他们积极参加各种大型展会，利用报纸、杂志等把信息直接传达给游客。另一方面，法国乡村休闲旅游企业通过跟旅行社以及专门做旅游产品预定和销售的网站合作，进行间接销售。此外，法国乡村旅游非常重视对客人信息的管理与沟通，及时整理、留下客人的联系方式，挑选出经常光顾的客人，通过办理会员卡、免费服务、邮件宣传单等方式争取游客再次光临。

5. 法国乡村旅游的经营主体是当地居民

法国乡村旅游经营的主体不是外来的投资商，而是本地"所有的农业开发者、乡村居民"，这是乡村旅游可持续发展的重要基础。乡村旅游以外来的投资商为主，虽然旅游开发项目在短期内资金充足，政府投入较小，具有一定的管理水平，运营比较顺畅，但是对提高农民收入，保护生态环境以及繁荣农业意义较小。目前我国部分地区乡村旅游主要以"政府＋公司＋旅行社"或者以"公司＋农户"的开发模式。在该模式中，农户由于在开发中缺少经验、资金以及相关知识，往往沦为乡村旅游中没有话语权的一方，农民真正的利益难以保证。公司对利益最大化的追求，是其投入乡村旅游发展的动力，也必然导致在乡村旅游发展中，由于对利益的追逐而产生过度商业化现象，以至于乡村旅游丧失可持续发展的机制，这是中国目前旅游发展中的怪圈。因而，借鉴发达国家乡村旅游发展中的主体定位，还原乡村旅游发展价值理念，才能真正实现发展乡村旅游的战略目标。

（四）案例："空中之城"戈尔德

在法国旅游，普罗旺斯地区古老美丽的小镇切不可错过。"活灵活现的岩石，险峻的沟壑，炫目的阳光和浓重的光影"，每一个秀美的小村镇都有一个闪亮的名字和令人骄傲的历史。美国 CNN 旗下权威旅游网站 CNNGo 选出的世界最美丽的十大小镇中，普罗旺斯吕贝隆山区的小镇戈尔德（Gordes) 荣登榜首。而在法国的最美十大小镇中，除了戈尔德小镇，还有普罗旺斯地区鲁西永（Roussillon）小镇。

"Gordes"在法文中的意思是"悬在空中的城市"，戈尔德小镇坐落在沃克吕兹高原边缘的山顶上，所有的房子全部由石头垒成，依山而建，密密麻麻，高低有致，一直堆叠至山顶，远看非常壮观，仿佛是一座空中之城，也称"石头城"。导游首先安排我们在戈尔德外的观景台拍一张"空中之城"的标准像。小镇地势曲折复杂，房屋顺着山势鳞次栉比地排列。无论乘车还是徒步，从外界到达这里都需要走上一段曲折的山路。外表斑驳粗犷的石头建筑，就能让人感受到了一种力量——坚实、稳固、不可动摇。第二次世界大战时期，这里的山区活跃着地下抗战组织，因此小镇还被法国政府授予过荣誉勋章。

在罗马时代，这里便建起了城墙。中世纪时，人们为了避难来到这里，过着与世无争的清静生活。戈尔德城堡建在小镇最高点，1031年就已经存在，并于1525年得到了重建，傲视着普罗旺斯大地。古堡中带有射击孔的角塔高大气派，是戈尔德醒目的标志。

这座小村曾是彼得·梅尔的原著《山居岁月》改编的电影《美好的一年》的外景地，更多的人是通过电影了解到这座村庄的魅力。镇中心的小广场，就是电影《美好的一年》里出现过的那个小广场，赶上小镇的集市，这里摆满了摊位。

城堡现在已经成为艺术馆，其中五个房间里展示着欧普艺术（Optical Art）大师维克托·瓦萨雷利（Victor Vasareley）的作品。Victor Vasareley曾经在戈尔德居住过很长时间，把自己的很多画作、雕塑和木雕作品都留在了这里，据说其中还有一件是专门为这个艺术馆而创作的。

（资料来源：野山的博客，2015年3月7日）

（五）案例分析

戈尔德小镇以其独特的内涵命名，与其美丽景色相称。这座小镇不仅有壮丽的自然景观，还有浓厚的历史文化底蕴，第二次世界大战时，这里曾活跃着地下抗战组织，因此，受到政府的肯定。这座小镇最大的特点就是充分发挥了它的原真性、本土性。其深厚的艺术气息吸引了大量的游客。

四、日本模式

（一）历史背景

日本国土面积狭小，且遍布山地和岛屿，资源比较贫乏，多山地和丘陵，耕地少，土地瘠薄细碎。但却是世界上农业现代化高度发达的国家之一，多项农业指标居于世界领先地位。日本属于典型的人多地少的国家，山地和丘陵约占总面积的80%，农业规模并不大。第二次世界大战后日本经济高速发展，农业在整体经济中的地位不断下降，但总体上看日本逐步实现了城乡一体化。虽然大部分食品高度依赖进口，但最具战略意义的粮食——大米的自给率却接近100%。

日本农民不仅受教育程度高，而且享受着与城市相同的基础设施。如今日本的农民早已是"生活在农村的市民"，物质生活与城市相比毫不逊色。农民的住宅比城里住宅更为宽敞气派，农村的青山绿水甚至会吸引一些城市居民前来定居。而这离不开日本政府从各方面对农业的大力支持。

日本取得这些成绩很大程度上应归功于重视农业科技的推广。日本的农户人均耕地面积有限，没有美国那样的大规模农业，而随着日本社会老龄化不断加剧，农业人口正在不断减少，在这种情况下，发展利用机器人和信息技术的农业——智能农业——的呼声越来越高，农林水产省希望通过发展智能农业实现节省劳力的高质量农业。

（二）发展过程

20 世纪 70 年代末，日本自下而上的造村运动应运而生，这次运动给农村带来了巨大的变化，消除了城乡差别，拓宽了农村市场、增加了农民收入。日本乡村的建设，经历了以下三个阶段。

1. 第一次乡村建设

1955 年 12 月，当时的内阁农林大臣河野一郎针对农村发展中的问题，提出了乡村建设构想，这一构想于 1956 年被纳入到国家发展计划中。首先将推进乡村建设的区域确定在 900 户及 1 000 户规模的村庄，并以此推动农户的经营联合。自 1956 年到 1960 年，政府共制定 4548 个市町村为实施区域。在这些进行乡村建设的市町村建立农村振兴协议会，该协议会以民主的形式对重大事宜进行讨论，充分尊重民意，并在此基础上制定进行新村建设的相关规划并有效的付诸行动。同时，政府加大对乡村发展的扶持力度，除有专门的银行提供农业贷款外，国家还提高了对各村的补贴水平。这一时期的乡村建设，改善了农村的基础设施，提高了农业生产率，在一定程度上改善了农民的生活条件，并且充分地激发了农民的积极性和主动性，每个农民都能以饱满的热情投身到家乡建设中去。

2. 第二次乡村建设

为了缩小城乡差距，消除环境污染等问题，日本制定了一整套政策措施，在农业及农村方面，全力推行综合农业政策，将新农村建设置于推进农业及农村现代化的核心位置。加大农村生产生活所需基础设施建设的投资，加强农田水利设施的建设，改善农民的居住环境，新建居民住宅和休闲娱乐的公共场所，建立农村医疗保障制度，增加农民非农的就业机会，解决农民的就业问题，加快了农村现代化的进程。这是日本的第二次乡村运动。

3. 造村运动

前两次的乡村建设在一定程度上取得了成功，但并没有从根本上改变农村贫穷落后的面貌。20 世纪 70 年代末，为了促进农村经济的发展，为了消除 70 年代的石油危机给经济带来的打击，日本发起了造村运动。其中最具有影响力的是 1979 年平松守彦开始提倡的"一村一品"运动。该运动要求，每个地区应以自身优势和特点作为出发点（包括特色农产品，特色旅游项目或文化资产项目等），充分发挥地方特色，开发振兴农产品，形成区域经济发展模式。经过 20 多年的造村运动，日本的农村有了巨大的改变，城乡差距基本消除，农村的基础设施趋于完善，农民的生活水平得到很大改善，收入大幅度提高。农村强大的购买力吸引了大量非农产业进入农村，同时也丰富了农民的消费，使农民真正的安居乐业。

（三）特点

日本在农业现代化的过程中特点非常明显：第一，先化学化，后机械化。日本是世界上最早实现农业化学化的国家，这源于其土地少、需精耕细作的国情；第二，兼业农户一直占有较大的比重；日本完全从事农业的农民并不是很多，大部分是从事他业兼营农业生产；第三，日本农业的社会化服务质量高，对推动日本农业发展起到了很大的作用。日本有着发达的农业合作社——日本农业协同组合（农协），其功能多样而全面，涵盖了农业生产、农产品购销流通等各个领域，在农业生产资料采购、农民生产计划、农产品的销售等方面的事务都有相关的分会来负责；第四，农村工业发展与农业发展同步也是日本农业现代化的重要特点。日本是世界上最早提出农村工业化的国家。第二次世界大战之后，日本政府制定了一系列的政策，鼓励工业企业到农村地区投资办厂，吸引农村富余劳动力到工业企业就业，在农村设立工厂的企业能够享受到贷款优惠、减免税收等政府鼓励政策。

（四）案例

位于日本三重县伊贺市郊区有一座名叫 Mokumoku 的农场。该农场以亲子教育为出发点，以家庭为主要需求群体，由农户养猪的经营联合体发展而成，以"自然、农业、猪"为主题的工作室农庄。以家庭、学生为主要客群，强调亲近自然及家庭温馨，现已形成集生产、加工、销售、休闲观光农业、网络购物于一体的第六产业化最成功主题农场。

农场主要分为四大区域，分别提供观光游览、科普教育、产品展览、餐饮美食、休闲体验、商品购买、度假住宿等服务版权归作者所有，任何形式转载请联系作者。农场入口处精心设置了购物区，而且类别很丰富。包括：蔬菜交易市场、牛奶工坊、乡村料理店、美食广场等。在蔬菜交易市场中，农场与周边农户一起合作，向消费者提供新鲜蔬菜。而且所提供的农产品上都标上了种植农户姓名和照片。

1. 将产品加工铺包装成不同主题馆

不光蔬菜，农场抓住了游客的心理，将最新鲜的材料全部融合到自己的销售环节中，并将加工产品的店铺包装成各类主题馆。如猪主题馆内有许多猪肉生产加工的商品，还有叉烧馆、香肠主题馆等。而当地养殖的猪肉则会在餐厅通过料理的方式直接让消费者品尝。牛奶工坊里也会展出和出售各种奶制产品。

这些主题馆从风格、装饰物等方面，以可爱动物造型为主，很容易受到小朋友们的欢迎。而且不同的主题馆陈列和销售的都是和主题相关的商品，比如在猪主题馆内，售卖的都是和猪相关的纪念品，各种造型都非常可爱。在二楼，还有个 DIY 教室，小朋友们可以画画，还可以买一张明信片寄回家。

2.亲子活动设计，重视学习参与

让小朋友们亲近自然，是 Mokumoku 农场设置活动的考量之一。所以即使是饲养猪的场所，也被聪明地设置为小猪训练园，也可被小朋友们观赏。每天饲养员按时都会把猪放出在园里活动，游客们也能在屋外和小猪进行零距离接触，也可在饲养屋内喂养小猪。这样的模式会让游客的体验感更好。

还有一个学习牧场，游客们除了观看牛、羊、矮脚马在内的各种动物外，小朋友们也可以在这里学习如何挤牛奶。从周一到周日，学习牧场都有设置不同的体验活动，比如喂食、挤奶、牧场工作等活动项目，这对于没有农场生活经历的游客来说，是很有吸引力的活动，可以让小朋友们在玩的同时，也学到知识。

如果担心错过这些有趣的体验项目，农场也有住宿服务提供给游客。虽然是主打亲子活动，农场在周边还拥有许多自己的田地，种植蔬菜与花卉。所以 Mokumoku 农场并非是完全的休闲观光农场，它仍然有足够的生产能力。

（资料来源：溯源网，2016 年 8 月 26 日）

（五）案例分析

农场与周边农户一起合作可以使消费者清楚知道自己购买的蔬菜的生产地与种植农民了。这样对种植者有一定的约束力，也能让顾客更放心，对打造农场生态健康的形象起了很大的帮助。传统农业由于生产周期长、风险多样、初级产品保存时间短等特点往往容易亏损。农业与亲子、观光体验结合，是未来农业发展的一个方向。而 Mokumoku 农场最值得学习的地方便是巧妙地将生产、加工、销售与观光体验结合起来，形成一个循环的商业模式。

五、韩国模式

（一）历史背景

为了改变农村破旧落后的面貌，动员农民建设"安乐窝"，韩国政府在 20 世纪 70 年代初全面开展朴正熙在全国地方行政长官参加的抗旱对策会议上提出的"建设乡村运动"即"新村运动"。韩国新村运动经历了 30 多年，首先发起在农村并迅速向城市扩大，建立工农基地及新农村工厂推进城乡一体化，逐步实现由政府主导转变为民间主导的发展方式，使农民掌握了农村发展空间，提高了农业及农产品的国际竞争力。20 世纪 80 年代在加快工业化的进程中，农村出现了"空心化"现象。韩国采取了不使用或尽量少使用农药和化肥，谋求人与大自然的亲和等一系列措施，提高农产品的安全质量保证，提升农业的国际竞争力。

（二）发展过程

韩国的农村建设发起于 1968 年，并取得了超出预期的成效，其中最著名的运动叫新村运动。新村运动通过启发农民从改善身边的生活环境，脱贫致富和增加农家收入开始，激励先进，鞭策后进，政府扶持，官民一体，最后成为建设家乡和新农村。综观韩国农村发展的整个历程，可以分为三个时期。

1. 起步和成长期

1960 年一般被视为韩国城镇化进程的起点，因为在这一年韩国政府着手治理因人口大流动带来的社会混乱，并开始布局经济现代化规划。但真正成长，是在 1968 年至 1977 年。在这一时期，韩国农业生产引入机械化，使得农业生产力大幅提高，农村产生大量剩余劳动力，韩国农村的绝对人口数出现减少。同时实施的 4 次经济开发计划在以首尔为首的 20 多个地区设立了各种工业园区，成为农村劳动力到城市就业的重要契机。这期间的城镇化呈现向首都圈和东南海岸集中的态势。

新村运动首先开始于农村，后来逐渐演变为全国性的运动。这一时期以官方为主导建设农村。首先大力开展农村基础设施建设，改善农民的居住条件，改变农村落后的面貌，激发农民自主改善生产生活条件的积极性，培养广大农民互帮互助、共建家园的合作精神。其次，新村运动在农村全面展开的基础上向城镇延伸，进一步增加农民收入、提高农民生活水平。使新村运动发展为全国性的现代化建设运动。随后是新村运动的提高阶段，这一阶段大力发展农村工业，政府鼓励发展特色农业、加工产业及养殖业，并且在城镇强调精神文明建设。使其从物质层面扩展到精神层面，倡导两者相辅相成，共同发展。

2. 加速期

1977 年，韩国的城市人口数首次超过农村，从 1977 年至 1990 年，韩国的通货膨胀得到有效控制，企业素质大大改善，出口产品竞争能力大大增强，也被称为韩国经济的第二次"起飞"时期。经济的发展，促进了韩国城市化程度的提高。在政府政策的引导下，城镇化开始从大城市向一般城市和新城市分散，首都圈的人口也由城市中心区向郊区分散，特大城市面积进一步膨胀。

政府通过调整相关的政策措施，使新村运动从官方主导转变为民间自主型。政府仅仅通过制定规划和提供一定的资金、技术、服务以及指导等手段，从宏观上着重强调调整农业结构，进一步提高农民收入，提高农村的生活环境，加强农村文化建设。通过民间自主的方式将新村运动推向全国。这一阶段农民的生活质量得到了极大的改善，生活水平得到了很大程度的提高，同时也改变了农村落后的面貌，农民普遍认为生活水平达到了城市居民的生活标准。

3. 后城镇化期

1990 年，韩国的城市人口比例已达 74.4%，如果加上镇一级人口，城镇人口比例高达 82.7%，达到发达国家水平。从 20 世纪 90 年代开始，韩国城市人口的增速明显放缓，由原有的每年百万左右下滑到 45 万，乃至 2000 年后的每年 35 万。其根源是农村地区人口已呈高龄化，输出能力不足；另外进入信息化时代后，城市人口的就业结构发生巨大变化也是重要原因之一。1988 年卢泰愚上台执政，由于"新村腐败"（即第六共和国的国会开始进行国情监察和第五共和国腐败听证会，新村运动中央本部的一些严重问题浮出水面）现象的揭露，新村运动转变为完全由民间主导的运动。这一阶段，政府侧重社区的文明建设和经济开发，重视国民意识的改造及国民伦理道德建设，对国民进行国民精神及集体意识教育，倡导全民树立健康的国民精神，并主动抵制社会上的一些不良现象。在这种情况下，一些适应农村发展客观规律的组织机构也相应地发展起来，对新村运动文化精神的传承和发扬有着不可替代的作用。

（三）特点

1. 坚持政府引导

韩国"新村运动"的起步、拓展与深化大都是在政府主导下进行的。因为靠分散的决策方式来发展经济与社会，不仅周期长、成本高，而且极有可能丧失发展良机，因而必须依靠政府主导的纲领性决策模式。在韩国"新村运动"中，政府不仅是积极参与的，而且是直接发挥自己的推动作用的。例如，韩国政府就曾为农村基础设施的改造和农村人口的文化素质和质量的提升，直接提供大量物力和财力的支持。到 1978 年，韩国 98%的农户都装上电灯，20 世纪 90 年代全国已实现电气化。20 世纪 90 年代以来，韩国掀起新一轮农村建设高潮，并已变为以民间团体为主的群众运动。新乡村建设的投资源于政府投资和乡村集资，政府投资比重各年份在 20%~60% 不等。为了提高农民收入，韩国新村运动采取了在全国范围内推广水稻新品种、通过财政补贴保护水稻新品种的价格、鼓励部分农户种植经济作物调整优化农业结构、政府大量投资扶持农村经济持续发展等多种措施，效果明显。1970 年，韩国农民户均年收入 824 美元（按每户 6 口人计，人均年收入 137 美元），到 1978 年，户均收入 3893 美元（人均年收入 649 美元）。在韩国，农户收入由以种植业为主的农业收入和非农收入两部分组成。随着工业化和城市化逐步向农村地区扩散，农户收入中的非农收入所占比重逐步增大，到 2004 年，非农收入所占比重从 1994 年的 35% 增加到 50%。

2. 深化土地制度改革

现实生活中，由于客观存在的农与非农劳动生产率的差异以及农民和非农民个人可支配收入的差距，因此，在土地过于分散的条件下，出现兼业农户土地闲置或低效率运用问题将不可避免。在中国，这个问题尤其突出。借鉴韩国的经验，土地使用权从分散化转向集中化、土地经营从粗放转向集约，是一个必然趋势和明智选择。而要实现这个目标，必须在土地制度上有所突破，其中重要的一条就是允许土地进入市场，其关键是允许农民作为土地交易的主体，实质是通过土地流转使土地逐渐走向集中，实现土地的集约化经营和高效运用，从根本上解决土地粗放经营问题。

3. 改善基础设施

韩国在农村建设初期，韩国的农村开发，主要集中发展农业灌溉、排水、耕地整理等农业生产设施方面。从 20 世纪 70 年代初期开始，韩国政府的新乡村建设运动把工作重点放在改善农民的生产和生活环境上。如修建农村公路、桥梁，帮助农民接通自来水，改善农民居住条件，实现农村电气化等方面，以缩小并最终消除城乡差别。20 世纪 80 年代，普及使用汲取地下水的井管挖掘机，农村的饮水条件进一步得到改善，农村环境卫生条件也明显得到改善。

4. 融入文化内涵

20 世纪 70 年代的新村建设以硬件为主，新一轮建设则融入更多的文化内涵。其目的是创造一个新社会、新韩国，提倡勤勉、自助、团结、奉献精神，这种精神后来扩展到城市，发展成为民族自立、身土不二、事业报国的国民精神。从而不仅在生活上而且在文化上实现工业与农业、城市和乡村的均衡发展。

5. 发展农协组织

20 世纪 70 年代的新村运动，对于韩国农协尤其是基层农协的发展做出了很大贡献。自古以来，韩国农民因贫困交加而没有多少储蓄的习惯，但自 20 世纪 70 年代以来，越来越多的农民开始到农协金融机构储蓄，而且储蓄额也不断增大。1971 年每户农民的储蓄额只有 12 美元，而 1978 年增长到 500 多美元。随着农民储蓄额的不断增加，由农协提供的农业生产资金也不断增多。随着农村经济的快速发展，农协的规模也迅速得到扩展，一个基层农协对 1 000 多户农民开展业务。

通过 35 年的努力，"新村运动"取得了令人瞩目的成果，韩国国民的整体素质也大幅提高，实现了经济起飞，城乡发展的差距大为缩小。根据世界银行 1995 年《世界发展报告》和韩国政府的统计资料显示，1993 年韩国人均 GNP 达 7660 美元，农村居民人均收入达到城市居民的 95%，农村居民的恩格尔系数为 21%，韩国已经达到中等发达国家的水平。可以认为，韩国的"新村运动"通过提倡"勤俭、自助、合作"的精神来建设一个"新社会、新韩国"的这一目标已基本实现。进入 21 世纪后，韩国的"新村运动"又进入了第三个阶段，运动初期由政府提倡、督导，带有很强的"官办"性质，目前完全变成了一个全民参与的民间社会运动，并且提出了新世纪的更高的发展目标。

（四）案例：韩国周末农场，以"奇"为突破口

韩国发展休闲农业的经典形式为"周末农场"和"观光农园"，以江原道旌善郡大酱村为例：大酱村首先抓住游客好奇心出奇制胜地由和尚与大提琴家共同经营，利用当地原生材料采用韩国传统手艺制作养生食品的方式制造大酱，既符合现代人的养生学，还可以让游客亲临原初生活状态下的大酱村，同时节省资本、传承民俗文化特色。

此外，休闲农业的经营者还特别准备了以三千个大酱缸为背景的大提琴演奏会，绿茶

冥想体验，赤脚漫步树林及美味健康的大酱拌饭，增加了游客的体验性，体现了乡村旅游的就地取材、地域特色浓郁的同时迎合了修身养性的市场需求，成功地吸引了大量客源。

以"奇"为突破口，和尚与大提琴家共同经营是创意的奇特，配合这样的理念，开展三千个大酱缸为背景的大提琴演奏会，是实践的奇特，再者，将韩国泡菜、大酱拌饭为核心招牌突出乡土气息也是乡村旅游发展的灵魂。

（资料来源：张家界日报，2016 年 7 月 12 日）

（五）案例分析

大酱村充分发挥其民族文化的特色，将农村与文化结合起来，在当地原生材料的基础上发展周末农场，不仅带动农民增收，还可传承民族文化。此外，大酱村十分注重基础设施的建设，再与创意相结合，满足游客的体验性，成功吸引游客，适应市场发展。

六、以色列模式

（一）历史背景

《圣经》曾这样记载：以色列是一块"流着奶和蜜的土地"，但到过以色列的人恐怕不会如此认为。相反，给人的感觉更多是绝望和无奈：这是一片荒芜的土地，山丘上零零星星长些灌木，而有些地方甚至寸草不长，要么是光秃秃的土坡，要么就是毫无生机的沙漠。既没有一望无际而肥沃的大平原，也没有灵秀多姿的山川和丰美的水草。如果要用一个词来形容以色列的话，最恰当的词莫过于"一无所有"。

以色列，位于地中海东南方向，北靠黎巴嫩、东濒叙利亚和约旦、西南边则接埃及。土地总面积约 2.5 万平方公里，这比中国最小的省宁夏回族自治区（6.6 万平方公里）都要小得多，相当于北京市的总面积（1.7 万）。这个从地图上看着南北狭长的国家，国土从东至西最窄的地方不过 150 公里——不到 1 小时开车的工夫。总人口约 813 万人，人口密度与北京相当。以色列是个资源贫国，约 60% 的国土被沙漠覆盖，整体土质偏沙化。虽然以色列濒临地中海，但其气候主要受东南部沙漠地带的影响。降雨主要在冬季，降雨量由东北往西南递减，东北部年平均降雨量为 800~400 毫米，西南部几乎为零。因此，约 60% 的地区农业生产终年需要人工灌溉，即使在东北部降雨量相对高的地区，4~10 月间夏季作物也需要人工灌溉。然而，就是在这块水资源奇缺的贫瘠土地上，以色列人民用自己的智慧让沙漠变成绿洲，创造中东农业的辉煌，创造了奇迹般的现代农业佳绩。

（二）发展过程

犹太民族有两千多年的流散历史，他们对土地的渴望尤为强烈，对于能有一片属于自己的土地，在此安居乐业，从事生产，是每个犹太人渴望已久的梦想。所以，从以色列建国以来的六十多年里，以色列都十分重视农业生产，始终把农业生产作为立国之本。从 1948 年以色列建国至今，以色列的农业经济发展大致经历了三个阶段。

1. 自给自足阶段

以色列在建国初期，国家面临着水资源短缺、土地面积狭小、邻国纷争不断等问题。同时有大量的移民流入国内，因此粮食短缺，供应紧张。移民同时也带来了大量的劳动力和资金，使得以色列能够充分发展自给自足的农业。政府也采取了一系列措施，包括：大力开垦土地，使荒漠变良田，修建运输管道，提高水资源的利用率和水资源的循环利用。这一阶段以色列农产品的产量得到了大幅度的提升，基本达到了自给自足的供需水平。

2. 出口发展阶段

经过第一阶段的发展，进入 70 年代以后，以色列的农产品不仅能够满足本国人民的需求，还有剩余能够销往国外。因此，为了迎合国际市场的需求，加大市场份额，加大了果蔬花卉的种植量，并加大科技投入力度，培育良种，增加产量。

3. 与市场同步阶段

经过一定的发展，以色列在国际上占有了一定的市场份额。在这一阶段，以色列充分做到了以市场为导向，整合市场需要，以需求定生产，扩大了市场份额，提高了销售利润。同时还把本国的农业生产移植到国外，在国外承包项目，全程参与生产，把自己的农业技术得到最大限度的应用。

（三）特点

由于以色列不同的自然地理环境，如果按传统的农业生产措施来进行农业生产，以色列的农业发展必然毫无起色。基于哲学里矛盾特殊性的原理，以色列的农业要想得到长远的发展，必须因地制宜，在结合本国农业发展环境的基础之上，提高农业科技生产力，走出一条以色列特色的农业发展之路。

1. 强调水资源高效利用

由于水资源的稀缺，为避免约旦河水在浇灌过程中的渗漏、蒸发浪费，以色列发明了世界领先的滴水灌溉技术，做到不浪费一滴水源，水资源得到了按需分配，从而使得水资源的利用效率得到了大大地提高。这使得以色列水资源的消耗一直保持在平稳的水平上，达到了节水 50%~70% 的水平。以色列不仅仅重视水资源的节约使用，同时也十分重视对水资源污染的治理与海水的淡化。如果说"滴水灌溉"和"国家污水再利用工程"是利用水资源中的"节流"，那么多渠道增加水资源的供给就是"开源"。此外，以色列还十分重视人工降雨，在水资源的源头供给上得到最大化。

2. 以科技创新来支撑农业发展

以色列由于其恶劣的自然环境，要实现农业的长远发展，就必须依靠高科技的强大动力。农业科技的不断进步是以色列持续发展的源泉，以色列先进的农业科技不仅使本国的农业高速发展，同时也被很多国家引进利用。一国的科技想要取得长足的进步，是离不开政府的支持的。以色列政府就十分重视本国农业科技的发展，每年政府在农业科技发展的经费投入上都十分积极，大约每年有近 1 亿美元投入到农业科技的研发和创新。

以色列的先进农业技术包括滴水灌溉技术、基因育种技术、温室栽培技术、无土栽培技术等。这一系列的农业科学技术实现了以色列农产品产量的成倍增加。同时，其良好的育种技术，是的以色列每年可以向外输出大量的种子，实现了以色列农业出口收入高速增长。

由于以色列的农业科技在世界上处于领先地位，所以很多农业技术都出口到了国外，以色列农业技术的出口占全国合作项目的约 30%。每年都有大批来自世界各地考察团来以色列参观学习，同时也有很多以色列的农业专家被邀请到国外进行技术指导。

3. 以市场导向为主发展农业

以色列耕地面积虽小，但其农产品的供给能力却不容小觑。在种植业方面，以色列有限的耕地资源主要用于小麦、棉花、花生、玉米、向日葵、花卉和一些蔬菜的种植。这些不同种类的农产品产量和收益有着很大的差距。大田作物的收益较低，收益最高的是花卉，其次是水果、蔬菜，但以色列种植面积最多的却是大田作物。近几年，以色列已经逐渐增加对果蔬和花卉的种植量，减少大田作物的种植。充分做到以市场为导向，实现农业经济效益的最大化。以色列的自然环境使得它的畜牧业发展水平较差，畜肉类的相关产品还是需要大量的从外国进口，但种植业实现的高收入，在弥补了这一缺口的基础上还能够实现收入的盈余。

4. 重视农业的可持续发展

随着时代的进步，人们越来越重视养生，人们对绿色食品的需求越来越大。但从工业化时代以后，农业生产中投入的农药、化肥越来越多，食品安全问题逐渐加重。以色列为了顺应这一时代潮流，加大了对生物技术的投资，在生物科技的投入和发展上处于世界领先地位。通过高技术对农药和化肥的投入量进行严格的限制，生产绿色生态的农产品。以色列通过自己领先的农业科技，实现了农业生产的可持续发展的良性循环。

5. 采用多种形式发展现代农业

以色列的农业组织形式多样，主要有"基布兹"和"莫沙夫"两种合作形式。基布兹是公有化程度很高的农业合作形式，属于集体农场的性质，由于它的公有化程度较高，所以社会主义性质较浓，基本实现了按需分配，人人平等，各司其职，共享成果。但随着私有化的引进，到 2010 年，已经有 190 个组织实现了私有化改革。虽然进行了私有化改革，但是这种农业组织形式仍然在以色列占据极其重要的地位。

在而今的以色列，另外一个比较重要的农业生产组织形式就是"莫沙夫"。它的成员主要是以单个家庭为主，每个家庭可以在政府租赁土地，租赁期限约为 50 年。每个家庭之间互助合作，集体应对农业生产中的各种风险。每个家庭将各自生产的农产品都交由组织集体销售，实现了农产品出口的批量化和高速化。

（四）案例

以色列 2/3 的国土是沙漠、一年只有 30 天的降雨，却有办法输出水技术，简直像是摩西从磐石取水的圣经故事。

以色列有两百多家水技术公司，每年赚进超过 10 亿美元的外汇。其中，IDE 是海水淡化的权威，在全球建设 400 座海水淡化厂。

IDE 使用逆渗透的净化技术，将地中海的咸水在 90 分钟内，变成能直接饮用的淡水。生产 100 公升的水，只要 0.4 度电，相当于使用桌上电脑一小时的耗电。

2005 年开始，以色列在国内建造五座海水淡化厂，预计 2016 年年底全数完工，使八成的用水来自淡化的海水。

剩下的缺口，用回收废水来补充。超过八成的再生水，用于农业灌溉。以色列每年出口 20 亿美元的农作物，等于是将 1 亿吨废水变钞票。

就算是破裂的水管，也能变出省水的技巧。最著名的案例，就是大家耳熟能详的"滴灌技术"。20 世纪 30 年代，一位农夫兴高采烈地拜访以色列的水资源之父——布拉斯（Simcha Blass），请他来看"不用浇水的大树"。

布拉斯发现，其实是埋在地底的水管漏水，滋润大树。受到启发，他发明了现代的滴灌技术，用塑胶水管和水压产生的摩擦，控制灌溉水规律地渗透土壤，用水的效率高达 95%。

漏水造就的另一项发明，是塔卡度公司（TaKaDu）监测水管状况的智慧水网。

塔卡度 1/5 的员工，是 8200 部队退伍的通讯高手。他们写出的程序，能分析智慧水表回报的资料，判断水管是否发生异常。

这套软件，已卖到英国、智利和澳洲等国际市场。

曾经是特种部队指挥官的柯哈维，他在 2009 年成立 Water-Gen 公司，制造军用"空气制水机"。装在军用卡车上，外观像一台横躺的冰箱，能将空中的水汽凝结，提供五十位军人需要的饮用水。

Water-Gen 的这套装备，已卖给英美法等七国的部队。但柯哈维并不满意，他相信技术的应用范围可以更广。

发明这台机器的 Woosh 创办人塔雅诗扎米尔（Itay TayasZamir），正在进行一项社会实验。他相信，干净、安全的饮水机，也能减少宝特瓶的使用量。此外，Woosh 饮水机还能帮使用者的容器消毒。

（**资料来源**：搜狐 2016 年 3 月 19 日）

（五）案例分析

水资源在以色列北部可谓"春雨贵如油"。由于滴水灌溉技术的先进性和有效性，使得这项技术在以色列全国 80% 以上的地区得到了推广和使用，同时世界很多地区也向以色列学习了此项技术。经过研究显示，通过此项技术的应用，可以使水资源的有效利用率达到 95%，同时，以色列十分注重科技与农业的结合，大大提高了生产效率以及农产品质量，在极其恶劣的环境下推动农业的可持续发展，值得我国水资源匮乏地区的学习与借鉴。

参考文献

[1] 2016 年农民工监测调查报告 . 国家统计局 [EB/OL].http://www.stats.gov.cn/tjsj/zxfb/201704/t20170428_1489334.html.

[2] 安卫 . 休闲视角下的美丽乡村规划设计研究——以天长市娄庄美丽乡村规划为例 [D]. 南京农业大学 ,2014.

[3] 白志远 .WTO《政府采购协议》中发展中国家标准研究 [M]. 武汉：武汉大学出版社 .2015.

[4] 曹凤岐 . 建立多层次农村普惠金融体系 [J]. 农村金融研究，2010(10) : 64-67.

[5] 曾祥麟，李盼 . 我国农村发展模式的比较分析 [J]. 中国商界 (下半月),2010(05):166-167.

[6] 曾裕 . 我国网络众筹与农业经济发展研究 [D]. 对外经济贸易大学，2016.

[7] 陈城 . 我国农村社会保障体系存在的问题及完善策略 [J]. 农村经济与科技 ,2017,28(03):198-200.

[8] 陈凤波 . 美国农业经济学科变迁及对中国的启示 [J]. 南方农村 ,2013,29(06):51-56. [2017-09-09].

[9] 陈海 . 我国农村合作金融发展模式研究 [D]. 山东大学 ,2012.

[10] 陈佩君 . 农村发展概论 [M]. 北京：中国农业出版社 .2004.

[11] 陈锡文，赵阳，陈剑波，等 . 中国农村制度变迁 60 年 [M]. 北京：人民出版社 .2009.

[12] 陈晓华 . 引导农村土地经营权有序流转　促进农业适度规模经营健康发展 [J]. 行政管理改革 ,2016,(02):17-20.

[13] 陈英旭 . 农业环境保护 [M]. 北京：化学工业出版社，2007.

[14] 陈鱼，刘进军 . 新型城镇化中的农民权益保护问题研究 [J]. 中国集体经济 ,2017(01):8-9.

[15] 程昊，董锁成，李宇，等 . 典型农牧区新农村发展影响因素及模式选择——以内蒙古鄂尔多斯市乌审旗为例 [J]. 中国农学通报 ,2015,31(07):261-266.

[16] 程蜜 . 城乡一体化对推进新农村建设的作用及对策 [D]. 华中师范大学 ,2013.

[17] 程蕊 . 中国农村社会保障体系建设研究 [D]. 西南政法大学 ,2014.

[18] 程漱兰 . 中国农村发展：理论和实践 [M]. 北京：中国人民大学出版社，1999.

[19] 丛旭文 . 中国失地农民社会保障问题研究 [D]. 吉林大学 ,2013.

[20] 崔花蕾 ."美丽乡村"建设的路径选择 [D]. 华中师范大学 ,2015.

[21] 戴盛鹏.农村生态文明建设的内容研究 [J].理论学习，2010(7)：35-38.

[22] 丁志国，张洋，覃朝辉.中国农村金融发展的路径选择与政策效果 [J].农业经济问题，2016(1)：68-75+111.

[23] 董青青.农村社会保障制度解读与操作 [M].北京：中国财政经济出版社,2013.

[24] 杜新波.日本两种土地政策的影响分析 [N].中国国土资源报,2004-11-17(T00).

[25] 发展研究所综合课题组.农民、市场和制度创新——包产到户八年后农村发展面临的深层改革 [J].经济研究,1987(01):3-16.

[26] 范柏乃，邵青，徐巍.后税费时代村级组织功能异化及其治理研究 [J/OL].浙江大学学报 (人文社会科学版),2013,43(03):177-188.

[27] 方堃.当代中国新型农村公共服务体系研究 [D].华中师范大学,2010.

[28] 方志权.城乡一体化背景下的农村集体经济组织产权制度改革研究 [J].农村工作通讯,2015(01):32-34.

[29] 房艳刚，刘继生，程叶青.农村区域经济发展理论和模式的回顾与反思 [J].经济地理,2009,29(09):1530-1534.

[30] 冯刚.新农村建设中经济与生态保护协调发展模式研究 [D].北京林业大学,2008.

[31] 冯开文.发展经济学 [M].北京：中国农业大学出版社，2013.

[32] 付新.农业众筹融资运行原理研究 [D].贵州财经大学，2016.

[33] 高启杰.中国农业推广组织体系建设研究 [J].科学管理研究，2010(1)：107-111.

[34] 古斯托·内梅什，苏珊娜·法洁卡什，庞娟.欧洲新农村的发展范式 [J].经济社会体制比较,2007,(02):75-81+74.

[35] 关于加强对工商资本租赁农地监管和风险防范的意见解读.土流网 [EB/OL].http://www.tuliu.com/read-38041.html,2016-08-08.

[36] 光伏企业投资开发前期农业板块需要注意的问题.世纪新能源网 [EB/OL].http://www.ne21.com/news/show-66837.html,2015-05-27.

[37] 郭光磊.北京市农村集体产权制度改革研究 [M].北京：中国言实出版社,2016.8.

[38] 郭熙保，陈志刚，胡卫东.发展经济学 [M].北京：首都经济贸易大学出版社，2009.

[39] 郭霞.基于农户生产技术选择的农业技术推广体系研究 [D].南京农业大学，2009.

[40] 郭晓茹.新型城镇化进程中的新型职业农民培育研究——以漳州市为例 [D].福建农林大学,2015.

[41] 韩冬梅，金书秦.中国农业农村环境保护政策分析 [J].经济研究参考.2013(43)

[42] 韩长赋.明确总体要求　确保工作质　积极稳妥开展农村土地承包经营权确权登记颁证工作 [J].农村经营管理,2015(03):6-9.

[43] 何广文，冯兴元.中国农村金融发展与制度变迁 [M].北京：中国财政经济出版社，2005.

[44] 何忠伟. 家庭农场经营管理学 [M]. 北京：中国商务出版社，2015.

[45] 何忠伟. 农村发展经济学 [M]. 北京：中国农业出版社，2008.

[46] 贺文慧，杨秋林. 国外农村信息化投资发展模式对中国的启示 [J]. 世界农业,2006(04):18-20.

[47] 侯庆利. 我国农村合作金融发展模式研究 [D]. 山东大学,2007.

[48] 胡玮. 社会主义新农村发展模式的探讨 [D]. 广西大学,2007.

[49] 胡小平，李伟. 农村人口老龄化背景下新型职业农民培育问题研究 [J]. 四川师范大学学报 (社会科学版).2014(05):57-62.

[50] 胡晓平，陈晨，范小东. 我国农村五保供养制度发展趋势研究 [J]. 黑龙江对外经贸,2010,(08):114-115.

[51] 黄季棍，胡瑞法，智华勇. 基层技术推广体系 30 年发展与改革：政策评估和建议 [J]. 农业技术经济，2009（1）: 4-6.

[52] 黄天柱. 中国农业科技推广体系：改革与创新 [M]. 北京：中国农业出版社，2008.

[53] 黄艳平. 沿海发达地区县域新农村发展模式研究 [D]. 福建师范大学,2008.

[54] 黄志雄. 从国际法实践看发展中国家的定义及其识别标准——由中国"入世"谈判引发的思考 [J]. 法学评论,2000(02):73-81.

[55] 贾保华，郑建成，王卓. 中国还是发展中国家吗：与日本德国的经济比较 [M]. 北京：中国市场出版社，2014.

[56] 贾瑞芬，吕世辰. 英国农村发展模式对中国新农村建设的启示 [J]. 山西高等学校社会科学学报,2008,20(03):81-84. [2017-09-09].

[57] 姜达洋. 现代产业政策理论新进展及发展中国家产业政策再评价 [M]. 北京：经济日报出版社，2016.

[58] 蒋和平. 中国特色农业现代化建设研究 [M]. 北京：经济科学出版社，2011.

[59] 孔杰. 美国农村和中国农村的经济发展对比与分析 [J]. 现代商业,2016(20):138-139.

[60] 孔祥智. 中国农村土地制度：形成、演变与完善 [J]. 中国特色社会主义研究,2016(04):16-22+2.

[61] 雷启振. 中国农村金融体系构建研究——基于"三农"实证视角 [D]. 华中科技大学,2008.

[62] 李德明，程久苗. 乡村旅游与农村经济互动持续发展模式与对策探析 [J]. 人文地理,2005(03):84-87.

[63] 李海峰. 中国农村金融发展理论与实践研究 [D]. 吉林大学，2012.

[64] 李行，温铁军. 中国 60 年农村土地制度变迁 [J]. 科学对社会的影响,2009(03):38-41.

[65] 李浩利. 城乡规划视域下新型农村发展模式研究 [D]. 浙江海洋学院,2014.

[66] 李嘉晓. 中国政府财政对农业投资的效益评估研究 [D]. 陕西杨凌：西北农林科技大

学 .2002.

[67] 李建桥 . 我国社会主义新农村建设模式研究 [D]. 中国农业科学院 ,2009.

[68] 李明贤 , 叶慧敏 . 普惠金融与小额信贷的比较研究 [J]. 农业经济问题 .2012(9)：16-18.

[69] 李宁 . 新型城镇化背景下失地农民社会保障问题研究 [D]. 兰州大学 ,2016.

[70] 李韶杰 , 万桃涛 . 新农村建设中农民权益保障问题探析 [J]. 山西财经大学学
报 ,2010,32(S1):42-43.

[71] 李伟 , 刘磊 , 李长健 . 新农村建设中我国农民权益保护的现状与发展研究 [J/OL]. 华中
农业大学学报 (社会科学版),2013(06):95-100.

[72] 李伟 . 新型职业农民培育问题研究 [D]. 西南财经大学 ,2014.

[73] 李祥云 , 陈建伟 . 我国财政农业支出的规模、结构与绩效评估 [J]. 农业经济问题 ,2010
（ 8 ）.

[74] 李晓俐 , 陈阳 . 德国农业、农村发展模式及对我国的启示 [J]. 农业展望 ,2010,6(03):50-
53.

[75] 李勇 . 农民权益保护探析 [J]. 湖南科技学院学报 ,2009,30(07):138-140.

[76] 梁流涛 . 农村生态环境时空特征及其演变规律研究 [D]. 南京农业大学，2010.

[77] 林豪森 , 世界农业推广体制变革对我国的启示 [J], 福建农林大学学报 (哲学社会科学
版)，2007(7)：36-39.

[78] 刘晋祎 . "人的新农村" 建设的科学内涵与战略意义研究——基于人性发展哲学的视
角分析 [J]. 改革与战略 ,2016,32(04):6-9+37.

[79] 刘尚希 , 马晓玲 , 王泽彩 , 于长革 . 我国农村公共服务体系建设研究 [J]. 地方财政研
究 ,2012(07):10-15.

[80] 刘新智 . 城乡统筹中农村职业教育发展模式创新研究 [J]. 职业技术教
育 ,2010,31(13):57-61.

[81] 刘亚磊 . 中国农村公共文化服务供给问题研究 [D]. 西南政法大学 ,2015.

[82] 刘彦随 , 周扬 . 中国美丽乡村建设的挑战与对策 [J]. 农业资源与环境学报 ,2015(04):97-
105.

[83] 刘玉花 , 王德海 . 国外农村发展传播的历史、现状与启示 [J]. 世界农业 ,2008(01):10-13.

[84] 刘忠 . 中国普惠型农村金融改革理论与实践研究 [D]. 武汉大学，2015.

[85] 卢洪友 , 刘丹 . 中国农村社会保障的发展困境与对策 [J]. 中州学刊 ,2016(05):67-70.

[86] 陆博 . 新型城镇化进程中农村生态文明建设研究 [D]. 沈阳师范大学，2016.

[87] 路伟 . 我国农村合作金融发展模式的研究 [D]. 山东大学 ,2012.

[88] 罗东 . 我国中央政府农业投资分析 [D]. 中国农业科学院，2014.

[89] 罗守贵 , 曾尊固 , 王伟伦 . 苏南地区可持续农业与农村发展模式探索 [J]. 地理研
究 ,2001(02):247-256.

[90] 马春文，张东辉．发展经济学（第 3 版）[M].北京：高等教育出版社，2010.

[91] 穆飒莎．从日本明治维新时期土地政策看我国农地流转制度 [D].天津商业大学,2013.

[92] 宁启文．明确总体要求确保工作质量 积极稳妥开展农村土地承包经营权确权登记颁证工作 [N].农民日报,2015-02-12(001).

[93] 农业部办公厅关于新型职业农民培育试点工作的指导意见．法律教育网 [EB/OL].http://www.chinalawedu.com/new/201306/wangying20130606112111185034546.shtml.

[94] 彭刚．发展中国家的定义、构成与分类 [J].教学与研究,2004(09):77-81.

[95] 彭丽文．农业技术推广体系建设研究 [D].湖南农业大学，2015.

[96] 彭向升．中国农村普惠金融发展研究 [D].福建师范大学，2016.

[97] 彭艺．我国农村金融体系的历史演进与发展 [J].农业经济，2010(5):53-54.

[98] 钦嫣．发达国家卫生自付制研究 [J].国外医学卫生经济册,2016,33(03):97-104.

[99] 邱峰．互联网金融助力普惠金融的思考，吉林金融研究.2014(8)：22-24.

[100] 屈也．新型职业农民培育问题与对策研究 [D].湘潭大学,2016.

[101] 荣娅．我国农业融资新模式农业众筹研究 [D].华南农业大学，2016.

[102] 时斌．改善农村剩余劳动力转移培训的对策分析——以河南省 A 市为实证 [J].农业经济,2017(04):65-67.

[103] 时玉阁．国外农村发展经验比较研究 [D].郑州大学,2007.

[104] 史雪霏．基于城乡一体化的新型职业农民培育研究 [D].河北师范大学，2016.

[105] 舒庆尧．美丽乡村——欧洲的农业与农村 [J].新农村,2011(02):5-7.

[106] 速水佑次郎，著．李周，译．发展经济学——从贫困到富裕 [M].北京：社会科学文献出版社，2003.

[107] 唐智彬．农村职业教育办学模式改革研究 [D].华东师范大学,2012.

[108] 陶佩君．农村发展概论 [M].北京：中国农业出版社，2010.

[109] 田相辉，张秀生，庞玉萍．中国农村经济发展与城乡一体化建设研究 [M].北京：湖北科学技术出版社，2014.

[110] 王道龙．21 世纪农业和农村发展的大趋向——评《可持续农业的内涵与运作》[J].中国农业资源与区划,2000(05):65.

[111] 王炬．重庆城市带动农村发展模式研究 [D].西南大学,2009.

[112] 王丽．农村集体建设用地入市法律制度完善研究 [D].湖南大学,2014.

[113] 王丽红．北京工商资本租赁农地情况分析 [J].农村经营管理,2016(08):24-25.

[114] 王利敏，周美娟．农村生态环境保护问题研究 [J].农村经济与科技,2015(04):45-46.

[115] 农村生态环境保护问题研究 [J].农村经济与科技.2015(04)：45-46.

[116] 王荣．基于土地利用优化配置的农村发展模式研究 [D].福建师范大学,2008.

[117] 王向阳．多功能农业与财政支农补贴政策评估 [J].经济研究参考,2013(45)：29-40.

[118] 王叶霞,杨超炯,吴凯翔,刘际陆.当前我国农村土地流转现状与对策研究[J].知识经济,2017(12):32-33.

[119] 王永作.日本农村经济发展的经验与启示[J].经济问题,2000(11):54-56.[2017-09-09].

[120] 武萱.基层农业推广体系的模式选择[D].湖南农业大学,2012.

[121] 夏广毅.我国农村生态文明建设问题研究[D].沈阳师范大学,2016.

[122] 夏刊.我国农业技术推广运行体制研究[D].中南大学,2012.

[123] 谢天成,刘盾,施祖麟.工商资本投资农业问题与对策研究——基于对嘉兴、开封两市的调研[J/OL].当代经济管理,2015,37(08):30-34.

[124] 熊小群.村级组织治理能力建设研究[D].南昌大学,2012.

[125] 徐鲲.农村教育发展与农村经济增长:内在机理及制度创新[D].重庆大学,2012.

[126] 许小红.新时期我国农村最低生活保障制度研究[D].福建师范大学,2007.

[127] 薛丹兴,罗酬剑,欧阳成卓.村级组织治理能力的构成及决定因素分析[J].新西部(下半月),2009(07):17-18.

[128] 颜廷武,张露,张俊飚.对新型职业农民培育的探索与思考——基于武汉市东西湖区的调查[J].华中农业大学学报(社会科学版),2017(3):35-41.

[129] 杨德明.西方经济发展的回顾与展望[J].管理世界,1992(03):24-35.

[130] 杨秋宝.西方经济发展理论评析[J].陕西师大学报(哲学社会科学版),1987(02):63-72.

[131] 殷爽,李浩华,杜薇.农村生态环境研究与展望[J].农村经济与科技.2013(06):11-12.

[132] 余昊.乡村旅游发展对农村剩余劳动力转移的拉动作用研究[D].贵州师范大学,2009.

[133] 余学军.美国农业科技推广经验与中国的创新——以浙江农林大学科技特派员实践为例[J].世界农业,2012(03):17-21.

[134] 禹杰.美丽乡村建设的理论与实践研究[D].浙江师范大学,2014.

[135] 张富刚,刘彦随.中国区域农村发展动力机制及其发展模式[J].地理学报,2008(02):115-122.

[136] 张怀承,杨婧瑜.农村灾害救助的现状与特点[J].湖南城市学院学报,2011,32(02):14-18.

[137] 张建华.农村合作经济组织发展模式研究[D].南京林业大学,2007.

[138] 张培刚,张建华.发展经济学[M].北京:北京大学出版社,2009.

[139] 张培勇.新语境下的我国农村社会保障研究[M].北京:中国水利水电出版社,2014.5.

[140] 张亭,刘林青.中美产业升级的路径选择比较——基于产品空间理论的分析[J].经济管理,2016,38(08):18-28.

[141] 张晓山.中国农村改革与发展概论[M].北京:中国社会科学出版社,2010.

[142] 张晓山,李周.中国农村改革30年研究[M].北京:经济管理出版社,2008.

[143] 赵海燕,何忠伟.中国大国农业竞争力问题研究[M].北京:中国农业出版社,2013.

[144] 赵璐璐,郭兴华,邬文兵.我国农村人力资源的开发和利用模式研究[J].农业考古,2010(03):115-117.

[145] 赵璐璐.东部地区农村人力资源的开发和利用模式研究[D].北京交通大学,2011.

[146] 赵明.法国农村发展政策研究[D].中国农业科学院,2011.

[147] 赵英媛.华西村发展模式的建设与改革研究[D].吉林建筑大学,2015.

[148] 赵中华.城镇化进程中北票市农村环境治理研究[D].大连理工大学,2016.

[149] 郑功成,社会保障学[M].中国劳动社会保障出版社,2005.

[150] 郑慧,赵永峰.论农村经济与生态环境协调发展[J].农业经济.2016(03):67-68.

[151] 郑洁,论我国农业科技推广体系与机制创新[J].河北农业大学学报(农林教育版),2011(6):243-245.

[152] 郑伟.生态农业发展模式及其对策研究[D].山东农业大学,2014.

[153] 郑永琴.PPP模式下安哥拉农业投资项目财务管理研究[D].中国地质大学,2014.

[154] 钟秋波.我国农业推广体制创新研究[D].西南财经大学,2013.

[155] 周素萍,赵京华,张亦明,杨斌.我国农村公共服务体系的建立及完善[J].农业经济,2010(08):29-31.

[156] 周雪.我国农村生态文明建设问题研究[D].大连海事大学,2009.

[157] 周永生.日本土地政策的借鉴与启示[J].人民论坛,2011(28):36-37.

[158] 周振,伍振军,孔祥智.中国农村资金净流出的机理、规模与趋势;1978—2012年[J].管理世界,2015,(1):27-30.

[159] 周正宾.我国农村剩余劳动力转移问题研究[D].华中师范大学,2010.

[160] 朱跃龙,吴文良,霍苗.生态农村——未来农村发展的理想模式[J].生态经济,2005,(01):64-66.

[161] 朱跃龙.京郊平原区生态农村发展模式研究[D].中国农业大学,2008.

[162] 宗义湘,赵帮宏,李慧茹,于振英.发展经济学[M].北京:清华大学出版社,2012.

[163] 邹海明.新型职业农民培育研究[D].华中师范大学,2016.

[164] Belleflamme, Paul, Lambert, Thomas, Schwienbacher, Armin. Crowdfunding: Tapping the Right Crowd[J]. Journal of Business Venturing, 2014, 29(5):585-609.

[165] Bumsub Jin,Soobum Lee. Enhancing community capacity: Roles of perceived bonding and bridging social capital and public relations in community building[J]. Public Relations Review. 2013, 39(4):290-292.

[166] Dillon, A., Sharma, M. and Zhang, X. Estimating the Impact of Rural Investments in Nepal [J]. Food Policy, 2011, 36 (2):250-258.

[167] Lennon H.T. Choy,Yani Lai,Waiming Lok. Economic performance of industrial development on collective land in the urbanization process in China: Empirical evidence from Shenzhen[J].

Habitat International . 2013，40(4):184-193.

[168] Mollick E. The Dynamics of Crowdfunding: An Explanatory Study [J]. Journal of Business Venturing，2014(29):1-16.

[169] Yujiro Hayami, Vernon W Ruttan. Agricultural development: An international perspective[M]. The Johns Hopkins University Press,1985.